Geschäftsmodelle erfolgreich entwickeln
und implementieren

Lizenz zum Wissen.

Sichern Sie sich umfassendes Wirtschaftswissen mit Sofortzugriff auf tausende Fachbücher und Fachzeitschriften aus den Bereichen: Management, Finance & Controlling, Business IT, Marketing, Public Relations, Vertrieb und Banking.

Exklusiv für Leser von Springer-Fachbüchern: Testen Sie Springer für Professionals 30 Tage unverbindlich. Nutzen Sie dazu im Bestellverlauf Ihren persönlichen Aktionscode C0005407 auf www.springerprofessional.de/buchkunden/

Springer für Professionals.
Digitale Fachbibliothek. Themen-Scout. Knowledge-Manager.

- Zugriff auf tausende von Fachbüchern und Fachzeitschriften
- Selektion, Komprimierung und Verknüpfung relevanter Themen durch Fachredaktionen
- Tools zur persönlichen Wissensorganisation und Vernetzung

www.entschieden-intelligenter.de

Springer für Professionals

Daniel R. A. Schallmo

Geschäftsmodelle erfolgreich entwickeln und implementieren

Mit Aufgaben und Kontrollfragen

Daniel R. A. Schallmo
Institut für Technologie- und Prozessmanagement
Universität Ulm
Ulm, Deutschland

ISBN 978-3-642-37993-2   ISBN 978-3-642-37994-9 (eBook)
DOI 10.1007/978-3-642-37994-9

Die Deutsche Nationalbibliothek verzeichnet diese Publikation in der Deutschen Nationalbibliografie; detaillierte bibliografische Daten sind im Internet über http://dnb.d-nb.de abrufbar.

Springer Gabler
© Springer-Verlag Berlin Heidelberg 2013
Das Werk einschließlich aller seiner Teile ist urheberrechtlich geschützt. Jede Verwertung, die nicht ausdrücklich vom Urheberrechtsgesetz zugelassen ist, bedarf der vorherigen Zustimmung des Verlags. Das gilt insbesondere für Vervielfältigungen, Bearbeitungen, Übersetzungen, Mikroverfilmungen und die Einspeicherung und Verarbeitung in elektronischen Systemen.

Die Wiedergabe von Gebrauchsnamen, Handelsnamen, Warenbezeichnungen usw. in diesem Werk berechtigt auch ohne besondere Kennzeichnung nicht zu der Annahme, dass solche Namen im Sinne der Warenzeichen- und Markenschutz-Gesetzgebung als frei zu betrachten wären und daher von jedermann benutzt werden dürften.

Lektorat: Stefanie Brich

Gedruckt auf säurefreiem und chlorfrei gebleichtem Papier

Springer Gabler ist eine Marke von Springer DE. Springer DE ist Teil der Fachverlagsgruppe Springer Science+Business Media
www.springer-gabler.de

Vorwort

Unternehmen sind ständig gezwungen, sich gegenüber ihren Wettbewerbern zu differenzieren, da eine zunehmende Homogenität und Transparenz von Produkten und Dienstleistungen zu verzeichnen ist. Daneben führen stagnierende bzw. schrumpfende Märkte und eine zunehmende Wettbewerbsintensität zu einem steigenden Preisdruck. Häufig eingesetzte Differenzierungsmöglichkeiten sind die Produkt-, Dienstleistungs- und Prozess-Innovation, die allerdings in vielen Fällen schnell nachgeahmt werden können.

In den letzten Jahren ist stattdessen die Geschäftsmodell-Innovation in den Fokus der Theorie und Praxis gelangt. Ein Geschäftsmodell orientiert sich an Kundenbedürfnissen, kombiniert unterschiedliche Elemente eines Unternehmens und stiftet somit einen Kundennutzen. Da innovative Geschäftsmodelle meist komplex sind (z. B. aufgrund einer Service-Infrastruktur) und eine starke Kundenbindung ermöglichen (z. B. mittels der Kopplung an ein System); zudem ermöglichen innovative Geschäftsmodelle eine bessere Differenzierung gegenüber Wettbewerbern.

Das vorliegende Lehrbuch widmet sich der Geschäftsmodell-Innovation und enthält neben theoretischen Grundlagen auch eine Methode, die aus einem Metamodell, einem Vorgehensmodell, aus Techniken und Ergebnissen besteht. Die Methode dient Unternehmen dazu, ihr bestehendes Geschäftsmodell anzupassen oder ein neues Geschäftsmodell zu entwickeln; Lernende erhalten die Möglichkeit, unternehmerisch zu denken und ein eigenes Geschäftsmodell zu entwickeln.

Die Leser des Lehrbuchs werden in die Lage versetzt, die Methode der Geschäftsmodell-Innovation (Metamodell, Vorgehensmodell, Techniken und Ergebnisse) zu verstehen und anzuwenden. Die vorgestellten Techniken müssen dabei nicht vollständig eingesetzt werden; vielmehr sollen die Techniken in der Form eingesetzt werden, um individuelle Anforderungen zu erfüllen.

Neben den relevanten Inhalten und Beispielen wird das Lehrbuch um Lernkontrollfragen und Aufgaben ergänzt. Die Lernkontrollfragen dienen dabei der Wissenskontrolle und die Aufgaben dienen der Anwendung des erlernten Wissens und unterstützen das fall- bzw. problembasierte Lernen. Weitere Informationen zum Lehrbuch finden sich auf dem Portal von Gabler. Ich wünsche allen Lesern viel Freude und viel Erfolg im Rahmen der Entwicklung innovativer Geschäftsmodelle.

Daniel R.A. Schallmo

Inhaltsverzeichnis

1	**Einführung**		1
	1.1 Beispiele innovativer Geschäftsmodelle		1
		1.1.1 Beispiele aus dem Business-to-Consumer-Bereich	2
		1.1.2 Beispiele aus dem Business-to-Business-Bereich	4
	1.2 Anforderungen an eine Methode der Geschäftsmodell-Innovation		7
	1.3 Lernziele und Adressaten des Lehrbuchs		8
	1.4 Aufbau des Lehrbuchs		8
	Literatur		10
2	**Theoretische Grundlagen**		11
	2.1 Einleitung und Lernziele		11
	2.2 Geschäftsmodell		12
		2.2.1 Bestehende Definitionen	12
		2.2.2 Zusammenfassung	15
		2.2.3 Definition des Begriffs Geschäftsmodell	16
	2.3 Geschäftsmodell-Innovation		17
		2.3.1 Begriff der Innovation	17
		2.3.2 Bestehende Definitionen	20
		2.3.3 Zusammenfassung	22
		2.3.4 Definition des Begriffs Geschäftsmodell-Innovation	23
	2.4 Geschäftsmodell-Ebenen		24
		2.4.1 Bestehende Ansätze	24
		2.4.2 Zusammenfassung	25
		2.4.3 Ansatz der Geschäftsmodell-Ebenen	25
	2.5 Geschäftsmodell-Umwelt		27
		2.5.1 Bestehende Ansätze	28
		2.5.2 Ansatz der Geschäftsmodell-Umwelt	29
	2.6 Charakteristika und Einordnung		33
		2.6.1 Charakteristika von Geschäftsmodellen	33
		2.6.2 Einordnung des Geschäftsmodells	35
		2.6.3 Zusammenfassung	38

2.7	Zusammenfassung, Lernkontrollfragen und Aufgaben		41
	2.7.1	Zusammenfassung	41
	2.7.2	Lernkontrollfragen	42
	2.7.3	Aufgaben	42
Literatur			42

3 Geschäftsmodell-Dimensionen, -Elemente, und Metamodell der Geschäftsmodell-Innovation ... 47

3.1	Einleitung und Lernziele		47
3.2	Ansatz mit Geschäftsmodell-Dimensionen und -Elementen		48
3.3	Metamodell und Erläuterung der Objekte der Methode		56
	3.3.1	Geschäftsmodell-Vision	59
	3.3.2	Kundendimension	61
	3.3.3	Nutzendimension	64
	3.3.4	Wertschöpfungsdimension	68
	3.3.5	Partnerdimension	70
	3.3.6	Finanzdimension	73
	3.3.7	Geschäftsmodell-Führung	76
	3.3.8	Schnittstellen des Metamodells der Geschäftsmodell-Innovation	77
3.4	Zusammenfassung, Lernkontrollfragen und Aufgaben		79
	3.4.1	Zusammenfassung	79
	3.4.2	Lernkontrollfragen	79
	3.4.3	Aufgaben	79
Literatur			80

4 Vorgehensmodell der Geschäftsmodell-Innovation ... 85

4.1	Einleitung und Lernziele		85
4.2	Überblick zum Vorgehensmodell der Geschäftsmodell-Innovation		86
4.3	Geschäftsmodell-Ideen-Gewinnung		90
	4.3.1	Zielsetzung der Geschäftsmodell-Ideen-Gewinnung	90
	4.3.2	Aktivitäten der Geschäftsmodell-Ideen-Gewinnung	90
4.4	Geschäftsmodell-Visions-Entwicklung		91
	4.4.1	Zielsetzung der Geschäftsmodell-Visions-Entwicklung	91
	4.4.2	Aktivitäten der Geschäftsmodell-Visions-Entwicklung	92
4.5	Geschäftsmodell-Prototyp-Entwicklung		94
	4.5.1	Zielsetzung der Geschäftsmodell-Prototyp-Entwicklung	94
	4.5.2	Aktivitäten der Geschäftsmodell-Prototyp-Entwicklung	95
4.6	Geschäftsmodell-Entwicklung		96
	4.6.1	Zielsetzung der Geschäftsmodell-Entwicklung	96
	4.6.2	Aktivitäten der Geschäftsmodell-Entwicklung	97
4.7	Geschäftsmodell-Implementierung		100
	4.7.1	Zielsetzung der Geschäftsmodell-Implementierung	100
	4.7.2	Aktivitäten der Geschäftsmodell-Implementierung	101

	4.8	Geschäftsmodell-Erweiterung.	102
		4.8.1 Zielsetzung der Geschäftsmodell-Erweiterung	102
		4.8.2 Aktivitäten der Geschäftsmodell-Erweiterung	103
	4.9	Zusammenfassung, Lernkontrollfragen und Aufgabe.	105
		4.9.1 Zusammenfassung.	105
		4.9.2 Lernkontrollfragen.	106
		4.9.3 Aufgaben.	106
	Literatur.		107
5	**Techniken der Geschäftsmodell-Ideen-Gewinnung**		109
	5.1	Einleitung und Lernziele	109
	5.2	Leitfragen und Überblick zur Geschäftsmodell-Ideen-Gewinnung	110
	5.3	Geschäftsmodell-Ideen-Portfolio.	110
		5.3.1 Gewinnung von Geschäftsmodell-Ideen	111
		5.3.2 Beschreibung von Geschäftsmodell-Ideen.	113
		5.3.3 Bewertung von Geschäftsmodell-Ideen	114
		5.3.4 Erstellung eines Geschäftsmodell-Ideen-Portfolios	115
	5.4	Zusammenfassung, Lernkontrollfragen und Aufgabe.	116
		5.4.1 Zusammenfassung.	116
		5.4.2 Lernkontrollfragen.	117
		5.4.3 Aufgaben.	117
	Literatur.		118
6	**Techniken der Geschäftsmodell-Visions-Entwicklung**.		121
	6.1	Einleitung und Lernziele	121
	6.2	Leitfragen und Überblick zur Geschäftsmodell-Visions-Entwicklung	122
	6.3	Kunden-Monitor.	122
		6.3.1 Erhebung und Bewertung von Einflussfaktoren aus Kundensicht	123
		6.3.2 Ableitung von Herausforderungen und Bedürfnissen für Kunden	125
		6.3.3 Erstellung von Bedürfnisclustern und Ableitung von Spannungspaaren	126
		6.3.4 Festlegung von potenziellen Leistungsschwerpunkten.	126
		6.3.5 Zusammenfassung.	127
	6.4	Technologie-Monitor.	128
		6.4.1 Durchführung eines Technologie-Screenings	128
		6.4.2 Beschreibung von Technologien	131
		6.4.3 Erstellung einer Technologie-Landkarte.	131
		6.4.4 Zusammenfassung.	133
	6.5	Zukunfts-Monitor.	134
		6.5.1 Erhebung und Beschreibung von Einflussfaktoren aus Unternehmenssicht	135

		6.5.2	Ableitung von Trends innerhalb der Industrie	135
		6.5.3	Zusammenfassung	136
	6.6	Raster der Geschäftsmodell-Vision		136
		6.6.1	Erstellung von Geschäftsmodell-Visionen (Erstentwürfe)	136
		6.6.2	Ergänzung und Finalisierung von Geschäftsmodell-Visionen	137
	6.7	Zusammenfassung, Lernkontrollfragen und Aufgabe		139
		6.7.1	Zusammenfassung	139
		6.7.2	Lernkontrollfragen	139
		6.7.3	Aufgaben	140
	Literatur			141
7	Techniken der Geschäftsmodell-Prototyp-Entwicklung			143
	7.1	Einleitung und Lernziele		143
	7.2	Leitfragen und Überblick zur Geschäftsmodell-Prototyp-Entwicklung		144
	7.3	Industrie-Monitor		145
		7.3.1	Erhebung eines Industry Profit Pools	145
		7.3.2	Durchführung einer Stakeholder-Analyse	147
		7.3.3	Erhebung von Geschäftsmodell-Mustern einer Industrie	149
		7.3.4	Zusammenfassung	153
	7.4	Raster des Geschäftsmodell-Prototyps		155
		7.4.1	Entwicklung der Geschäftsmodell-Prototypen	155
		7.4.2	Ergänzung der Geschäftsmodell-Prototypen	156
		7.4.3	Zusammenfassung	156
	7.5	Bewertung der Geschäftsmodell-Prototypen		158
		7.5.1	Erhebung der kritischen Erfolgsfaktoren	158
		7.5.2	Erarbeitung des Wirkungszusammenhangs	160
		7.5.3	Erstellung der Szenarien	161
		7.5.4	Bewertung der Geschäftsmodell-Prototypen	163
		7.5.5	Einordnung in das Attraktivitäts-Portfolio	167
	7.6	Zusammenfassung, Lernkontrollfragen und Aufgabe		171
		7.6.1	Zusammenfassung	171
		7.6.2	Lernkontrollfragen	171
		7.6.3	Aufgaben	172
	Literatur			172
8	Techniken der Geschäftsmodell-Entwicklung			177
	8.1	Einleitung und Lernziele		177
	8.2	Leitfragen und Überblick zur Geschäftsmodell-Entwicklung		178
	8.3	Konkretisierung der Kundendimension		178
		8.3.1	Festlegung der Kundensegmente	179
		8.3.2	Festlegung der Kundenkanäle je Kundensegment	182
		8.3.3	Festlegung der Kundenbeziehung je Kundensegment	183
		8.3.4	Zusammenfassung	185

8.4	Konkretisierung der Nutzendimension	187
	8.4.1 Festlegung der Leistungen je Kundensegment	187
	8.4.2 Formulierung des Nutzenversprechens je Kundensegment	189
	8.4.3 Zusammenfassung	192
8.5	Konkretisierung der Wertschöpfungsdimension	192
	8.5.1 Festlegung der notwendigen Ressourcen	194
	8.5.2 Festlegung der notwendigen Fähigkeiten	195
	8.5.3 Festlegung der notwendigen Prozesse	195
	8.5.4 Zusammenfassung	199
8.6	Konkretisierung der Partnerdimension	200
	8.6.1 Festlegung der Partner	200
	8.6.2 Festlegung der Partnerkanäle je Partner	201
	8.6.3 Festlegung der Partnerbeziehung je Partner	201
	8.6.4 Zusammenfassung	201
8.7	Konkretisierung der Finanzdimension	205
	8.7.1 Erhebung der Umsatz- und Kostenstruktur	205
	8.7.2 Festlegung der Umsatz- und Kostenmechanismen	206
	8.7.3 Zusammenfassung	207
8.8	Erstellung der Verzeichnisse	207
8.9	Erarbeitung des Führungsinstruments	208
	8.9.1 Anpassung der kritischen Erfolgsfaktoren	208
	8.9.2 Ableitung der Führungsgrößen	208
	8.9.3 Zusammenfassung	210
8.10	Zusammenfassung, Lernkontrollfragen und Aufgabe	211
	8.10.1 Zusammenfassung	211
	8.10.2 Lernkontrollfragen	211
	8.10.3 Aufgaben	212
Literatur		216

9 Techniken der Geschäftsmodell-Implementierung ... 219

9.1	Einleitung und Lernziele	219
9.2	Leitfragen und Überblick zur Geschäftsmodell-Implementierung	219
9.3	Entwicklung des Realisierungsplans	221
	9.3.1 Erhebung der vorhandenen Geschäftsmodell-Elemente	221
	9.3.2 Durchführung des Soll-Ist-Abgleichs	221
	9.3.3 Fertigstellung des Realisierungsplans	222
	9.3.4 Zusammenfassung	222
9.4	Implementierung des Geschäftsmodells	223
9.5	Zusammenfassung, Lernkontrollfragen und Aufgaben	223
	9.5.1 Zusammenfassung	223
	9.5.2 Lernkontrollfragen	224
	9.5.3 Aufgaben	224
Literatur		225

10 Techniken der Geschäftsmodell-Erweiterung........................... 227
    10.1 Einleitung und Lernziele 227
    10.2 Leitfragen und Überblick zur Geschäftsmodell-Erweiterung 227
    10.3 Geschäftsmodell-Monitor 228
        10.3.1 Soll-Ist-Vergleich des Führungsinstruments 229
        10.3.2 Auflistung der Erfahrungen 229
        10.3.3 Erhebung und Bewertung der Chancen und Risiken............. 230
        10.3.4 Zusammenfassung... 232
    10.4 Geschäftsmodell-Anpassung... 233
        10.4.1 Festlegung der Geschäftsmodell-Merkmale.................... 233
        10.4.2 Erhebung der Daten... 234
        10.4.3 Schätzung und Interpretation der Nutzwerte 236
        10.4.4 Anpassung des Geschäftsmodells 237
        10.4.5 Zusammenfassung... 238
    10.5 Geschäftsmodell-Übertragung 239
    10.6 Zusammenfassung, Lernkontrollfragen und Aufgabe................... 241
        10.6.1 Lernkontrollfragen... 241
        10.6.2 Aufgaben... 241
    Literatur.. 242

11 Zusammenfassung 243
    Literatur.. 245

Anhang... 247

Über den Autor... 265

Weiterführende Literatur... 267

Abkürzungsverzeichnis

A	Auftreten
ABB	Asea Brown Boveri
Abw.	Abweichung
AG	Aktiengesellschaft
Ausr.	Ausrichtung
B	Bedeutung
B2B	Business to Business
B2C	Business to Consumer
BASF	Badische Anilin und Soda Fabrik
BCG	Boston Consulting Group
BDI	Bundesverband der Deutschen Industrie
Bew.	Bewertung
BMI	Business Model Innovation
BMWi	Bundesministerium für Wirtschaft und Technologie
B-to-B	Business to Business
bzgl.	bezüglich
bzw.	beziehungsweise
ca.	circa
CE VeMaB	Centre of Excellence für Vertriebsmanagement im Business-to-Business-Bereich
Co.	Compagnie
CO_2	Kohlenstoffdioxid
CRM	Customer Relationship Management
CRPZ	Chancen-Risiken-Prioritätszahl
CSR	Corporate Social Responsibility
d. h.	das heißt
DFG	Deutsche Forschungsgemeinschaft
DIHK	Deutscher Industrie- und Handelskammertag
DMAIC	Define Measure Analyse Improve Control
DMG	Deckel Maho Gildemeister
DPMA	Deutsches Patent- und Markenamt

Dr.	Doktor
E	Electronic
EBIT	Earnings Before Interest and Taxes
EFQM	European Foundation for Quality Management
E-Mail	Electronic Mail
EPZ	Einflussfaktor-Prioritätszahl
ERM	Entity Relationship Model
et al.	et alii / et aliae (und andere)
etc.	et cetera (und so weiter)
EU	Europäische Union
F&E	Forschung und Entwicklung
f.	folgende
FAQ	Frequently Asked Questions
FG	Führungsgröße
FMEA	Fehler-Möglichkeits-Einfluss-Analyse
ggf.	gegebenenfalls
GmbH	Gesellschaft mit beschränkter Haftung
GPS	Global Positioning System
GuV	Gewinn- und Verlustrechnung
HWK	Handwerkskammer
IAO	Institut für Arbeitswirtschaft und Organisation
IBM	International Business Machines
IKT	Informations- und Kommunikationstechnologie
inkl.	inklusive
insb.	insbesondere
ISO	International Standard Organization
IT	Informationstechnologie
ITOP	Institut für Technologie-und Prozessmanagement
KEF	kritischer Erfolgsfaktor
KG	Kommanditgesellschaft
KGaA	Kommanditgesellschaft auf Aktien
Km	Kilometer
LB	Landesbank
MBtech	Mercedes Benz Technologie
MIT	Massachusetts Institute of Technology
Moby	methodology for business dynamics
Mrd.	Milliarde
MRO	Maintenance Repair and Operations
MWS	Mini Workshop
NB	Nutzenbewertung
OEM	Original Equipment Manufacturer
PC	Personal Computer

PESTEL	Political Economical Social Technological Ecological Legal
PKW	Personenkraftwagen
pot.	potenziell
RFID	Radio frequency identification
ROCE	Return on Capital Employed
ROI	Return on Investment
ROIC	Return on Invested Capital
S.	Seite
SCOR	Supply Chain Operations Reference
sic!	genau so
sog.	sogenannt
spez.	speziell
St.	Sankt
Str.	Straße
strat.	strategisch
SWOT	Strengths Weaknesses Opportunities Threats
TCO	Total Cost of Ownership
Tel.	Telefon
TÜV	Technischer Überwachungsverein
UML	Unified Modeling Language
US	United States
USA	United States of America
VDMA	Verband Deutscher Maschinen- und Anlagenbau
vs.	versus (gegenüber)
W	Wichtigkeit
WS	Workshop
z. B.	zum Beispiel
z. T.	zum Teil

Abbildungsverzeichnis

Abb. 1.1	Aufbau des Lehrbuchs	9
Abb. 2.1	Bestandteile von Geschäftsmodell-Definitionen	16
Abb. 2.2	Teilbereiche von Geschäftsmodell-Innovation	18
Abb. 2.3	Bestandteile der Definition von Geschäftsmodell-Innovation	24
Abb. 2.4	Ebenen von Geschäftsmodellen	27
Abb. 2.5	Makro-Umwelt von Geschäftsmodellen mit Beispielen	30
Abb. 2.6	Mikro-Umwelt von Geschäftsmodellen mit Beispielen	31
Abb. 2.7	Umwelt von Geschäftsmodellen	32
Abb. 2.8	Analyse der Geschäftsmodell-Umwelt	33
Abb. 2.9	Charakteristika von Geschäftsmodellen	35
Abb. 2.10	Zusammenhang von Strategie, Geschäftsmodell und Taktik	37
Abb. 2.11	Geschäftsmodell in der Planungshierarchie	38
Abb. 2.12	Zusammenhang von Strategie, Geschäftsmodell und Umsetzung	40
Abb. 3.1	Raster für Geschäftsmodell-Dimensionen und -Elemente	52
Abb. 3.2	Bestandteile einer Methode	57
Abb. 3.3	Vereinfachte ERM-Notation	57
Abb. 3.4	Metamodell der Methode der Geschäftsmodell-Innovation	58
Abb. 3.5	Schnittstellen des Geschäftsmodells	78
Abb. 4.1	Vorgehensmodell der Geschäftsmodell-Innovation	89
Abb. 4.2	Prozedurales Modell der Geschäftsmodell-Innovation	105
Abb. 5.1	Techniken der Geschäftsmodell-Ideen-Gewinnung	111
Abb. 5.2	Gewinnung von Geschäftsmodell-Ideen	113
Abb. 5.3	Beschreibung von Geschäftsmodell-Ideen	114
Abb. 5.4	Bewertung von Geschäftsmodell-Ideen	116

Abb. 6.1	Techniken der Geschäftsmodell-Visions-Entwicklung	123
Abb. 6.2	PESTEL-Portfolio. (Die Idee des PESTEL-Portfolios entstammt dem Risikomanagement, bei dem Risiko-Portfolios erarbeitet werden.	124
Abb. 6.3	Erhebung und Bewertung von Einflussfaktoren aus Kundensicht.	125
Abb. 6.4	Ableitung von Herausforderungen und Bedürfnissen für Kunden	125
Abb. 6.5	Erstellung von Bedürfnisclustern und Ableitung von Spannungspaaren	126
Abb. 6.6	Festlegung von potenziellen Leistungsschwerpunkten	127
Abb. 6.7	Rollen von Technologien in Geschäftsmodellen	129
Abb. 6.8	Durchführung eines Technologie-Screenings.	130
Abb. 6.9	Beschreibung von Technologien	131
Abb. 6.10	Technologie-Landkarte.	133
Abb. 6.11	Erhebung und Beschreibung von Einflussfaktoren aus Unternehmenssicht.	135
Abb. 6.12	Ableitung von Trends innerhalb der Industrie	136
Abb. 6.13	Erstellung des Erstentwurfs für Geschäftsmodell-Visionen	137
Abb. 6.14	Ergänzung und Finalisierung von Geschäftsmodell-Visionen	138
Abb. 7.1	Techniken der Geschäftsmodell-Prototyp-Entwicklung	144
Abb. 7.2	Profit Pool der Automobilindustrie	146
Abb. 7.3	Erstellung des Industry Profit Pools	147
Abb. 7.4	Stakeholder-Landkarte	148
Abb. 7.5	Durchführung einer Stakeholder-Analyse.	149
Abb. 7.6	Graphische Darstellung bestehender Geschäftsmodell-Muster	152
Abb. 7.7	Graphische Darstellung des neuen Geschäftsmodell-Musters	153
Abb. 7.8	Erhebung von Geschäftsmodell-Mustern in der Industrie	154
Abb. 7.9	Entwicklung der Geschäftsmodell-Prototypen.	155
Abb. 7.10	Ergänzung der Geschäftsmodell-Prototypen	158
Abb. 7.11	Erhebung kritischer Erfolgsfaktoren	159
Abb. 7.12	Wirkungsnetz der kritischen Erfolgsfaktoren.	162
Abb. 7.13	Erarbeitung des Wirkungszusammenhangs	162
Abb. 7.14	Erstellung der Szenarien mit Eintrittswahrscheinlichkeiten.	163
Abb. 7.15	Berechnung des Business Model Value. Investitionen, die während der Lebensdauer eines Geschäftsmodells erfolgen, sind in den jeweiligen Auszahlungen berücksichtigt. Die Liquidationserlöse bzw. die Liquidationskosten sind in den Ein- bzw. Auszahlungen der letzten Periode berücksichtigt.	164
Abb. 7.16	Additives Nutzenmodell der Conjoint-Analyse für Geschäftsmodell-Prototypen.	166
Abb. 7.17	Attraktivitäts-Portfolio der Geschäftsmodell-Prototypen.	168
Abb. 7.18	Verändertes Attraktivitäts-Portfolio der Geschäftsmodell-Prototypen.	169
Abb. 7.19	Einordnung des Geschäftsmodell-Prototyps.	170

Abb. 8.1	Techniken der Geschäftsmodell-Entwicklung	179
Abb. 8.2	Anwendungsbeispiel der van Westendrop-Methode	181
Abb. 8.3	Berechnung des Customer Lifetime Value	181
Abb. 8.4	Festlegung von Kundensegmenten	182
Abb. 8.5	Kundenkanäle entlang des Customer Buying Cycle	183
Abb. 8.6	Verknüpfung von Kundensegmenten und Kundenkanälen	183
Abb. 8.7	Festlegung von Kundenkanälen	184
Abb. 8.8	Formen der Kundenbindung	185
Abb. 8.9	Festlegung von Kundenbeziehungen	186
Abb. 8.10	Leistungssystem	188
Abb. 8.11	Leistungen entlang des Customer Buying Cycle	190
Abb. 8.12	Festlegung der Leistungen je Kundensegment	191
Abb. 8.13	Formulierung des Nutzenversprechens je Kundensegment	193
Abb. 8.14	Allgemeingültige Ressourcen	194
Abb. 8.15	Festlegung von notwendigen Ressourcen in graphischer Form	195
Abb. 8.16	Festlegung notwendiger Ressourcen	196
Abb. 8.17	Allgemeingültige Fähigkeiten	196
Abb. 8.18	Festlegung notwendiger Fähigkeiten	197
Abb. 8.19	Festlegung notwendiger Prozesse in graphischer Form	198
Abb. 8.20	Kontextdiagramm eines Leistungsprozesses	198
Abb. 8.21	Festlegung notwendiger Prozessen	199
Abb. 8.22	Festlegung von Partnern	202
Abb. 8.23	Festlegung von Partnerkanälen	203
Abb. 8.24	Festlegung von Partnerbeziehungen	204
Abb. 8.25	Erhebung der Umsatz- und Kostenstruktur	206
Abb. 8.26	Festlegung der Umsatz- und Kostenmechanismen	206
Abb. 8.27	Erstellung von Verzeichnissen	208
Abb. 8.28	Anpassung kritischer Erfolgsfaktoren und deren Wirkungszusammenhang	209
Abb. 8.29	Ableitung von Führungsgrößen	210
Abb. 9.1	Techniken der Geschäftsmodell-Implementierung	220
Abb. 9.2	Erhebung von vorhandenen Geschäftsmodell-Elementen	221
Abb. 9.3	Durchführung eines Soll-Ist-Abgleichs der Verzeichnisse	222
Abb. 9.4	Soll-Ist-Abgleich und Realisierungsplan	222
Abb. 9.5	Implementierung des Geschäftsmodells	223
Abb. 10.1	Techniken der Geschäftsmodell-Erweiterung	228
Abb. 10.2	Soll-Ist-Vergleich des Führungsinstruments	229
Abb. 10.3	Auflistung der Erfahrungen	230
Abb. 10.4	Erhebung und Bewertung der Chancen und Risiken	232
Abb. 10.5	Festlegung von Geschäftsmodell-Merkmalen und Ausprägungen	234
Abb. 10.6	Exemplarischer Paarvergleich	235

Abb. 10.7	Erhebung von Daten	235
Abb. 10.8	Additives Nutzenmodell der Conjoint-Analyse	236
Abb. 10.9	Teilnutzenwerte für das car2go Beispiel	237
Abb. 10.10	Schätzung und Interpretation der Teilnutzenwerte	238
Abb. 10.11	Anpassung des Geschäftsmodells	238
Abb. 10.12	Geschäftsmodell-Übertragung	240
Abb. 11.1	Geschäftsmodell-Roadmap	244

Tabellenverzeichnis

Tab. 2.1	Ausgewählte Definitionen zu Geschäftsmodell	13
Tab. 2.2	Ausgewählte Definitionen zu Geschäftsmodell-Innovation	21
Tab. 2.3	Vergleich unterschiedlicher Ansätze zu Geschäftsmodell-Ebenen	25
Tab. 2.4	Vergleich der Umweltanalysen von Geschäftsmodellen	29
Tab. 2.5	Unterschiede von Strategie und Geschäftsmodell	41
Tab. 3.1	Vergleich bestehender Ansätze für Geschäftsmodell-Elemente	49
Tab. 3.2	Erläuterung der Geschäftsmodell-Vision	60
Tab. 3.3	Erläuterung der Kundendimension	61
Tab. 3.4	Erläuterung des Kundensegments	62
Tab. 3.5	Erläuterung des Kundenkanals	63
Tab. 3.6	Erläuterung der Kundenbeziehung	64
Tab. 3.7	Erläuterung der Nutzendimension	65
Tab. 3.8	Erläuterung der Leistung	65
Tab. 3.9	Erläuterung des Nutzens	66
Tab. 3.10	Erläuterung der Wertschöpfungsdimension	67
Tab. 3.11	Erläuterung der Ressource	68
Tab. 3.12	Erläuterung der Fähigkeit	69
Tab. 3.13	Erläuterung des Prozesses	69
Tab. 3.14	Erläuterung der Partnerdimension	71
Tab. 3.15	Erläuterung des Partners	71
Tab. 3.16	Erläuterung des Partnerkanals	72
Tab. 3.17	Erläuterung der Partnerbeziehung	73
Tab. 3.18	Erläuterung der Finanzdimension	74
Tab. 3.19	Erläuterung des Umsatzes	74
Tab. 3.20	Erläuterung der Kosten	75
Tab. 3.21	Erläuterung der Geschäftsmodell-Führung	76
Tab. 4.1	Synthese bestehender Ansätze für das Vorgehensmodell	87
Tab. 4.2	Aktivitäten der Geschäftsmodell-Ideen-Gewinnung	91
Tab. 4.3	Aktivitäten der Geschäftsmodell-Visions-Entwicklung	94

Tab. 4.4	Aktivitäten der Geschäftsmodell-Prototyp-Entwicklung	97
Tab. 4.5	Aktivitäten der Geschäftsmodell-Entwicklung	100
Tab. 4.6	Aktivitäten der Geschäftsmodell-Implementierung	102
Tab. 4.7	Aktivitäten der Geschäftsmodell-Erweiterung	104
Tab. 6.1	Spannungspaar-Schwerpunkt-Matrix	127
Tab. 6.2	Phasen des Technologielebenszykluskonzepts	132
Tab. 7.1	Umsatz und Gewinn innerhalb der Industrie-Wertschöpfungskette	146
Tab. 7.2	Stakeholder-Tabelle	148
Tab. 7.3	Ausgestaltung des Geschäftsmodells von car2go	152
Tab. 7.4	Generische Geschäftsmodelle innerhalb der Literatur	157
Tab. 7.5	Vestersche Vernetzungsmatrix mit kritischen Erfolgsfaktoren	161
Tab. 7.6	Typische Komponenten zur Berechnung des Business Model Value	165
Tab. 7.7	Berechnung des erwarteten Business Model Value	165
Tab. 7.8	Berechnung des erwarteten Gesamtnutzens	167
Tab. 8.1	Kundenbedürfnisse, Kundenaufgaben und Leistungen	189
Tab. 10.1	Bewertung der Chancen und Risiken	231
Tab. 10.2	Geschäftsmodell-Merkmale und Ausprägungen	234
Tab. 10.3	Bewertung der Geschäftsmodell-Merkmale und der Ausprägungen	237
Tab. 1	Operationalisierung von Bewertungskriterien	247
Tab. 2	Scoring-Tabelle für die Bewertung von Geschäftsmodell-Ideen	248
Tab. 3	PESTEL-Tabelle	249
Tab. 4	Industriestrukturtabelle	250
Tab. 5	Übersicht über die Phasen, Techniken und Ergebnisse	251
Tab. 6	Auflistung generischer Geschäftsmodelle in der Literatur	260

Einführung 1

Das vorliegende Lehrbuch enthält neben theoretischen Grundlagen zur Geschäftsmodell-Innovation auch eine *Methode der Geschäftsmodell-Innovation*.[1] Die Methode der Geschäftsmodell-Innovation dient Unternehmen dazu, ihr bestehendes Geschäftsmodell anzupassen oder ein neues Geschäftsmodell zu entwickeln.

Das Ziel des ersten Kapitels ist die Einführung in die Thematik. Hierfür sind zunächst *Beispiele innovativer Geschäftsmodelle* beschrieben. Im Anschluss erfolgt die Ableitung von *Anforderungen an eine Methode der Geschäftsmodell-Innovation*. Darauf aufbauend werden die *Lernziele und die Adressaten des Lehrbuchs* aufgezeigt. Abschließend erfolgt die Erläuterung des *Aufbaus des Lehrbuchs*.

1.1 Beispiele innovativer Geschäftsmodelle

Unternehmen sind ständig gezwungen, sich gegenüber ihren Wettbewerbern zu differenzieren, da eine zunehmende Homogenität von Produkten und Dienstleistungen, stagnierende bzw. schrumpfende Märkte und eine zunehmende Wettbewerbsintensität zu steigendem Preis- und Margendruck führen. Homburg et al. (2008, S. 1 f.) sprechen hierbei von einer *Commoditisierung*, bei der Produkte an Differenzierungsmöglichkeiten verlieren und von Kunden als austauschbar wahrgenommen werden. Diese *Commoditisierung* findet sowohl auf *Business-to-Consumer-Märkten* als auch auf *Business-to-Business-Märkten* statt.

Neben der Commoditisierung liegt auch eine höhere Transparenz zu Produkten und Dienstleistungen (z. B. über Vergleichsportale) vor, Produktlebenszyklen werden kürzer und Produkte werden häufig schnell nachgeahmt.

---

[1] Ein *Geschäftsmodell* beschreibt, wie die wesentlichen Elemente (z. B. Kunden, Leistungen, Prozesse) eines Unternehmens miteinander verknüpft werden, um Umsätze zu erzielen; eine detaillierte Betrachtung des Begriffs *Geschäftsmodell* findet sich in Kap. 2.1.

Unternehmen begegnen diesen Entwicklungen mit Zusatzdienstleistungen, die sie ihren Kunden anbieten. Die Frage ist, wie diese Zusatzdienstleistungen in einem Geschäftsmodell erbracht werden bzw. wie, neben Zusatzdienstleistungen, innovative Geschäftsmodelle entwickelt werden können.

Nachfolgende Beispiele zeigen innovative Geschäftsmodelle aus dem Business-to-Consumer- und aus dem Business-to-Business-Bereich auf.

1.1.1 Beispiele aus dem Business-to-Consumer-Bereich

Better Place: Vermarktung von Batterie-Technologie (better place 2012)

Batterien für Elektro-Pkw sind in der Anschaffung verhältnismäßig teuer und benötigen lange Ladezeiten. Das Unternehmen Better Place bietet die Möglichkeit, Batterien zu mieten, statt sie zu kaufen; zudem können Batterien an Elektro-Tankstellen in ca. 2 Minuten getauscht werden.

Die Vorteile für Better Place liegen darin, dass ein neuer Markt geschaffen wird, sofern das Geschäftsmodell schützbar ist und z. B. Lizenzen vergeben werden können. Die Vorteile für Kunden von Xerox liegen darin, dass keine Anschaffungskosten für teure Batterien vorliegen und dass ein schneller „Tankvorgang" vorgenommen werden kann.

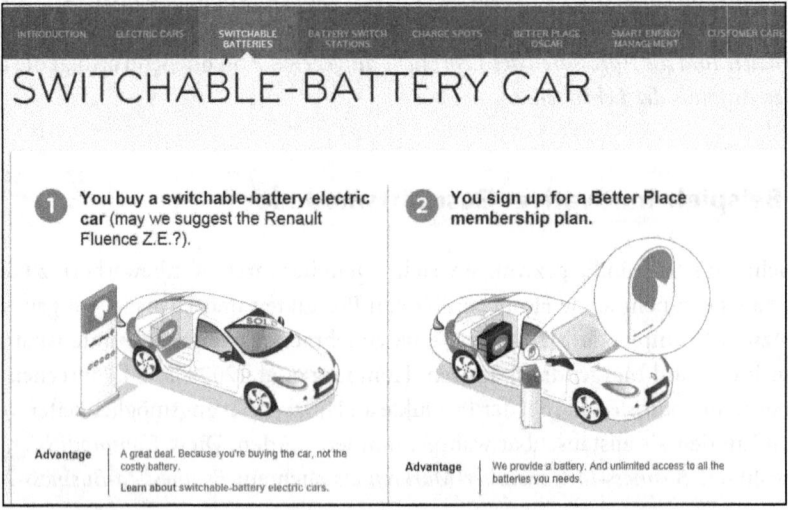

Southwest Airlines: Konzentration auf Basisleistungen (Southwest 2011)

In den 70-er Jahren musste sich Southwest Airlines in einem hart umkämpften Markt behaupten, in dem ein starker Preiskampf vorherrschte und Kunden nicht bereit waren, hohe Flugpreise zu bezahlen.

Southwest Airlines konzentrierte sich auf die Kernleistung „Transport von Passagieren" und reduzierte alle übrigen Leistungen wie z. B. Verpflegung an Bord, Sitzplatzreservierung etc.

1.1 Beispiele innovativer Geschäftsmodelle

Die Vorteile lagen darin, dass Southwest Airlines Marktanteile gewinnen konnte und trotz niedriger Preise profitabel sein konnte. Der Vorteil für Passagiere lag darin, dass er zu niedrigen Preisen mobil sein konnte.

Weitere Beispiele für die Konzentration auf die Kernleistung sind z. B. easyjet, Ryanair, Tata Nano und Motel One.

car2go: Neudefinition städtischer Mobilität (car2go 2011)

In Städten herrscht nach wie vor ein Mobilitätsbedürfnis vor, das auf unterschiedliche Weise (z. B. Bus, U-Bahn, Taxi) befriedigt wird. Die Anmietung von Pkw für kurze Strecken erschien bis vor einigen Jahren als wenig sinnvoll.

Das Unternehmen car2go stattet smarts mit Technologien (z. B. RFID, GPS) aus und stellt diese in Städten für 29 Cent je Minute bereit. Die smarts können an definierten Flächen im gesamten Stadtgebiet, ohne zeitliche Restriktionen, angemietet und abgestellt werden. Dabei bedarf es keinerlei Personal, das die smarts aushändigt, oder in Empfang nimmt.

Die Vorteile für car2go liegen darin, dass eine starke Kundenbindung vorliegt und dass mit Zusatzdienstleistungen ein Zusatzumsatz erzielt wird. Die Vorteile für Kunden bestehen darin, günstig, flexibel und umweltfreundlich mobil zu sein.

1.1.2 Beispiele aus dem Business-to-Business-Bereich

Xerox: Vermarktung innovativer Kopier-Technologie (Chesbrough und Rosenbloom 2002)

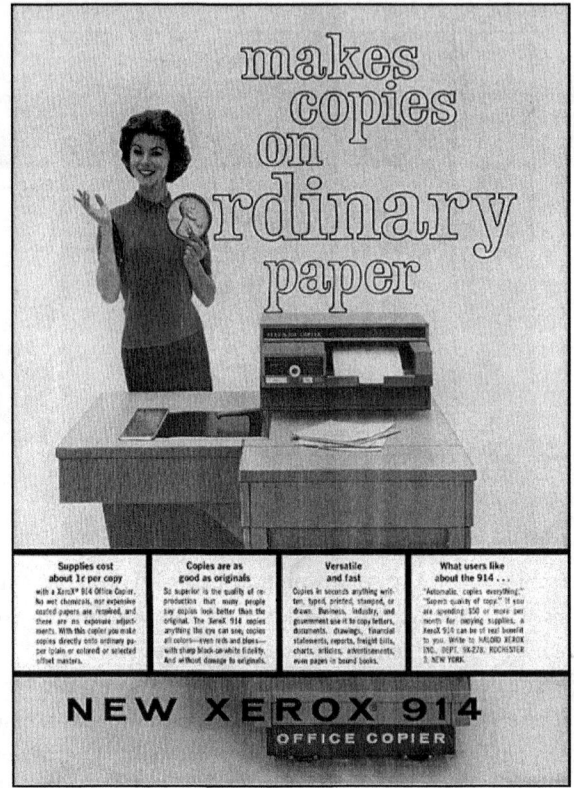

Das Unternehmen Xerox (damals Haloid) entwickelte 1959 einen neuen Kopierer, der im Gegensatz zu den bestehenden Kopierern normales Papier verwendete. Die Anschaffungskosten lagen allerdings bei 2.000 $, im Gegensatz zu herkömmlichen Kopierern, bei denen die Anschaffungskosten bei 300 $ lagen. Da die Kosten je Kopie identisch waren lag zunächst keine Vermarktungsmöglichkeit vor.

Xerox vermarktete den neuen Kopierer über eine monatliche Grundgebühr von 95 $, inkl. 2000 Freikopien und Wartung; für jede weitere Kopie wurden den Kunden 4 Cent in Rechnung gestellt.

Die Vorteile für Xerox bestanden darin, dass die neue Technologie vermarktet werden konnte und gleichzeitig mit langfristigen Umsatzströmen gerechnet werden konnte. Die Vorteile für Kunden von Xerox bestand darin, dass keine Anschaffungskosten vorliegen und dass eine neue Technologie genutzt werden kann, die es ermöglicht, besser und schneller zu kopieren.

Ein weiteres Beispiel, das ein ähnliches Prinzip einsetzt ist die Vermarktung von Mobiltelefonen mittels einer monatlichen Grundgebühr.

1.1 Beispiele innovativer Geschäftsmodelle

Rolls Royce: Vom Turbinenhersteller zum Full-Service-Anbieter (Rolls Royce 2012)

Die Kernkompetenz von Fluggesellschaften besteht darin, Flugrouten zu planen, diese zu vermarkten und umzusetzen. Die Wartung von Flugzeugturbinen wird zwar häufig von Fluggesellschaften durchgeführt, zählt aber nicht zu deren Kernkompetenzen. Zudem liegen für Flugzeugturbinen hohe Anschaffungs- und Wartungskosten vor.

Das Unternehmen Rolls-Royce bietet die Möglichkeit an, Flugzeugturbinen je Stunde (inklusive der Wartung) zu mieten und vergibt gleichzeitig eine Verfügbarkeitsgarantie.

Die Vorteile für Rolls-Royce bestehen darin, dass Kunden mittels Rahmenverträgen an das Unternehmen gebunden werden, dass die Wartung für Flugzeugturbinen indirekt verkauft wird und dass mit langfristigen Umsatzströmen gerechnet werden kann. Die Vorteile für Fluggesellschaften bestehen darin, dass keine Anschaffungskosten für Flugzeugturbinen vorliegen, dass sie eine Mobilitätssicherheit erhalten und sich somit auf ihre Kernkompetenzen konzentrieren können.

Ein Beispiel, das ein ähnliches Prinzip einsetzt ist der Verpackungsmaschinenhersteller SIG, der z. B. für jede erfolgreich verpackte Praline bezahlt wird. Ein weiteres Beispiel sind Aufzughersteller die für installierte Aufzüge in Gebäuden eine Gebühr in Abhängigkeit des transportierten Gewichts und der zurückgelegten Strecke erheben.

BASF: Integration in die Produktionsabläufe von Kunden (BASF 2012)

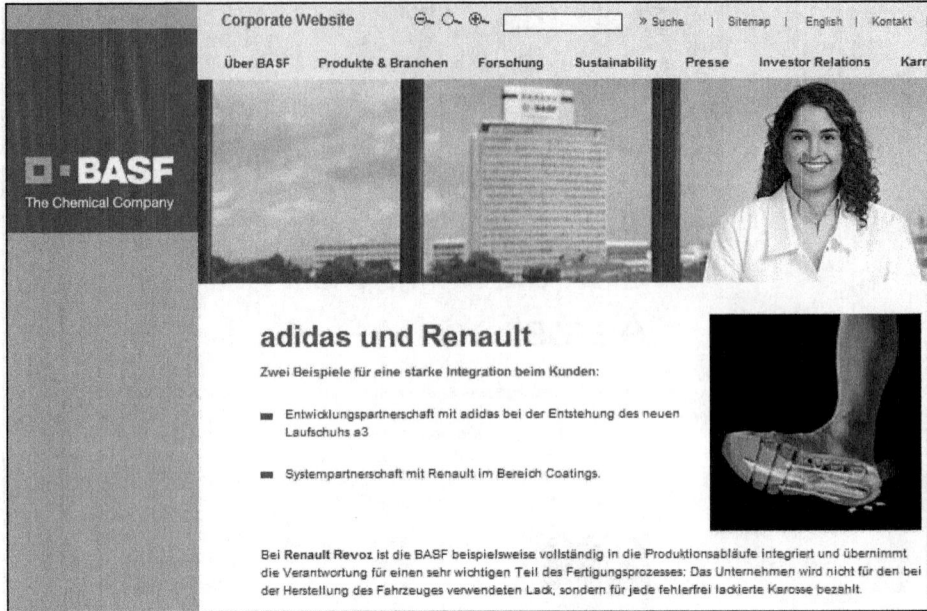

„Bei Renault Revoz ist die BASF beispielsweise vollständig in die Produktionsabläufe integriert und übernimmt die Verantwortung für einen sehr wichtigen Teil des Fertigungsprozesses: Das Unternehmen wird nicht für den bei der Herstellung des Fahrzeuges verwendeten Lack, sondern für jede fehlerfrei lackierte Karosse bezahlt."

Das Geschäftsmodell von BASF ermöglicht es, vorhandene Fähigkeiten im Lackierbereich zu nutzen, diese den Kunden zur Verfügung zu stellen und damit die Kunden stärker an das Unternehmen zu binden (z. B. über Rahmenverträge). Daneben werden durch den Verkauf von Dienstleistungen Zusatzumsätze erzielt. Der Vorteil für Renault ist keine bzw. eine geringe Investition in Lackieranlagen, eine Reduktion des Ausschusses (durch die Verlagerung des Produktionsrisikos auf den Lieferanten) und eine Fokussierung auf die eigenen Kernkompetenzen (z. B. Entwicklung und Verkauf von Fahrzeugen).

Die dargestellten Beispiele zeigen Möglichkeiten auf, um sich mittels der Geschäftsmodell-Innovation gegenüber Wettbewerbern zu differenzieren. Diese Möglichkeiten beinhalten neben der Veränderung des Umsatzmechanismus (z. B. Miete statt Kauf), der Veränderung angeboterer Leistungen (z. B. Zusatzdienstleistungen, Fokus auf Kernleistungen) auch die Veränderung der Wertschöpfung (z. B. Position innerhalb der Wertschöpfungskette). Es stellt sich die Frage, wie vorgegangen werden kann, um Geschäftsmodell-Innovation systematisch zu betreiben.

1.2 Anforderungen an eine Methode der Geschäftsmodell-Innovation

Auf Basis bestehender Ansätze und praktischer Erkenntnisse liegen folgende Anforderungen an eine Methode der Geschäftsmodell-Innovation vor (Schallmo 2013, S. 115 f.):

- *Integration von Kunden:* Die Integration von Kunden soll sicherstellen, dass im Rahmen der Geschäftsmodell-Innovation die aktuellen und zukünftigen Kundenbedürfnisse berücksichtigt werden und das Geschäftsmodell daran ausgerichtet wird. Daneben soll ermöglicht werden, die Geschäftsmodelle mit Kunden zu testen und diese Erstentwürfe weiterzuentwickeln (siehe auch: Cooper 2001, S. 131–135; Osterwalder und Pigneur 2010, S. 127 f.; Plattner et al. 2009, S. 118–125 und S. 143 f.).
- *Integration von Experten:* Die Integration von Experten aus der Industrie soll erfolgen, um deren Wissen im Rahmen der Entwicklung einer Methode der Geschäftsmodell-Innovation zu nutzen. Daneben sollen Experten eingesetzt werden, um Geschäftsmodelle zu testen und weiterzuentwickeln.
- *Berücksichtigung zukünftiger Entwicklungen:* Entwicklungen innerhalb der Makro- und Mikro-Umwelt sollen erhoben werden und in die Ausgestaltung von Geschäftsmodellen integriert werden, um das Geschäftsmodell daran auszurichten (siehe auch: Bieger und Krys 2011, S. 3; Bucherer 2010, S. 5; Knyphausen-Aufseß und Zollenkop 2011, S. 114).
- *Berücksichtigung von Technologien:* Technologien sollen innerhalb der Methode berücksichtigt werden, um das Geschäftsmodell zu unterstützen (siehe auch: Chesbrough und Rosenbloom 2002, S. 529; Papakiriakopoulos 2001, S. 449; Voelpel et al. 2004, S. 269 f.).
- *Berücksichtigung der bestehenden Literatur:* Die bestehende Literatur soll berücksichtigt werden, um vorhandenes Wissen zu integrieren und die Methode der Geschäftsmodell-Innovation wissenschaftlich zu fundieren. Daneben sollen generische Geschäftsmodelle innerhalb der Literatur berücksichtigt werden, um neue Ideen für Geschäftsmodelle zu gewinnen.
- *Entwicklung eines einheitlichen Beschreibungsrasters:* Die Entwicklung eines einheitlichen Beschreibungsrasters soll erfolgen, um ein Geschäftsmodell, die Geschäftsmodell-Elemente und deren Abhängigkeiten vollständig zu beschreiben (siehe auch: Kobler 2005, S. 21; Osterwalder und Pigneur 2010, S. 15).
- *Gewinnung von Ideen für radikale Geschäftsmodell-Innovation:* Die Methode der Geschäftsmodell-Innovation soll ermöglichen, Ideen zu gewinnen, die dazu dienen, radikale Geschäftsmodell-Innovation zu betreiben. Daher soll im ersten Schritt des Vorgehensmodells keine Orientierung an bestehenden Geschäftsmodellen und Denkrastern erfolgen (siehe auch: Kobler 2005, S. 21; Osterwalder und Pigneur 2010, S. 136).
- *Einsatz von Visualisierungstechniken:* Im Rahmen der Geschäftsmodell-Innovation sollen Visualisierungstechniken eingesetzt werden, um die Ergebnisse zu visualisieren und die Kreativität zu fördern (siehe auch: Osterwalder und Pigneur 2010, S. 148; Plattner et al. 2009, S. 129 f.; Wirtz 2010, S. 74).

- *Berücksichtigung aller relevanter Phasen:* Die Methode der Geschäftsmodell-Innovation soll neben der Entwicklung von Geschäftsmodellen auch die nachgelagerten Phasen (Implementierung und Erweiterung) berücksichtigen (siehe auch: Wirtz 2010, S. 75 f.).
- *Integration von Rückkopplungs-Schleifen:* Die Methode der Geschäftsmodell-Innovation soll im Rahmen des Vorgehensmodells Rückkopplungs-Schleifen integrieren, um bereits erstellte Ergebnisse nach Bedarf weiterzuentwickeln (siehe auch: Plattner et al. 2009, S. 22, 114 und 127; Cooper 2008, S. 216 und 225 f.).

Diese Anforderungen werden innerhalb der Methode der Geschäftsmodell-Innovation in dem Metamodell, in dem Vorgehensmodell und in den Techniken sowie in den Ergebnissen umgesetzt.

1.3 Lernziele und Adressaten des Lehrbuchs

Lernziele Die Lernenden sollen in der Lage sein, die Methode der Geschäftsmodell-Innovation (Metamodell, Vorgehensmodell, Techniken und Ergebnisse) zu verstehen und anzuwenden. Die Lernenden sollen befähigt werden, ein eigenes Geschäftsmodell zu entwickeln und dieses zu implementieren. Die erstellten Ergebnisse sollen selbstständig reflektieren werden.

Adressaten Die Arbeit richtet sich an Lehrende und Lernende (z. B. Seminarteilnehmer und Studenten), die sich mit den Themen Geschäftsmodell und Geschäftsmodell-Innovation beschäftigen. Adressaten aus der Praxis sind Verantwortliche aus den Bereichen Geschäftsführung, Unternehmensentwicklung, Marketing und Vertrieb.

1.4 Aufbau des Lehrbuchs

Das Lehrbuch untergliedert sich in elf Kapitel. Das *erste Kapitel* beinhaltet Beispiele innovativer Geschäftsmodelle. Auf Basis bestehender Ansätze und praktischer Erkenntnisse werden Anforderungen an eine Methode der Geschäftsmodell-Innovation abgeleitet. Im Anschluss erfolgt die Erläuterung der Lernziele und der Adressaten des Lehrbuchs. Das *zweite Kapitel* behandelt theoretische Grundlagen mit Definitionen und Ansätzen; dazu gehören das Geschäftsmodell, die Geschäftsmodell-Innovation, die Geschäftsmodell-Ebenen und die Geschäftsmodell-Umwelt.

Das zweite Kapitel endet mit den Charakteristika von Geschäftsmodellen und der Einordnung des Geschäftsmodells in den Unternehmenskontext, insbesondere zur Unternehmensstrategie. Im *dritten Kapitel* erfolgt die Darstellung der Elemente eines Geschäftsmodells (= Objekte der Methode), deren Beziehungen zueinander in einem Metamodell aufgezeigt sind. Die Elemente sind anhand eines Rasters beschrieben, um ein einheitliches Verständnis zu schaffen. Das *vierte Kapitel* beinhaltet das Vorgehensmodell der Geschäftsmodell-Innovation mit sechs Phasen und den jeweiligen Aktivitäten, dem Input und dem

1.4 Aufbau des Lehrbuchs

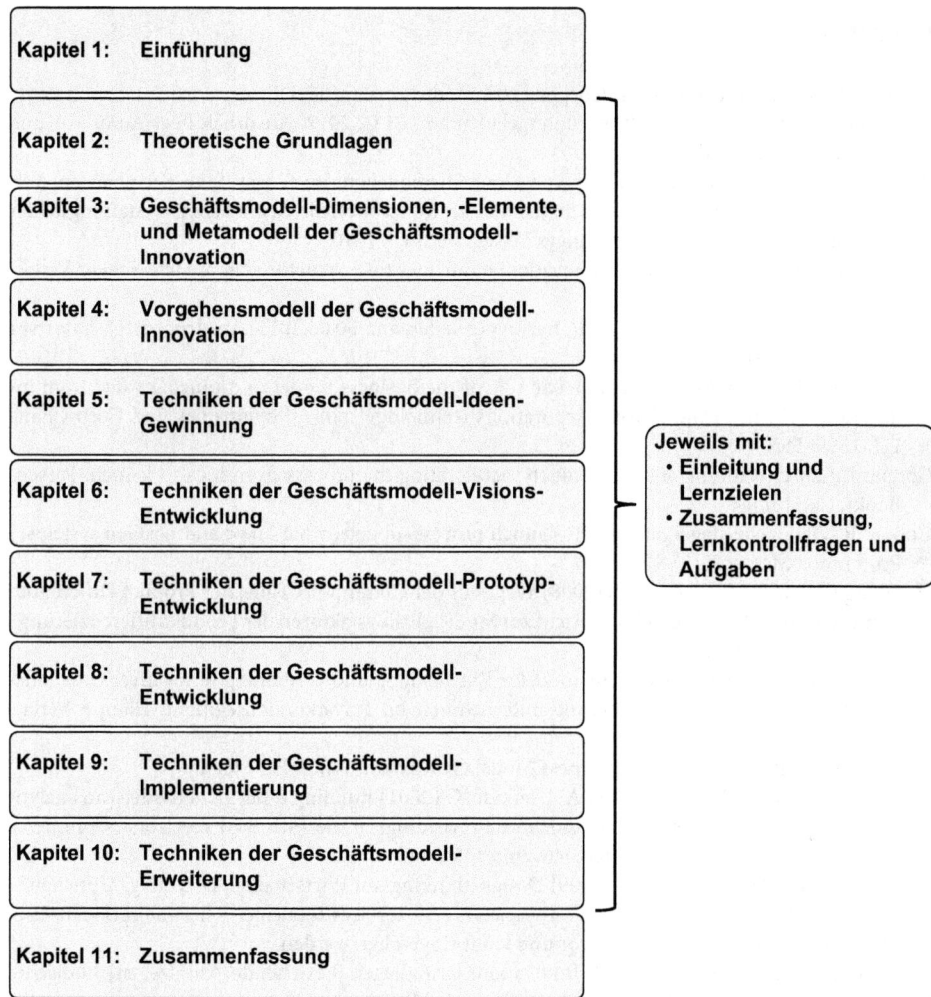

Abb. 1.1 Aufbau des Lehrbuchs

Output. die *Kapitel fünf bis zehn* stellen jeweils die sechs Phasen der Vorgehensmodells mit Techniken und Ergebnissen dar. Das Lehrbuch endet im *elften Kapitel* mit einer Zusammenfassung. Die Abb. 1.1 stellt den Aufbau der Arbeit mit den einzelnen Kapiteln dar.

Die jeweiligen Kapitel des Lehrbuchs (ausschließlich Kapitel eins „Einleitung" und Kapitel elf „Zusammenfassung") beinhalten neben dem Inhalt jeweils folgende Unterkapitel:

- *Einleitung und Lernziele:* Die Einleitung beschreibt die wesentlichen Inhalte des Kapitels; die Lernziele beschreiben, den Wissensgewinn des Lernenden am Ende des Kapitels.
- *Zusammenfassung, Lernkontrollfragen und Aufgaben:* Die Zusammenfassung reflektiert die wesentlichen Inhalte des Kapitels; die Lernkontrollfragen dienen der Wissenskontrolle; die Aufgaben dienen der Anwendung der erlernten Wissens.

Literatur

BASF (2012) http://basf.com/group/corporate/site-ludwigshafen/de_DE/investor-relations/strategy/customers/adidas-and-renault; heruntergeladen am: 01.02.2012. Ausdruck liegt Autor vor und kann eingesehen werden

Bieger T, Krys C (2011) Die Dynamik von Geschäftsmodellen. In: Bieger T, zu Knyphausen-Aufseß D, Krys C (eds) Innovative Geschäftsmodelle: Konzeptionelle Grundlagen, Gestaltungsfelder und unternehmerische Praxis. Springer Verlag, Berlin, S 1–10

Bucherer E (2010) Business model innovation: guidelines for a structured approach. Shaker Verlag, Aachen

car2go (2011) http://www.car2go.com/; heruntergeladen am: 30.06.2011. Ausdruck liegt Autor vor und kann eingesehen werden

Chesbrough H, Rosenbloom R (2002) The role of the business model in capturing value from innovation: evidence from Xerox Corporation's technology spin-off companies. Ind Corp Chang 11(3):529–555

Cooper R (2001) Winning at new products: accelerating the process from idea to launch. Perseus Books, Cambridge

Cooper R (2008) The stage-gate idea-to-launch process–update, what's new and nexGen systems. J Prod Innov Manag 25(3) S 213–232

Homburg C, Staritz M, Bingemer S (2008) Wege aus der Commodity Falle: der Product Differentiation Excellence-Ansatz: ergebnisbericht zur Studie „Erfolgsfaktoren der Produktdifferenzierung", Universität Mannheim

Kobler D (2005) Innovative Geschäftsmodelle: Entwicklung und Gestaltung innovativer Geschäftsmodelle für Schweizer Versicherungsunternehmen im Privatkundensegment. Hampp Verlag, Mering

Osterwalder A, Pigneur Y (2010) Business Model Generation. Wiley, New Jersey

Papakiriakopoulos D, Poylumenakou A, Doukidis G (2001) Building e-business models: an analytical framework and development guidelines.Proceedings of the 14th Bled Electronic Commerce Conference, 25–26 Juni 2001, Bled, Slovenia, S 446–464

Plattner H, Meinel C, Weinberg U (2009) Design-thinking. mi Wirtschaftsbuch Verlag, München

Rolls Royce (2012) http://www.rolls-royce.com/civil/services/totalcare/; heruntergeladen am: 01.02.2012. Ausdruck liegt Autor vor und kann eingesehen werden

Schallmo D (2013) Geschäftsmodell-Innovation: Grundlagen, bestehende Ansätze, methodisches Vorgehen und B2B-Geschäftsmodelle, Springer Gabler Wiesbaden

Southwest (2011) http://www.southwest.com/; heruntergeladen am: 11.12.2011. Ausdruck liegt Autor vor und kann eingesehen werden

Voelpel S, Leibold M, Eden B (2004) The wheel of business model reinvention: how to reshape your business model to leapfrog competitors. J Chang Manag 4(3):259–276

Wirtz B (2010) Business model management. Gabler, Wiesbaden

zu Knyphausen-Aufseß D, Zollenkop M (2011) Transformation von Geschäftsmodellen: Treiber, Entwicklungsmuster, Innovationsmanagement. In: Bieger T, zu Knyphausen-Aufseß D, Krys C (eds) Innovative Geschäftsmodelle: Konzeptionelle Grundlagen, Gestaltungsfelder und unternehmerische Praxis. Springer, Berlin, S 111–126

Theoretische Grundlagen

2.1 Einleitung und Lernziele

▶ Derzeit liegen für die Begriffe Geschäftsmodell und Geschäftsmodell-Innovation unterschiedliche Definitionen vor. Die Geschäftsmodell-Ebenen sind ebenfalls nicht einheitlich definiert. Die Zielsetzung ist es, bestehende Definitionen und Ansätze aufzuzeigen, diese zu diskutieren und bei Bedarf jeweils eine Synthese zu erstellen, die als terminologische Grundlage für die weiteren Kapitel dient.

Das zweite Kapitel gliedert sich in sechs Unterkapitel. Kapitel 2.2 beinhaltet die Definition des Begriffs Geschäftsmodell und Kap. 2.3 die Definition des Begriffs Geschäftsmodell-Innovation. In Kap. 2.4 erfolgt die Erläuterung von Geschäftsmodell-Ebenen und in Kap. 2.5 die Erläuterung der Geschäftsmodell-Umwelt. In Kap. 2.6 finden die Darstellung der Charakteristika von Geschäftsmodellen und eine Einordnung des Geschäftsmodells in den Unternehmenskontext statt. Kapitel 2.7 beinhaltet eine Zusammenfassung, Lernkontrollfragen und Aufgaben zum zweiten Kapitel. Als Ergebnis liegen theoretische Grundlagen für Geschäftsmodelle vor, die ein einheitliches Verständnis sicherstellen.

Für dieses Kapitel liegen folgende **Lernziele** vor:

- In diesem Kapitel lernen Sie zunächst die Definitionen zu Geschäftsmodell und Geschäftsmodell-Innovation wiederzugeben.
- Sie sind auch in der Lage, Beispiele für innovative Geschäftsmodelle wiederzugeben und die charakteristischen Punkte von Geschäftsmodellen zu identifizieren.
- Sie können die unterschiedlichen Ebenen von Geschäftsmodellen erklären und die Charakteristika der Geschäftsmodell-Umwelt erläutern.
- Abschließend können Sie ein Geschäftsmodell von einer Strategie unterscheiden und die Schnittstellen interpretieren.

2.2 Geschäftsmodell

In Kap. 2.2.1 werden bestehende Definitionen zum Begriff *Geschäftsmodell* aufgezeigt und besprochen. In Kap. 2.2.2 erfolgt dann die Erarbeitung von einer eigenen Definition zum Begriff *Geschäftsmodell*.

2.2.1 Bestehende Definitionen

Zunächst erfolgt die Darstellung der beiden Begriffe *Geschäft* und *Modell*; im Anschluss erfolgt die Darstellung und Diskussion bestehender *Definitionen zum Begriff Geschäftsmodell*.

Grünig und Kühn (2000, S. 470) definieren ein Geschäft als eine „Produkt- und/oder Leistungsgruppe mit eigenem Marktauftritt", das „mehr oder weniger starke markt- und ressourcenmässige Synergien" mit anderen Geschäften aufweist. Hoppe und Kollmer (2001, S. 3) sehen ein Geschäft als eine „auf Gewinn abzielende Unternehmung".

Schütte (1998, S. 59) sieht in einem Modell „das Ergebnis einer Konstruktion eines Modellierers, der für Modellnutzer eine Repräsentation eines Originals zu einer Zeit als relevant mit Hilfe einer Sprache deklariert". Hoppe und Kollmer (2001, S. 3) hingehen sehen in einem Modell „eine vereinfachte Abbildung der Wirklichkeit, die aus Elementen und deren Verknüpfung besteht".[1]

Zusammengefasst ist ein Geschäftsmodell „eine vereinfachte Abbildung einer auf Gewinn abzielenden Unternehmung", das aus den „wesentlichen Elementen [...] und deren Verknüpfung" besteht (Hoppe und Kollmer 2001, S. 3). Dieser erste Definitionsansatz wird um Definitionen der Tab. 2.1 ergänzt, die als Basis für die Herleitung einer eigenen Definition dienen.

Amit und Zott (2001, S. 493) sehen in einem *Geschäftsmodell* die Gestaltung des Inhalts einer Transaktion, der Struktur und der Steuerung, mit dem Ziel, durch die Nutzung von Geschäftschancen Wert zu schaffen; die Nutzung von Geschäftschancen erfolgt mittels der Kombination von Elementen.

Bieger und Reinhold (2011, S. 32) beschreiben ein *Geschäftsmodell* als „Grundlogik, wie eine Organisation Werte schafft" und zählen ebenfalls die Elemente eines Geschäftsmodells auf.

Hamel (2001, S. 10) stellt vier Elemente von *Geschäftsmodellen* vor: die Kundenschnittstelle, die Hauptstrategie, die strategischen Ressourcen und das Wertenetzwerk (bestehend aus Partnern, Lieferanten etc.). Er integriert drei weitere Elemente, welche die zuvor genannten Elemente miteinander verbinden: den Kundennutzen, die Konfiguration von Aktivitäten und die Unternehmensgrenzen. In dieser Definition liegt der Fokus auf Geschäftsmodell-Elementen und deren Verknüpfung.

---

[1] Entnommen aus: Maaß 2008, S. 30.

2.2 Geschäftsmodell

Tab. 2.1 Ausgewählte Definitionen zu Geschäftsmodell. (Schallmo 2013, S. 17 f.).

Autor	Definition Geschäftsmodell
Amit und Zott 2001, S. 493	„A business model depicts the design of transaction content, structure, and governance so as to create value through the exploitation of business opportunities."
Bieger und Reinhold 2011, S. 32	„Ein Geschäftsmodell beschreibt die Grundlogik, wie eine Organisation Werte schafft. Dabei bestimmt das Geschäftsmodell, 1) was ein [sic!] Organisation anbietet, das von Wert für Kunden ist, 2) wie Werte in einem Organisationssystem geschaffen werden, 3) wie die geschaffenen Werte dem Kunden kommuniziert und übertragen werden, 4) wie die geschaffenen Werte in Form von Erträgen durch das Unternehmen „eingefangen" werden, 5) wie die Werte in der Organisation und an Anspruchsgruppen verteilt werden und 6) wie die Grundlogik der Schaffung von Wert weiterentwickelt wird, um die Nachhaltigkeit des Geschäftsmodells in der Zukunft sicherzustellen."
Hamel 2001, S. 10	„The four boxes in the diagram represent the major components of a business model: customer interface, core strategy, strategic resources, and value network. These basic components are linked by three ‚bridging' components: customer benefits, configuration of activities, and company boundaries."
Hawkins 2002, S. 308	„In other words, a business model describes how an enterprise gears up its resources, planning capabilities and processes to the revenue producing potential of a specific product or service. By focusing in on this relationship to revenue producing potential, a new context is provided for assessing the planning and operational aspects of an enterprise, and for assessing the relationship between on-line and off-line trading environments."
Johnson et al. 2008, S. 60	„A business model, from our point of view, consists of four interlocking elements that, taken together, create and deliver value. The most important to get right, by far, is the first."
Magretta 2002, S. 4	„Who is the customer? And what does the customer value? It also answers the fundamental question every manager must ask: How do we make money in this business? What is the underlying economic logic that explains how we can deliver value to the customers at an appropriate cost?"
Mitchell und Coles, 2003 S. 17	„A business model is the combination of ‚who', ‚what', ‚when', ‚where', ‚why', ‚how', and ‚how much' an organization uses to provide its goods and services and develop resources to continue its efforts."
Osterwalder und Pigneur 2010, S. 14	„A business model describes the rationale of how an organization creates, delivers, and captures value."
Pateli und Giaglis 2004, S. 308	„In other words, business models are not conceived as a purely management-related concept, but embrace a broad spectrum of organizational activities, from the operational (processes) to the strategic level. Moreover, given the evolution of networked organizations and the growing adoption of eBusiness [sic!], the definition of business models has been extended to include inter-organizational activities, roles, and elements as well."

Tab. 2.1 Fortsetzung

Autor	Definition Geschäftsmodell
Rappa 2004, S. 34	„A business model is a method of doing business. All business models specify what a company does to create value, how it is situated among upstream and downstream partners in the value chain, and the type of arrangement it has with its customers to generate revenue."
Skarzynski und Gibson 2008, S. 112	„We define a business model as a conceptual framework for identifying how a company creates, delivers and extracts value. It typically includes a whole set of integrated components, all of which can be looked on as opportunities for innovation and competitive advantage."
Weiner et al. 2010a, S. 23	„A business model is a conceptual tool containing a set of objects, concepts and their relationships with the objective to express the business logic of a specific firm. Therefore we must consider which concepts and relationships allow a simplified description and representation of what value is provided to whom, how this is done and with which financial consequences."
Wirtz 2010, S. 70	„Ein Business Model stellt eine stark vereinfachte und aggregierte Abbildung der relevanten Aktivitäten einer Unternehmung dar. Es erklärt [sic!] wie durch die Wertschöpfungskomponente einer Unternehmung vermarktungsfähige Informationen, Produkte und/oder Dienstleistungen entstehen. Neben der Architektur der Wertschöpfung werden die strategische sowie Kunden- und Marktkomponente berücksichtigt, um das übergeordnete Ziel der Generierung bzw. Sicherung des Wettbewerbsvorteils zu realisieren."

Hawkins (2002, S. 308) definiert ein *Geschäftsmodell* als eine Beschreibung, wie ein Unternehmen die Ressourcen, die Planungsfähigkeiten und die Prozesse auf die erlösschaffenden Potenziale eines Produktes oder einer Dienstleistung ausrichtet. Analog zu Amit und Zott geht es um die Zusammenstellung einzelner Elemente; die Elemente eines Geschäftsmodells werden um die *Ausrichtung auf erlösschaffende Potenziale* ergänzt.

Johnson et al. (2008, S. 60) sehen in einem *Geschäftsmodell* die Zusammenstellung von Elementen, die Wert schaffen und diesen Wert bereitstellen.

Magretta (2002, S. 4) fragt nach dem Kunden, nach dem Wert für den Kunden, nach dem Ertragsmechanismus und danach, wie der Wert für den Kunden zu einem angemessenen Preis erbracht wird.

Mitchel und Coles (2003, S. 17) definieren ein *Geschäftsmodell* als eine Kombination von Elementen, um Produkte und Dienstleistungen bereitzustellen und Ressourcen zu entwickeln.

Osterwalder und Pigneur (2010, S. 14) definieren ein *Geschäftsmodell* als eine Beschreibung, wie eine Organisation Wert schafft, bereitstellt und sichert.

Pateli und Giaglis (2004, S. 308) sehen in einem *Geschäftsmodell* eine Zusammenfassung von Aktivitäten zwischen Organisationen, Rollen und Elementen.

Rappa sieht in einem *Geschäftsmodell* eine Beschreibung dessen, was ein Unternehmen unternimmt, um Wert zu schaffen, wie ein Unternehmen innerhalb der Wertschöpfungskette platziert ist und wie sich die Form der Zusammenarbeit mit Kunden gestaltet, um Umsatz zu erzielen (2004, S. 34).

Skarzynski und Gibson (2008, S. 112) verstehen unter einem *Geschäftsmodell* ein Rahmenwerk, das beschreibt, wie ein Unternehmen Werte erstellt, bereitstellt und für sich sichert.

Weiner et al. (2010a, S. 23) sehen in einem *Geschäftsmodell* ein konzeptionelles Werkzeug, das die Beziehung von Objekten zueinander beschreibt. Die Beschreibung zeigt auf, welcher Wert an wen und auf welche Art erbracht wird und welche finanziellen Konsequenzen daraus entstehen.

Wirtz (2010, S. 70) versteht unter einem *Geschäftsmodell* die Abbildung der „relevanten Aktivitäten" eines Unternehmens. Er zählt ebenso die aus seiner Sicht relevanten Elemente auf und sieht als übergeordnetes Ziel eines Geschäftsmodells die Erstellung bzw. Sicherung eines Wettbewerbsvorteils.

2.2.2 Zusammenfassung

Es zeigt sich, dass in der Literatur unterschiedliche Definitionen des Begriffs *Geschäftsmodell* vorliegen, deren Charakteristika nachfolgend aufgezeigt sind.

Die *Kombination von Elementen* ist ein wesentlicher Bestandteil innerhalb der Definition von Geschäftsmodellen (Johnson et al. 2008, S. 60; Mitchel und Coles 2003, S. 17). Einige Autoren verwenden statt des Begriffs *Elemente* andere Begriffe wie z. B. *Bestandteile* (Hamel 2001; S. 10), *Objekte* und *Konzepte* (Weiner et al. 2010a, S. 23) oder *Komponenten* (Wirtz 2010, S. 70) bzw. gehen direkt auf die einzelnen Elemente ein (Amit und Zott 2001, S. 493; Hawkins 2002, S. 308; Magretta 2002, S. 4; Osterwalder und Pigneur 2010, S. 14; Pateli und Giaglis 2004, S. 308; Rappa 2004, S. 34). Die *Kombination von Elementen* dient dazu, *Produkte* und *Dienstleistungen* zu erstellen (Mitchel und Coles 2003, S. 17; Hawkins 2002, S. 308; Wirtz 2010, S. 70) bzw. *Werte*[2] *zu schaffen, bereitzustellen* und zu *sichern* (Amit und Zott 2001, S. 493; Johnson et al. 2008, S. 60; Magretta 2002, S. 4; Osterwalder und Pigneur 2010, S. 14; Rappa 2004, S. 34; Weiner et al. 2010b, S. 23; Bieger und Reinhold 2011, S. 32). Die geschaffenen Werte dienen dazu, *Kundenbeziehungen zu festigen* und eine *Differenzierung gegenüber Wettbewerbern* zu unterstützen (Lindgardt et al. 2009, S. 3) bzw. sich einen Wettbewerbsvorteil zu sichern (Wirtz 2010, S. 70). Bieger und Reinhold (2011, S. 26–29) sehen in einem Geschäftsmodell neben einem *Kommunikationsinstrument* auch ein *Analyse-* und *Planungsinstrument*. Ein Geschäftsmodell ist somit einerseits das *Ergebnis der Analyse* bestehender Geschäftsmodell-Elemente und andererseits das *Ergebnis der Planung* neuer Kombinationen von Geschäftsmodell-Elementen.

Die relevanten Aspekte der Bestandteile der vorgestellten Geschäftsmodell-Definitionen sind in Abb. 2.1 dargestellt.

---

[2] Im Rahmen der eigenen Definition werden *Wert für Kunden* und *Nutzen für Kunden* gleichgestellt.

Kombination von Elementen eines Unternehmens	Erstellung von Produkten und Dienstleistungen	Stiftung von Nutzen für Kunden und Partner	Differenzierung gegenüber Wettbewerbern und Festigung von Kundenbeziehungen	Erreichen eines Wettbewerbsvorteils und Abschöpfung von Wert

Abb. 2.1 Bestandteile von Geschäftsmodell-Definitionen. (Schallmo 2013, S. 22)

Trotz der dargestellten Gemeinsamkeiten der vorliegenden Definitionen zum Begriff *Geschäftsmodell* liegt keine einheitliche Definition vor. Aus diesem Grund wird im nächsten Kapitel eine eigene Definition erstellt, die als Basis für die vorliegende Arbeit gilt.

2.2.3 Definition des Begriffs Geschäftsmodell

Wie aus den Definitionen ersichtlich ist, werden teilweise bereits Elemente von Geschäftsmodellen beschrieben. Im Rahmen der eigenen Definition erfolgt ebenfalls die Integration von Geschäftsmodell-Elementen.

Definition 1: Geschäftsmodell (Schallmo 2013, S. 22 f) Ein Geschäftsmodell ist die Grundlogik eines Unternehmens, die beschreibt, welcher Nutzen auf welche Weise für Kunden und Partner gestiftet wird. Ein Geschäftsmodell beantwortet die Frage, wie der gestiftete Nutzen in Form von Umsätzen an das Unternehmen zurückfließt. Der gestiftete Nutzen ermöglicht eine Differenzierung gegenüber Wettbewerbern, die Festigung von Kundenbeziehungen und die Erzielung eines Wettbewerbsvorteils. Ein Geschäftsmodell beinhaltet folgende Dimensionen und Elemente:

- Die *Kundendimension* beinhaltet die Kundensegmente, die Kundenkanäle und die Kundenbeziehungen.
- Die *Nutzendimension* beinhaltet die Leistungen und den Nutzen.
- Die *Wertschöpfungsdimension* beinhaltet die Ressourcen, die Fähigkeiten und die Prozesse.
- Die *Partnerdimension* beinhaltet die Partner, die Partnerkanäle und die Partnerbeziehungen.
- Die *Finanzdimension* beinhaltet die Umsätze und die Kosten.

Die Zielsetzung ist, die Geschäftsmodell-Elemente so miteinander zu kombinieren, dass sich die Geschäftsmodell-Elemente gegenseitig verstärken. Somit ist es möglich, Wachstum zu erzielen und gegenüber Wettbewerbern schwer imitierbar zu sein.

Die entwickelte Definition bietet für vorliegende Arbeit eine einheitliche Terminologie des Begriffs *Geschäftsmodell*. Eine Erläuterung der jeweiligen Dimensionen und Elemente findet sich in Kap. 3.

2.3 Geschäftsmodell-Innovation

In Kap. 2.3.1 wird zunächst der Begriff *Innovation* erläutert. Anschließend werden in Kap. 2.3.2 bestehende Definitionen zu *Geschäftsmodell-Innovation* aufgezeigt und diskutiert. In Kap. 2.3.3 erfolgt dann die Erarbeitung einer eigenen Definition des Begriffs *Geschäftsmodell-Innovation*.

2.3.1 Begriff der Innovation

Der Begriff der Innovation ist durch die *ergebnis-* bzw. *prozessorientierte Sichtweise* charakterisiert.

2.3.1.1 Ergebnisorientierte Sichtweise

Im Rahmen der *ergebnisorientierten Sichtweise* bedeuten Innovationen, am Markt oder unternehmensintern eingeführte qualitative Neuerungen, mit dem Ziel der Verbesserung des eigenen wirtschaftlichen Erfolgs (Gerpott 2005, S. 37–48). Eine detailliertere Differenzierung der ergebnisorientierten Sichtweise erfolgt anhand des Innovationsobjekts, des Innovationsgrads und der Bezugseinheit für die Feststellung der Neuigkeitseigenschaft.

Innovationsobjekte Gerpott (2005, S. 38) führt als Innovationsobjekte Produkt- oder Prozess-Innovationen (technisch oder administrativ) auf (siehe auch Vahs und Burmester 2005, S. 44; Gerybadze 2004, S. 70). Andere Autoren sprechen stattdessen von Innovationsarten (für Innovationsobjekte) und zeigen folgende Möglichkeiten auf (in Anlehnung an Stummer et al. 2008 S. 14–16):

- *Leistungs-Innovationen*: Leistungs-Innovationen umfassen die bedarfsgerechte Erneuerung und Verbesserung von Produkten oder Dienstleistungen.
- *Prozess-Innovationen*: Prozess-Innovationen beinhalten die effizientere Herstellung von Produkten und Dienstleistungen.
- *Markt-Innovationen*: Markt-Innovationen haben die Identifikation neuer und die Entwicklung bestehender Märkten zum Inhalt.
- *Sozial-Innovationen*: Sozial-Innovationen umfassen die Veränderungen im Personal-, im Organisations- oder im Rechtsbereich.

Die Innovationsarten für Innovationsobjekte beinhalten keine Berücksichtigung von Geschäftsmodell-Innovationen, weshalb eine Erweiterung der bestehenden Innovationsarten sinnvoll ist (Schallmo und Brecht 2010, S. 6). Es ist allerdings zu beachten, dass zwischen den vier bestehenden Innovationsarten und der Geschäftsmodell-Innovation Überschneidungen vorliegen, die in Abb. 2.2 dargestellt sind. Die Geschäftsmodell-Innovation beinhaltet somit teilweise bestehende Innovationsarten.

Leistungs-Innovationen:
bedarfsgerechte Erneuerung und Verbesserung von Produkten oder Dienstleistungen

Prozess-Innovationen:
effizientere Herstellung von Produkten und Dienstleistungen

Geschäftsmodell-Innovation:
Innovation einzelner Elemente (z.B. Kundenkanäle), der Kombination der Elemente bzw. des gesamten Geschäftsmodells

Markt-Innovationen:
Identifikation neuer und Entwicklung bestehender Märkte

Sozial-Innovationen:
Veränderungen im Personal-, Organisations- oder Rechtsbereich

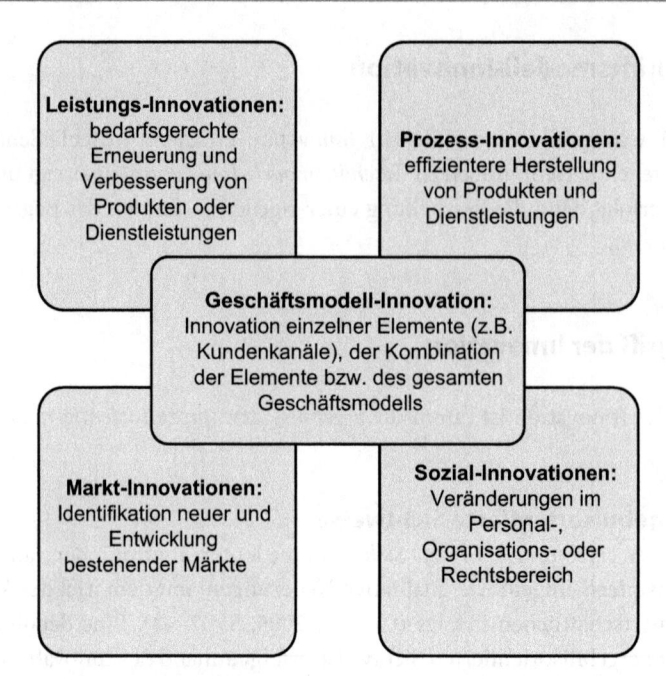

Abb. 2.2 Teilbereiche von Geschäftsmodell-Innovation. (Schallmo 2013, S. 24)

Innovationsgrade Der Innovationsgrad wird wie folgt beschrieben (Gerpott 2005, S. 40 f.; Stummer et al. 2008, S. 19; Vahs und Burmester 2005, S. 45 f.; Gerybadze 2004, S. 77):

- Inkrementell: Inkrementelle Innovationen sind geringfügige Veränderungen, die etablierte Produkt-Markt-Felder fortführen und geringe Chancen und Risiken aufweisen.
- Radikal: Radikale Innovationen sind fundamentale Veränderungen, die quantitativer (Neugestaltung vieler Produkt-/Prozessbausteine) und qualitativer (Einfließen neuer Erkenntnisse in Produkt/Prozess) Art sind und hohe wirtschaftliche und technische Chancen und Risiken aufweisen.[3]

Eine Übertragung des Innovationsgrads auf Geschäftsmodelle ermöglicht inkrementelle und radikale Geschäftsmodell-Innovationen (Stähler 2002, S. 72). Inkrementelle Geschäftsmodell-Innovationen betreffen die geringfügige Veränderung eines Geschäftsmodells, wohingegen radikale Geschäftsmodell-Innovationen die Entwicklung eines neuen und bisher unbekannten Geschäftsmodells beinhalten.

---

[3] Daneben ist auch eine Unterscheidung in *objektive* (eine Leistung, die bisher noch nicht existiert hat) und *subjektive Innovation* (eine Leistung, die nur für eine bestimmte Personengruppe neu ist) möglich (siehe hierzu: Stummer et al. 2008, S. 17).

Bezugseinheit für die Feststellung der Neuigkeitseigenschaft Im Rahmen der Neuigkeitseigenschaft ist die Perspektive der Messung entscheidend. Folgende drei Perspektiven liegen vor (Gerpott 2005, S. 46 f.):

- Unternehmensorientierte Perspektive: Die unternehmensorientierte Perspektive beinhaltet die Messung der Neuigkeitseigenschaften eines Produktes/Prozesses für das Unternehmen anhand objektiver Indikatoren (z. B. Anteil neuer Baugruppen, Unterschiede der Leistungsmerkmale eines Produktes) bzw. anhand subjektiver Befragungen von Entscheidungsträgern eines Unternehmens.
- Kundenorientierte Perspektive: Die kundenorientierte Perspektive beinhaltet die Messung der Wissens- und/oder Verhaltensänderungen bei Kunden mittels einer Befragung.
- Wettbewerbsorientierte Perspektive: Die wettbewerbsorientierte Perspektive umfasst die Messung, wie lange eine Technologie, ein Produkt bzw. ein Verfahren bereits in einer definierten Region anderer Anbieter vermarktet wird.

Ausgehend von der Definition 2 für Geschäftsmodelle, nach der ein Nutzen für Kunden gestiftet wird, ist es naheliegend, im Rahmen von Geschäftsmodell-Innovationen die kundenorientierte Perspektive heranzuziehen. Dies schließt allerdings nicht aus, dass im Rahmen der Geschäftsmodell-Innovation ebenfalls eine Beeinflussung der beiden anderen Perspektiven erfolgt.

2.3.1.2 Prozessorientierte Sichtweise

Gerpott (2005, S. 48 f.) versteht den Innovationsprozess als eine Folge von Aktivitäten und Entscheidungen, die zur Vermarktung eines neuen Produktes oder zur Nutzung eines neuen Prozesses führen sollen. Diese Aktivitäten und Entscheidungen stehen in logischem und zeitlichem Zusammenhang. Vahs und Burmester (2005, S. 50) charakterisieren den Innovationsprozess als unsicher (im Vergleich zu Routineprozessen) und zeigen auf, dass Innovationsentscheidungen mehrstufig und komplex sind. Gerybadze (2004, S. 20) stellt in seinen Ausführungen die Frage nach dem Kern der Wertschöpfung innerhalb des Innovationsprozesses. Er unterscheidet hierbei drei Aktivitätsfelder, die den Kern der Wertschöpfung enthalten können. Zu diesen Aktivitätsfeldern gehören die *Forschung und Entwicklung*, die *Prozesse bzw. Verfahren* und die *Kundenbedürfnisse*.

Eine Übertragung der *prozessorientierten Sichtweise* von Innovationen auf den Prozess der Geschäftsmodell-Innovation zeigt, dass dieser ebenfalls von einer Folge von Aktivitäten und Entscheidungen geprägt ist, die in logischem und zeitlichem Zusammenhang stehen. Diese Aktivitäten und Entscheidungen dienen der Entwicklung, der Implementierung und der Vermarktung eines Geschäftsmodells, das aus einer Kombination von Elementen (unter anderem auch Produkten, Dienstleistungen und Prozessen) besteht. Daneben sind Geschäftsmodell-Innovationsprozesse ebenfalls von Unsicherheit, Komplexität und Mehrstufigkeit geprägt. Der Kern der Wertschöpfung innerhalb des Geschäftsmodell-Innovationsprozesses liegt in der Entwicklung von Geschäftsmodell-Elementen.

Die allgemeine Betrachtung des Innovationsbegriffs inkl. Der Sichtweisen hat gezeigt, dass sich die wesentlichen Aspekte auch auf Geschäftsmodell-Innovation übertragen lassen. Im Anschluss findet eine Erläuterung von Definitionen zu Geschäftsmodell-Innovation statt.

2.3.2 Bestehende Definitionen

In diesem Kapitel erfolgt die Darstellung des Begriffs Geschäftsmodell-Innovation. Die Tab. 2.2 zeigt gängige Definitionen auf.

Johnson (2010, S. 13 und 144) definiert den Begriff *Geschäftsmodell-Innovation* als die Fähigkeit, das Unternehmen als Ganzes zu verändern. Er versteht unter der Geschäftsmodell-Innovation einen iterativen Prozess der Entwicklung der Elemente und vertritt somit die prozessuale Sicht des Innovationsbegriffs.

Labbé und Mazet (2005, S. 897 f.) verstehen unter *Geschäftsmodell-Innovation* die Veränderung einer oder mehrerer Geschäftsmodell-Dimensionen mit dem Ergebnis einer neuartigen Zusammensetzung der Elemente.

Lindgardt et al. (2009, S. 2) definieren, dass aus Innovation *Geschäftsmodell-Innovation* wird, sobald zwei oder mehr Elemente von Geschäftsmodellen weiterentwickelt werden, um auf eine neue Art Wert zu stiften. Ferner sind Geschäftsmodell-Innovationen nicht so leicht imitierbar wie Produkt- oder Prozess-Innovationen.

Mitchel und Coles (2003, S. 17) verstehen unter *Geschäftsmodell-Innovation* die Bereitstellung neuer Produkte und Dienstleistungen an Kunden. Die Entwicklung solcher Produkte und Dienstleistungen sehen sie ebenfalls als einen Prozess. In einer weiteren Definition (Mitchel und Coles 2004, S. 41) verstehen sie unter der Geschäftsmodell-Verbesserung die erfolgreiche Veränderung eines jeden Geschäftsmodell-Elements mit dem Ziel, sich gegenüber Wettbewerbern zu differenzieren.

Osterwalder und Pigneur (2010, S. 136) definieren, dass es bei *Geschäftsmodell-Innovation* nicht darum geht, sich an der Vergangenheit zu orientieren, da die Vergangenheit keine Aussage darüber liefert, welche Potenziale mit einem zukünftigen Geschäftsmodell realisiert werden können. Ebenso geht es nicht darum, sich an Wettbewerbern zu orientieren, da es bei Geschäftsmodell-Innovation nicht um Imitation oder Benchmarking (Vergangenheit/Gegenwart) geht. Vielmehr geht es bei Geschäftsmodell-Innovation darum, neue Mechanismen zu schaffen, die Nutzen stiften und Umsätze generieren. Somit soll die Erstellung außergewöhnlicher Geschäftsmodelle erfolgen, die unbefriedigte, neue, oder verborgene Kundenbedürfnisse erfüllen.

Skarzynski und Gibson (2008, S. 111) definieren, dass es bei der *Geschäftsmodell-Innovation* darum geht, neue Geschäfte zu erstellen oder eine strategische Vielfalt in Geschäfte zu integrieren, die bereits existieren. Diese Vielfalt soll Kunden einen Nutzen stiften.

Stähler (2002, S. 52) sieht in der *Geschäftsmodell-Innovation* eine Verknüpfung mit Wachstumsstrategien in zweierlei Hinsicht. Zum einen verändert die Geschäftsmodell-Innovation in einer bestehenden Industrie die Form der Wertschöpfung, um Kundenbe-

2.3 Geschäftsmodell-Innovation

Tab. 2.2 Ausgewählte Definitionen zu Geschäftsmodell-Innovation. (Schallmo 2013, S. 26)

Autor	Definition Geschäftsmodell-Innovation
Johnson 2010, S. 13 und 114	„It [seizing the white space] calls for the ability to innovate something more core than the core, to innovate the very theory of the business itself. I call that process *business model innovation*. [...] business model innovation is an iterative journey."
Labbé und Mazet 2005, S. 897 f.	„Eine Geschäftsmodellinnovation verändert eine oder mehrere Dimensionen eines Geschäftsmodells (Produkt-/Markt-Kombination, Wertschöpfungsarchitektur und Ertragsmodell), sodass eine neuartige Konfiguration der Elemente eines Geschäftsmodells entsteht und umgesetzt wird."
Lindgardt et al. 2009, S. 2	„Innovation becomes BMI when two or more elements of a business model are reinvented to deliver value in a new way. [...] BMI can provide companies a way to break out of intense competition, under which product or process innovations are easily imitated..."
Mitchell und Coles 2003, S. 17	„When a company makes business model replacements that provide product or service offerings to customers and end users that were not previously available, we refer to those replacements as business model innovations. [...] We also refer to the process of developing and making these novel replacements as the process of business model innovation."
Mitchell und Coles 2004, S. 41	„A business model improvement is any successful change in any business model element [...] that delivers substantially enhanced ongoing sales, earnings and cash flow advantages versus competitors and what customers can supply for themselves."
Osterwalder und Pigneur 2010, S. 136	„Business model innovation is not about looking back, because the past indicates little about what is possible in terms of future business models. Business model innovation is not about looking to competitors, since business model innovation is not about copying or benchmarking, but about creating new mechanisms to create value and derive revenues. Rather, business model innovation is about challenging orthodoxies to design original models that meet unsatisfied, new, or hidden customer needs."
Skarzynski und Gibson 2008, S. 111	„At its essence, business model innovation is about creating fundamentally new kinds of businesses, or about bringing more strategic variety into the business you are already in – the kind of variety that is highly valued by customers."
Stähler 2002, S. 52	„Geschäftsmodellinnovationen sind immer Wachstumsstrategien. Einerseits kann eine Geschäftsmodellinnovation dazu dienen [sic!] in einer bestehenden Industrie die Art und Weise der Wertschöpfung zu verändern, um ein bestehendes Bedürfnis von Kunden zu befriedigen, andererseits kann eine Geschäftsmodellinnovation bewusst in entstehenden, neuartigen Märkten eingesetzt werden, um überhaupt diese Märkte zu erschliessen [sic!]."
Steenkamp und Walt 2004, S. 4	„BMI promotes the innovation of the total business model of an organization in order to become customer focused. It identifies human involvement in, and interaction with, customized products according to customers' specific needs as the core activity of the new business model."

Tab. 2.2 Fortsetzung

Autor	Definition Geschäftsmodell-Innovation
Wirtz 2010, S. 203	„Zum einen wird das Business Model-Design im Kontext einer Unternehmensgründung betrachtet, wobei insbesondere der Planungsprozess im Vordergrund steht. Zum anderen wird das (Re-) Design eines existierenden Business Models im Rahmen eines bestehenden Unternehmens untersucht."

dürfnisse zu befriedigen. Zum anderen dient der Einsatz von Geschäftsmodell-Innovation dazu, neue Industrien zu erschließen.

Steenkamp und Walt (2004, S. 4) stellen fest, dass die *Geschäftsmodell-Innovation* dazu dient, als Unternehmen kundenorientiert zu agieren. Geschäftsmodell-Innovation beinhaltet die Anpassung von Produkten, die sich an den speziellen Kundenbedürfnissen ausrichten.

Wirtz (2010, S. 203) verwendet nicht explizit den Begriff Geschäftsmodell-Innovation; er verwendet den Begriff *Geschäftsmodell-Design*. Er unterscheidet einerseits das Design von Geschäftsmodellen im Rahmen einer Unternehmensgründung und andererseits das Re-Design eines existierenden Geschäftsmodells.

2.3.3 Zusammenfassung

Im Rahmen der *Geschäftsmodell-Innovation* stehen die *Veränderung* bzw. die *Weiterentwicklung einzelner Elemente* von Geschäftsmodellen (Labbé und Mazet 2005, S. 897 f.; Lindgardt et al. 2009, S. 2; Mitchel und Coles 2004, S. 41) bzw. des gesamten Unternehmens (Johnson 2010, S. 13) im Vordergrund. Diese Veränderung soll *neue Mechanismen* schaffen (Osterwalder und Pigneur 2010, S. 136) und hat eine *neuartige Zusammensetzung der Elemente* als Ergebnis (Labbé und Mazet 2005, S. 897). Dadurch ist die *Bereitstellung von Produkten und Dienstleistungen* möglich, die bisher nicht verfügbar waren (Mitchel und Coles 2003, S. 17). Somit erfolgt die *Befriedigung unbefriedigter, neuer oder verborgener Kundenbedürfnisse* (Osterwalder und Pigneur 2010, S. 136; Stähler 2002, S. 52; Steenkamp und Walt 2004, S. 4), wodurch für Kunden ein *Nutzen auf eine neue Art* gestiftet wird (Skarzynski und Gibson 2008, S. 111; Lindgardt et al. 2009, S. 2). Dadurch erfolgt einerseits die *Generierung von Umsätzen* (Osterwalder und Pigneur 2010, S. 136) und andererseits die *Differenzierung gegenüber Wettbewerbern* (Mitchel und Coles 2004, S. 41). Der Vorteil der Geschäftsmodell-Innovation ist die *schwere Imitierbarkeit* im Gegensatz zu der Produkt- bzw. Prozess-Innovation (Lindgardt et al. 2009, S. 2). Die Geschäftsmodell-Innovation dient dazu, eine *Veränderung der Wertschöpfung* in einer bestehenden Industrie vorzunehmen oder die *Erschließung neuer Industrien* zu ermöglichen (Stähler 2002, S. 52). Die Geschäftsmodell-Innovation erfolgt *in Form eines Prozesses* (Johnson 2010, S. 13; Mitchel und Coles 2003, S. 17, Osterwalder und Pigneur 2010, S. 246), der die *Weiter- bzw. Neuentwicklung eines Geschäftsmodells* beinhaltet (Wirtz 2010, S. 203).

Analog zu den Definitionen zum Begriff *Geschäftsmodell* liegt auch bei den Definitionen des Begriffs *Geschäftsmodell-Innovation* keine Einheitlichkeit vor.

2.3.4 Definition des Begriffs Geschäftsmodell-Innovation

In diesem Kapitel erfolgt auf Basis der vorangegangenen Ausführungen die Erarbeitung einer eigenen Definition für den Begriff *Geschäftsmodell-Innovation*.

Es zeigt sich, dass die Definitionen zu *Geschäftsmodell-Innovation* sowohl Elemente der Definition von Geschäftsmodellen als auch Elemente der Definition von Innovation enthalten. Neben der Definition von *Geschäftsmodell-Innovation* erfolgt in der Literatur auch die Darstellung von Möglichkeiten, *Geschäftsmodell-Innovation*[4] zu betreiben.

Die relevanten Aspekte der Bestandteile von Definitionen zu Innovation und Geschäftsmodell-Innovation sind in Abb. 2.3 dargestellt:

Auf Basis der dargestellten Literatur wird folgende Definition für *Geschäftsmodell-Innovation* festgelegt:

Definition 2: Geschäftsmodell-Innovation (Schallmo 2013, S. 29) Die Innovationsobjekte im Rahmen der Geschäftsmodell-Innovation sind einzelne Geschäftsmodell-Elemente (z. B. Kundensegmente, Leistungen) bzw. das gesamte Geschäftsmodell. Der Innovationsgrad betrifft sowohl die inkrementelle (geringfügige) als auch die radikale (fundamentale) (Weiter-) Entwicklung eines Geschäftsmodells. Die Bezugseinheit zur Feststellung des Neuigkeitsgrades ist primär der Kunde; sie kann allerdings auch den Wettbewerb, die Industrie und das eigene Unternehmen betreffen. Die Geschäftsmodell-Innovation erfolgt anhand eines Prozesses mit einer Abfolge von Aufgaben und Entscheidungen, die in logischem und zeitlichem Zusammenhang zueinander stehen. Die Aufgaben dienen der Entwicklung, der Implementierung und der Vermarktung eines Geschäftsmodells dienen. Die Zielsetzung ist, Geschäftsmodell-Elemente so zu kombinieren, damit für Kunden und für Partner auf eine neue Weise Nutzen gestiftet wird; somit ist auch eine Differenzierung gegenüber Wettbewerbern möglich. Diese Differenzierung dient dazu, die Kundenbeziehungen zu festigen und einen Wettbewerbsvorteil aufzubauen. Eine weitere Zielsetzung ist, eine schwere Imitierbarkeit zu erreichen und das sich die Geschäftsmodell-Elemente gegenseitig verstärken, um Wachstum zu generieren.

Diese Definition dient dazu, eine einheitliche Terminologie im Rahmen der vorliegenden Arbeit zu schaffen. Die Erläuterung der Vorgehensweise zur Geschäftsmodell-Innovation erfolgt in Kap. 4.

---

[4] Dabei liegt der Fokus auf der Ausgestaltung des *Prozesses der Geschäftsmodell-Innovation*.

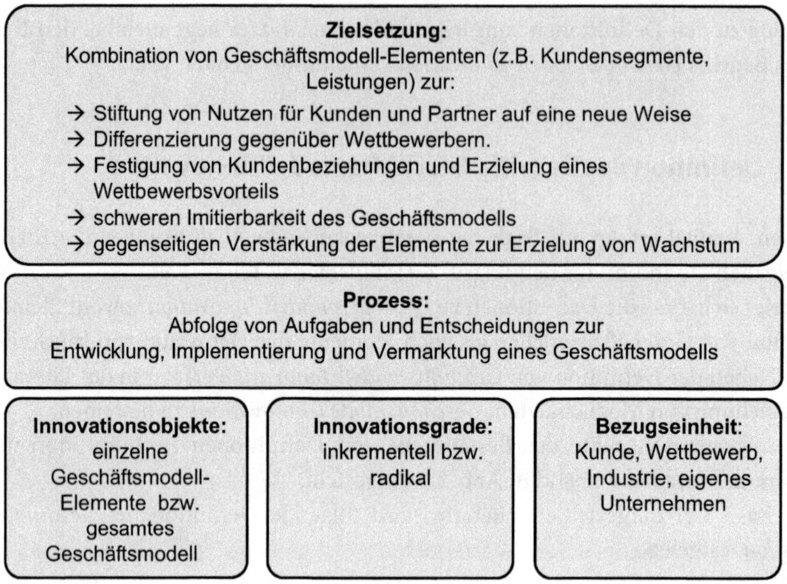

Zielsetzung:
Kombination von Geschäftsmodell-Elementen (z.B. Kundensegmente, Leistungen) zur:
→ Stiftung von Nutzen für Kunden und Partner auf eine neue Weise
→ Differenzierung gegenüber Wettbewerbern.
→ Festigung von Kundenbeziehungen und Erzielung eines Wettbewerbsvorteils
→ schweren Imitierbarkeit des Geschäftsmodells
→ gegenseitigen Verstärkung der Elemente zur Erzielung von Wachstum

Prozess:
Abfolge von Aufgaben und Entscheidungen zur Entwicklung, Implementierung und Vermarktung eines Geschäftsmodells

Innovationsobjekte:
einzelne Geschäftsmodell-Elemente bzw. gesamtes Geschäftsmodell

Innovationsgrade:
inkrementell bzw. radikal

Bezugseinheit:
Kunde, Wettbewerb, Industrie, eigenes Unternehmen

Abb. 2.3 Bestandteile der Definition von Geschäftsmodell-Innovation. (Schallmo 2013, S. 29)

2.4 Geschäftsmodell-Ebenen

In Kap. 2.4.1 werden bestehende Ansätze für die Geschäftsmodell-Ebenen erläutert und miteinander verglichen. Darauf aufbauend wird in Kap. 2.4.2 ein Ansatz für die Geschäftsmodell-Ebenen dargestellt.

2.4.1 Bestehende Ansätze

In Kap. 2.4.1 erfolgen die Vorstellung und der Vergleich von Geschäftsmodell-Ebenen von *Osterwalder* et al. (2005) und *Wirtz* (2010).

Osterwalder et al. (2005, S. 5) definieren, auf Basis der Analyse beschriebener Geschäftsmodelle in der Literatur, folgende Ebenen:

- *Geschäftsmodell-Konzepte:* Diese Ebene beinhaltet übergreifende Geschäftsmodell-Konzepte, die beschreiben, aus welchen Elementen (z. B. Umsatzmechanismus) ein Geschäftsmodell besteht.
- *Geschäftsmodell-Typen:* Diese Ebene beinhaltet Muster von Geschäftsmodellen.
- *Existierende Geschäftsmodelle:* Diese Ebene beinhaltet die Beschreibung von Geschäftsmodellen von Unternehmen.

Bei Osterwalder et al. (2005) findet sich eine *generische Ebene*, die übergreifende Geschäftsmodell-Konzepte und Geschäftsmodell-Typen beinhaltet, und eine *spezifische Ebene*, die tatsächlich existierende Geschäftsmodelle beinhaltet.

2.4 Geschäftsmodell-Ebenen

Tab. 2.3 Vergleich unterschiedlicher Ansätze zu Geschäftsmodell-Ebenen. (Schallmo 2013, S. 30)

Ebene	Osterwalder et al. 2005, S. 5	Wirtz 2010, S. 70–73
1	Übergreifende Geschäftsmodell-Konzepte	Industrie-Ebene
2	Taxonomien und Geschäftsmodell-Typen	Unternehmens-Ebene
3	Existierende Geschäftsmodelle	Geschäftseinheits-Ebene
4	–	Produkt-Ebene

Wirtz (2010, S. 70–73) definiert vier Ebenen von Geschäftsmodellen:

- *Industrie-Ebene:* Die Industrie-Ebene beschreibt Geschäftsmodelle, die typischerweise innerhalb einer Industrie angewandt werden (z. B. Billiganbieter in der Flugindustrie).
- *Unternehmens-Ebene:* Die Unternehmens-Ebene beschreibt Geschäftsmodelle, die für ganze Unternehmen angewandt werden.
- *Ebene der Geschäftseinheiten:* Diese Ebene beinhaltet Geschäftsmodelle für Geschäftseinheiten.
- *Produkt-Ebene:* Die letzte Ebene besteht aus Geschäftsmodellen für Produkte (z. B. der iPod von Apple).

Auch bei Wirtz sind ein *generische Ebene* mit dem Industrie-Geschäftsmodell und eine *spezifische Ebene* mit den übrigen drei Geschäftsmodell-Ebenen erkennbar. Im Gegensatz zu dem vorherigen Ansatz geht Wirtz detaillierter auf die spezifische Ebene ein, indem er diese in drei Sub-Ebenen unterteilt.

2.4.2 Zusammenfassung

Die Tab. 2.3 stellt die jeweiligen Ebenen dar. Es zeigt sich, dass der Ansatz von Wirtz von vier Ebenen ausgeht, von denen eine Ebene allgemeingültig ist (Industrie-Ebene).

Neben den Autoren, die explizit unterschiedliche Ebenen aufführen, gibt es Autoren, die ausschließlich Geschäftsmodelle einer Ebene behandeln.[5]

Die aufgezeigten Ansätze sind nicht einheitlich und vollständig; im folgenden Kapitel wird daher ein zusammenfassender Ansatz dargestellt.

2.4.3 Ansatz der Geschäftsmodell-Ebenen

Grundsätzlich liegen zwei Geschäftsmodell-Ebenen vor, die *generische Ebene* und die *spezifische Ebene* (Schallmo und Brecht 2010, S. 5; Weiner et al. 2012, S. 187). Die generische Ebene gilt nicht für Unternehmen und unterteilt sich wiederum in zwei Sub-Ebenen, die abstrakte Ebene und die Industrie-Ebene.

---

[5] Beispiele hierfür sind: Geschäftsmodelle auf der *Industrie-Ebene* (e-business; Timmers, 1998; Internet-Geschäftsmodelle, Wirtz et al. 2010) und Geschäftsmodelle auf der *Unternehmens-Ebene* (Xerox, Chesbrough und Rosenbloom 2002; Dell, Magretta 2002).

Die *abstrakte Ebene* enthält Geschäftsmodelle, die unabhängig einer Industrie gelten und mit den übergreifenden Geschäftsmodell-Konzepten von Osterwalder et al. (2005, S. 5) vergleichbar sind. Diese Geschäftsmodelle sind eine generelle Beschreibung, wie ein Unternehmen am Markt agieren kann (Schallmo und Brecht 2010, S. 5). Ein Beispiel ist das sogenannte *Bait-and-Hook-Geschäftsmodell*, bei dem ein günstiges oder kostenloses Produkt (Tintenstrahldrucker) angeboten wird, dessen Verwendung durch dazugehörige Folgekäufe (Patronen) erfolgt (Osterwalder und Pigneur 2010). Die *Industrie-Ebene* enthält Industrie-Geschäftsmodelle nach Wirtz (2010, S. 70–73) und die Taxonomien von Osterwalder (2004), sie beschreibt, wie ein Unternehmen innerhalb einer Industrie agieren kann (Schallmo und Brecht 2010, S. 5).

Der Vorteil im Rahmen der Betrachtung von Geschäftsmodellen auf der generischen Ebene liegt darin, dass die Gewinnung von Ideen für Geschäftsmodelle auf Unternehmens-Ebene möglich ist (Schallmo und Brecht 2010, S. 5). Analog dazu bietet die Betrachtung von Geschäftsmodellen auf spezifischer Ebene die Möglichkeit des Vergleichs bestehender Geschäftsmodelle untereinander.

Die spezifische Ebene gilt für Unternehmen und unterteilt sich in drei Sub-Ebenen (Schallmo und Brecht 2010, S. 5). Die Unternehmens-Ebene, die Geschäftseinheits-Ebene und die Produkt- und Dienstleistungs-Ebene. Die *Unternehmens-Ebene* enthält Geschäftsmodelle für Unternehmen nach Wirtz (2010, S. 70–73) und Osterwalder et al. (2005, S. 5). Das Unternehmen *Dell* betreibt zum Beispiel ein Geschäftsmodell auf Unternehmens-Ebene (Schallmo und Brecht 2010, S. 5). Die *Geschäftseinheits-Ebene* beinhaltet Geschäftsmodelle für Geschäftseinheiten analog zu Wirtz (2010, S. 70–73). Diese Ebene ist für Unternehmen relevant, die in unterschiedlichen Geschäftsfeldern bzw. Ländern agieren (Schallmo und Brecht 2010, S. 5). Die *Produkt- und Dienstleistungs-Ebene* beinhaltet Geschäftsmodelle, die für ein Produkt (Wirtz 2010, S. 70–73) oder für eine Dienstleistung gelten. *Car2go* ist zum Beispiel ein Geschäftsmodell für Mobilitätsdienstleistungen und eines von vielen Geschäftsmodellen der Daimler AG.

Die Betrachtung von Geschäftsmodellen auf unterschiedlichen Ebenen ermöglicht es, analysierte Geschäftsmodelle entsprechend zuzuordnen und im Rahmen der Entwicklung von Geschäftsmodellen Ideen zwischen den jeweiligen Ebenen auszutauschen. Somit können typische Geschäftsmodelle einer Industrie auf der Industrie-Ebene verallgemeinert (z. B. minutengenaue Abrechnung in der Telekommunikationsindustrie) und auf Unternehmens-Geschäftsmodelle einer anderen Industrie übertragen werden (z. B. minutengenaue Abrechnung bei car2go zur Vermietung von PKW). Dieser Ideen-Austausch zwischen den Geschäftsmodell-Ebenen wird *Top-down-* und *Bottom-up-Interaktion* genannt. *Top-down* bedeutet, dass abstrakte Geschäftsmodelle dazu dienen, Ideen für die Entwicklung neuer Industrie-Geschäftsmodelle zu gewinnen. Die Industrie-Geschäftsmodelle dienen wiederum dazu, Ideen für ein Unternehmens-Geschäftsmodell zu gewinnen. *Bottom-up* bedeutet, dass Ideen existierender Geschäftsmodelle auf Unternehmens-Ebene dazu dienen, Geschäftsmodelle auf der Industrie-Ebene zu entwickeln.

2.5 Geschäftsmodell-Umwelt

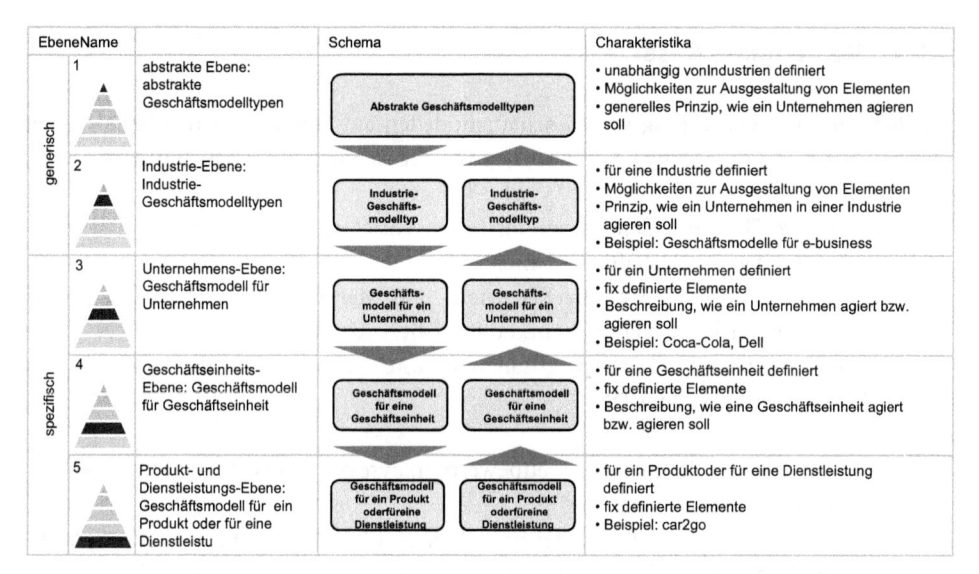

Ebene	Name	Schema	Charakteristika
1 (generisch)	abstrakte Ebene: abstrakte Geschäftsmodelltypen	Abstrakte Geschäftsmodelltypen	• unabhängig von Industrien definiert • Möglichkeiten zur Ausgestaltung von Elementen • generelles Prinzip, wie ein Unternehmen agieren soll
2 (generisch)	Industrie-Ebene: Industrie-Geschäftsmodelltypen	Industrie-Geschäftsmodelltyp / Industrie-Geschäftsmodelltyp	• für eine Industrie definiert • Möglichkeiten zur Ausgestaltung von Elementen • Prinzip, wie ein Unternehmen in einer Industrie agieren soll • Beispiel: Geschäftsmodelle für e-business
3 (spezifisch)	Unternehmens-Ebene: Geschäftsmodell für Unternehmen	Geschäftsmodell für ein Unternehmen / Geschäftsmodell für ein Unternehmen	• für ein Unternehmen definiert • fix definierte Elemente • Beschreibung, wie ein Unternehmen agiert bzw. agieren soll • Beispiel: Coca-Cola, Dell
4 (spezifisch)	Geschäftseinheits-Ebene: Geschäftsmodell für Geschäftseinheit	Geschäftsmodell für eine Geschäftseinheit / Geschäftsmodell für eine Geschäftseinheit	• für eine Geschäftseinheit definiert • fix definierte Elemente • Beschreibung, wie eine Geschäftseinheit agiert bzw. agieren soll
5 (spezifisch)	Produkt- und Dienstleistungs-Ebene: Geschäftsmodell für ein Produkt oder für eine Dienstleistu	Geschäftsmodell für ein Produkt oder für eine Dienstleistung / Geschäftsmodell für ein Produkt oder für eine Dienstleistung	• für ein Produkt oder für eine Dienstleistung definiert • fix definierte Elemente • Beispiel: car2go

Abb. 2.4 Ebenen von Geschäftsmodellen. (in Anlehnung an Schallmo und Brecht 2010, S. 6; Wirtz 2010 S. 70 und Weiner et al. 2012, S. 187)

Die Abb. 2.4 ist eine erweiterte Version von Wirtz (2010, S. 71) und integriert zusätzlich die abstrakte Ebene sowie Dienstleistungen. Sie illustriert die beschriebenen Ebenen (Schallmo und Brecht 2010, S. 6).

Auf Basis der Literatur und der diskutierten Ergebnisse erfolgt die *Definition* folgender *Ebenen für Geschäftsmodelle* (in Anlehnung an Schallmo und Brecht 2010, S. 6):

Definition 3: Geschäftsmodell-Ebenen (Schallmo 2013, S. 32 f.) Geschäftsmodelle können für zwei generelle Ebenen analysiert und entwickelt werden: für die generische und die spezifische Ebene. Die generische Ebene unterteilt sich in zwei Sub-Ebenen: die abstrakte Ebene, die unabhängig von einer Industrie gültig ist, und die Industrie-Ebene, die für eine bestimmte Industrie gültig ist. Die spezifische Ebene enthält detailliertere Ausprägungen von Geschäftsmodellen und ist für Unternehmen gültig. Sie unterteilt sich in drei Sub-Ebenen: die Unternehmens-Ebene, die Geschäftseinheits-Ebene und die Produkt- und Dienstleistungs-Ebene.

Der erarbeitete Ansatz für Geschäftsmodell-Ebenen dient dazu, ein einheitliches Verständnis im Rahmen der vorliegenden Arbeit zu schaffen.

2.5 Geschäftsmodell-Umwelt

In Kap. 2.5.1 werden bestehende Ansätze zur Geschäftsmodell-Umwelt dargestellt und miteinander verglichen. Kapitel 2.5.2 enthält einen Ansatz für die Geschäftsmodell-Umwelt.

2.5.1 Bestehende Ansätze

Im Rahmen der Entwicklung von Geschäftsmodellen auf Unternehmens-Ebene schlägt Wirtz (2010, S. 211–213) eine Umweltanalyse vor, die sich folgendermaßen unterteilt:

- *Umfeldanalyse*: Die Umfeldanalyse umfasst das technologische, das regulative, das ökonomische und das gesellschaftliche Umfeld.
- *Branchen- und Marktanalyse*: Die Branchen- und Marktanalyse umfasst die Marktstrukturen, das Nachfrageverhalten und die existierenden Branchen.
- *Wettbewerbsanalyse*: Die Wettbewerbsanalyse besteht aus dem Wettbewerbsverhalten und der Wettbewerbsintensität.

Wirtz (2010) schlägt im Rahmen der Wettbewerbsanalyse die von Porter (1980) entwickelte Branchenstrukturanalyse vor.

Analog dazu empfehlen Osterwalder und Pigneur (2010, S. 200 f.), folgende vier Dimensionen im Rahmen der Entwicklung von Geschäftsmodellen zu berücksichtigen:

- *Haupttrends:* Die Haupttrends beinhalten die Technologien, die Regulatorien, die sozio-kulturellen Trends und die sozio-ökonomischen Trends.
- *Markttreiber:* Die Markttreiber umfassen die Marktsegmente, die Bedürfnisse, die Marktfragen, die Wechselkosten und die Marktattraktivität.
- *Makroökonomische Treiber:* Die makroökonomischen Treiber bestehen aus den globalen Marktbedingungen, den Kapitalmärkten, der wirtschaftlichen Infrastruktur und den sonstigen Ressourcen.
- *Industrietreiber:* Die Industrietreiber bestehen aus den Stakeholdern, den Wettbewerbern, den Neueintritten, den Substitutionsprodukten und den Lieferanten.

Knyphausen-Aufseß und Zollenkop (2011, S. 114) schlagen zwei Dimensionen vor, die einen Einfluss auf die Attraktivität eines Geschäftsmodells haben:

- *Unternehmens-Umwelt*: Die Unternehmens-Umwelt betrachtet die soziokulturellen Faktoren, die ökologischen Faktoren, die politisch-rechtlichen Faktoren, die makroökonomischen Faktoren und die technologischen Faktoren.
- *Wettbewerbs-Umwelt*: Die Wettbewerbs-Umwelt betrachtet die industriellen Beziehungen, die Rivalität unter Anbietern, die potenziellen Neuanbieter, die Substitutionsprodukte, die Abnehmer und die Lieferanten.

Alle drei Autoren betrachten hierbei die Sicht eines Unternehmens, das ein bestehendes Geschäftsmodell überarbeiten bzw. ein neues Geschäftsmodell erstellen möchte. Somit steht die Betrachtung der Unternehmens-Ebene, der Geschäftseinheits-Ebene und der Produkt- und Dienstleistungs-Ebene im Vordergrund.

Im Rahmen der Entwicklung von Geschäftsmodellen ist die Betrachtung der Geschäftsmodell-Umwelt sinnvoll, um auf Basis analysierter Einflussfaktoren Ideen für

2.5 Geschäftsmodell-Umwelt

Tab. 2.4 Vergleich der Umweltanalysen von Geschäftsmodellen. (Schallmo 2013, S. 34)

Kategorie	Wirtz (2010, S. 211–213)	Osterwalder und Pigneur (2010, S. 200 f.)	Knyphausen-Aufseß und Zollenkop (2011, S. 114)
1	–	*Makroökonomische Treiber* globale Marktbedingungen Kapitalmärkte wirtschaftliche Infrastruktur sonstige Ressourcen	–
2	*Umfeldanalyse* technologisches Umfeld regulatives Umfeld ökonomisches Umfeld gesellschaftliches Umfeld	*Haupttrends* Technologie Regulatorien sozio-kulturelle Trends sozio-ökonomische Trends	*Unternehmens-Umwelt* technologische Faktoren politisch-rechtliche Faktoren soziokulturelle Faktoren ökologische Faktoren makroökonomische Faktoren
3	*Branchen- und Marktanalyse* Marktstrukturen Nachfrageverhalten existierende Branchen	*Industrietreiber* Stakeholder Wettbewerber Neueintritte Substitutionsprodukte Lieferanten	*Wettbewerbs-Umwelt* Rivalität unter Anbietern potenzielle Neuanbieter Substitutionsprodukte Abnehmer Lieferanten industrielle Beziehungen
4	*Wettbewerbsanalyse* Wettbewerbsverhalten Wettbewerbsintensität	*Markttreiber* Marktsegmente Bedürfnisse Marktfragen Wechselkosten Marktattraktivität	–

neue Geschäftsmodelle abzuleiten. Die Analyse von Einflussfaktoren dient ebenso dazu, um Kundenbedürfnisse abzuleiten. Osterwalder und Pigneur (2010, S. 139) sprechen hierbei von einer kundenzentrierten Geschäftsmodell-Entwicklung. Hierfür findet die Analyse von Faktoren statt, die Kundenbedürfnisse beeinflussen (Osterwalder und Pigneur 2010, S. 127).

Die Tab. 2.4 zeigt die drei Ansätze in vergleichender Form auf.

Es zeigt sich, dass die drei vorgestellten Ansätze ähnliche Faktoren berücksichtigen, deren Analyse auch im Rahmen einer Strategieentwicklung erfolgt. Das Kap. 2.5.2 bietet eine zusammenfassende Erläuterung der Geschäftsmodell-Umwelt.

2.5.2 Ansatz der Geschäftsmodell-Umwelt

Aufbauend auf den vorangegangenen Ausführungen (insbesondere Knyphausen-Aufseß und Zollenkop 2011), erfolgt nun die Darstellung der Umwelt von Geschäftsmodellen. Hierbei wird auf die Systematik von Homburg (2000, S. 102) mit der Makro- und Mikro-Umwelt zurückgegriffen.

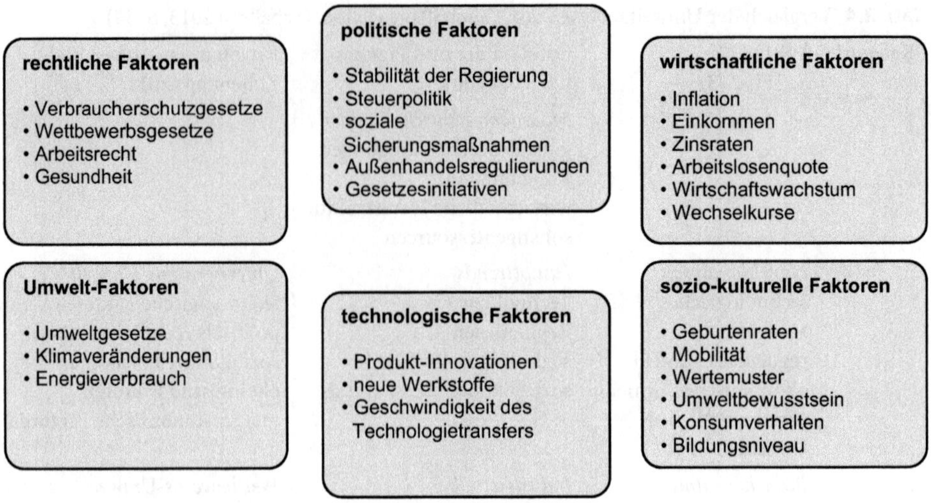

rechtliche Faktoren
- Verbraucherschutzgesetze
- Wettbewerbsgesetze
- Arbeitsrecht
- Gesundheit

politische Faktoren
- Stabilität der Regierung
- Steuerpolitik
- soziale Sicherungsmaßnahmen
- Außenhandelsregulierungen
- Gesetzesinitiativen

wirtschaftliche Faktoren
- Inflation
- Einkommen
- Zinsraten
- Arbeitslosenquote
- Wirtschaftswachstum
- Wechselkurse

Umwelt-Faktoren
- Umweltgesetze
- Klimaveränderungen
- Energieverbrauch

technologische Faktoren
- Produkt-Innovationen
- neue Werkstoffe
- Geschwindigkeit des Technologietransfers

sozio-kulturelle Faktoren
- Geburtenraten
- Mobilität
- Wertemuster
- Umweltbewusstsein
- Konsumverhalten
- Bildungsniveau

Abb. 2.5 Makro-Umwelt von Geschäftsmodellen mit Beispielen

Die Makro-Umwelt Die Einflussfaktoren der Makro-Umwelt beinhalten die sechs Dimensionen nach dem PESTEL-Modell und sind allgemeingültig (Meffert et al. 2012, S. 45; Schallmo und Brecht 2010, S. 11 f.). PESTEL steht hierbei für (Worthington und Britton 2009, S. 7–9):

- *Political*: politische Einflussfaktoren
- *Economical*: wirtschaftliche Einflussfaktoren
- *Social*: sozio-kulturelle Einflussfaktoren
- *Technological*: technologische Einflussfaktoren
- *Ecological*: umweltbezogene Einflussfaktoren
- *Legal*: rechtliche Einflussfaktoren.

Die Abb. 2.5[6] zeigt die Einflussfaktoren nach PESTEL, die für die Makro-Umwelt von Geschäftsmodellen relevant sind, und enthält für jede Dimension Beispiele.

Mikro-Umwelt Analog zur Makro-Umwelt spielt die Mikro-Umwelt von Geschäftsmodellen eine wichtige Rolle, um die Industrie, in der sich das Geschäftsmodell befindet, zu verstehen. Hierzu wird die Branchenstrukturanalyse von Porter herangezogen, die folgende Dimensionen berücksichtigt (Porter 1980, S. 4):

---

[6] Beispiele entnommen aus: Homburg 2000, S. 102; Johnson et al. 2006, S. 70; Oxford University Press 2011; Micic 2006, S. 66; Meffert et al. 2012, S. 64).

2.5 Geschäftsmodell-Umwelt

potenzielle Neueintritte (Bedrohung)
- Eintrittsbarrieren wie: Kostenvorteile etablierter Anbieter, erschwerter Zugang zu Vertriebskanälen, Kundentreue zu etablierten Märkten

Lieferanten (→ Verhandlungsmacht)
- Konzentration von Lieferanten
- Möglichkeiten der Vorwärtsintegration

bestehende Wettbewerber (→Rivalität)
- Anzahl der Wettbewerber
- Marktwachstum
- Produktdifferenzierung
- Austrittsbarrieren

Abnehmer (→ Verhandlungsmacht)
- Konzentration von Abnehmern
- Möglichkeiten der Rückwärtsintegration

Substitute (→Bedrohung)
- ähnlicher Verwendungsbereich
- Preis-/Leistungsverhältnis
- technologische Entwicklungen

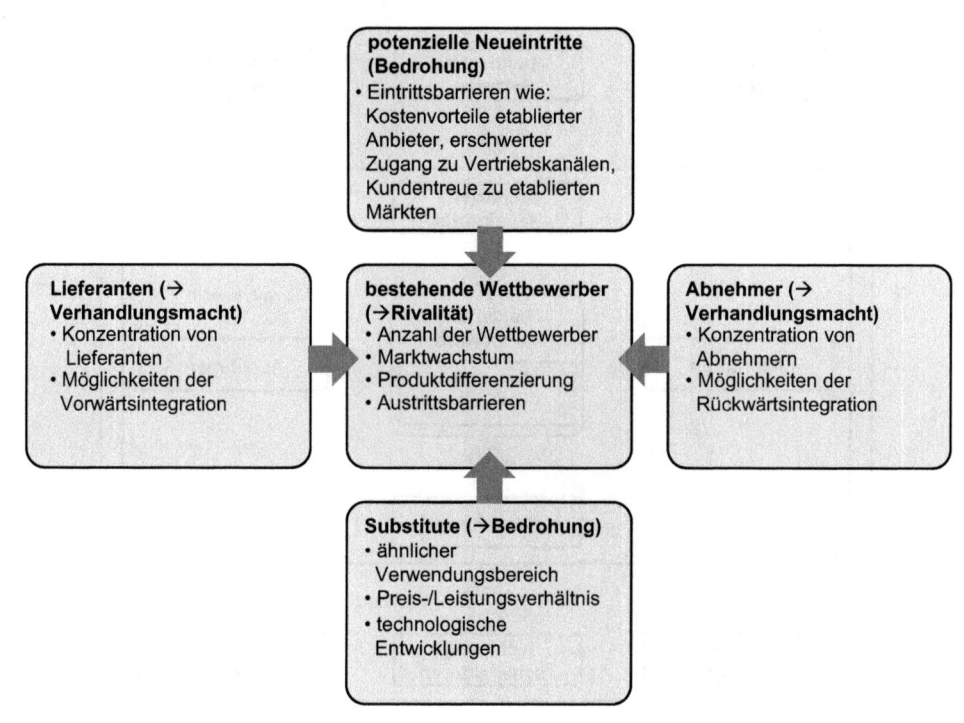

Abb. 2.6 Mikro-Umwelt von Geschäftsmodellen mit Beispielen. (in Anlehnung an Porter 1980, S. 4 und Homburg 2000, S. 117)

- Bedrohung durch potenzielle Neueintritte
- Bedrohung durch Rivalität unter Wettbewerbern
- Bedrohung durch Substitutionsprodukte und -dienstleistungen
- Verhandlungsmacht von Abnehmern
- Verhandlungsmacht von Lieferanten.

Die Abb. 2.6 zeigt die Branchenstrukturanalyse, die für die Mikro-Umwelt von Geschäftsmodellen relevant ist.

Die Zusammenfassung der Makro- und Mikro-Umwelt von Geschäftsmodellen ist in Abb. 2.7 dargestellt. Hierbei wird deutlich, dass die Makro-Umwelt einen Einfluss auf die Mikro-Umwelt hat. Die Mikro-Umwelt hat wiederum einen Einfluss auf die Ausgestaltung des Geschäftsmodells.

Dieser Ansatz lehnt sich an die Ausführungen von Knyphausen-Aufseß und Zollenkop (2011) an, die die Geschäftsmodell-Umwelt aus Unternehmenssicht betrachten. Die Analyse der Geschäftsmodell-Umwelt aus Unternehmenssicht dient dabei der Einschätzung der Attraktivität des Geschäftsmodells (Knyphausen-Aufseß und Zollenkop 2011, S. 113 f.), der Festlegung der Position innerhalb der Wertschöpfungskette und der Festlegung der Kooperationspartner (Wirtz 2010, S. 131). Daneben ist auch die Analyse des

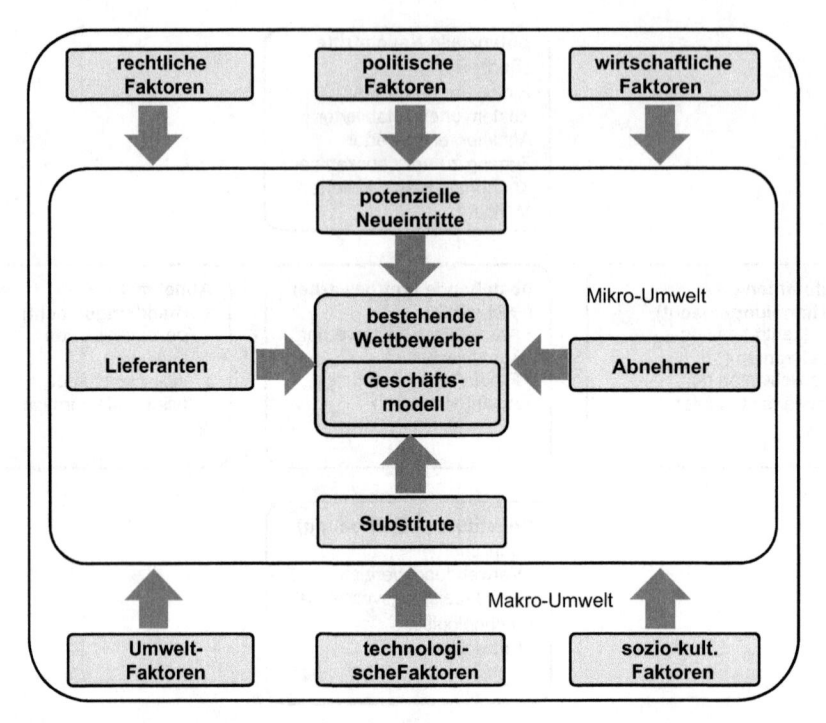

Abb. 2.7 Umwelt von Geschäftsmodellen. (in Anlehnung an Schallmo und Brecht 2010, S. 12; Knyphausen-Aufseß und Zollenkop 2011, S. 114)

Geschäftsmodells aus Kundensicht relevant, da hiermit die Ableitung von Herausforderungen und Kundenbedürfnissen erfolgt (Schallmo und Brecht 2010, S. 11 f.).

Diese Kundenbedürfnisse dienen wiederum als Basis für die Ableitung des Nutzenversprechens von Geschäftsmodellen (Teece 2010, S. 182; Schallmo und Brecht 2010, S. 12). Beide Sichtweisen und deren Erkenntnisse beeinflussen somit die Ausgestaltung des Geschäftsmodells, was in Abb. 2.8 exemplarisch dargestellt ist.

Folgende Definition ist für die *Geschäftsmodell-Umwelt* relevant (in Anlehnung an Schallmo und Brecht 2010, S. 12):

Definition 4: Geschäftsmodell-Umwelt (Schallmo 2013, S. 38) Die Makro- und in die Mikro-Umwelt beeinflussen Geschäftsmodelle. Die Makro-Umwelt beinhaltet folgende Dimensionen: politisch, wirtschaftlich, sozio-kulturell, technologisch, ökologisch und rechtlich. Die Mikro-Umwelt beinhaltet folgende Dimensionen: potenzielle Neueintritte, Rivalität unter Wettbewerbern, Substitutionsprodukte und -dienstleistungen, Verhandlungsmacht von Abnehmern und Verhandlungsmacht von Lieferanten. Neben der Umweltanalyse, bezogen auf das eigene Geschäftsmodell, erfolgt auch eine Umweltanalyse aus Kundensicht, die dazu dient, aktuelle bzw. zukünftige Herausforderungen und Bedürfnisse von Kunden abzuleiten. Diese Bedürfnisse dienen als Basis für die Erstellung neuer Geschäftsmodelle.

2.6 Charakteristika und Einordnung

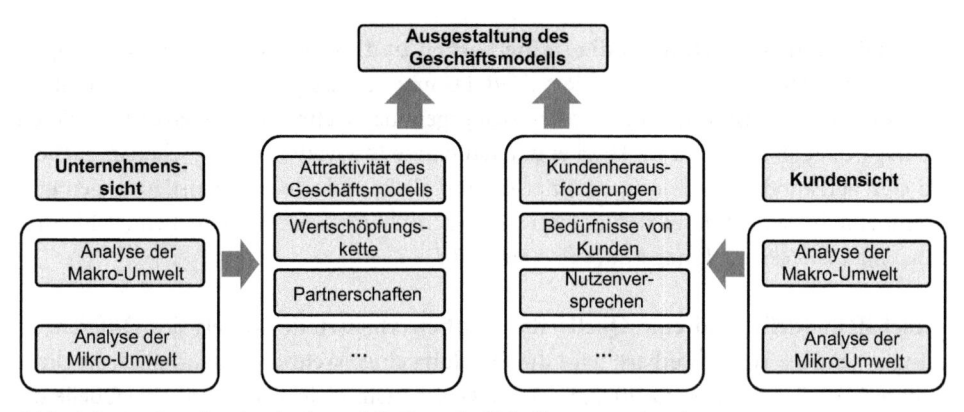

Abb. 2.8 Analyse der Geschäftsmodell-Umwelt. (Schallmo 2013, S. 37)

Der Ansatz zur Geschäftsmodell-Umwelt dient dazu, sich auf die wesentlichen externen Faktoren zu konzentrieren, die ein Geschäftsmodell beeinflussen. In Kap. 3 erfolgt eine Erläuterung, wie die Geschäftsmodell-Umwelt erhoben und bewertet wird und wie die erhobenen Einflussfaktoren die Ausgestaltung eines Geschäftsmodells beeinflussen.

2.6 Charakteristika und Einordnung

In Kap. 2.6.1 erfolgt die Darstellung der Charakteristika von Geschäftsmodellen und in Kap. 2.6.2 die Einordnung des Geschäftsmodells in den Unternehmenskontext.

2.6.1 Charakteristika von Geschäftsmodellen

Die Erarbeitung der *Charakteristika von Geschäftsmodellen* erfolgt auf Basis der Literatur. Diese Charakteristika ermöglichen es, die Anforderungen von für Unternehmen in Business-to-Business-Märkten zu erfüllen (siehe Kap. 1.1). Insgesamt liegen fünf Charakteristika vor, die am Ende des Kapitels in Beziehung zueinander gesetzt sind.

Geschäftsmodelle erhöhen die strategische Flexibilität und die Fokussierung Pohle und Chapman stellen fest, dass die Innovation von Geschäftsmodellen eine Erhöhung der strategischen Flexibilität und eine Fokussierung von Unternehmen sicherstellt (2006, S. 38). Linder und Cantrell (2000, S. 14) stellen ebenfalls fest, dass Geschäftsmodelle Unternehmen dabei unterstützen, flexibel im Wettbewerb zu agieren, da dadurch eine bessere Reaktion auf Veränderungen erfolgt. Linder und Cantrell (2000, S. 14) sehen als Vorteile von Geschäftsmodell-Innovation, dass der Fokus des Unternehmens verbessert wird, Mitarbeiter das Geschäftsmodell verstehen und somit erkennen, wie sie selbst zum Unternehmenserfolg beitragen.

Geschäftsmodelle erschweren die Imitierbarkeit und fördern die Differenzierung In einem verstärkten Wettbewerb, in dem Produkt- und Prozess-Innovationen leicht imitierbar sind, ist es für Unternehmen schwer, sich gegenüber Wettbewerbern zu differenzieren (Lindgardt et al. 2009, S. 2 f.). Hierbei unterstützt die Innovation von Geschäftsmodellen, da Geschäftsmodelle schwieriger imitierbar sind als Produkte oder Dienstleistungen und somit eine bessere Differenzierung gegenüber dem Wettbewerb ermöglichen (Pohle und Chapman 2006, S. 35; Lindgardt et al. 2009, S. 3 f.).

Geschäftsmodelle sind eine Quelle für Wettbewerbsvorteile Mittels der Differenzierung gegenüber Wettbewerbern wird die Erzielung eines Wettbewerbsvorteils ermöglicht (Teece 2010, S. 2 f.; Magretta 2002, S. 7). Ein Geschäftsmodelle sind somit eine Quelle für Wettbewerbsvorteile (Zott et. al 2011, S. 1029–1032; Zott und Amit 2008, S. 19; Almeida et al. 2009, S. 29–31; Voelpel et al. 2004, S. 259).

Geschäftsmodelle stiften einen Wert und erhöhen die Kundenbindung Geschäftsmodelle stellen laut Delorme (2011, S. 7) sicher, dass für das Unternehmen, für Kunden, für Partner und für das Umfeld Wert geschaffen wird. Lindgardt et al. (2009, S. 2–3) stellen fest, dass Geschäftsmodell-Innovationen dabei unterstützen, Preise, Risiken und Kosten bei Kunden zu reduzieren und somit Wert stiften. Laut Teece (2010, S. 2 f.) erzeugen Geschäftsmodelle einen Kundennutzen, der es ermöglicht, eine bessere Beziehung zu Kunden aufzubauen (Lindgardt et al. 2009, S. 3 f.) und somit Kunden an das Unternehmen zu binden.

Geschäftsmodelle verbessern den Unternehmenserfolg und die Kosten- und Risikostruktur Mittels Geschäftsmodellen erfolgt die Vermarktung innovativer Ideen und Technologien (Zott et al. 2011, S. 1032). Laut Teece (2010, S. 2 f.) ermöglichen differenzierende und schwer imitierbare Geschäftsmodelle, Gewinne abzuschöpfen und eine bessere Kosten- und Risikostruktur zu erzielen. Im Rahmen einer Studie wurde festgestellt, dass Unternehmen, die ihren Fokus auf Geschäftsmodell-Innovation legen, ein höheres Wachstum der Umsatzrendite verzeichnen können als Unternehmen, die sich lediglich auf Produkt-, Dienstleistungs- oder Prozess-Innovationen konzentrieren (Pohle und Chapman 2006, S. 39; Giesen et al. 2007, S. 27 f.). Pohle und Chapman (2006, S. 38) stellen fest, dass Geschäftsmodelle außerdem dazu beitragen, eine Kostenreduktion zu erzielen.

Die oben dargestellten Charakteristika von Geschäftsmodellen lassen sich drei unterschiedlichen Schwerpunkten zuordnen und beeinflussen sich gegenseitig (siehe Abb. 2.9).

Die Erhöhung der *strategischen Flexibilität* und die *Fokussierung* sind zum Beispiel unternehmensorientiert. Die *schwere Imitierbarkeit* sowie die *Differenzierung* sind zum Beispiel wettbewerbsorientiert.

2.6 Charakteristika und Einordnung

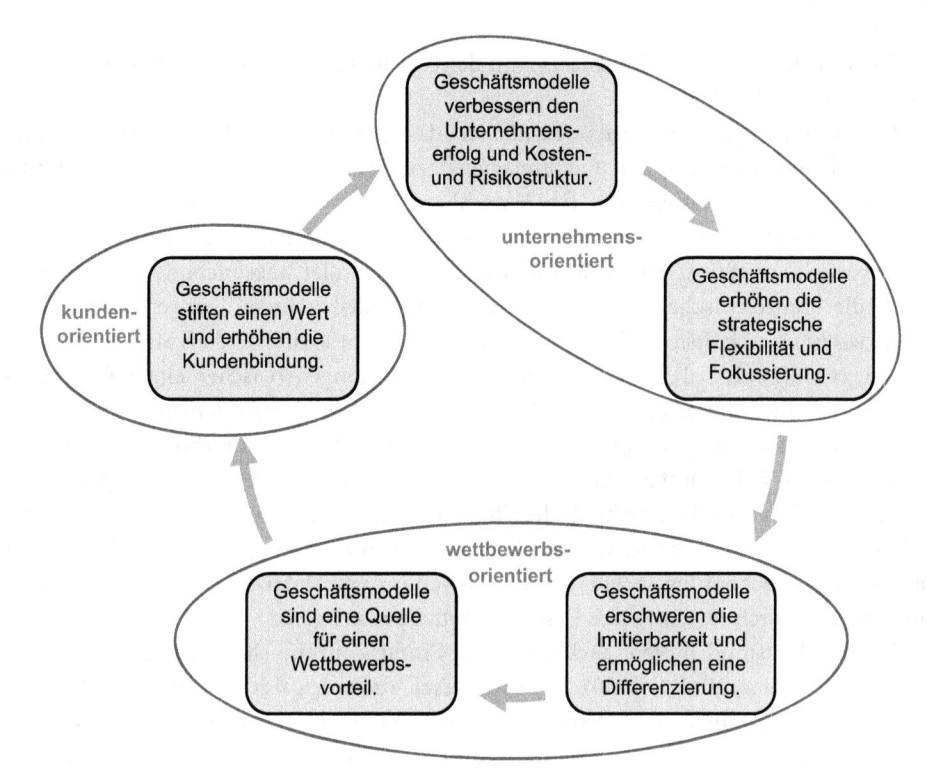

Abb. 2.9 Charakteristika von Geschäftsmodellen. (Schallmo 2013, S. 40)

2.6.2 Einordnung des Geschäftsmodells

Die Einordnung des Geschäftsmodells in den Unternehmenskontext erfolgt anhand der Abgrenzung des Geschäftsmodells zur Strategie. Daneben sind Parallelen einzelner Geschäftsmodell-Elemente bzw. des Geschäftsmodells zu anderen Konzepten aufgezeigt.

2.6.2.1 Geschäftsmodell und Strategie

Im Folgenden sind Ansätze aufgeführt, die die Verbindung zwischen dem Geschäftsmodell und der Strategie erläutern.[7] Laut Teece (2010, S. 179) sagt ein Geschäftsmodell aus, welcher Nutzen für Kunden gestiftet wird, wie dieser Nutzen erbracht wird und wie sich ein Unternehmen die Rückflüsse des gestifteten Nutzens in Form von Umsätzen sichert. Teece stellt fest, dass Geschäftsmodelle nicht dazu geeignet sind, einen Wettbewerbsvorteil zu sichern. Ferner führt Teece (2010) auf, dass Geschäftsmodelle generischer als eine Strategie sind (Teece 2010, S. 180). Um einen nachhaltigen Wettbewerbsvorteil zu erzielen,

---

[7] Weitere Ansätze finden sich in: Stähler 2002, S. 48–52; Osterwalder 2004, S. 16 f.

schlägt er vor, die strategische Analyse mit der Geschäftsmodell-Analyse zu kombinieren (Teece 2010, S. 180).[8]

Die Ausführungen von Teece verdeutlichen, dass Geschäftsmodelle sich an der Stiftung von Kundennutzen orientieren und Strategien dazu dienen, einen Wettbewerbsvorteil aufzubauen und diesen abzusichern. Der Vorschlag, strategische Analyse in die Analyse von Geschäftsmodellen zu integrieren, soll somit die Erzielung eines nachhaltigen Wettbewerbsvorteils absichern. In dem Beitrag von Teece wird allerdings nicht deutlich, wo sich genau die Grenze zwischen Strategie und Geschäftsmodell befindet. Teece erläutert ebenso nicht, warum Geschäftsmodelle seiner Ansicht nach generischer sind als Strategien.

Zott et al. (2011, S. 1029–1031) sehen drei Verbindungen zwischen einem Geschäftsmodell und einer Strategie; die *Wertschöpfung innerhalb des Unternehmens*, die *Unternehmensleistung* und das *Geschäftsmodell als Quelle für einen Wettbewerbsvorteil*. Laut Zott et al. (2011, S. 1029) umfasst die Wertschöpfung im Rahmen der Betrachtung von Geschäftsmodellen allerdings mehr als die (Re-) Konfiguration der Wertschöpfungskette, die Bildung strategischer Netzwerke oder die Nutzung von Kernkompetenzen. Vielmehr geht es darum, Wertschöpfung auch durch die Ausweitung von Unternehmens- und Industriegrenzen und durch revolutionäre Geschäftsmodelle zu erzielen.

Ein Geschäftsmodell dient auch dazu, den Einfluss auf die Unternehmensleistung zu erklären (Zott et al. 2011, S. 1030). Wird das Geschäftsmodell als Quelle für einen Wettbewerbsvorteil angesehen, der es ermöglicht, eine Position zu erreichen, Kundenbedürfnisse zu befriedigen und ähnliche Produkt-Markt-Strategien zu verfolgen, so kann dies mit unterschiedlichen Geschäftsmodellen erfolgen. Sie sehen somit Produkt-Markt-Strategien und Geschäftsmodelle als komplementär und nicht ersetzend an (Zott et al. 2011, S. 1031).

Daneben sehen Zott et al. (2011, S. 1031) folgende Unterschiede von Geschäftsmodell und Strategie: Eine Strategie konzentriert sich auf den Wettbewerb, wohingegen sich ein Geschäftsmodell mehr auf Kooperationen, Partnerschaften und die gemeinsame Wertschöpfung konzentriert. Der Hauptfokus eines Geschäftsmodells liegt allerdings darauf, sich auf Kunden zu konzentrieren und für diese Nutzen zu stiften. Sie stellen fest, dass Geschäftsmodelle beschreiben, wie Unternehmensaktivitäten zusammenwirken, um Strategien umzusetzen.

Aus den Ausführungen von Zott et al. geht hervor, dass Geschäftsmodelle sehr eng mit Strategien (speziell mit Produkt-Markt-Strategien) zusammenhängen. Aufbauend auf einer Strategie, dienen unterschiedliche Geschäftsmodelle dazu, diese Strategie umzusetzen. Da sich Geschäftsmodelle an Kunden orientieren, wird ein Wettbewerbsvorteil erzielt, der es ermöglicht, eine angestrebte Marktpositionierung zu erzielen.

Casadesus-Masanell und Ricart (2009, S. 2) stellen fest, dass ein Unternehmen in der Strategiephase unterschiedliche Geschäftsmodelle erarbeitet und festlegt, welches Geschäftsmodell schließlich umgesetzt werden soll, um in einem Markt zu agieren. Sie sehen somit in Geschäftsmodellen eine Reflexion der umgesetzten Strategie (Casadesus-Masanell

---

[8] Die Berücksichtigung dieses Vorschlags erfolgt im Rahmen der *Entwicklung von Geschäftsmodellen* und der *Geschäftsmodell-Umwelt* (Kap. 2.2.5).

2.6 Charakteristika und Einordnung

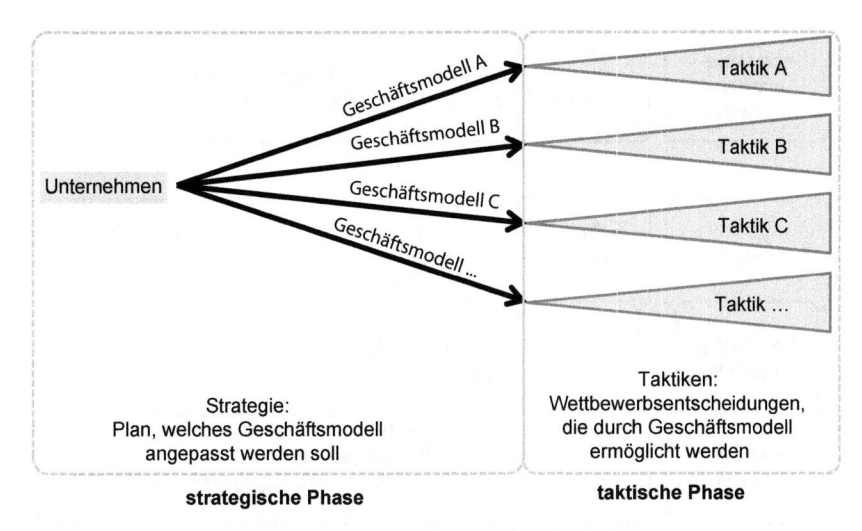

Abb. 2.10 Zusammenhang von Strategie, Geschäftsmodell und Taktik. (in Anlehnung an Casadesus-Masanell und Ricart 2009, S. 14)

und Ricart 2009, S. 15). Strategien sind eine Voraussetzung für die Erarbeitung und Auswahl von Geschäftsmodellen. Je nach Geschäftsmodell sind unterschiedliche Taktiken notwendig, um das Geschäftsmodell umzusetzen. Die Abb. 2.10 zeigt den Zusammenhang zwischen Strategie, Geschäftsmodell und Taktik auf.

In ihrem Ansatz verdeutlichen Casadesus-Masanell und Ricart, dass Geschäftsmodelle von einer Strategie abhängen, die festlegt, welches Geschäftsmodell ausgewählt und mittels welcher Taktiken umgesetzt wird. Geschäftsmodelle sind somit Optionen, wie eine Strategie umgesetzt werden kann bzw. wie die Ziele einer Strategie erreicht werden können.

Bieger und Reinhold (2011, S. 25) kommen auf Basis ihrer Untersuchungen[9] zu dem Schluss, dass eine Strategie „den Bezugsrahmen für die Entwicklung und Ausgestaltung eines Geschäftsmodells" bildet.

Ferner führen sie auf, dass es innerhalb einer Strategie unterschiedliche Ausprägungen von Geschäftsmodellen gibt, Geschäftsmodelle eine „Konkretisierung der realisierten Strategie" sind und somit Schlüsse auf die Strategie eines Unternehmens zulassen. Bieger und Reinold positionieren das Geschäftsmodell-Konzept zwischen der Strategie und der operativen Planung, was in Abb. 2.11 dargestellt ist. Geschäftsmodelle stellen somit dar, wie die strategischen Erfolgspositionen *Werte erzeugen* und *Wertmechanismen etablieren* (Bieger und Reinhold 2011, S. 26).

Neben der Einordnung des Geschäftsmodell-Konzepts innerhalb des Unternehmenskontexts betrachten Bieger und Reinhold ebenfalls die Unterschiede zwischen einer Strategie und einem Geschäftsmodell. Erstens sehen sie die Differenzierung gegenüber Wettbewerbern und die Sicherung von Wettbewerbsvorteilen als strategische Aufgabe an. Die Schaffung von Kundenwert durch Kooperation wird allerdings als Aufgabe des Geschäfts-

---

[9] Hierbei gehen sie auch auf Casadesus-Masanell und Ricart 2010; Teece 2010 ein.

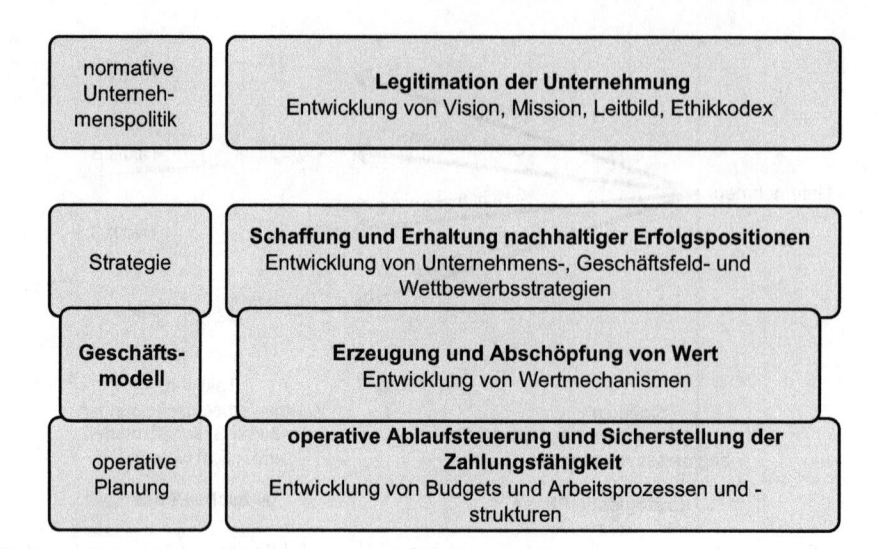

normative Unternehmenspolitik	**Legitimation der Unternehmung** Entwicklung von Vision, Mission, Leitbild, Ethikkodex
Strategie	**Schaffung und Erhaltung nachhaltiger Erfolgspositionen** Entwicklung von Unternehmens-, Geschäftsfeld- und Wettbewerbsstrategien
Geschäftsmodell	**Erzeugung und Abschöpfung von Wert** Entwicklung von Wertmechanismen
operative Planung	**operative Ablaufsteuerung und Sicherstellung der Zahlungsfähigkeit** Entwicklung von Budgets und Arbeitsprozessen und -strukturen

Abb. 2.11 Geschäftsmodell in der Planungshierarchie. (in Anlehnung an Bieger und Reinhold 2011, S 26 f.)

modells verstanden (Bieger und Reinhold 2011, S. 23). Zweitens ist die Finanzierung eines Geschäftsmodells ein Teil der strategischen Planung, wohingegen die Festlegung der Ertragsmechanismen und -quellen durch das Geschäftsmodell erfolgt (Bieger und Reinhold 2011, S. 23). Als dritten Unterschied führen sie auf, dass die Entwicklung von Geschäftsmodellen mit begrenztem Wissen aus den Erfahrungen des Unternehmens erfolgt, wohingegen strategische Planung im Rahmen von Analysen detaillierte Informationen verwendet (Bieger und Reinhold 2011, S. 24).

Bieger und Reinhold ordnen das Geschäftsmodell-Konzept analog zu Teece (2010), Zott et al. (2011) und Casadesus-Masanell und Ricart (2009) in den Unternehmenskontext ein. Im Rahmen der Betrachtung der Unterschiede eines Geschäftsmodells zu einer Strategie wurden die ersten beiden Unterschiede (Differenzierung und Finanzierung) bereits angesprochen. Der dritte Unterschied, Entwicklung von Geschäftsmodellen mit begrenztem Wissen, widerspricht allerdings den Ausführungen anderer Autoren, die eine Integration von Informationen aus Analysen fordern (z. B. Wirtz 2010; Osterwalder und Pigneur 2010; Teece 2010).

2.6.3 Zusammenfassung

Zusammengefasst zeigen die Ausführungen zur Einordnung von Geschäftsmodellen, dass Strategie als Bezugsrahmen und Voraussetzung für Geschäftsmodelle dient. Strategien enthalten (Ziel-) Vorgaben (z. B. Kostenführer in einem Segment), die mit einem Geschäftsmodell erfüllt werden sollen. Es folgt die Erarbeitung und Beschreibung unterschiedlicher

Geschäftsmodelle mit der Festlegung des Nutzens, der Form der Nutzenerbringung und der Form der Umsatzerzielung. Geschäftsmodelle konkretisieren somit eine Strategie, und weitere Maßnahmen setzen diese Geschäftsmodelle um. Geschäftsmodelle dienen dazu, Kundenbedürfnisse zu befriedigen und einen Wettbewerbsvorteil zu erzielen, der es ermöglicht, eine Wettbewerbsposition im Markt zu erreichen. Im Gegensatz dazu können Geschäftsmodelle auch unabhängig einer Strategie erarbeitet werden, um somit zu radikalen Geschäftsmodell-Innovationen zu gelangen.

Die Abb. 2.12 zeigt den Zusammenhang zwischen der Strategie, dem Geschäftsmodell und der Umsetzung auf. Hierbei liegen, je nach Unternehmensstruktur und Zielsetzung, folgende Möglichkeiten vor (VeMaB, 2011a):

- Die Entwicklung von Geschäftsmodell-Optionen basiert auf strategischen Vorgaben und ist ein Teil der Strategie eines Unternehmens.
- Die Entwicklung von Geschäftsmodell-Optionen ist von der Strategie eines Unternehmens losgelöst.

Der Vergleich der aufgeführten Unterschiede von Geschäftsmodell und Strategie liegt in Tab. 2.5 vor.

Der Zusammenhang von Strategie, Geschäftsmodell und Umsetzung von Geschäftsmodellen ermöglicht eine Einordnung des Geschäftsmodells innerhalb des Unternehmenskontexts.

2.6.3.1 Parallelen des Geschäftsmodells zu anderen Konzepten

Die Parallelen des Geschäftsmodells zu anderen Unternehmenskonzepten beziehen sich einerseits auf einzelne Geschäftsmodell-Elemente, deren Integration in anderen Konzepten erfolgt, und andererseits auf das Geschäftsmodell als Ganzes.

Der *ressourcenbasierte Ansatz* von Penrose (Bea und Haas 2005, S. 28) und das Konzept der *Kompetenzen als Basis für Wettbewerbsvorteile* von Prahalad und Hamel (1990, S. 82) dienen zum Beispiel der Leistungserstellung. Hierbei liegen Parallelen zu den Ressourcen und Fähigkeiten eines Geschäftsmodells vor. Porters (1985, S. 59–60) *Wertschöpfungskette* und die enthaltenen Aktivitäten dient der Wertschöpfung; die Prozesse innerhalb der Wertschöpfungsdimension ist hierbei vergleichbar. Das *Channel Management* (z. B. McCalley 1996) und *Customer Relationship Management* (z. B. Link 2001) dienen der Interaktion mit Kunden und dem Aufbau von Kundenbeziehungen. Hierbei liegen die Parallelen bei den Kundenkanälen und den Kundenbeziehungen eines Geschäftsmodells.

Neben den Parallelen anderer Konzepte zu *einzelnen* Elementen eines Geschäftsmodells liegen auch Parallelen zu dem *gesamten* Geschäftsmodell vor. Dazu gehören zum Beispiel die *Balanced Scorecard* mit ihren Perspektiven: Innovation und Lernen, interne Tätigkeit, Kunden und Finanzen (Kaplan und Norton 1992). Daneben liegt das *EFQM-Modell* vor, das eine ganzheitliche Sicht auf Unternehmen ermöglicht und schon 1988 entwickelt wurde. Die Elemente, die das EFQM-Modell berücksichtigt, sind: die Führung,

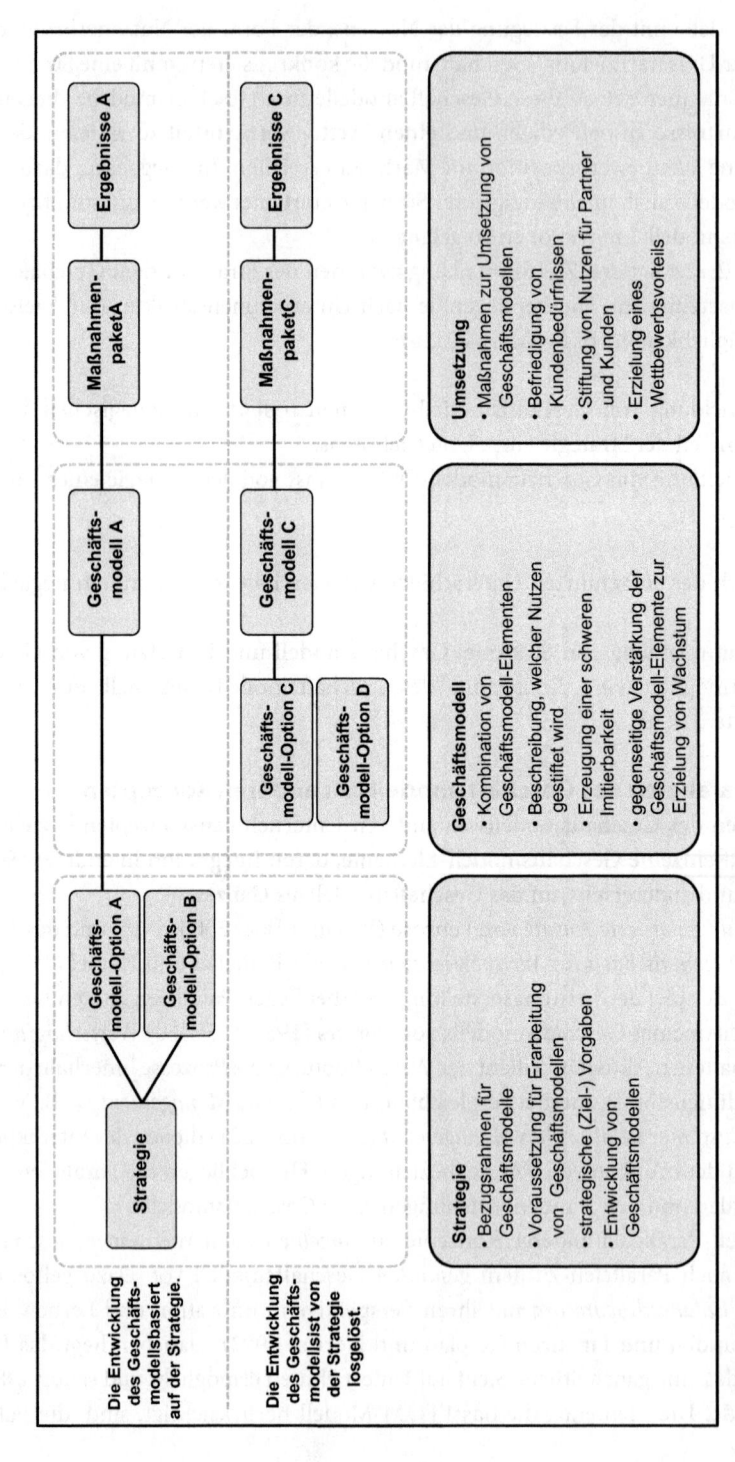

Abb. 2.12 Zusammenhang von Strategie, Geschäftsmodell und Umsetzung. (Schallmo 2013, S. 44)

Tab. 2.5 Unterschiede von Strategie und Geschäftsmodell. (Schallmo 2013, S. 44)

	Strategie	Geschäftsmodell
Orientierung	Wettbewerb	Kunden
Zielsetzung	Aufbau und Absicherung eines Wettbewerbsvorteils Differenzierung gegenüber Wettbewerbern	Geschäftsmodell-Elemente so miteinander kombinieren, dass das Geschäftsmodell schwer imitierbar ist Geschäftsmodell-Elemente sollen sich gegenseitig verstärken, um Wachstum zu erzielen
Inhalt	Marktanalysen und -planungen Festlegung, welche Position im Markt erzielt werden soll Erarbeitung unterschiedlicher Geschäftsmodell-Optionen	Beschreibung, wie Unternehmensaktivitäten und Unternehmenselemente zusammenwirken, um Strategien umzusetzen Grundlogik eines Unternehmens Beschreibung, welcher Nutzen auf welche Weise für Kunden und Partner gestiftet wird und wie dieser Nutzen in Form von Umsätzen an das Unternehmen zurückfließt Nutzen ermöglicht Differenzierung gegenüber Wettbewerbern, Festigung von Kundenbeziehungen und Erzielung eines Wettbewerbsvorteils

die Mitarbeiter, die Politik, die Strategie, die Ressourcen, die Partner, die Prozesse, die Produkte, die Dienstleistungen, die Mitarbeiterergebnisse, die Kundenergebnisse, die gesellschaftlichen Ergebnisse und die Hauptergebnisse (EFQM 2011). Als weiteres Konzept sei an dieser Stelle der *Marketing-Mix* mit den vier *P's*, *product*, *price*, *place* und *promotion*, erwähnt (McCarthy 1960), der in den letzten Jahren um drei *P's*, *people*, *processes* und *physical evidence*, ergänzt wurde (Lancaster und Withey 2006, 241 f.).

2.7 Zusammenfassung, Lernkontrollfragen und Aufgaben

2.7.1 Zusammenfassung

Das zweite Kapitel hat theoretische Grundlagen behandelt. Es hat sich gezeigt, dass derzeit keine einheitlichen Definitionen zu den Begriffen *Geschäftsmodell* und *Geschäftsmodell-Innovation* vorliegen; die bestehenden Ansätze zur *Geschäftsmodell-Umwelt* und zu *Geschäftsmodell-Ebenen* sind ebenfalls nicht einheitlich definiert. Die eigens entwickelten und aufgezeigten Definitionen stellen im Rahmen des Lehrbuchs ein einheitliches Verständnis sicher. Gemeinsam mit den Charakteristika von Geschäftsmodellen und der Einordnung des Geschäftsmodells in den Unternehmenskontext dienen die Ausführungen des zweiten Kapitels als Basis für das Lehrbuch.

2.7.2 Lernkontrollfragen

Fragen Zur Kontrolle der Erreichung der Lernziele sollten Sie folgende Fragen beantworten können:

- Wie wird der Begriff Geschäftsmodell definiert?
- Welche Sichtweisen liegen generell im Kontext von Innovationen vor?
- Wie wird der Begriff Geschäftsmodell-Innovation definiert?
- Was ist die Zielsetzung der Geschäftsmodell-Innovation?
- Wie sind die unterschiedlichen Ebenen, die für Geschäftsmodelle definiert?
- Wozu dienen die unterschiedlichen Ebenen für Geschäftsmodelle?
- Welche Formen liegen für die Geschäftsmodell-Umwelt vor?
- Welche Sichten werden im Rahmen der Geschäftsmodell-Umwelt eingenommen?
- Welche Möglichkeiten (im Kontext mit der Strategie) liegen vor, um Geschäftsmodelle zu entwickeln?
- Wodurch unterscheidet sich ein Geschäftsmodell von einer Strategie?
- Welche Parallelen des Geschäftsmodells liegen zu anderen Konzepten vor?

2.7.3 Aufgaben

Aufgaben
Im Rahmen dieser Aufgaben wenden Sie die theoretischen Grundlagen an.

Geschäftsmodell
Bitte recherchieren Sie nach einem innovativen Geschäftsmodell und identifizieren Sie die wesentlichen Charakteristika des Geschäftsmodells.

Geschäftsmodell-Ebenen
Bitte recherchieren Sie nach generischen Geschäftsmodellen, die Sie der abstrakten Ebene und der Industrie-Ebene zuordnen.

Geschäftsmodell-Umwelt
Bitte erheben Sie für das identifizierte innovative Geschäftsmodell jeweils fünf Einflussfaktoren der Makro- und Mikro-Umwelt.

Literatur

Almeida F, Oliveira J, Crus J (2009) Paths to innovate business models in an economic downturn. Int J Bus Manag 4(11):29–37
Amit R, Zott C (2001) Value creation in e-business. Strateg Manag J 22:493–520
Bea F, Haas J (2005) Strategisches Management. UTB Verlag, Stuttgart

Bieger T, Reinhold S (2011) Das wertbasierte Geschäftsmodell – ein aktualisierter Strukturansatz. In: Bieger T, zu Knyphausen-Aufseß D, Krys C (Hrsg) Innovative Geschäftsmodelle: Konzeptionelle Grundlagen, Gestaltungsfelder und unternehmerische Praxis. Springer, Berlin, S. 11–70

Casadesus-Masanell R, Ricart J (2010) From strategy to business models and onto tactics. Long Range Plann 43:195–215

CE VeMaB (2010a) Mini-Workshop 1 und Interviews: Einflussfaktoren, Herausforderungen und Bedürfnisse von Kunden in Business-to-Business-Märkten, 29.06.2010, 8:30-14:00 Uhr, Ulm. (Protokoll liegt Autor vor und kann eingesehen werden)

Chesbrough H, Rosenbloom R (2002) The role of the business model in capturing value from innovation: evidence from Xerox Corporation's technology spin-off companies. Ind Corp Ch 11(3):529–555

Delorme P (2011) Innovation: a must to sustain profitable growth in a global competitive world. In: Chanal V (ed) Rethinking Business Models for Innovation: Lessons from entrepreneurial projects. Eigenveröffentlichung, S. 7

EFQM (2011) http://www.efqm.org/en/tabid/132/Default.aspx; Zugegriffen: 02.07.2011. (Ausdruck liegt Autor vor und kann eingesehen werden)

Gerpott T (2005) Strategisches Technologie- und Innovationsmanagement,. Schäffer-Poeschel, Stuttgart

Gerybadze A (2004) Technologie- und Innovationsmanagement: Strategie, Organisation und Implementierung. Vahlen, München

Giesen E, Berman S, Bell R, Blitz A (2007) Three ways to successfully innovate your business model, Strat Leadership 35(6):27–33

Grünig R, Kühn R (2000) Methodik der strategischen Planung: Ein prozessorientierter Ansatz für Strategieplanungsprojekte. Haupt, Bern

Hamel G (2001) Leading the revolution. Strat Leadership 29(1):4–10

Hawkins R (2002) The phantom of the marketplace: searching for new e-commerce business models. Commu Strat (2nd quarter 2002) 46:297–329

Homburg C (2000) Quantitative Betriebswirtschaftslehre: Entscheidungsunterstützung durch Modelle. Mit Beispielen, Übungsaufgaben und Lösungen. Gabler, Wiesbaden

Hoppe K, Kollmer H (2001) Strategie und Geschäftsmodell. In: Meinhardt Y (Hrsg) (2002) Veränderung von Geschäftsmodellen in dynamischen Industrien: Fallstudien aus der Biotech-, Pharmaindustrie und bei Business-to consumer-Portalen. DUV, Wiesbaden

Johnson M (2010) Seizing the white space: business model innovation for growth and renewal. Harvard Business Press, Boston

Johnson G, Scholes K, Whittington R (2006) Exploring corporate strategy. Financial Times/Prentice Hall, London

Johnson M, Christensen C, Kagermann H (2008) Reinventing your business model. Harvard Bus Rev 86:50–59

Kaplan R, Norton D (1992) The balanced scorecard—measures that drive performance. Harvard Bus Rev 70:70–79

Knyphausen-Aufseß D, Zollenkop M (2011) Transformation von Geschäftsmodellen: Treiber, Entwicklungsmuster, Innovationsmanagement. In: Bieger T, zu Knyphausen-Aufseß D, Krys C (Hrsg) Innovative Geschäftsmodelle: Konzeptionelle Grundlagen, Gestaltungsfelder und unternehmerische Praxis. Springer, Berlin, S 111–126

Labbé M, Mazet T (2005) Die Geschäftsmodellinnovations-Matrix: Geschäftsmodellinnovationen analysieren und bewerten. Der Betrieb (17):897–902

Lancaster G, Withey F (2006) Marketing fundamentals. The official CIM coursebook. Butterworth-Heinemann, Oxford

Linder J, Cantrell S (2000) Changing business models: surveying the landscape, Accenture

Lindgardt Z, Reeves M, Stalk G, Deimler M (2009) Business model innovation: when the game gets tough change the game. The Boston Consulting Group
Link J. (2001) Customer Relationship Management. Springer, Berlin
Magretta J (2002) Why business models matter. Harvard Bus Rev 80:86–92
McCalley R (1996) Marketing channel management: people, products, programs, and markets. Greenwod, Westport
McCarthy J (1960) Basic marketing: a managerial approach. Homewood, Illinois
Meffert H, Burmann C, Kirchgeorg M (2012) Marketing: Grundlagen marktorientierter Unternehmensführung. Konzepte – Instrumente – Praxisbeispiele. Gabler, Wiesbaden
Micic P (2006) Das ZukunftsRadar: Die wichtigsten Trends, Technologien und Themen für die Zukunft. Gabal, Offenbach
Maaß C (2008) E-Business Management: Gestaltung von Geschäftsmodellen in der vernetzten Wirtschaft. In: Meffert H, Burmann C, Kirchgeorg M (Hrsg) (2012) Marketing: Grundlagen marktorientierter Unternehmensführung. Konzepte – Instrumente – Praxisbeispiele. Gabler, Wiesbaden. UTB Verlag, Stuttgart
Mitchell D, Coles C (2003) The ultimate competitive advantage of continuing business model innovation. J Bus Strat 25(1):16–26
Mitchell D, Coles C (2004) Business model innovation breakthrough moves. J Bus Strat 25(1):16–26
Osterwalder A (2004) The business model ontology – a proposition in a design science approach. Dissertation, Universität Lausanne
Osterwalder A, Pigneur Y (2010) Business model generation. Wiley, New Jersey
Osterwalder A, Pigneur Y, Tucci C (2005) Clarifying business models: origins, present and future of the concept. Commun Assoc Inform Sci (CAIS) 15:751–775
Oxford University Press (2011) PESTEL analysis of the macro-environment. http://www.oup.com/uk/orc/bin/9780199296378/01student/additional/page_12.htm; heruntergeladen am: 10.06.2011. (Ausdruck liegt Autor vor und kann eingesehen werden)
Pateli A, Giaglis G (2004) A research framework for analysing eBusiness Models. Eur J Inform Syst 13:302–314
Pohle G, Chapman M (2006) IBM's global CEO report 2006: business model innovation matters. Strat Leadership 34(5):34–40
Porter M (1980) Competitive strategy. Techniques for analyzing industries and competitors. Free Press, New York
Prahalad C, Hamel G (1990) The core competence of the corporation. Harvard Bus Rev 68:79–91
Rappa M (2004) The utility business model and the future of computing services. IBM Syst J 43(1):32–42
Schallmo D, Brecht L (2010) Business model innovation in business-to-business markets - procedure and examples.In: Proceedings of the 3rd ISPIM Innovation Symposium: "Managing the Art of Innovation: Turning Concepts into Reality", Quebec, Kanada, 12–15 Dez 2010
Schütte R (1998) Grundsätze ordnungsmäßiger Referenzmodellierung: Konstruktion konfigurations- und anpassungsorientierter Modelle. Gabler, Wiesbaden
Skarzynski P, Gibson R (2008) Innovation to the core: a blueprint for transforming the way your company. Harvard Business Press, Boston
Stähler P (2002) Geschäftsmodelle in der digitalen Ökonomie; Merkmale, Strategien und Auswirkungen. Eul Verlag, Lohmar
Steenkamp C, van der Walt A (2004) Web phenomenon applied as ICT platform in support of business model innovation. S Afr J Inf Manag 6(1)
Stummer C, Günther M, Köck A (2008) Grundzüge des Innovations- und Technologiemanagements. Facultas Verlag, Wien
Timmers P (1998) Business Models for Electronic Markets. J Electron Mark 8(2):3–8

Teece D (2010) Business models, business strategy and innovation. Long Range Plann 43(2–3):172–194

Vahs D, Burmester R (2005) Innovationsmanagement. Schäffer-Poeschel Verlag, Stuttgart

Voelpel S, Leibold M, Eden B (2004) The wheel of business model reinvention: how to reshape your business model to leapfrog competitors. J Change Manag 4(3):259–276

Weiner N, Renner T, Kett H (2010a) Geschäftsmodelle im "Internet der Dienste": Aktueller Stand in Forschung und Praxis. Fraunhofer-Institut für Arbeitswirtschaft und Organisation IAO

Weiner N, Renner T, Kett H (2010b) Geschäftsmodelle im Internet der Dienste: Trends und Entwicklungen auf dem deutschen IT-Markt. Fraunhofer-Institut für Arbeitswirtschaft und Organisation IAO

Weiner N, Vidačković K, Schallmo D (2012) Der visuelle Entwurf von Geschäftsmodellen als Ansatz der Geschäftsmodellinnovation. In: Spath D, Weiner N, Renner T, Weisbecker A (2012) Neue Geschäftsmodelle für die Cloud entwickeln. Fraunhofer Verlag, Stuttgart, S 185–200

Wirtz B (2010) Business model management. Gabler, Wiesbaden

Wirtz B, Schilke O, Ullrich S (2010) Strategic Development of Business Models. Long Range Plann: 1–19

Worthington I, Britton C (2009) Business environment. Pearson Education Verlag, Essex

Zott C, Amit R (2008) The fit between product market strategy and business model: implications for firm performance. Strat Manag J 29:1–26

Zott C, Amit R, Massa L (2011) The business model: recent developments and future research. J Manag 37:1019–1042

Geschäftsmodell-Dimensionen, -Elemente, und Metamodell der Geschäftsmodell-Innovation

3.1 Einleitung und Lernziele

Zusammenfassung

Um bestehende Geschäftsmodelle zu analysieren und neue Geschäftsmodelle zu entwickeln, ist ein einheitliches Beschreibungsraster notwendig. Zielsetzung ist es, ein Raster mit Geschäftsmodell-Dimensionen und -Elementen zu erstellen und dazugehörige Leitfragen abzuleiten. Daneben soll ein Metamodell entwickelt werden, dass die Objekte der Methode der Geschäftsmodell-Innovation und deren Beziehungen zueinander enthält. Die Objekte der Methode sollen anhand von Merkmalen beschrieben werden, um ein einheitliches Verständnis sicherzustellen.

Das dritte Kapitel gliedert sich in Unterkapitel. Kapitel 3.2 enthält einen Ansatz mit Geschäftsmodell-Dimensionen und -Elementen sowie den dazugehörigen Leitfragen. Kapitel 3.3 beschäftigt sich mit der Erstellung eines Metamodells der Methode der Geschäftsmodell-Innovation, das alle Objekte der Methode und deren Beziehungen zueinander enthält. Die Objekte sind anhand von Merkmalen einheitlich beschrieben. Kapitel 3.3 enthält auch die Schnittstellen des Metamodells der Geschäftsmodell-Innovation zu den drei Ebenen Strategie, Prozess und Technologie. Kapitel 3.4 beinhaltet eine Zusammenfassung, Lernkontrollfragen und Aufgaben zum dritten Kapitel.

Für dieses Kapitel liegen folgende **Lernziele** vor:
- Nach diesem Kapitel können Sie Geschäftsmodelle anhand von Geschäftsmodell-Dimensionen und -Elementen präzisieren und können deren Zusammenhang erklären.
- Sie können die Leitfragen wiedergeben, die notwendig sind, um ein Geschäftsmodell auszuprägen.
- Sie wenden die Leitfragen der Geschäftsmodell-Dimensionen und -Elemente beispielhaft an, indem Sie ein bestehendes Geschäftsmodell analysieren.

- Sie können die Bestandteile von Methoden wiedergeben.
- Sie sind in der Lage, das Metamodell der Geschäftsmodell-Innovation zu beschreiben und den Zusammenhang der Objekte der Methode zu interpretieren.
- Sie können die Objekte der Methode anhand deren Merkmale klassifizieren.
- Sie können die Schnittstellen des Geschäftsmodells zu den Ebenen Strategie, Prozess und Technologie umschreiben.

3.2 Ansatz mit Geschäftsmodell-Dimensionen und -Elementen

Um ein einheitliches *Beschreibungsraster* für Geschäftsmodelle umzusetzen, findet eine Synthese bestehender Geschäftsmodell-Elemente statt, die in der Literatur vorliegen. Die unterschiedlichen Bezeichnungen der Elemente innerhalb der vorgestellten Ansätze sind den Bezeichnungen in der Tab. 3.1 zugeordnet. Je nach Detaillierungsgrad des Ansatzes überschneiden sich die jeweiligen Elemente bzw. sind in den übergeordneten Elementen enthalten. Die Beschreibung existierender Geschäftsmodelle und den dazugehörigen Elementen ist von Aspekten, wie z. B. der Finanzierung des Geschäftsmodells (siehe Wirtz 2010, S. 148 f.), abzugrenzen, da es sich hierbei um strategische Aspekte handelt.

Es zeigt sich, dass das Geschäftsmodell-Element *Partnerbeziehung* nicht vorkommt. Die Partnerbeziehung sollte jedoch, analog zur Kundenbeziehung, langfristig ausgestaltet und berücksichtigt werden (Stähler 2002, S. 46).

Die Synthese der bestehenden Ansätze beinhaltet insgesamt 15 Geschäftsmodell-Elemente, anhand derer Geschäftsmodelle beschrieben werden können. Um die auftretende Komplexität zu reduzieren und eine bessere Übersicht sicherzustellen, werden Geschäftsmodell-Dimensionen[1] gebildet, die Geschäftsmodell-Elemente eines Themenbereichs (z. B. Kunden) zusammenfassen; die Geschäftsmodell-Dimensionen sind somit den Geschäftsmodell-Elementen übergeordnet.

Auf Basis von bestehenden Ansätzen und deren Synthese Tab. 3.1 lassen sich die Geschäftsmodell-Elemente und -Dimensionen folgendermaßen erläutern (CE VeMaB, 2011b):

---

[1] Andere Autoren führen z. B. folgende Dimensionen auf: Nutzenversprechen, Design der Aktivitäten, Steuerung der Aktivitäten, Ressourcen, Ertragsmechanik (Müller-Stewens und Lechner 2011, S. 376–401); Produkt, Kundenkontakt, Infrastrukturmanagement und finanzielle Aspekte (Osterwalder und Pigneur 2005, S. 10); Value Proposition, Architektur der Wertschöpfung und Ertragsmodell (Stähler 2002, S. 42–47); Ziel- und Beschaffungsmarkt, Nutzen für Kunden und Partner, Produkt- und Dienstleistungsangebot, Produkt- und Dienstleistungserstellung, finanzielle Aspekte (Weiner et al. 2010a, S. 56). Dimensionen stellen sog. *Sichten* dar. In Tabelle 6 sind nicht alle in Kap. 3 vorgestellten Ansätze enthalten, da in einigen Ansätzen keine Metamodelle bzw. keine Erläuterung der Geschäftsmodell-Elemente vorliegen.

3.2 Ansatz mit Geschäftsmodell-Dimensionen und -Elementen

Tab. 3.1 Vergleich bestehender Ansätze für Geschäftsmodell-Elemente (Schallmo 2013, S. 108)

Autor (en)	Geschäftsmodell-Vision	Kundendimension			Nutzendimension		Wertschöpfungsdimension			Partnerdimension			Finanzdimension		Geschäftsmodell-Führung
		Kundensegmente	Kundenkanäle	Kundenbeziehung	Leistungen	Nutzenversprechen	Prozesse	Ressourcen	Fähigkeiten	Partner	Partnerkanäle	Partnerbeziehung	Kosten	Umsätze	
Bieger und Reinhold 2011, S. 33	•	•												•	
Boulton 2000, S. 29–32		•	•					•		•					
Chesbrough 2007a, S. 13		•	•		•	•	•	•		•			•		
Grasl 2009, S. 106 f.		•	•		•	•	•	•		•	•		•		
Hamel 2002, S. 100		•	•		•	•	•	•	•	•			•		•
Johnson 2010, S. 24		•			•	•	•	•					•		
Linder und Cantrell 2000, S. 3		•	•	•	•	•	•	•					•		•
Lindgardt et al. 2009, S. 2		•											•		

Tab. 3.1 Fortsetzung

Autor (en)	Geschäftsmodell-Vision	Kundendimension			Nutzendimension		Wertschöpfungsdimension			Partnerdimension			Finanzdimension		Geschäftsmodell-Führung
		Kundensegmente	Kundenkanäle	Kundenbeziehung	Leistungen	Nutzenversprechen	Prozesse	Ressourcen	Fähigkeiten	Partner	Partnerkanäle	Partnerbeziehung	Kosten	Umsätze	
Osterwalder 2004, S. 44–102		•	•	•	•	•	•	•	•	•			•	•	
Osterwalder und Pigneur 2010, S. 16 f.	•	•	•	•	•	•	•			•			•	•	
Papakiriakopoulos 2001, S. 449 f.		•			•		•			•					
Teece 2010, S. 189		•			•	•	•						•	•	
Voelpel et al. 2004, S. 259			•		•	•	•		•	•					•
Weiner et al. 2010b, S. 56 f.		•	•	•	•	•	•	•		•			•	•	
Wirtz 2010, S. 119	•	•	•	•	•	•	•	•	•	•	•		•	•	•
Zott und Amit 2009, S. 5		•				•	•	•		•					

3.2 Ansatz mit Geschäftsmodell-Dimensionen und -Elementen

- *Geschäftsmodell-Vision:* Wie lässt sich das ideale[2] Geschäftsmodell innerhalb einer Industrie beschreiben und wie wird das bestehende Geschäftsmodell weiterentwickelt?
- *Kundendimension:* Welche Kundensegmente sollen mit dem Geschäftsmodell erreicht werden? Wie sollen die Kundensegmente erreicht werden? Wie soll die Beziehung zu Kundensegmenten ausgestaltet werden?
- *Nutzendimension:* Welcher Nutzen soll durch welche Leistungen für Kundensegmente gestiftet werden?
- *Wertschöpfungsdimension:* Welche Ressourcen und Fähigkeiten sind notwendig, um die Leistungen zu erstellen und das Geschäftsmodell zu betreiben? Welche Prozesse sollen ausgeführt werden?
- *Partnerdimension:* Welche Partner sind für das Geschäftsmodell notwendig? Wie soll mit den Partnern kommuniziert werden und wie sollen die Leistungen beschafft werden? Welche Beziehung soll zu den jeweiligen Partnern vorliegen?
- *Finanzdimension:* Welche Umsätze werden mit den Leistungen erzielt? Welche Kosten werden durch das Geschäftsmodell verursacht? Welche Mechanismen sollen jeweils für Umsätze und Kosten zum Einsatz kommen?
- *Geschäftsmodell-Führung:* Welche kritischen Erfolgsfaktoren[3] liegen für das Geschäftsmodell vor und wie lassen sich diese mittels Führungsgrößen operationalisieren?

Abbildung 3.1 stellt die Geschäftsmodell-Dimensionen und -Elemente graphisch dar.[4] Die graphische Darstellung ist notwendig, um existierende oder neue Geschäftsmodelle vollständig und einheitlich zu beschreiben; zudem können die Zusammenhänge der Geschäftsmodell-Elemente dargestellt werden.

Der Vorteil des Rasters für die Geschäftsmodell-Dimensionen und -Elemente liegt darin, dass im Rahmen der Geschäftsmodell-Innovation unter den Beteiligten Personen ein einheitliches Verständnis vorliegt.

Um die Geschäftsmodell-Dimensionen und -Elemente zu erläutern, erfolgt nun die Erarbeitung von Leitfragen, die im Rahmen der Beschreibung eines bestehenden bzw. der Entwicklung eines neuen Geschäftsmodells unterstützen und als Ausgangspunkt für die Erarbeitung eines Metamodells dienen sollen. Die Leitfragen sind so formuliert, als würde ein neues Geschäftsmodell erstellt werden. Sofern ein bestehendes Geschäftsmodell analysiert wird, muss entsprechend eine Anpassung der Leitfragen erfolgen.

---

[2] Mit dem idealen Geschäftsmodell ist hierbei ein Geschäftsmodell gemeint, das eine Industrie in den nächsten drei bis fünf Jahren maßgeblich verändert und somit den gewünschten zukünftigen Zustand des Geschäftsmodells (grobe Beschreibung der Dimensionen und eingesetzter Technologien) beinhaltet. Siehe auch: Österle (1995, S. 63 f.), der eine Prozessvision beschreibt und Johnson et al. (2011, S. 31 f.), die eine Unternehmensvision beschreiben.

[3] Kritische Erfolgsfaktoren sind die wenigen Variablen, die den Erfolg eines Geschäftsmodells nachhaltig beeinflussen; siehe hierzu: Kap. 10.1.1.12.1 und Österle (1995, S. 108), der kritische Erfolgsfaktoren für Prozesse erläutert.

[4] Die Dimensionen und Elemente basieren auf den analysierten Ansätzen zu Geschäftsmodellen und haben einen Bezug zu Bieger und Reinhold (2011), Johnson, (2010), Osterwalder (2004) und Osterwalder und Pigneur (2010).

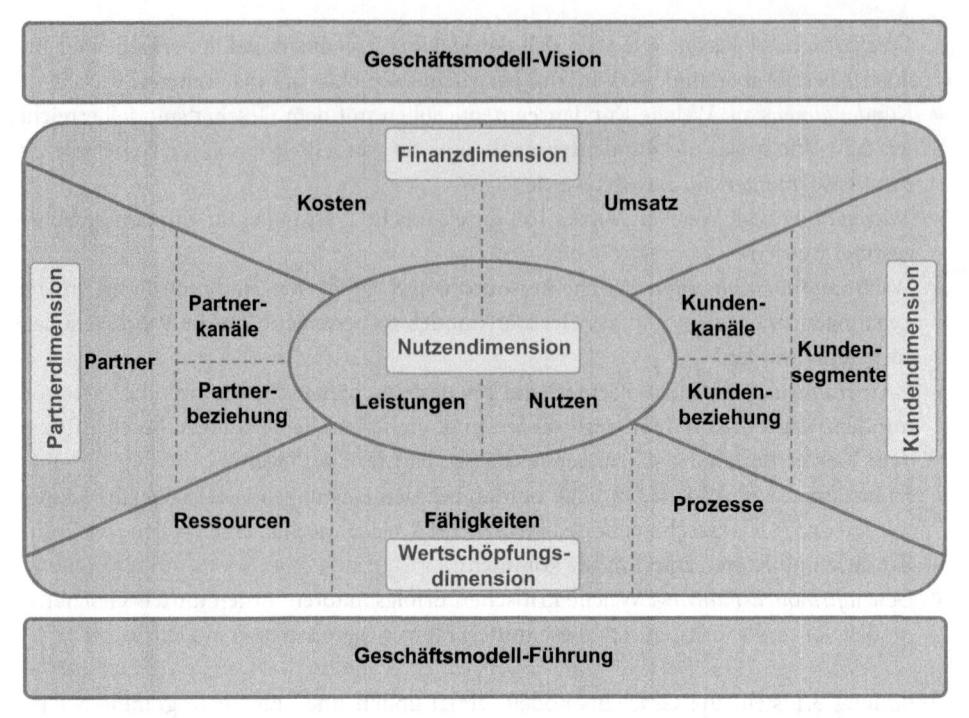

Abb. 3.1 Raster für Geschäftsmodell-Dimensionen und –Elemente. (Schallmo 2013, S. 119)

Die Leitfragen im Rahmen der **Geschäftsmodell-Vision** sind folgende (in Anlehnung an: Bieger und Reinhold 2011, S. 52; Brandenburger und Stuart 1996, S. 11; CE VeMaB 2010b; CE VeMaB 2011b/2012; Lerner 2008, S. 89; Osterwalder und Pigneur 2010, S. 216; Skarzinsky und Gibson 2008, S. 113; Wirtz 2010, S. 140; Kim und Mauborgne 2005, S. 29):

- Wie ist das ideale Geschäftsmodell (die vereinfachte Beschreibung der Geschäftsmodell-Dimensionen und eingesetzter Technologien) innerhalb der Industrie für die nächsten drei bis fünf Jahre charakterisiert?
- Ausgehend von Leistungen (Produkte und Dienstleistungen), die innerhalb der Industrie angeboten werden: Welche Leistungen sollen in Zukunft nicht mehr, reduziert oder zusätzlich angeboten werden? Wie werden zukünftige Leistungen ein einem Leistungssystem zusammen gefasst?
- Welche Kundenbedürfnisse liegen aktuell und zukünftig vor und wodurch ist die Existenz des Geschäftsmodells begründet?
- Warum sind potenzielle Kunden des Geschäftsmodell bereit, für die Leistungen, die innerhalb eines Leistungssystems angeboten werden, zu bezahlen?
- Liegen für das Geschäftsmodell Wettbewerber vor? Wenn ja, was dient zur Differenzierung (z. B. mittels der Stiftung eines neuartigen Nutzens) gegenüber den Wettbewerbern bzw. wie findet eine Absicherung des Geschäftsmodells gegenüber Nachahmern statt?

3.2 Ansatz mit Geschäftsmodell-Dimensionen und -Elementen

Die Leitfragen im Rahmen der *Kundensegmente* sind folgende (in Anlehnung an: Bieger und Reinhold 2011, S. 37; CE VeMaB 2011b/2012; Johnson 2010, S. 29; Linder und Cantrell 2000, S. 5; Lindgardt et al. 2009, S. 1; Osterwalder und Pigneur 2010, S. 21; Skarzinsky und Gibson 2008, S. 113 und S. 118; Weiner et al. 2010b, S. 57; Wirtz 2010, S. 140):

- Welche Kundenbedürfnisse liegen vor und wie erfolgt auf dieser Basis die Bildung von Kundensegmenten?
- Welche Kundensegmente sollen als erstes bearbeitet werden?
- Welcher Nutzen soll für die Kundensegmente gestiftet werden und wie viel sind die Kunden bereit zu bezahlen?
- Welchen Wert haben die Kundensegmente für das Unternehmen und welche Kundensegmente sind am wichtigsten?

Die Leitfragen im Rahmen der *Kundenkanäle* sind folgende (in Anlehnung an: Bieger und Reinhold 2011, S. 46; CE VeMaB 2011b/2012; Linder und Cantrell 2000, S. 5; Osterwalder und Pigneur 2010, S. 27; Skarzinsky und Gibson 2008, S. 113; Weiner et al. 2010b, S. 57; Wirtz 2010, S. 140):

- Wie sind die Kommunikations- und Vertriebskanäle in die Prozesse (z. B. Anfrage, Beschaffung) der Kunden integriert?
- Mittels welcher Kommunikations- und Vertriebskanäle können viele Kunden erreicht werden?
- Mittels welcher Kommunikations- und Vertriebskanäle sollen die Kundensegmente erreicht werden?

Die Leitfragen im Rahmen der *Kundenbeziehung* sind folgende (in Anlehnung an: CE VeMaB, 2011b/2012; Osterwalder und Pigneur 2010, S. 29; Weiner et al. 2010b, S. 57; Wirtz 2010, S. 140):

- Wie können neue Kunden gewonnen und langfristig an das Unternehmen gebunden werden?
- Wie kostenintensiv sind die unterschiedlichen Formen der Kundenbeziehung?
- Welche Form der Kundenbeziehung ist besonders erfolgversprechend?
- Welche Form der Kundenbeziehung soll vorliegen?

Die Leitfragen im Rahmen der *Leistungen und des Nutzens* sind folgende (in Anlehnung an: Bieger und Reinhold 2011, S. 37; CE VeMaB 2011b/2012; Johnson 2010, S. 28; Mullins und Komisar 2009, S. 66; Osterwalder und Pigneur 2010, S. 23; Skarzinsky und Gibson 2008, S. 113 und S. 118; Weiner et al. 2010b, S. 57; Wirtz 2010, S. 140):

- Welche aktuellen und zukünftigen Bedürfnisse hat ein spezifisches Kundensegment und wie wichtig sind diese Bedürfnisse den jeweiligen Kundensegmenten?

- Welcher Nutzen soll je Kundensegment gestiftet werden und wie soll dieser Nutzen in einem Nutzenversprechen ausformuliert werden?
- Welche Produkte und Dienstleistungen sind notwendig, um den Nutzen zu stiften und das Nutzenversprechen zu erfüllen?
- Welcher Nutzen soll für die beteiligten Partner gestiftet werden?
- Wie werden Kunden mit der Marke, den Leistungen und dem damit erzeugten Nutzen begeistert?

Die Leitfragen im Rahmen der **Ressourcen** und **Fähigkeiten** sind (in Anlehnung an: Bieger und Reinhold 2011, S. 42; CE VeMaB 2011b/2012; Linder und Cantrell 2000, S. 5; Osterwalder und Pigneur 2010, S. 35; Skarzinsky und Gibson 2008, S. 113 und S. 119 f.; Weiner et al. 2010b, S. 57; Wirtz 2010, S. 131):

- Welche Ressourcen und Fähigkeiten sind für die Stiftung des Nutzens notwendig und in welcher Form und woher müssen diese Ressourcen und Fähigkeiten beschafft werden?
- Welche Ressourcen und Fähigkeiten sind für das Geschäftsmodell erfolgskritisch und welche einzigartig?
- Wie sollen die Ressourcen und Fähigkeiten von Partnern in das Geschäftsmodell integriert werden?

Die Leitfragen im Rahmen der **Prozesse** sind (in Anlehnung an: Bieger und Reinhold 2011, S. 42; CE VeMaB 2011b/2012; Osterwalder und Pigneur 2010, S. 37; Skarzinsky und Gibson 2008, S. 113 und S. 119 f.; Weiner et al. 2010b, S. 57):

- Wie gestaltet sich die gesamte Wertschöpfungskette der Industrie und welche Position soll innerhalb dieser Wertschöpfungskette eingenommen werden?
- Welche Prozesse sind für die Erfüllung des Nutzenversprechens notwendig?
- Welche Prozesse sind für die Bereitstellung von Kanälen und die Pflege der Kundenbeziehungen notwendig?
- Welche Prozesse sollen dabei von Partnern ausgeführt werden und wie erfolgt die Verknüpfung mit den Partnern?

Die Leitfragen im Rahmen der **Partner** sind (in Anlehnung an: Bieger und Reinhold 2011, S. 38; CE VeMaB 2011b/2012; Osterwalder und Pigneur 2010, S. 39; Skarzinsky und Gibson 2008, S. 113 und S. 119 f.; Weiner et al. 2010b, S. 57; Wirtz 2010, S. 152):

- Welche Partner sind für das Geschäftsmodell notwendig?
- Welche Ressourcen und Fähigkeiten sollen von den Partnern bereitgestellt werden?
- Welche Partner sind in die Wertschöpfungskette integriert und welche Prozesse sollen die Partner ausführen?
- Welche Kundenkanäle können durch die Partner erschlossen werden?
- Wie sollen die Partner bei der Erfüllung des Nutzenversprechens unterstützen?

3.2 Ansatz mit Geschäftsmodell-Dimensionen und -Elementen

Die Leitfragen im Rahmen der *Partnerkanäle* sind folgende (in Anlehnung an: Bieger und Reinhold 2011, S. 46; CE VeMaB 2011b/2012; Linder und Cantrell 2000, S. 5; Osterwalder und Pigneur 2010, S. 27; Skarzinsky und Gibson 2008, S. 113; Wirtz 2010, S. 140):

- Über welche Kommunikations- und Beschaffungskanäle sollen Partner erreicht werden?
- Welche Kommunikations- und Beschaffungskanäle sind besonders erfolgversprechend und kostengünstig?

Die Leitfragen im Rahmen der Form der *Partnerbeziehung* sind folgende (in Anlehnung an: CE VeMaB 2011b/2012; Osterwalder und Pigneur 2010, S. 29; Wirtz 2010, S. 140 und S. 152):

- Welche Form der Partnerbeziehung ist besonders erfolgversprechend?
- Wie kostenintensiv sind unterschiedliche Formen der Partnerbeziehung?
- Welche Form der Beziehung soll zu Partnern aufgebaut werden und wie erfolgt die Zusammenarbeit mit den Partnern?

Die Leitfragen im Rahmen der *Umsätze* sind (in Anlehnung an: Bieger und Reinhold 2011, S. 49; CE VeMaB 2011b/2012; Johnson 2010, S. 32; Linder und Cantrell 2000, S. 5; Mullins und Komisar 2009, S. 66; Osterwalder und Pigneur 2010, S. 30 f.; Skarzinsky und Gibson 2008, S. 113; Weiner et al. 2010b, S. 57; Wirtz 2010, S. 140):

- Für welchen Nutzen sind die Kunden bereit zu bezahlen und wie viel sind Kunden bereit zu bezahlen?[5]
- Wie kann der gestiftete Nutzen in Form von Umsätzen abgeschöpft werden?
- Für welche Leistungen (Produkte und Dienstleistungen) können Umsätze generiert werden?
- Wie soll der Umsatzmechanismus (z. B. Mietgebühr je Minute) für die Kundensegmente ausgestaltet werden?

Die Leitfragen im Rahmen der *Kosten* sind folgende (in Anlehnung an: CE VeMaB 2011b/2012; Johnson 2010, S. 36; Linder und Cantrell 2000, S. 5; Mullins und Komisar 2009, S. 66; Osterwalder und Pigneur 2010, S. 41 f.; Skarzinsky und Gibson 2008, S. 119; Weiner et al. 2010b, S. 57; Wirtz 2010, S. 152):

- Welche Kosten werden während des Betriebs des Geschäftsmodells und innerhalb der jeweiligen Geschäftsmodell-Elemente entstehen und welche Kosten sind wesentlich?
- Welche Ressourcen, Fähigkeiten und Prozesse werden dabei welche Kosten und in welcher Höhe Kosten verursachen?
- Durch welche Faktoren (z. B. Menge, Preise) wird die Kostenstruktur beeinflusst?

---

[5] Damit ist die Zahlungsbereitschaft gemeint; andere Autoren sprechen hierbei auch von der *willingness to pay* (z. B. Grasl 2009, S. 72).

- Wie soll der Kostenmechanismus (z. B. die Zahlung einer Nutzungsgebühr) mit den Partnern ausgestaltet werden?

Die Leitfragen im Rahmen der **Geschäftsmodell-Führung** sind folgende (in Anlehnung an: Linder und Cantrell 2000, S. 5; Casadesus-Masanell und Ricart 2009, S. 5):

- Welche kritischen Erfolgsfaktoren liegen für das gesamte Geschäftsmodell bzw. je Geschäftsmodell-Dimension vor?
- Welche Quellen liegen für die Umsatzgenerierung und die Nutzenstiftung vor und welche kritischen Erfolgsfaktoren beeinflussen jeweils diese Quellen?
- Wie beeinflussen sich die kritischen Erfolgsfaktoren untereinander? Wie verstärken sich die kritischen Erfolgsfaktoren gegenseitig? Wie kann die Beeinflussung und die gegenseitige Verstärkung der kritischen Erfolgsfaktoren in einem Wirkungsnetz[6] dargestellt werden?
- Wie können kritische Erfolgsfaktoren mit Hilfe von Führungsgrößen operationalisiert werden, um das Geschäftsmodell zu steuern?

Die Geschäftsmodell-Dimensionen und -Elemente sowie die entsprechenden Leitfragen basieren auf der vorliegenden Literatur und dienen der Beschreibung eines bestehenden bzw. der Entwicklung eines neuen Geschäftsmodells.

Nachfolgend findet nun die Erstellung eines Metamodells der Methode der Geschäftsmodell-Innovation statt. Das Metamodell enthält alle Objekte der Methode (d. h. Geschäftsmodell-Dimensionen und -Elemente), deren Beziehung zueinander und deren Erläuterung.

3.3 Metamodell und Erläuterung der Objekte der Methode

Auf Basis der analysierten Ansätze innerhalb der Literatur und der Geschäftsmodell-Dimensionen und –Elemente, erfolgt nun die Erarbeitung des Metamodells der Methode der Geschäftsmodell-Innovation mit den Zusammenhängen der Objekte der Methode.[7]

Methoden

Methoden beschreiben ein *Vorgehen* und bestehen aus *Techniken, Ergebnissen, Aktivitäten, Rollen* und einem *Metamodell* (Heym 1993, S. 14 f; Winter 2003, S. 88)[8]. Die Abb. 15 zeigt die Bestandteile einer Methode und deren Beziehungen zueinander.

Techniken sind Handlungsanleitungen und stellen Vorschriften zur Erstellung/Dokumentation von *Ergebnissen* dar. *Aktivitäten* sind funktionale Verrichtungseinheiten, die die Reihenfolge vorgeben, wie die Erstellung der Ergebnisse erfolgt. Aktivitäten setzen Ergebnisse ein und erzeugen wie-

---

[6] Grasl (2009, S. 97 f.) spricht hierbei von einem *self sustaining feedback loop*.

[7] Das Metamodell orientiert sich hauptsächlich an den Ansätzen von Bieger und Reinhold (2011), Johnson (2010), Osterwalder (2004) und Osterwalder und Pigneur (2010).

[8] Siehe auch: Brinkkemper und Lyytinen 1996.

3.3 Metamodell und Erläuterung der Objekte der Methode

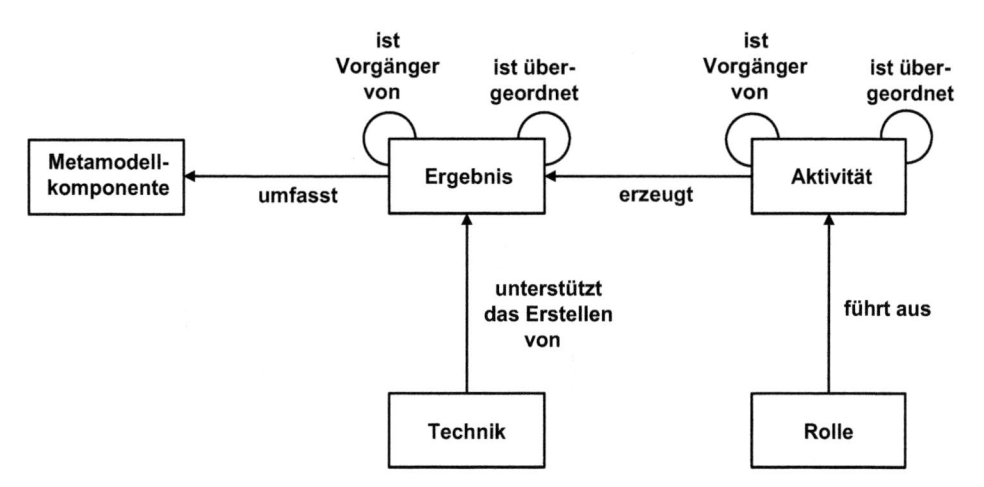

Abb. 3.2 Bestandteile einer Methode. (Heym 1993, S. 14 f. und Brecht 2002, S. 131)

Abb. 3.3 Vereinfachte ERM-Notation

derum Ergebnisse. Eine *Rolle* führt Aktivitäten aus und beinhaltet Mitarbeiter/Teams (Heym 1993, S. 14 f.; Brecht 2002, S. 129–131). Ein *Metamodell* setzt die wichtigsten Objekte[9] einer Methode in Beziehung zueinander (Heym 1993, S. 14 f., Gutzwiller 1994, S. 12–14; Hess und Brecht 1996, S. 4) (Abb. 3.2).

Die Beschreibung eines Metamodells und der Beziehungen der Objekte erfolgt anhand einer spezifischen Notation (vereinfachte Entity-Relationship-Modelle: ERM), die sich aus Knoten und Kanten zusammensetzt (Hess und Brecht 1995, S. 15). Die Knoten repräsentieren hierbei die Objekte einer Methode und die Kanten die Beziehungen der Objekte zueinander. Die Kanten zeigen in Form von Pfeilen die Leserichtung an. Abbildung 3.3 stellt z. B. die vereinfachte Notation *eine Seite ist Bestandteil eines Buches* dar.

Die 20 Objekte der Methode umfassen die fünf Geschäftsmodell-Dimensionen und die 15 Geschäftsmodell-Elemente, die bereits vorgestellt wurden. Das Metamodell ist als semantisches Netz dargestellt (Abb. 3.4).[10,11]

---

[9] Neben dem Begriff *Objekt* finden in der Literatur z. B. auch die Begriffe *Entität, Komponente, Baustein* und *Element* Anwendung (siehe Hess und Brecht 1996, S. 5; Brecht 2002, S. 130 f.; Reitbauer 2008, S. 15; Walczak 2010, S. 172 f.; Akoka 2005, S. 401). Im Rahmen der vorliegenden Arbeit wird der Begriff *Element* verwendet, um die Bestandteile von Geschäftsmodellen zu beschreiben. Der Begriff *Objekt* wird verwendet, um die Bestandteile von Ansätzen bzw. der Methode (dargestellt in einem semantischen Netz) zu beschreiben.

[10] Bei umfangreicheren Metamodellen erfolgt eine Auflösung (Normalisierung) der Beziehungen der Objekte (Brecht 2002, S. 132 f.). Die Erläuterung der Beziehungen der Objekte des Metamodell der Methode für Geschäftsmodell-Innovation ist in der jeweiligen Beschreibung des Objekts aufgeführt, weshalb auf eine graphische Auflösung an dieser Stelle verzichtet wird.

[11] Das Metmodell ist in Anhang 12 im Großformat aufgeführt.

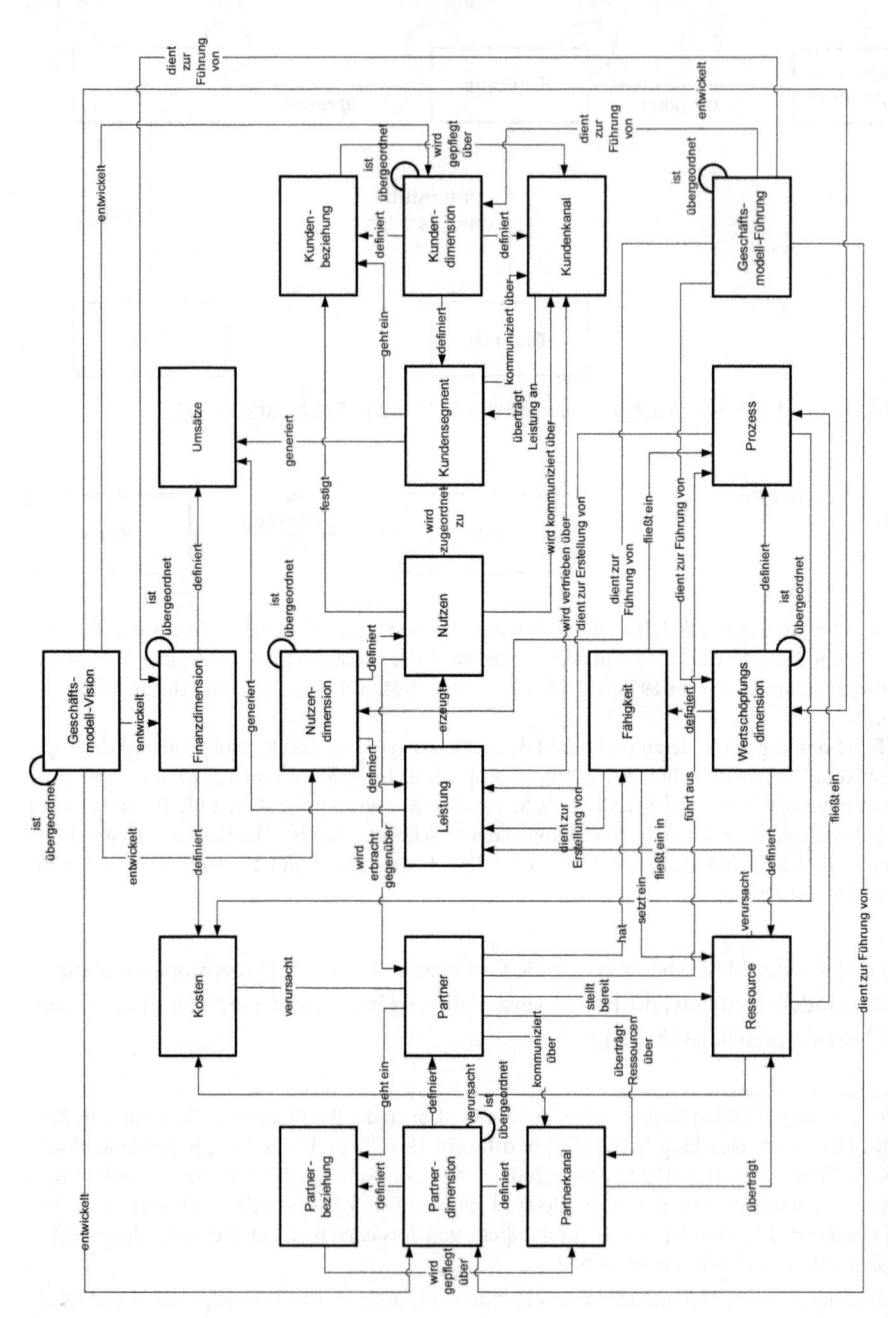

Abb. 3.4 Metamodell der Methode der Geschäftsmodell-Innovation (Schallmo, 2013, S. 124)[11]

3.3 Metamodell und Erläuterung der Objekte der Methode

Die jeweiligen Objekte[12] werden anhand folgender *Merkmale* erläutert (in Anlehnung an Brecht 2002, S. 133; Osterwalder 2004, S. 47):

- *Bezeichnung*: Wie lautet die Bezeichnung des Objekts?
- *Synonyme*: Welche etablierten Synonyme liegen für die Bezeichnung des Objekts vor?
- *Definition*: Wie ist das Objekt definiert?
- *Beziehungen*: Welche Beziehungen hat das Objekt zu anderen Objekten und wie gestalten sich die Kardinalitäten?[13]
- *Arten*: Welche Arten (Ausprägungen) liegen für das Objekt vor?
- *Attribute*: Welche Attribute liegen vor, um das Objekt zu beschreiben?
- *Quellen*: Welche Literaturquellen liegen für die o.g. Punkte vor?

3.3.1 Geschäftsmodell-Vision

Die *Geschäftsmodell-Vision* ist den Geschäftsmodell-Dimensionen übergeordnet. Sie dient somit als Basis, um die Geschäftsmodell-Dimensionen zukunftsgerichtet auszugestalten. Auf Grundlage der aufgezeigten Leitfragen und der Literatur ist die Geschäftsmodell-Vision in Tab. 3.2 erläutert.

Das nachfolgende Beispiel stellt die Geschäftsmodell-Vision *ständige Verfügbarkeit von frischem und qualitativ hochwertigem Kaffee* dar. Diese Geschäftsmodell-Vision ist einer Erweiterung des bestehenden Geschäftsmodells *Nespresso* von Nestlé.

Beispiel 1: Nestlé mit Nespresso

Der Nahrungsmittelkonzern Nestlé betreibt seit einigen Jahren erfolgreich das Geschäftsmodell *Nespresso*, das aus Kaffee-Kapseln (16 verschiedene Varianten) und Kaffeemaschinen besteht (Nestlé 2012a). Den Vertrieb der Kaffee-Kapseln übernimmt Nestlé selbst und sichert seinen Kunden somit die ständige Verfügbarkeit, die Frische und die hohe Qualität des Kaffees zu (Nestlé 2012b). Da das Patent auf die Kaffee-Kapseln 2012 ausläuft (Die Presse 2012), hat das Unternehmen sein Geschäftsmodell erweitert. Dabei werden Kaffeemaschinen für den Office-Einsatz mit einem Mobilfunkmodul ausgestattet; somit werden wichtige Informationen (z. B. der Verbrauch von Kaffee-Kapseln, der Lagerbestand, die Wassertemperatur) via Mobilfunk an Nestlé übermittelt

---

[12] Der Begriff Objekt ist dem Begriff *Entität* gleichzusetzen.

[13] Die Beziehungen sind der Einzahl erläutert. Die Kardinalitäten zeigen an, ob die Beziehungen auch mehrfach vorliegen. Es sind grundsätzlich folgende Fälle möglich: (1:1) → Objekt A ist genau Objekt B zugeordnet; (1:n) → Objekt A ist einem/mehreren Objekt/en zugeordnet; (m:n) → ein/mehrere Objekt/e ist/sind einem/mehreren Objekt/en zugeordnet (Gadatsch 2009, S. 140).

Tab. 3.2 Erläuterung der Geschäftsmodell-Vision (Schallmo 2013, S. 125)

Bezeichnung	Geschäftsmodell-Vision
Synonyme	Entwicklungskonzept, Entwicklungskomponente
Definition	Die Geschäftsmodell-Vision sagt aus, was das ideale Geschäftsmodell innerhalb einer Industrie in den nächsten drei bis fünf Jahres charakterisiert. Die Geschäftsmodell-Vision beinhaltet dazu die Begründung, die Zielsetzung, den Schwerpunkt und die Beschreibung der Nachhaltigkeit des Geschäftsmodells. Die Geschäftsmodell-Vision beeinflusst somit die zukünftige Ausgestaltung bzw. die (Weiter-) Entwicklung der jeweiligen Geschäftsmodell-Dimensionen
Beziehungen	*Kundendimension*: Die Geschäftsmodell-Vision entwickelt die Kundendimension weiter (1:1)
	Nutzendimension: Die Geschäftsmodell-Vision entwickelt die Nutzendimension weiter (1:1)
	Wertschöpfungsdimension: Die Geschäftsmodell-Vision entwickelt die Wertschöpfungsdimension weiter (1:1)
	Partnerdimension: Die Geschäftsmodell-Vision entwickelt die Partnerdimension weiter (1:1)
	Finanzdimension: Die Geschäftsmodell-Vision entwickelt die Finanzdimension weiter (1:1)
Arten	Keine
Attribute	*Begründung*: Die Begründung ist die Ausgangsbasis für die Existenz des Geschäftsmodells. Dabei erfolgt die Aufführung identifizierter und relevanter Einflussfaktoren, Herausforderungen und Bedürfnisse von Kunden
	Zielsetzung/Schwerpunkt: Dieses Attribut enthält die Zielsetzung und den Schwerpunkt des Geschäftsmodells. Der Schwerpunkt beschreibt z. B. die Geschäftsmodell-Dimensionen und die eingesetzten Technologien
	Nachhaltigkeit: Die Nachhaltigkeit enthält die Beschreibung der Lebensdauer und der Differenzierung des Geschäftsmodells gegenüber Wettbewerbern
Quellen	Brandenburger und Stuart, 1996, S. 11; Bieger und Reinhold, 2011, S. 52; CE VeMaB, 2011b; Lerner, 2008, S. 89; Mitchel und Coles, 2004, S. 4; Österle, 1995, S. 63; Osterwalder und Pigneur, 2010, S. 216; Schallmo und Brecht, 2010, S. 13 f.; Skarzinsky und Gibson, 2008, S. 113; Wirtz, 2010, S. 140

(Computerwoche 2012). Für diese Geschäftsmodell-Erweiterung wird die Geschäftsmodell-Vision folgendermaßen formuliert (in Anlehnung an: Computerwoche 2012):

Begründung: Office-Kunden fordern eine ständige Verfügbarkeit von frischem und von qualitativ hochwertigem Kaffee.

Zielsetzung/Schwerpunkt: Die Zielsetzung ist es, mit einer Anpassung des bestehenden Geschäftsmodells von Nespresso die Verfügbarkeit von Kaffee für Office-Kunden

3.3 Metamodell und Erläuterung der Objekte der Methode

Tab. 3.3 Erläuterung der Kundendimension. (Schallmo 2013, S. 126)

Bezeichnung	Kundendimension
Synonyme	Kundenbereich, Kundenmodell, Kundenkonzept
Definition	Die Kundendimension definiert die Kundensegmente, die Kundenkanäle und die Kundenbeziehungen des Geschäftsmodells; sie ist diesen Objekten übergeordnet. Die Kundendimension ist extern (auf die Kunden und auf den Markt) gerichtet; sie beantwortet hauptsächlich die Frage, für *wen* die Leistungen eines Geschäftsmodells erbracht werden
Beziehungen	*Kundensegment*: Die Kundendimension definiert die Kundensegmente (1:n)
	Kundenkanal: Die Kundendimension definiert die Kundenkanäle (1:n)
	Kundenbeziehung: Die Kundendimension definiert die Kundenbeziehungen (1:n)
	Geschäftsmodell-Vision: Die Kundendimension wird von der Geschäftsmodell-Vision weiterentwickelt (1:1)
	Geschäftsmodell-Führung: Die Kundendimension wird von der Geschäftsmodell-Führung geführt (1:1)
Arten	Keine
Attribute	*Kundensegment*
	Kundenkanal
	Kundenbeziehung
Quellen	CE VeMaB, 2011b; Skarzynski und Gibson 2008, S. 113

sicherzustellen. Der Schwerpunkt des Geschäftsmodells liegt auf der Vernetzung der Kaffee-Maschine mittels des Mobilfunks, um einerseits die automatische Nachbestellung von Kaffee-Kapseln zu ermöglichen und andererseits die Funktionsfähigkeit der Kaffeemaschine sicherzustellen. Sollte die Funktionsfähigkeit der Maschine eingeschränkt sein, so kann frühzeitig ein Ersatzgerät bereitgestellt werden.

Nachhaltigkeit: Da die Wettbewerber derzeit noch nicht über das notwendige Knowhow verfügen, um ihre Maschinen ebenfalls mit der Mobilfunktechnologie auszustatten, ist der Kundennutzen (ständige Verfügbarkeit von Kaffee) nicht kurzfristig imitierbar. Daneben sind Kunden durch den Kauf einer Nespresso-Maschine und den Abschluss eines Rahmenvertrages an das Geschäftsmodell gebunden.

3.3.2 Kundendimension

Die Geschäftsmodell-Vision legt die Ausgestaltung der Kundendimension fest. Auf Basis der aufgezeigten Leitfragen und der Literatur ist die Kundendimension in Tab. 3.3 erläutert; die jeweiligen Geschäftsmodell-Elemente der Kundendimension sind in ๏ Tab. 3.4 bis Tab. 3.6 erläutert.

Kundensegment

Tab. 3.4 Erläuterung des Kundensegments. (Schallmo 2013, S. 126 f.)

Bezeichnung	Kundensegment
Synonyme	Kundengruppe, Zielgruppe, Zielkunden, Zielsegment
Definition	Die Kundensegmente enthalten die Kunden, die ein Unternehmen mit seinem Geschäftsmodell erreicht und bedient. Die Kunden unterscheiden sich dabei durch ihre Bedürfnisse, ihre Zahlungsbereitschaft und ihren Wert für das Geschäftsmodell. Die Kunden gehen eine Beziehung innerhalb des Geschäftsmodells ein und bezahlen für die Leistungen, die sie in Anspruch nehmen, einen Preis, der durch ihre Zahlungsbereitschaft beeinflusst wird. Die angebotenen Leistungen innerhalb des Geschäftsmodells dienen der Befriedigung der Kundenbedürfnisse
Beziehungen	*Kundendimension*: Die Kundensegmente werden von der Kundendimension definiert (n:1)
	Kundenkanal: Die Kundensegmente kommunizieren über die Kundenkanäle (m:n); die Kundensegmente erhalten Leistungen über die Kundenkanäle (m:n)
	Kundenbeziehung: Die Kundensegmente gehen eine Kundenbeziehung ein (n:1)
	Umsatz: Die Kundensegmente erzielen einen Umsatz (m:n)
	Nutzen: Die Kundensegmente werden den (mehreren) Nutzen zugeordnet (m:n)
Arten	Massenmarkt (z. B. alle Kaffee-Trinker in Deutschland)
	Nischenmarkt (z. B. Kaffee-Trinker in Deutschland, die besonders großen Wert auf hohe Qualität legen und über die nötige Zahlungsfähigkeit verfügen)
	diversifizierter Markt (z. B. Kaffee-Trinker aus dem Nischenmarkt, weiter unterteilt nach Privatverbrauchern, Freiberuflern und Großverbrauchern)
Attribute	*Name*: Name des Kundensegments
	Bedürfnisse: Bedürfnisse, die in dem Kundensegment vorliegen
	Nutzen: Form des Nutzens, der gegenüber dem Kundensegment erbracht wird
	Leistungen: Leistungen, die dazu dienen, Nutzen für das Kundensegment zu stiften
	Zahlungsbereitschaft: Zahlungsbereitschaft innerhalb des Kundensegments
	Preise: Preise, die für die Leistungen gelten
	Einheiten: Anzahl der Einheiten einer Leistung, die je Transaktion von Kunden in Anspruch genommen werden
	Transaktionen: Anzahl der Transaktionen, die in einer Periode (eines Zeitraums) von Kunden getätigt werden
	Menge: Menge an Leistungen, die innerhalb einer Periode in dem Kundensegment abgesetzt werden
	Umsatz: Umsatz (-volumen), der innerhalb einer Periode in einem Kundensegment erzielt wird
	Wachstum: Geschätztes Wachstum (in %) des Kundensegments
	Kundenkanäle: Kundenkanäle, die dem Kundensegment zugeordnet sind
	Kundenbeziehung: Art der Kundenbeziehung, die mit dem Kundensegment eingegangen wird

3.3 Metamodell und Erläuterung der Objekte der Methode

Tab. 3.4 Fortsetzung

Quellen	Bieger und Reinhold 2011, S. 35; CE VeMaB 2011b; Chesbrough 2007a, S. 13; Johnson 2010, S. 35; Lindgardt et al. 2009, S. 1 f.; Osterwalder 2004, S. 43 und 61; Osterwalder und Pigneur 2010, S. 20 f.; Teece 2010, S. 189; Weiner et al. 2010b, S. 25 f.; Wirtz 2010, S. 132 f.

Kundenkanal

Tab. 3.5 Erläuterung des Kundenkanals. (Schallmo 2013, S. 127 f.)

Bezeichnung	Kundenkanal
Synonyme	Kanal
Definition	Die Kundenkanäle können in Kommunikations- und Vertriebskanäle unterschieden werden. Die Kommunikationskanäle dienen dazu, mit Kunden in Kontakt zu treten und diese über die Leistungen sowie den möglichen Nutzen zu informieren; die Kommunikationskanäle dienen auch dazu, dass die Kunden mit dem Unternehmen in Kontakt treten können. Die Vertriebskanäle dienen dazu, die Leistungen an die Kunden zu transferieren, um einen Nutzen für die Kunden zu stiften. Die Kommunikations- und Vertriebskanäle können sich überschneiden; zu Vertriebskanälen zählen auch Liefer- und Servicekanäle
Beziehungen	*Kundendimension*: Die Kundenkanäle werden durch die Kundendimension definiert (n:1)
	Kundensegment: Die Kundenkanäle übertragen die Leistungen an die Kundensegmente (m:n); die Kundenkanäle dienen der Kommunikation mit den Kundensegmenten (m:n)
	Kundenbeziehung: Die Kundenkanäle dienen der Pflege der Kundenbeziehung (n:1)
	Nutzen: Die Kundenkanäle dienen der Kommunikation des (jeweiligen) Nutzens (m:n)
	Leistung: Die Kundenkanäle dienen dem Vertrieb der Leistungen (m:n)
Arten	Kommunikationskanal (z. B. Print, Fernsehen)
	Vertriebskanal (z. B. Direktvertrieb über eigene Geschäfte)
	Lieferkanal (z. B. über einen Logistikdienstleister)
	Servicekanal (z. B. über eine Fernwartung)
Attribute	*Name*: Name des Kundenkanals
	Art: Art des Kundenkanals (siehe oben)
	Medien: eingesetzte Medien innerhalb des Kundenkanals
	Inhalte: Inhalte, die mittels des Kundenkanals transferiert werden
	Technologie: eingesetzte Technologie innerhalb des Kundenkanals
	Reichweite: Reichweite des Kundenkanals (Anzahl der Kunden, die erreicht werden)
	Kosten: Kosten des Kundenkanals
	Kundensegment: Zuordnung zu dem Kundensegment, das mit dem Kundenkanal angesprochen werden kann

Tab. 3.5 Fortsetzung

Quellen	Bieger und Reinhold 2011, S. 42; CE VeMaB 2011b; Küssel 2006, S. 159; Osterwalder 2004, S. 43 und S. 63; Osterwalder und Pigneur 2010, S. 26; Wirtz 2010, S. 131

Kundenbeziehung

Tab. 3.6 Erläuterung der Kundenbeziehung. (Schallmo 2013, S. 128)

Bezeichnung	Kundenbeziehung
Synonyme	Beziehung
Definition	Die Kunden gehen innerhalb des Geschäftsmodells eine Beziehung ein. Über den Nutzen, der für die Kunden gestiftet wird, wird die Kundenbeziehung gefestigt und eine sogenannte Kundenbindung erzeugt. Je Kundensegment ist dabei eine unterschiedliche Form der Kundenbeziehung relevant
Beziehungen	*Kundendimension*: Die Kundenbeziehungen werden durch die Kundendimension definiert (n:1)
	Kundensegment: Die Kundenbeziehung wird mit den Kundensegmenten eingegangen (1:n)
	Kundenkanal: Die Kundenbeziehung wird durch die Kundenkanäle gepflegt (1:n)
	Nutzen: Die Kundenbeziehungen werden durch den erzeugten Nutzen gefestigt (m:n)
Arten	*Verbundenheitsgetrieben*: Transaktionsqualität, Beziehungsqualität
	Gebundenheitsgetrieben: ökonomisch, technisch-funktional, vertraglich
Attribute	*Name*: Name der Kundenbeziehung
	Art: Art der Kundenbeziehung (siehe oben)
	Stabilität: Grad der Stabilität der Kundenbeziehung
	Dauer: Dauer der Kundenbeziehung
	Kosten: Kosten, die entstehen, um die Kundenbeziehung aufrechtzuerhalten
	Kundensegment: Zuordnung zu Kundensegment
Quellen	CE VeMaB 2011b; Garcia und Rennhak 2006, S. 6; Linder und Cantrell 2000, S. 5; Osterwalder 2004, S. 43 und S. 71; Osterwalder und Pigneur 2010, S. 28; Weiner et al. 2010b, S. 25 f.

3.3.3 Nutzendimension

Die Geschäftsmodell-Vision legt ebenfalls die Ausgestaltung der Nutzendimension fest. Auf Basis der aufgezeigten Leitfragen und der Literatur ist die Nutzendimension in Tab. 3.7 erläutert; die Geschäftsmodell-Elemente der Nutzendimension sind in Tab. 3.8 und Tab. 3.9 aufgeführt.

3.3 Metamodell und Erläuterung der Objekte der Methode

Tab. 3.7 Erläuterung der Nutzendimension. (Schallmo 2013, S. 128)

Bezeichnung	Nutzendimension
Synonyme	Nutzenbereich, Nutzenmodell
Definition	Die Nutzendimension definiert die Leistungen und den damit erzeugten Nutzen eines Geschäftsmodells; sie ist den genannten Objekten übergeordnet. Die Nutzendimension beantwortet hauptsächlich die Frage, *was* den Kunden angeboten wird
Beziehungen	*Leistung*: Die Nutzendimension definiert die Leistungen (1:n)
	Nutzen: Die Nutzendimension definiert den (jeweiligen) Nutzen (1:n)
	Geschäftsmodell-Vision: Die Nutzendimension wird von der Geschäftsmodell-Vision weiterentwickelt (1:1)
	Geschäftsmodell-Führung: Die Nutzendimension wird von der Geschäftsmodell-Führung geführt (1:1)
Formen	Keine
Attribute	*Leistung*
	Nutzen
Quellen	CE VeMaB 2011b; Skarzynski und Gibson 2008, S. 113

Leistung

Tab. 3.8 Erläuterung der Leistung. (Schallmo 2013, S. 129)

Bezeichnung	Leistung
Synonyme	Angebot, Leistungskonzept
Definition	Die Leistungen setzen sich aus den Produkten bzw. den Dienstleistungen zusammen und werden den Kunden in einem Leistungssystem bereitgestellt. Die Leistungen dienen der Befriedigung von Kundenbedürfnissen und stiften somit für die Kunden einen Nutzen. Die Leistungen werden durch den Einsatz von Ressourcen, Fähigkeiten und Prozessen erstellt. Darüber hinaus haben Leistungen einen Preis und ermöglichen die Erzielung von Umsätzen
Beziehungen	*Nutzendimension*: Die Leistungen werden durch die Nutzendimension definiert (n:1)
	Nutzen: Die Leistungen erzeugen den Nutzen (m:n)
	Umsatz: Die Leistungen generieren die Umsätze (m:n)
	Kundenkanal: Die Leistungen werden über die Kundenkanäle vertrieben (m:n)
	Ressource: Die Leistungen verwenden Ressourcen (m:n)
	Fähigkeit: Die Leistungen verwenden Fähigkeiten (m:n)
	Prozess: Die Leistungen sind das Ergebnis von Prozessen (m:n)
Arten	*Kernleistung*: Produkt oder Dienstleistung, z. B. Nespresso-Maschine
	Systemleistung: Leistung, die in Einkaufs-/Verwendungsverbund zur Kernleistung steht, z. B. Kaffee-Kapseln
	Sortimentsleistung: Leistung, die dazu dient, eine Produktallianz aufzubauen, z. B. passende Kaffeetassen

Tab. 3.8 Fortsetzung

	Dienstleistungen: Dienstleistungen, die die Kernleistung ergänzen, z. B. Kundendienst, Miete, Leasing, Finanzierung, Schulungen	
	Integrationsleistung: Leistungen, die Integration bei Kunden unterstützen, z. B. Installation bei Kunden, gemeinsame Entwicklung von Lösungen	
	Integriertes Projektmanagement: z. B. Kooperationen, Beratung, Betrieb von Anlagen, Übernahme von Risiken	
	Emotionales Profil: z. B. Marke, Verlässlichkeit, Verfügbarkeit, Referenzen und Zertifikate	
Attribute	*Name*: Name der Leistung	
	Art: Art der Leistung (siehe oben)	
	Preis: Preis je Einheit der Leistung	
	Menge: Menge, die von der Leistung in einer Periode abgesetzt wird	
	Umsatz: Umsatz, der mit der Leistung in einer Periode erzielt wird	
	Deckungsbeitrag: Umsatz abzgl. variabler Kosten, die für die Leistung anfallen	
	Nutzen: Nutzen, der mit der Leistung erzeugt wird	
	Kundensegment: Kundensegment, dem Leistung zugeordnet wird	
	Technologie: Technologie, die in die Leistung einfließt	
Quellen	Belz 1997, S. 21–23; Belz et al. 2008, S. 116 f.; Bieger und Reinhold 2011, S. 32–34; CE VeMaB 2011b; Johnson 2010, S. 24 und S. 32; Homburg und Jensen 2004, S. 507; Lindgardt et al. 2009, S. 1; Osterwalder und Pigneur 2010, S. 22; Stähler 2002, S. 42 f.; Teece 2010, S. 189; Weiner et al. 2010b, S. 25 f.	

Nutzen

Tab. 3.9 Erläuterung des Nutzens (Schallmo 2013, S. 129 f.)

Bezeichnung	Nutzen
Synonyme	Kundennutzen, Wert, Vorteil, Kundenvorteil
Definition	Der Nutzen entsteht durch die Erbringung von Leistungen und durch die Befriedigung von Kundenbedürfnissen Der Nutzen wird mittels eines Nutzenversprechens formuliert. Neben dem Nutzen, der gegenüber den Kunden erbracht wird, ist auch der Nutzen, der gegenüber den Partnern erbracht wird, relevant
Beziehungen	*Nutzendimension*: Der Nutzen wird durch die Nutzendimension definiert (n:1)
	Leistung: Der Nutzen wird durch die Leistungen erzeugt (m:n)
	Kundenbeziehung: Der Nutzen festigt die Kundenbeziehungen (m:n)
	Kundensegment: Der Nutzen wird den Kundensegmenten zugeordnet (m:n)
	Partner: Der Nutzen wird gegenüber den Partnern erbracht (m:n)
	Kundenkanal: Der Nutzen wird über die Kundenkanäle kommuniziert (m:n)

3.3 Metamodell und Erläuterung der Objekte der Methode

Tab. 3.9 Fortsetzung

Arten	*Funktionaler Nutzen*: entsteht aus Basisfunktionen des Produkts und der Dienstleistung und ist mit dessen Verwendung verbunden
	Ökonomischer Nutzen: entsteht aus den unmittelbaren Produkt- und Dienstleistungseigenschaften (z. B. Kostenersparnis, Risikoreduktion)
	Prozessbezogener Nutzen: entsteht durch einfache Beschaffung/Nutzung (z. B. Zeitersparnis)
	Emotionaler Nutzen: entsteht durch positive Gefühle durch Nutzung des Produkts/der Dienstleistung (z. B. Marke)
	sozialer Nutzen: entsteht durch soziale Anerkennung bei der Nutzung des Produkts/der Dienstleistung
Attribute	*Name*: Name des Nutzens
	Art: Art des Nutzens (siehe oben)
	Kundenbedürfnis: Kundenbedürfnis, das mit dem Nutzen befriedigt wird
	Nutzenversprechen: Nutzenversprechen, das formuliert wird
	Kundensegment: Kundensegment, dem der Nutzen zugeordnet wird
	Partner: Partner, dem gegenüber Nutzen erbracht wird
Quellen	Bieger und Reinhold 2011, S. 32–34; CE VeMaB 2011b; Chesbrough 2007a, S. 13; Hamel 2002, S. 91; Homburg und Krohmer 2006, S. 513; Johnson 2010, S. 25 f.; Müller-Stewens und Lechner 2011, S. 376–379; Osterwalder 2004, S. 50; Osterwalder und Pigneur 2010, S. 22; Stähler 2002, S. 42 f.; Teece 2010, S. 189; Weiner et al. 2010b, S. 25 f.

Tab. 3.10 Erläuterung der Wertschöpfungsdimension. (Schallmo 2013, S. 130)

Bezeichnung	Wertschöpfungsdimension
Synonyme	Wertschöpfung, Wertschöpfungsmodell, Wertschöpfungskonzept
Definition	Die Wertschöpfungsdimension definiert die Ressourcen, die Fähigkeiten und die Prozesse, die für das Geschäftsmodell notwendig sind. Die Wertschöpfungsdimension ist den definierten Objekten übergeordnet und beantwortet die Frage, *wie* das Geschäftsmodell die Leistungen erstellt und erbringt bzw. *wie* das Geschäftsmodell betrieben wird
Beziehungen	*Ressource*: Die Wertschöpfungsdimension definiert die Ressourcen (1:n)
	Fähigkeit: Die Wertschöpfungsdimension definiert die Fähigkeiten (1:n)
	Prozess: Die Wertschöpfungsdimension definiert die Prozesse (1:n)
	Geschäftsmodell-Vision: Die Wertschöpfungsdimension wird von der Geschäftsmodell-Vision weiterentwickelt (1:1)
	Geschäftsmodell-Führung: Die Wertschöpfungsdimension wird von der Geschäftsmodell-Führung geführt (1:1)
Arten	keine
Attribute	Ressource
	Fähigkeit
	Prozess
Quellen	Bieger und Reinhold, 2011, S. 37 f.; CE VeMaB, 2011b; Skarzynski und Gibson, 2008, S. 113

3.3.4 Wertschöpfungsdimension

Analog zu den beiden vorangegangenen Dimensionen legt die Geschäftsmodell-Vision die Ausgestaltung der Wertschöpfungsdimension fest. Die aufgezeigten Leitfragen und die Literatur dienen als Grundlage für die Erläuterung der Wertschöpfungsdimension in Tab. 3.10. In Tab. 3.11 bis Tab. 3.13 sind die Geschäftsmodell-Elemente der Wertschöpfungsdimension aufgeführt.

Ressource

Tab. 3.11 Erläuterung der Ressource. (Schallmo 2013, S. 130 f.)

Bezeichnung	Ressource
Synonyme	Vermögensgegenstand
Definition	Die Ressourcen stellen materielle oder immaterielle Faktoren dar, die innerhalb eines Geschäftsmodells eingesetzt werden. Sie fließen direkt bzw. indirekt in die Leistungen des Geschäftsmodells ein und dienen dazu, die Kundensegmente zu erreichen, die Kundenbeziehungen aufzubauen und diese aufrechtzuerhalten. Um das Geschäftsmodell zu vervollständigen, stellen Partner ebenfalls Ressourcen bereit
Beziehungen	*Wertschöpfungsdimension*: Die Ressourcen werden durch die die Wertschöpfungsdimension definiert (n:1)
	Prozess: Die Ressourcen fließen in die Prozesse ein (m:n)
	Fähigkeit: Die Ressourcen werden von Fähigkeiten eingesetzt (m:n)
	Leistung: Die Ressourcen fließen in die Leistungen ein (m:n)
	Partner: Die Ressourcen werden von Partnern bereitgestellt (m:n)
	Partnerkanal: Die Ressourcen werden über die Partnerkanäle übertragen (m:n)
	Kosten: Die Ressourcen verursachen Kosten (m:n)
Arten	*materiell*: finanziell (z. B. Eigenkapital), physisch (z. B. Grundstücke, Gebäude), IT-basiert (z. B. Software, Hardware), technologisch
	immateriell: Bestand (z. B. Marke, Patente, Daten), Human (z. B. Qualifikation der Mitarbeiter), strukturell (z. B. Managementsystem, Ablauforganisation), kulturell (z. B. Kooperationsverhalten)
Attribute	*Name*: Name der Ressource
	Art: Art der Ressource (siehe oben)
	Prozess: Prozess, in den die Ressource einfließt
	Leistung: Leistung, in den die Ressource einfließt
	Fähigkeit: Fähigkeit, in den die Ressource einfließt
	Partner: Partner, der die Ressource bereitstellt
	Kosten: Kosten, die die Ressource verursacht
	Strategische Bedeutung: Einschätzung, ob die Ressource von strategischer Bedeutung für das Geschäftsmodell ist (gering/mittel/hoch)
Quellen	Bieger und Reinhold 2011, S. 35–38; Boulton 2000, S. 31–33; CE VeMaB 2011b; Johnson 2010, S. 39; Müller-Stewens und Lechner 2011, S. 199 und S. 388–398; Osterwalder 2004, S. 82; Osterwalder und Pigneur 2010, S. 34; Wirtz, 2010 S. 125

3.3 Metamodell und Erläuterung der Objekte der Methode

Fähigkeit

Tab. 3.12 Erläuterung der Fähigkeit (Schallmo 2013, S. 131)

Bezeichnung	Fähigkeit
Synonyme	keine
Definition	Die Fähigkeiten eines Geschäftsmodells bestehen aus Strukturen, Prozessen und Systemen und setzen Ressourcen ein. Die Fähigkeiten dienen dazu, die Leistungen zu erstellen, die Kunden zu erreichen und die Kundenbeziehungen aufzubauen bzw. aufrechtzuerhalten. Die Fähigkeiten stellen in Kombination mit den Ressourcen die Kompetenzen dar. Partner haben Fähigkeiten bzw. stellen diese bereit, um das Geschäftsmodell zu vervollständigen
Beziehungen	*Wertschöpfungsdimension*: Die Fähigkeiten werden durch die Wertschöpfungsdimension definiert (n:1)
	Prozess: Die Fähigkeiten fließen in Prozesse ein (m:n)
	Ressource: Die Fähigkeiten setzt Ressourcen ein (m:n)
	Leistung: Die Fähigkeiten dienen zur Erstellung von Leistungen ein (m:n)
	Partner: Die Fähigkeiten werden von Partnern bereitgestellt (m:n)
Arten	Strukturen (z. B. Organisation)
	Prozesse (z. B. Entwicklung)
	Systeme (z. B. Anreizsystem)
Attribute	*Name*: Name der Fähigkeit
	Art: Art der Fähigkeit (siehe oben)
	Prozess: Prozess, in den die Fähigkeit einfließt
	Ressource: Ressource, die von der Fähigkeit eingesetzt wird
	Leistung: Leistung, die die Fähigkeit benötigt
	Partner: Partner, die die Fähigkeiten besitzen und bereitstellen
	Strategische Bedeutung: Einschätzung, ob die Fähigkeit von Strategischer Bedeutung für das Geschäftsmodell ist (gering/mittel/hoch)
Quellen	Bieger und Reinhold 2011, S. 35–38; Boulton 2000, S. 31–33; CE VeMaB 2011b; Johnson 2010, S. 39; Osterwalder 2004, S. 43 und S. 80; Osterwalder und Pigneur 2010, S. 34; Voigt 2008, S. 95; Weiner et al. 2010b, S. 25 f.; Wirtz 2010, S. 125

Prozess

Tab. 3.13 Erläuterung des Prozesses. (Schallmo 2013, S. 131 f.)

Bezeichnung	Prozess
Synonyme	Geschäftsprozess, Ablauf
Definition	Ein Prozess ist eine Menge von Aufgaben, die in einer Reihenfolge zu erledigen sind. Prozesse haben Leistungen als Ergebnis und ermöglichen es, die Kundensegmente zu erreichen, die Kundenbeziehungen aufzubauen, diese aufrechtzuerhalten und Umsätze zu generieren.

Tab. 3.13 Fortsetzung

	Prozesse sind also notwendig, um das Geschäftsmodell zu betreiben und das Nutzenversprechen auf eine nachhaltige, eine wiederholbare, eine skalierbare und eine steuerbare Art zu erfüllen.
	Welche Prozesse für ein Geschäftsmodell relevant sind, hängt von der Position innerhalb der Industrie-Wertschöpfungskette ab. Partner können Prozesse ausführen, um das Geschäftsmodell zu vervollständigen
Beziehungen	*Wertschöpfungsdimension*: Die Prozesse werden durch die Wertschöpfungsdimension definiert (n:1)
	Fähigkeit: Die Prozesse setzen Fähigkeiten ein (m:n)
	Ressource: Die Prozesse setzen Ressourcen ein (m:n)
	Leistung: Die Prozesse dienen zur Erstellung von Leistungen (m:n)
	Partner: Die Prozesse werden von Partnern ausgeführt (m:n)
	Kosten: Die Prozesse verursachen Kosten (m:n)
Arten	*Führungsprozess*: z. B. Performance Management, Unternehmensleitung
	Leistungsprozess: z. B. Beschaffung, Produktion, Vertrieb
	Unterstützungsprozess: Personalentwicklung, Forschung und Entwicklung, Marktforschung
Attribute	*Name*: Name des Prozesses
	Art: Art des Prozesses
	Fähigkeit: Fähigkeit, die in den Prozess einfließt
	Ressource: Ressource, die in den Prozess einfließt
	Leistung: Leistung, die der Prozess erzeugt
	Partner: Partner, der den Prozess ausführt
	Kosten: Kosten, die der Prozess verursacht
	Technologie: Technologie, die in dem Prozess eingesetzt wird
	Strategische Bedeutung: Einschätzung, ob der Prozess von strategischer Bedeutung für das Geschäftsmodell ist (gering/mittel/hoch)
Quellen	Bieger und Reinhold 2011, S. 38; Brecht 2002, S. 37 und S. 168; CE VeMaB 2011b; Johnson 2010, S. 39;
	Müller-Stewens und Lechner 2011, S. 379–386; Osterwalder und Pigneur 2010, S. 36;
	Weiner et al. 2010b, S. 25 f.; Zott 2009, S. 1–3

3.3.5 Partnerdimension

Die Partnerdimension wird ebenfalls auf Basis der Geschäftsmodell-Vision ausgeprägt. Die Partnerdimension ist in Tab. 3.14 erläutert; die Geschäftsmodell-Elemente der Partnerdimension sind in Tab. 3.15 bis Tab. 3.17 aufgeführt.

3.3 Metamodell und Erläuterung der Objekte der Methode

Tab. 3.14 Erläuterung der Partnerdimension. (Schallmo 2013, S. 132)

Bezeichnung	Partnerdimension
Synonyme	Partnermodell
Definition	Die Partnerdimension definiert die Partner, die Partnerkanäle und die Partnerbeziehungen des Geschäftsmodells; sie ist übergeordnet und beantwortet hauptsächlich die Frage, mit wem kooperiert wird, um das Geschäftsmodell zu vervollständigen
Beziehungen	*Partner*: Die Partnerdimension definiert die Partner (1:n)
	Partnerkanal: Die Partnerdimension definiert die Partnerkanäle (1:n)
	Partnerbeziehung: Die Partnerdimension definiert die Partnerbeziehungen (1:n)
	Geschäftsmodell-Vision: Die Partnerdimension wird von der Geschäftsmodell-Vision weiterentwickelt (1:1)
	Geschäftsmodell-Führung: Die Partnerdimension wird von der Geschäftsmodell-Führung geführt (1:1)
Arten	Keine
Attribute	*Partner*
	Partnerkanal
	Partnerbeziehung
Quellen	CE VeMaB 2011b

Partner

Tab. 3.15 Erläuterung des Partners. (Schallmo 2013, S. 132 f.)

Bezeichnung	Partner
Synonyme	Geschäftspartner, Lieferant, strategischer Partner
Definition	Die Partner gehören zu einem Partnernetzwerk und ergänzen das Geschäftsmodell, indem sie Ressourcen und Fähigkeiten bereitstellen, die innerhalb des Geschäftsmodells selbst nicht vorliegen bzw. nicht erfolgskritisch für das Geschäftsmodell sind. Daneben führen die Partner die Prozesse aus, die nicht innerhalb des Geschäftsmodells ausgeführt werden können bzw. die nicht erfolgskritisch für das Geschäftsmodell sind. Das Ziel ist es, mit geeigneten Partnern das Geschäftsmodell zu vervollständigen und für die Kunden einen Nutzen zu stiften
Beziehungen	*Partnerdimension*: Die Partner werden durch die Partnerdimension definiert (n:1)
	Partnerbeziehung: Die Partner gehen eine Partnerbeziehung ein (n:1)
	Partnerkanal: Die Partner kommunizieren über die Partnerkanäle (m:n); die Partner stellen über Partnerkanäle Ressourcen bereit (m:n)
	Ressourcen: Die Partner stellen Ressourcen bereit (m:n)
	Fähigkeiten: Die Partner haben Fähigkeiten (m:n)
	Prozessen: Die Partner führen Prozesse aus (m:n)
	Kosten: Die Partner verursachen Kosten (m:n)
	Nutzen: Die Partner erhalten (jeweils) einen Nutzen (m:n)

Tab. 3.15 Fortsetzung

Arten	Lieferant	
	Vertriebspartner	
	Logistikpartner	
	Forschungspartner	
Attribute	*Name*: Name des Partners	
	Art: Art des Partners (siehe oben)	
	Partnerbeziehung: Beziehung, die mit einem Partner eingegangen wird	
	Partnerkanal: Partnerkanal, der zur Kommunikation/Beschaffung dient	
	Nutzen: Nutzen, den ein Partner erhält	
	Ressourcen: Ressourcen, die ein Partner bereitstellt	
	Fähigkeiten: Fähigkeiten, die ein Partner hat und bereitstellt	
	Prozesse: Prozesse, die ein Partner ausführt	
	strategische Bedeutung: Einschätzung, ob ein Partner von strategischer Bedeutung für das Geschäftsmodell ist (gering/mittel/hoch)	
Quellen	Bieger und Reinhold 2011, S. 38–40; Boutellier und Corsten 2002, S. 57 f.; CE VeMaB 2011b; Hamel 2002, S. 93 f.; Osterwalder 2004, S. 43 und S. 89; Osterwalder und Pigneur 2010, S. 38; Weiner et al. 2010b, S. 25 f.	

Partnerkanal

Tab. 3.16 Erläuterung des Partnerkanals. (Schallmo 2013, S. 133)

Bezeichnung	Partnerkanal
Synonyme	Kanal
Definition	Für Partnerkanäle erfolgt eine Unterscheidung in Kommunikations- und Beschaffungskanäle. Die Kommunikationskanäle dienen dazu, mit Partnern in Kontakt zu treten, mit diesen Partnern zu kommunizieren und sie über den Nutzen zu informieren. Die Beschaffungskanäle dienen dazu, die bereitgestellten Ressourcen von Partnern an das Geschäftsmodell zu übertragen
Beziehungen	*Partnerdimension*: Die Partnerkanäle werden durch die Partnerdimension definiert (n:1).
	Partner: Die Partnerkanäle werden von Partnern zur Kommunikation genutzt (m:n); die Partnerkanäle dienen der zur Übertragung von Ressourcen durch Partner (m:n).
	Partnerbeziehung: Die Partnerkanäle dienen der Pflege der Partnerbeziehungen (m:n).
	Ressourcen: Die Partnerkanäle übertragen Ressourcen (m:n)
Arten	Kommunikationskanal
	Beschaffungskanal
	Distributionskanal
	Servicekanal

3.3 Metamodell und Erläuterung der Objekte der Methode

Tab. 3.16 Fortsetzung

Attribute	*Name*: Name des Partnerkanals
	Art: Art des Partnerkanals (siehe oben)
	Inhalte: Inhalte, die mittels des Partnerkanals transferiert warden
	Technologie: eingesetzte Technologie innerhalb des Partnerkanals
	Kosten: Kosten des Partnerkanals
	Partner: Zuordnung des Partnerkanals zu dem Partner
Quellen	Bieger und Reinhold 2011, S. 42; CE VeMaB 2011b; Osterwalder und Pigneur S. 26; Stähler 2002, S. 45 f.; Wirtz 2010, S. 131

Partnerbeziehung

Tab. 3.17 Erläuterung der Partnerbeziehung. (Schallmo 2013, S. 134)

Bezeichnung	Partnerbeziehung
Synonyme	Beziehung
Definition	Die Partnerbeziehung sagt aus, wie die Gewinnung von Partnern und deren Bindung an das Geschäftsmodell stattfindet.
	Neben den vertraglichen Regelungen wird die Partnerbeziehung über den Nutzen, den der Partner erhält, gefestigt. Je Partner sind unterschiedliche Formen von Partnerbeziehungen möglich
Beziehungen	*Partnerdimension*: Die Partnerbeziehungen werden durch die Partnerdimension definiert (n:1)
	Partner: Die Partnerbeziehung wird mit Partnern eingegangen (1:n)
	Partnerkanal: Die Partnerbeziehungen werden mit den Partnerkanälen gepflegt (m:n)
Arten	Wirtschaftliche Bindung
	Vertragliche Bindung
	Emotionale Bindung
Attribute	*Name*: Name der Partnerbeziehung
	Art: Form der Partnerbeziehung (siehe oben)
	Stabilität: Grad der Stabilität der Partnerbeziehung
	Dauer: Dauer der Partnerbeziehung
	Kosten: Kosten der Partnerbeziehung
	Partner: Zuordnung der Partnerbeziehung zu dem Partner
Quellen	Bieger und Reinhold 2011, S. 38; CE VeMaB 2011b; Grams 2008, S. 70; Linder und Cantrell 2000, S. 5; Osterwalder und Pigneur 2010, S. 28 und S. 38

3.3.6 Finanzdimension

Die Geschäftsmodell-Vision legt als letztes die Ausgestaltung der Finanzdimension fest. Auf Basis der aufgezeigten Leitfragen und der Literatur ist die Finanzdimension in Tab. 3.18 erläutert; die Geschäftsmodell-Elemente der Nutzendimension sind in Tab. 3.19 und Tab. 3.20 aufgeführt.

Tab. 3.18 Erläuterung der Finanzdimension. (Schallmo 2013, S. 134)

Bezeichnung	Finanzdimension
Synonyme	Finanzmodell
Definition	Die Finanzdimension definiert die Umsätze und Kosten des Geschäftsmodells und ist übergeordnet. Sie beantwortet hauptsächlich die Frage, *wodurch* Kosten entstehen und *womit* Umsätze erzielt werden
Beziehungen	*Umsatz*: Die Finanzdimension definiert die Umsätze (1:n)
	Kosten: Die Finanzdimension definiert die Kosten (1:n)
	Geschäftsmodell-Vision: Die Finanzdimension wird von der Geschäftsmodell-Vision weiterentwickelt (1:1)
	Geschäftsmodell-Führung: Die Finanzdimension wird von der Geschäftsmodell-Führung geführt (1:1)
Arten	Keine
Attribute	Umsätze
	Kosten
Quellen	CE VeMaB 2011b; Skarzynski und Gibson 2008, S. 113; Weiner et al. 2010b, S. 25 f.

Umsätze

Tab. 3.19 Erläuterung des Umsatzes. (Schallmo 2013, S. 134 f.)

Bezeichnung	Umsatz
Synonyme	Umsatzerlös, Umsatzmodell, Ertrag
Definition	Die Umsätze werden durch den Verkauf und durch die Bereitstellung von Leistungen erzielt. Sie sind durch ihre Struktur und ihren Mechanismus charakterisiert. Die Umsatzstruktur beschreibt, von welchen Kunden/Partnern und mit welchen Leistungen das Geschäftsmodell Umsätze generiert. Der für Kunden und Partner gestiftete Nutzen fließt somit in Form von Umsätzen wieder an das Geschäftsmodell zurück. Hierbei kommen unterschiedliche Umsatzmechanismen zum Einsatz, die mit den Kunden und Partnern vereinbart sind
Beziehungen	*Finanzdimension*: Die Umsätze werden durch die Finanzdimension definiert (n:1)
	Leistung: Die Umsätze werden durch die Leistungen generiert (m:n)
	Kundensegment: Die Umsätze werden durch die Kundensegmente generiert (m:n)
Arten	Umsatz durch den Verkauf von Leistungen (Produkte/Dienstleistungen)
	Erhebung einer Nutzungsgebühr für Leistungen (z. B. Vermietung/Leasing)
	Erhebung einer Registrierungsgebühr/Grundgebühr
	Erhebung einer Lizenzgebühr
	Erhebung einer Provision/Vermittlungsgebühr

3.3 Metamodell und Erläuterung der Objekte der Methode

Tab. 3.19 Fortsetzung

Attribute	*Name*: Bezeichnung des Umsatzes
	Umsatzmechanismus: Umsatzmechanismus, der mit Kunden vereinbart ist
	Leistung: Leistung, die Umsätze erzielt
	Menge: Menge der Leistung, die in einer Periode abgesetzt wird
	Preis: Preis für eine Einheit der Leistung
	Höhe der Umsätze: Höhe der Umsätze, die in einer Periode erzielt werden
	Kundensegment: Kundensegment, das Umsätze erzielt
Quellen	Bieger und Reinhold 2011, S. 46; CE VeMaB 2011b; Johnson 2010, S. 31; Lindgardt et al. 2009, S. 1 f.;
	Müller-Stewens und Lechner 2011, S. 398–401; Osterwalder 2004, S. 43 und S. 96 f.;
	Osterwalder und Pigneur 2010 , S. 30; Wirtz 2010, S. 137

Kosten

Tab. 3.20 Erläuterung der Kosten. (Schallmo 2013, S. 135)

Bezeichnung	Kosten
Synonyme	Kostenmodell
Definition	Kosten entstehen bei dem Betrieb eines Geschäftsmodells und sind in einer Kostenstruktur abgebildet. Kosten entstehen also durch die Partnerschaften, den Einsatz von Ressourcen, den Aufbau von Fähigkeiten und die Ausführung von Prozessen.
	Die Kostenstruktur schafft Transparenz und ermöglicht es, Reduktions-Potenziale zu nutzen. Analog zu den Umsatzmechanismen kommen Kostenmechanismen (z. B. Nutzungsgebühr, Grundgebühr, Provision, Mietgebühr, Lizenzierung) zum Einsatz, die mit den Partnern vereinbart sind
Beziehungen	*Finanzdimension*: Die Kosten werden durch die Finanzdimension definiert (n:1)
	Zu Ressourcen: Die Kosten werden durch die Ressourcen verursacht (m:n)
	Prozessen: Die Kosten werden durch die Prozesse verursacht (m:n)
	Partner: Die Kosten werden durch die Partner verursacht (m:n)
Arten	Beschäftigungsabhängigkeit (fixe Kosten, variable Kosten)
	Zurechenbarkeit (direkte Kosten, indirekte Kosten)
Attribute	*Name*: Bezeichnung der Kosten
	Höhe der Kosten: Höhe der Kosten, die in einer Periode anfallen
	Kostenmechanismus: Kostenmechanismus, der für die Kosten vereinbart ist
	Ressource: Ressource, die Kosten verursacht
	Prozesse: Prozess, der Kosten verursacht
	Partner: Partner, der Kosten verursacht
Quellen	Bieger und Reinhold 2011, S. 51; CE VeMaB 2011b; Johnson 2010, S. 36; Lindgardt et al. 2009, S. 1 f.;
	Osterwalder 2004, S. 43; Osterwalder und Pigneur 2010, S. 40; Teece 2010, S. 189; Wirtz 2010, S. 148–150

Diese beiden Arten sind als Vorschlag zu verstehen; weitere Gliederungsarten sind z. B. der Zeitbezug, die Ausgabewirksamkeit, die Bedeutung (siehe hierzu: Dörrie und Preißler 2004, S. 70–81; Steger 2010, S. 174–179)

Tab. 3.21 Erläuterung der Geschäftsmodell-Führung. (Schallmo 2013, S. 135 f)

Bezeichnung	Geschäftsmodell-Führung
Synonyme	Führungsinstrument
Definition	Die Geschäftsmodell-Führung beinhaltet alle kritischen Erfolgsfaktoren der Geschäftsmodell-Dimensionen und ist diesen übergeordnet. Die kritischen Erfolgsfaktoren stehen in Beziehung zueinander und beeinflussen sich gegenseitig. Diese Beeinflussung ist in einem Wirkungsnetz dargestellt Die kritischen Erfolgsfaktoren sind die wenigen Variablen, die den Erfolg eines Geschäftsmodells beeinflussen. Sie sind mit Hilfe von Führungsgrößen und eines dazugehörigen Zielwerts operationalisiert; Maßnahmen dienen dazu, die jeweiligen Zielwerte zu erreichen
Beziehungen	*Kundendimension*: Die Geschäftsmodell-Führung dient der Führung der Kundendimension (1:1)
	Nutzendimension: Die Geschäftsmodell-Führung dient der Führung der Nutzendimension (1:1)
	Wertschöpfungsdimension: Die Geschäftsmodell-Führung dient der Führung der Wertschöpfungsdimension (1:1)
	Partnerdimension: Die Geschäftsmodell-Führung dient der Führung der Partnerdimension (1:1)
	Finanzdimension: Die Geschäftsmodell-Führung dient der Führung der Finanzdimension (1:1)
Arten	Keine
Attribute	*Dimension*: Dimension, die betrachtet wird
	kritischer Erfolgsfaktor: kritischer Erfolgsfaktor der Dimension
	Führungsgröße: Führungsgröße, die kritischen Erfolgsfaktor operationalisiert
	Zielwert: Zielwert der Führungsgröße
	Maßnahme: Maßnahme, die zur Erreichung des Zielwerts dient
Quellen	Biethan et al., 2004, S. 303; Casadesus-Masanell und Ricart, 2009, S. 5; Grasl, 2009, S. 96, Kaplan und Norton, 1992, S. 72–75; Linder und Cantrell, 2000, S. 3; Meyer, 2005, S. 44 f.; Österle, 1995, S. 108
Bezeichnung	Geschäftsmodell-Führung
Andere Autoren verwenden die Begriffe *operating business model* mit Komponenten, die sich gegenseitig verstärken (*reinforcing components*), Linder und Cantrell 2000, S. 3; *value logic* bzw. *self sustaining feedback loop*, Grasl, 2009, S. 97 f.; *causal loop diagram*, Casadesus-Masanell und Ricart 2009, S. 6; siehe auch: Eden und Ackermann, 2000.	

3.3.7 Geschäftsmodell-Führung

Die Geschäftsmodell-Führung operationalisiert das Geschäftsmodell mit Hilfe von Führungsgrößen. Auf Basis der aufgezeigten Leitfragen und der Literatur ist die Geschäftsmodell-Führung in Tab. 3.21 erläutert.

3.3.8 Schnittstellen des Metamodells der Geschäftsmodell-Innovation

Neben der aufgezeigten Verbindung zwischen einer Strategie und einem Geschäftsmodell (siehe Kap. 2.6.2.1) lässt sich auch das Metamodell der Geschäftsmodell-Innovation in den Kontext zu den Ebenen *Strategie, Prozess* und *Technologie* setzen. Dabei haben einige Objekte des Geschäftsmodells Schnittstellen mit den oben genannten Ebenen.

Die Strategie eines Unternehmens berücksichtigt die Entwicklungen innerhalb der Umwelt eines Unternehmens (z. B. externe Einflussfaktoren/Wettbewerber) und richtet das Unternehmen daran aus. Im Rahmen der Strategie werden somit z. B. die Märkte (als Kombination aus Kundensegmenten, Kanälen, Leistungen und Regionen), die Geschäftsfelder und die strategischen Ziele eines Unternehmens festgelegt. Zusätzlich beeinflusst die Strategie-Ebene die Prozess-Ebene, indem z. B. eine Prozess-Landkarte definiert wird, die die dazu dient, eine Strategie umzusetzen (Brecht 2000, S. 199; Österle 1995, S. 16).

Die Schnittstellen mit dem Geschäftsmodell sind: die potenziellen Leistungsschwerpunkte, die Trends innerhalb der Industrie und die Stakeholder-Landkarte. Die potenziellen Leistungsschwerpunkte basieren auf aktuellen bzw. zukünftigen Herausforderungen und Bedürfnissen von Kunden und dienen als Ausgangsbasis für die Gestaltung von Geschäftsmodellen (siehe Kap. 6.3.4). Daneben dienen die potenziellen Leistungsschwerpunkte dazu, noch nicht artikulierte Bedürfnisse von Kunden wecken. Die Trends innerhalb der Industrie dienen ebenfalls dazu, ein Geschäftsmodell auszugestalten (siehe Kap. 6.5.2). Die Stakeholder-Landkarte enthält alle Interessengruppen einer Industrie und ermöglicht die Festlegung potenzieller Partner und potenzieller Kunden des Geschäftsmodells (siehe Kap. 7.3.2). Diese Objekte können entweder von der Strategie definiert und für das Geschäftsmodell vorgegeben werden oder im Rahmen der Geschäftsmodell-Innovation erhoben werden und als Informationen in die Gestaltung der Strategie fließen.

Die *Prozess-Ebene* setzt die Zielvorgaben aus der Strategie im Rahmen der Leistungs-, Führungs- und Unterstützungsprozesse um und kann durch die Bereitstellung von Informationen (z. B. neue Vertriebskanäle) Veränderungen innerhalb der Strategie anregen. Die Prozess-Ebene definiert Prozesse, die z. B. über Leistungen und Aufgaben beschrieben werden. Daneben liefert die Prozess-Ebene Anforderungen an die Ebene *Technologie*, damit z. B. Technologien bereitgestellt werden, die in Prozessen eingesetzt werden können (Brecht 2000, S. 199; Österle 1995, S. 16 f.).

Die Schnittstellen mit dem Geschäftsmodell sind: die Industrie-Wertschöpfungskette und die Prozess-Landkarte. Die Position eines Geschäftsmodells in der Industrie-Wertschöpfungskette beeinflusst zum Teil die notwendigen Prozesse eines Geschäftsmodells (siehe Kap. 7.3.1). Die Prozess-Landkarte enthält alle notwendigen Prozesse eines Geschäftsmodells, die innerhalb der Prozess-Ebene detailliert werden (siehe Kap. 8.5.3).

Die Ebene *Technologie* setzt auf Basis der technologischen Treiber die technologischen Anforderungen um; die Ebene stellt somit z. B. Technologien bereit, die in Prozessen eingesetzt werden können (Stelzer und Brecht 2010, S. 5).

Die Schnittstellen mit dem Geschäftsmodell sind: das Geschäftsmodell-Ideen-Portfolio und die Technologie-Landkarte. Das Geschäftsmodell-Ideen-Portfolio enthält Ideen

Strategie
- Vision
- Leitbild
- Regionen
- externe Einflussfaktoren
- Märkte
- Kundensegmente
- Unternehmensstruktur
- Geschäftsfelder
- Produkte
- Wettbewerber
- strategische Ziele

Geschäftsmodell
- pot. Leistungsschwerpunkte
- Trends
- Stakeholder-Landkarte
- Geschäftsmodell-Vision
- Kundensegmente
- Kundenkanäle
- Kundenbeziehungen
- Leistungen
- Nutzen
- Fähigkeiten
- Ressourcen
- Prozesse
- Partner
- Partnerkanäle
- Partnerbeziehungen
- Umsätze
- Kosten
- Geschäftsmodell-Führung

Prozess
- organisatorische Einheiten
- Transaktionen
- Aufgaben
- Leistungen
- kritische Erfolgsfaktoren
- Teilprozesse
- Führungsgrößen und Prozessziele
- Prozess-Landkarte
- Industrie-Wertschöpfungskette

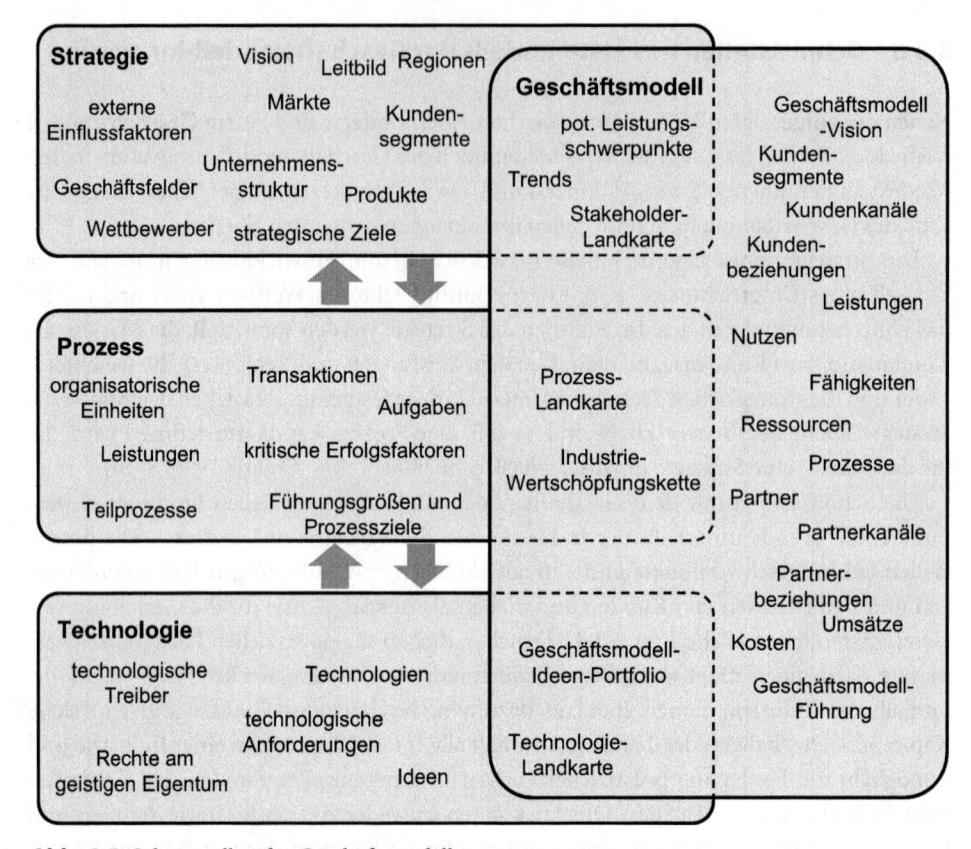

Technologie
- technologische Treiber
- Technologien
- technologische Anforderungen
- Rechte am geistigen Eigentum
- Ideen
- Geschäftsmodell-Ideen-Portfolio
- Technologie-Landkarte

Abb. 3.5 Schnittstellen des Geschäftsmodells

für die Ausgestaltung der Geschäftsmodell-Elemente (siehe Kap. 5.3.4). Die enthaltenen Ideen entstammen primär der Ebene *Technologie*; die Ideen können auch im Rahmen der Geschäftsmodell-Innovation gewonnen werden und der Ebene *Technologie* bereitgestellt werden. Die Technologie-Landkarte enthält alle relevanten Technologien, die in einem Geschäftsmodell eingesetzt werden können (siehe Kap. 6.4.3).

Die Objekte der drei Ebenen, die Objekte des Geschäftsmodells und dessen Schnittstellen mit den drei Ebenen sind in Abb. 3.5[14] dargestellt.

Die aufgezeigten Schnittstellen dienen dazu, das Geschäftsmodell in den Kontext des Unternehmens einzuordnen. Je nach Unternehmensausrichtung (siehe Kap. 2.6.2.1) müssen Anpassungen vorgenommen werden.

---

[14] Die Darstellung ist in Anlehnung an die drei Ebenen des Business-Engineering erstellt: Strategie, Prozess und Informationssystem (Brecht 2002, S. 200; Österle 1995, S. 16; Österle und Blessing 2000, S. 77). Die Objekte von Technologie und Innovation basieren auf dem Metamodell von Stelzer und Brecht (2010, S. 5).

3.4 Zusammenfassung, Lernkontrollfragen und Aufgaben

3.4.1 Zusammenfassung

Die Geschäftsmodell-Dimensionen und -Elemente sowie die entsprechenden Leitfragen dienen der Beschreibung eines bestehenden bzw. der Entwicklung eines neuen Geschäftsmodells. Das erstellte Metamodell der Geschäftsmodell-Innovation enthält die Objekte der Geschäftsmodell-Innovation und die Beziehung der Objekte zueinander. Daneben sind alle Objekte anhand eines einheitlichen Rasters mit den wichtigsten Merkmalen erläutert. Dies stellt im Rahmen der Geschäftsmodell-Innovation ein einheitliches Verständnis sicher. Daneben sind auch Schnittstellen des Metamodells der Methode (der Geschäftsmodell-Innovation) mit den drei Ebenen *Strategie*, *Prozess* und *Technologie und Innovation* aufgezeigt.

3.4.2 Lernkontrollfragen

Fragen Zur Kontrolle der Erreichung der Lernziele sollten Sie folgende Fragen beantworten können:

- Welche Geschäftsmodell-Dimensionen- und Elemente liegen vor?
- Wozu dienen die Leitfragen der Geschäftsmodell-Elemente?
- Welche Bestandteile haben Methoden wodurch sind diese Bestandteile charakterisiert?
- Was ist ein Metamodell und woraus besteht es generell?
- Welche Merkmale dienen der einheitlichen Beschreibung der Objekte der Methode?
- Was sind die Bestandteile der drei Ebenen: Strategie, Prozess, Technologie?
- Wie gestalten sich die Schnittstellen des Metamodells der Geschäftsmodell-Innovation zu diesen drei Ebenen?

3.4.3 Aufgaben

Aufgaben Im Rahmen dieser Aufgaben setzen Sie sich mit den Geschäftsmodell-Dimensionen, -Elementen und dem Metamodell der Geschäftsmodell-Innovation auseinander.

IST-Geschäftsmodell 1
Bitte beschreiben Sie mittels Internetrecherche eines der unten aufgeführten Geschäftsmodelle; nehmen Sie dazu das vorgestellte Raster für Geschäftsmodelle zur Hilfe und verwenden Sie z. B. ein Flipchart, eine Metaplanwand, um die Ergebnisse zu visualisieren. Bitte treffen Sie sinnvolle Annahmen, sofern Sie nicht alle relevanten Informationen vorfinden.

- iTunes
- Nespresso
- car2go
- Ikea
- Dell
- H&M
- Motel One.

IST-Geschäftsmodell 2
Bitte beschreiben Sie ein Geschäftsmodell Ihrer Wahl (z. B. das eigene Geschäftsmodell, sofern vorhanden; ggf. auch Vorgabe des Dozenten); nehmen Sie dazu das vorgestellte Raster für Geschäftsmodelle zur Hilfe und verwenden Sie z. B. ein Flipchart, eine Metaplanwand, um die Ergebnisse zu visualisieren. Bitte treffen Sie sinnvolle Annahmen, sofern Sie nicht alle relevanten Informationen vorfinden.

IST-Geschäftsmodell 3
Bitte beschreiben Sie zwei Wettbewerbs-Geschäftsmodelle (aus IST Geschäftsmodell 1 bzw. 2); nehmen Sie dazu das vorgestellte Raster für Geschäftsmodelle zur Hilfe und verwenden Sie z. B. ein Flipchart, eine Metaplanwand, um die Ergebnisse zu visualisieren. Bitte treffen Sie sinnvolle Annahmen, sofern Sie nicht alle relevanten Informationen vorfinden.

Was sind die Gemeinsamkeiten zu dem Geschäftsmodell, das Sie bereits beschrieben haben? Was sind die Unterschiede zu dem Geschäftsmodell, das Sie bereits beschrieben haben?

Literatur

Akoka J. (2005) Perspectives in conceptual modeling: ER 2005 workshops AOIS, BP-UML, CoMoGIS, eCOMO, and QoIS, 24.–28. Oktober 2005, Klagenfurt, Österreich

Belz C, Schuh G, Gross S, Reinecke S (1997) Erfolgreiche Leistungssysteme in der Industrie. In: Belz C, Schuh G, Gross S, Reinecke S (Hrsg) Industrie als Dienstleister. Thexis, St. Gallen, S 14–107

Bieger T, Reinhold S (2011) Das wertbasierte Geschäftsmodell – ein aktualisierter Strukturansatz. In: Bieger T zu Knyphausen-Aufseß D, Krys C (Hrsg) Innovative Geschäftsmodelle: Konzeptionelle Grundlagen, Gestaltungsfelder und unternehmerische Praxis. Springer, Berlin, S 11–70

Biethahn J, Mucksch H, Ruf W (2004) Ganzheitliches Informationsmanagement. Oldenbourg Verlag, München

Boulton R, Libert B, Samek S (2000) A business model for the new economy. J Bus Strat Juli/August:29–35

Boutellier R, Corsten D (2002) Basiswissen Beschaffung. Hanser Verlag, München

Brandenburger A, Stuart H (1996) Value based business strategy. Journal of Economics and Management Strategy 5:5 -25

Brecht L (2002) Process Leadership: Methode des informations-systemgestützten Prozessmanagement. Dr. Kovac Verlag, Hamburg

Brinkkemper S, Lyytinen K (1996) Method engineering: principles of method construction and tool support, proceedings of the IFIP TC8, WG8.1/8.2 Working Conference on Method Engineering, 26.–28. August 1996, Atlanta, USA

Casadesus-Masanell R, Ricart J (2009) From Strategy to Business Models and Tactics, Working Paper 813, IESE Business School – University of Navarra

CE VeMaB (2010b) Workshop 1 und Interviews: Bildung von Geschäftsmodell-Visionen, 13.07.2010, 8:15-18:15 Uhr, Ulm, Protokoll liegt Autor vor und kann eingesehen werden

CE VeMaB (2011b) Workshop 3 und Interviews Intelligence und Analytics/Geschäftsmodell-Innovation, 24.11.2011, 09:30–17:30 Uhr, Ulm, Protokoll liegt Autor vor und kann eingesehen werdenChesbrough H (2007a) Business model innovation: it's not just about technology anymore. J Strat Leadership 35(6):12–17

CE VeMaB (2012) Workshop 4 und Interviews Geschäftsmodell-Innovation/Vertriebsstrategie, 06.03.2012, 08:30–17:30 Uhr, Ulm, Protokoll liegt Autor vor und kann eingesehen werden

Chesbrough H (2007a) Business model innovation: it's not just about technology anymore. J Strat Leadership 35(6):12–17

Computerwoche (2012) http://www.computerwoche.de/netzwerke/mobile-wireless/2506033/; heruntergeladen am: 28.03.2012. Ausdruck liegt Autor vor und kann eingesehen werden

Die Presse (2012) http://diepresse.com/home/wirtschaft/international/624457/Nespresso-kaempft-gegen-die-Nachahmer-seiner-Kapseln; heruntergeladen am: 28.03.2012. Ausdruck liegt Autor vor und kann eingesehen werden

Dörrie U, Preißler P (2004) Grundlagen Kosten- und Leistungsrechnung. Oldenbourg Verlag, München

Eden C, Ackermann, F (2000) Mapping distinctive competencies: a systemic approach. J Opl Res Soc 51: 12–20

Gadatsch A (2009) Grundkurs Geschäftsprozess-Management: methoden und Werkzeuge für die IT-Praxis: Eine Einführung für Studenten und Praktiker. Vieweg und Teubner Verlag, Wiesbaden

Garcia A, Rennhak C (2006) Kundenbindung – Grundlagen und Begrifflichkeiten. In: Rennhak C Herausforderung Kundenbindung. DUV, Wiesbaden, S 3–14

Grams A (2008) Partner relationship management: vertriebspartner systematisch gewinnen, binden und steuern. Books on Demand Verlag, Norderstedt

Grasl O (2009) Professional service firms: Business Model Analysis – Method and Case Studies, Dissertation, Sipplingen

Gutzwiller T (1994) Das CC RIM-Referenzmodell für den Entwurf von betrieblichen transaktionsorientierten Informationssystemen. Physica, Heidelberg

Hamel G (2002) Leading the revolution: how to thrive in turbulent times by making innovation a way of life. Harvard Business Press, Boston

Hess T, Brecht L (1996) State of the art des Business process redesign: Darstellung und Vergleich bestehender Methoden. Gabler Verlag, Wiesbaden

Heym M (1993) Methoden-Engineering – Spezifikation und Integration von Entwicklungsmethoden für Informationssysteme. Universität St. Gallen, Hallstadt

Homburg C, Jensen O (2004) Kundenbindung im Industriegütergeschäft. In: Backhaus K, Voeth M Handbuch Industriegütermarketing. Gabler, Wiesbaden, S 481–519

Johnson M (2010) Seizing the white space: business model innovation for growth and renewal. Harvard Business Press, Boston

Johnson G, Scholes K, Whittington R (2011) Strategisches Management. Eine Einführung. Pearson Verlag, München

Kaplan R, Norton D (1992) The balanced scorecard – measures that drive performance. Harvard Business Review, Januar/Februar, S 70–79

Kim W, Mauborgne R (2005) Blue ocean strategy: how to create uncontested market space and make the competition irrelevant. Harvard Business Press, Boston

Küsell F (2006) Praxishandbuch Unternehmensgründung: Unternehmen erfolgreich gründen und managen. Gabler, Wiesbaden

Lerner W (2008) Ambition driven strategy: Strategieentwicklung in Zeiten rasanten Wandels. In: Bamberger I (Hrsg) Strategische Unternehmensberatung: Konzeptionen – Prozesse – Methoden. Gabler Verlag, Wiesbaden, S 78–104

Linder J, Cantrell S (2000) Changing business models: surveying the landscape, Accenture

Lindgardt Z, Reeves M, Stalk G, Deimler M (2009) Business model innovation: when the game gets tough change the game, The Boston Consulting Group

Meyer W (2005) Erfolgsfaktoren der Hersteller-Händler-Beziehung: Theoretische Systematisierung und empirische Überprüfung am Beispiel der Porzellanbranche. Gabler , Wiesbaden

Mitchell D, Coles C (2003) The ultimate competitive advantage of continuing business model innovation. J Bus Strat 25(1):16–26

Müller-Stewens G, Lechner C (2011) Strategisches Management: Wie strategische Initiativen zum Wandel führen. Schäffer-Poeschel, Stuttgart

Mullins J, Komisar R (2009) Getting to plan B: breaking through to a better business model. Harvard Business Press, Boston

Nestlé (2012a) http://www.nestle.de/Marken/Kaffee-und-Kakaogetraenke/Nespresso/Pages/default.aspx; heruntergeladen am: 28.03.2012. Ausdruck liegt Autor vor und kann eingesehen werden

Nestlé (2012b) http://www.nespresso.com/de/de/nespresso_kaffee/nespresso_faq/; heruntergeladen am: 28.03.2012. Ausdruck liegt Autor vor und kann eingesehen werden

Österle H (1995) Business Engineering. Prozeß- und Systementwicklung. Springer, Berlin

Österle H, Blessing D (2000) Business engineering model. In: Österle H, Winter R (Hrsg) Business Engineering. Verlag, Berlin

Osterwalder A (2004) The business model ontology – a proposition in a design science approach, Dissertation, Universität Lausanne

Osterwalder A, Pigneur Y (2010) Business model generation. Wiley, New Jersey

Papakiriakopoulos D, Poylumenakou A, Doukidis G (2001) Building e-business models: an analytical framework and development guidelines, Proceedings of the 14th Bled Electronic Commerce Conference, 25.–26. Juni, 2001, Bled, Slovenia, S 446–464.

Reitbauer S (2008) Neugestaltung von Unternehmensnetzwerken in der Finanzindustrie am Beispiel Anlagegeschäft: Vorgehensmodell, Gestaltungsoptionen und Bewertung. Gabler, Wiesbaden

Schallmo D (2013) Geschäftsmodell-Innovation: Grundlagen, bestehende Ansätze, methodisches Vorgehen und B2B-Geschäftsmodelle, Springer Gabler Wiesbaden

Schallmo D, Brecht L (2010) Business model innovation in business-to-business markets – procedure and examples, Proceedings of the 3rd ISPIM Innovation Symposium: "Managing the art of innovation: turning concepts into reality", 12.–15. Dezember, 2010, Quebec, Kanada

Skarzynski P, Gibson R (2008) Innovation to the core: a blueprint for transforming the way your company. Harvard Business Press, Boston

Stähler P (2002) Geschäftsmodelle in der digitalen Ökonomie; Merkmale, Strategien und Auswirkungen. Eul Verlag, Lohmar

Steger J (2010) Kosten- und Leistungsrechnung. Oldenbourg Verlag, München

Stelzer B, Brecht L (2010) TIM method – technology and innovation management from a business process perspective, Proceedings of the XXI ISPIM Conference 2010: "The Dynamics of Innovation", 06.–09. Juni, 2010, Bilbao, Spanien

Teece D (2010) Business models, business strategy and innovation. Long Range Plann 43(2–3), 172–194 (April–Juni 2010)

Voelpel S, Leibold M, Eden B (2004) The wheel of business model reinvention: how to reshape your business model to leapfrog competitors. J Change Manag 4(3):259–276

Voigt K (2008) Industrielles Management: Industriebetriebslehre aus prozessorientierter Sicht. Verlag, Berlin

Walczak R (2010) Einsatz von Modellierungsmethoden in IT-Infrastrukturprojekten. Europäischer Hochschulverlag, Bremen

Weiner N, Renner T, Kett H (2010a) Geschäftsmodelle im "Internet der Dienste: Aktueller Stand in Forschung und Praxis, Fraunhofer-Institut für Arbeitswirtschaft und Organisation IAO

Weiner N, Renner T, Kett H (2010b) Geschäftsmodelle im Internet der Dienste: Trends und Entwicklungen auf dem deutschen IT-Markt, Fraunhofer-Institut für Arbeitswirtschaft und Organisation IAO

Wirtz B (2010) Business model management. Gabler Verlag, Wiesbaden

Winter R (2003) Modelle, Techniken und Werkzeuge im Business Engineering. In: Winter R (Hrsg) Business Engineering: Auf dem Weg zum Unternehmen des Informationszeitalters. Verlag, Berlin, S 87–118

Zott C, Amit R (2009) Business model design: an activity system perspective. Long Range Plann 43(2–3):1–11 (April–Juni 2010)

Vorgehensmodell der Geschäftsmodell-Innovation

4

4.1 Einleitung und Lernziele

Zusammenfassung

Auf Basis des Metamodells, der Erläuterung der Objekte und bestehender Ansätze erfolgt nun die Entwicklung des Vorgehensmodells der Geschäftsmodell-Innovation; somit wird das Vorgehen mit entsprechenden Ergebnissen im *Großen* (*Was* wird getan?) dargestellt.

In Kap. 4.2 erfolgt die überblicksartige Darstellung des *Vorgehensmodells* mit den relevanten Phasen. Das Kap. 4.3 erläutert die *Geschäftsmodell-Ideen-Gewinnung*. Das Kap. 4.4 zeigt die *Geschäftsmodell-Visions-Entwicklung* auf; die Geschäftsmodell-Visionen fließen dann in das Kap. 4.5 in die *Geschäftsmodell-Prototyp-Entwicklung* ein. Das Kap. 4.4.6 enthält die *Geschäftsmodell-Entwicklung* und das Kap. 4.7 die *Geschäftsmodell-Implementierung*. In Kap. 4.8 erfolgt die Darstellung der *Geschäftsmodell-Erweiterung*. Das Kap. 4.9 fasst das Kapitel zusammen und beinhaltet Lernkontrollfragen und Aufgaben.

Für dieses Kapitel liegen folgende **Lernziele** vor:
- In diesem Kapitel werden Sie in die Lage versetzt, das Vorgehensmodell der Geschäftsmodell-Innovation wiederzugeben.
- Sie können die Abgrenzungen der Geschäftsmodell-Innovation begründen.
- Sie können die Phasen gegenüberstellen und die jeweilige Zielsetzung benennen.
- Sie erkennen, wie die jeweilige Zielsetzung in den Aktivitäten der Phasen umgesetzt wird
- Sie können die Rückkopplungs-Schleifen benennen und beurteilen, wann welche Rückkopplungs-Schleife eingesetzt wird.

4.2 Überblick zum Vorgehensmodell der Geschäftsmodell-Innovation

Auf Basis bestehender Ansätze für die Geschäftsmodell-Innovation innerhalb der Literatur findet die Bildung einer Synthese der Phasen in einem Vorgehensmodell statt. Die Bezeichnungen der Phasen sind in der Literatur nicht einheitlich geregelt, aber der Synthese entsprechend zugeordnet. Inhaltlich treffen einige Phasen, die in der Literatur aufgeführt sind, nicht den *Kern*, weshalb eine Unterscheidung in *trifft zu* und *trifft teilweise zu* erfolgt.

Johnson (2010, S. 110) führt zum Beispiel an, dass sich Geschäftsmodelle an Kundenbedürfnissen ausrichten sollen, erwähnt aber nicht den Begriff *Geschäftsmodell-Vision*. Die Tab. 4.1 stellt die verschiedenen Ansätze und deren Zuordnung zu den Phasen der Synthese dar. Es zeigt sich, dass der Fokus bestehender Ansätze meist auf der Entwicklung und Implementierung von Geschäftsmodellen liegt, jedoch nicht auf der Erweiterung. Dies begründet sich dadurch, dass die meisten Ansätze nicht Geschäftsmodell-Innovation, sondern die (Weiter-) Entwicklung eines Geschäftsmodells zum Inhalt haben.

Die Phasen des Vorgehensmodells setzen die Anforderung *Berücksichtigung aller relevanter Phasen* um und sind wie folgt definiert:

Geschäftsmodell-Ideen-Gewinnung In dieser Phase erfolgt mit Hilfe von Kreativitätstechniken die Ableitung von Ideen für neue und innovative Geschäftsmodelle, ohne sich an bestehenden Denkrastern oder bestehenden Geschäftsmodellen zu orientieren. Dies ermöglicht die Ableitung von Ideen für die radikale Geschäftsmodell-Innovation. Die gewonnenen Ideen werden im Anschluss anhand eines Geschäftsmodell-Ideen-Steckbriefs beschrieben und anhand eines Rasters bewertet. Dies ermöglicht die Vergleichbarkeit der gewonnenen Geschäftsmodell-Ideen.

Geschäftsmodell-Visions-Entwicklung Auf Basis der gewonnenen Geschäftsmodell-Ideen und der Integration von Kundenbedürfnissen, von Technologie-Trends und von generellen Trends (Makro- und Mikro-Umwelt) findet die Entwicklung von Geschäftsmodell-Visionen statt. Dies ermöglicht es, Kunden zu integrieren und zukünftige Entwicklungen sowie Technologien zu berücksichtigen. Eine Geschäftsmodell-Vision sagt aus, welche Eckpfeiler das ideale Geschäftsmodell in einer Industrie in den nächsten drei bis fünf Jahren charakterisieren.

Geschäftsmodell-Prototyp-Entwicklung Die Geschäftsmodell-Visionen dienen als Ausgangspunkt für die Beschreibung von Geschäftsmodell-Prototypen, in dessen Ausgestaltung ebenfalls die relevanten Aspekte der Industrie (z. B. die Industrie-Wertschöpfungskette, Stakeholder in der Industrie) einfließen. Der Geschäftsmodell-Prototyp charakterisiert das Geschäftsmodell anhand des aufgezeigten Geschäftsmodell-Rasters (mit den Dimensionen und Elementen). Die beschriebenen Geschäftsmodell-Prototypen werden im Anschluss bewertet, um einen erfolgversprechenden Geschäftsmodell-Prototyp auszuwählen.

4.2 Überblick zum Vorgehensmodell der Geschäftsmodell-Innovation

Tab. 4.1 Synthese bestehender Ansätze für das Vorgehensmodell. (Schallmo 2013, S. 139)

Autor	Geschäftsmodell-Ideen-Gewinnung	Geschäftsmodell-Visions-Entwicklung	Geschäftsmodell-Prototyp-Entwicklung	Geschäftsmodell-Entwicklung	Geschäftsmodell-Implementierung	Geschäftsmodell-Erweiterung
Bieger und Reinhold 2011, S. 32 f				●	○	
Boulton 2000, S. 34				○	○	
Bucherer 2010, S. 76	○	○	○	●	●	○
Chesbrough 2007a, S. 15–17		○			○	○
Giesen et al. 2007, S. 32		○		○		
Grasl 2009, S. 140		○		○		
Hamel 2001, S. 7 und Hamel 2002, S. 74–116				●	○	
Johnson 2010, S. 110		○		●	●	
Linder und Cantrell 2000, S. 5–13				●		○
Lindgardt et al. 2009, S. 5 f		○			●	
Mitchel und Coles 2004, S. 43	●	○	○		●	
Osterwalder et al. 2005, S. 8				●	●	
Osterwalder und Pigneur 2010, S. 249	○	○	●	●	●	○
Papakiriakopoulos et al. 2001, S. 453–457		○		○		

Tab. 4.1 Fortsetzung

Autor	Geschäftsmodell-Ideen-Gewinnung	Geschäftsmodell-Visions-Entwicklung	Geschäftsmodell-Prototyp-Entwicklung	Geschäftsmodell-Entwicklung	Geschäftsmodell-Implementierung	Geschäftsmodell-Erweiterung
Teece 2010, S. 182			●			
Voelpel et al. 2004, S. 270		○				
Weiner et al. 2010, S. 55		○		●		
Wirtz 2010, S. 204	○		○	○	●	●
Zott und Amit 2009, S. 5				○	○	
trifft zu	●					
trifft teilweise zu	○					
trifft nicht zu						

Geschäftsmodell-Entwicklung Der Geschäftsmodell-Prototyp wird im Rahmen der Geschäftsmodell-Entwicklung konkretisiert. Hierbei werden die jeweiligen Geschäftsmodell-Dimensionen detailliert dargestellt, und es werden sog. Verzeichnisse für die Geschäftsmodell-Elemente erstellt. Daneben erfolgt die Entwicklung eines Wirkungsnetzes, das alle kritischen Erfolgsfaktoren des Geschäftsmodells und deren Abhängigkeiten abbildet. Die kritischen Erfolgsfaktoren des Geschäftsmodells werden anhand von Führungsgrößen operationalisiert.

Geschäftsmodell-Implementierung Im Rahmen der Geschäftsmodell-Implementierung wird ein Soll-Ist-Abgleich von bestehenden und notwendigen Geschäftsmodell-Elementen vorgenommen. Dies ermöglicht die Implementierung des Geschäftsmodells mittels eines Realisierungsplans. Mit dem implementierten Geschäftsmodell werden somit frühzeitig Erfahrungen gesammelt, die dann in die Geschäftsmodell-Erweiterung einfließen.

Geschäftsmodell-Erweiterung Auf Basis der gewonnenen Erfahrungen findet in der letzten Phase die Geschäftsmodell-Erweiterung statt, die eine inhaltliche Anpassung (mittels der Conjoint-Analyse) des implementierten Geschäftsmodells zum Ziel hat. Daneben erfolgt die Anpassung des Geschäftsmodells an die Anforderungen anderer Regionen/Länder, was eine Erhöhung der Reichweite (geographische und inhaltliche Erweiterung) des Geschäftsmodells ermöglicht.

4.2 Überblick zum Vorgehensmodell der Geschäftsmodell-Innovation

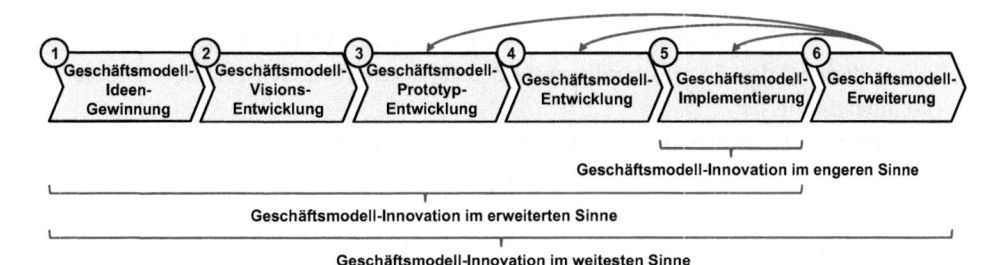

Abb. 4.1 Vorgehensmodell der Geschäftsmodell-Innovation. (Schallmo 2013, S. 141)

Die Abb. 4.1 stellt die Phasen des Vorgehensmodells der Geschäftsmodell-Innovation dar.

Das Vorgehensmodell der Geschäftsmodell-Innovation besteht aus sechs Phasen, die aufeinander aufbauen. Die letzte Phase *Geschäftsmodell-Erweiterung* hat drei Rückkopplungs-Schleifen zu vorgelagerten Phasen. Somit wird die Anforderung *Integration von Rückkopplungs-Schleifen* in dem prozeduralen Modell umgesetzt. Diese *Rückkopplungs-Schleifen* werden folgendermaßen erläutert:

- *Geschäftsmodell-Erweiterung zur Geschäftsmodell-Implementierung:* Diese Rückkopplung liegt vor, sofern ein Geschäftsmodell nach der Implementierung *geringfügig angepasst* wird. Der Anpassungsplan der Geschäftsmodell-Erweiterung dient in diesem Fall als Input für die Geschäftsmodell-Implementierung.
- *Geschäftsmodell-Erweiterung zur Geschäftsmodell-Entwicklung:* Diese Rückkopplung liegt vor, wenn ein Geschäftsmodell *überarbeitet* werden muss. Diese Überarbeitung ist notwendig, wenn das implementierte Geschäftsmodell nicht die geplanten Ergebnisse erzielt oder wenn ein Geschäftsmodell in einen Markt bzw. eine Region mit ähnlichen Anforderungen transferiert werden soll.
- *Geschäftsmodell-Erweiterung zur Geschäftsmodell-Prototyp-Entwicklung:* Ein neuer Geschäftsmodell-Prototyp muss *entwickelt* werden, sofern ein Geschäftsmodell in einen Markt bzw. eine Region mit unterschiedlichen Anforderungen transferiert werden soll und z. B. neue Partner für das Geschäftsmodell notwendig sind. Selbstverständlich ist es in diesem Fall auch möglich, bei der Geschäftsmodell-Visions-Entwicklung bzw. der Geschäftsmodell-Ideen-Gewinnung zu beginnen, was allerdings in dieser Situation aus Zeit- und Kostengründen nicht sinnvoll ist.

Die Darstellung beinhaltet ebenfalls folgende *Abgrenzungen*[1] *der Geschäftsmodell-Innovation*:

---

[1] Die Abgrenzungen orientieren sich an den Abgrenzungen des Innovationsprozesses für Produkte und Prozesse (Gerpott 2005, S. 48–51 und Stummer et al. 2008, S. 26).

- *Geschäftsmodell-Innovation im engeren Sinne*: Dies beinhaltet die *Geschäftsmodell-Implementierung*, die ein vollständig entwickeltes Geschäftsmodell realisiert und somit kommerzialisiert.
- *Geschäftsmodell-Innovation im erweiterten Sinne*: Dies umfasst neben der *Geschäftsmodell-Implementierung* auch die vorgelagerten Phasen (d. h. ab der Geschäftsmodell-Ideen-Gewinnung).
- *Geschäftsmodell-Innovation im weitesten Sinne*: Dies umfasst neben den Phasen der *Geschäftsmodell-Ideen-Gewinnung* bis zur *Geschäftsmodell-Implementierung* auch die Phase *Geschäftsmodell-Erweiterung*.

Die Phasen des Vorgehensmodells werden nun mit der Zielsetzung, den Aktivitäten, dem Input und den Ergebnissen erläutert.

4.3 Geschäftsmodell-Ideen-Gewinnung

4.3.1 Zielsetzung der Geschäftsmodell-Ideen-Gewinnung

Die Anforderung *Gewinnung von Ideen für radikale Geschäftsmodell-Innovation* wird in der Geschäftsmodell-Ideen-Gewinnung umgesetzt.

Die Geschäftsmodell-Ideen-Gewinnung hat die folgende *Zielsetzung*:

- *Innovative Ausgestaltung von Geschäftsmodellen*: Die Geschäftsmodelle sollen sich nicht ausschließlich an bestehenden Geschäftsmodellen innerhalb der Industrie/des Unternehmens oder an der aktuellen Situation des Unternehmens orientieren.
- *Gewinnung von Ideen für neue Geschäftsmodelle*: Für neue Geschäftsmodelle sollen zahlreiche Ideen gewonnen, beschrieben und bewertet werden.

4.3.2 Aktivitäten der Geschäftsmodell-Ideen-Gewinnung

Um die Zielsetzung der Geschäftsmodell-Ideen-Gewinnung zu erreichen, werden folgende *Aktivitäten* festgelegt:

- Gewinnung und Beschreibung von Geschäftsmodell-Ideen
- Bewertung von Geschäftsmodell-Ideen.

Gewinnung und Beschreibung von Geschäftsmodell-Ideen Die Aktivität *Gewinnung und Beschreibung von Geschäftsmodell-Ideen* setzt Kreativitätstechniken ein (Bucherer 2010, S. 78 und S. 89–91; Wirtz 2010, S. 205 f.) und orientiert sich nicht an den bestehenden Geschäftsmodellen oder an der aktuellen Situation eines Unternehmens. Im Rahmen dieser Aktivität geht es darum, ohne Vorgaben, Denkraster oder Einschränkungen neue

4.4 Geschäftsmodell-Visions-Entwicklung

Tab. 4.2 Aktivitäten der Geschäftsmodell-Ideen-Gewinnung. (Schallmo 2013, S. 143)

Aktivität	Input	Ergebnis
Gewinnung und Beschreibung von Geschäftsmodell-Ideen	Geschäftsmodell-Ideen	Geschäftsmodell-Ideen-Pool beschriebene Geschäftsmodell-Ideen (Steckbrief)
Bewertung von Geschäftsmodell-Ideen	Geschäftsmodell-Ideen-Pool beschriebene Geschäftsmodell-Ideen	erfolgversprechende Geschäftsmodell-Ideen (Portfolio)

Geschäftsmodell-Ideen zu generieren und diese in einen Geschäftsmodell-Ideen-Pool zu integrieren (CE VeMaB 2011b/2012). Die gewonnenen Geschäftsmodell-Ideen werden anschließend anhand eines Steckbriefs beschrieben.

- *Input*: Geschäftsmodell-Ideen
- *Ergebnis*: Geschäftsmodell-Ideen-Pool, beschriebene Geschäftsmodell-Ideen.

Bewertung von Geschäftsmodell-Ideen Die Aktivität Bewertung von Geschäftsmodell-Ideen hat zum Ziel, die gewonnenen Geschäftsmodell-Ideen anhand eines Kriterienkatalogs zu bewerten (Dehr 1997, S. 129; Herrmann und Huber 2008, S. 161). Somit wird die Komplexität reduziert und der Fokus wird auf erfolgversprechende Geschäftsmodell-Ideen gelegt.

- *Input*: Geschäftsmodell-Ideen-Pool, beschriebene Geschäftsmodell-Ideen (Steckbrief)
- *Ergebnis*: erfolgversprechende Geschäftsmodell-Ideen (Portfolio).

Die Tab. 4.2 fasst die Aktivitäten der *Geschäftsmodell-Ideen-Gewinnung* zusammen.

4.4 Geschäftsmodell-Visions-Entwicklung

4.4.1 Zielsetzung der Geschäftsmodell-Visions-Entwicklung

Die Anforderungen Integration von Kunden, Berücksichtigung zukünftiger Entwicklungen und Berücksichtigung von Technologien werden in der Geschäftsmodell-Visions-Gewinnung umgesetzt.

Für die Aktivitäten der Geschäftsmodell-Visions-Entwicklung sind auch die in Kap. 3 aufgeführten Leitfragen der Geschäftsmodell-Vision relevant. Die Geschäftsmodell-Visions-Entwicklung hat die folgende Zielsetzung:

- Orientierung der Geschäftsmodell-Vision an pot. Kunden: Die Geschäftsmodell-Vision orientiert sich an aktuellen und zukünftigen Kundenbedürfnissen, die innerhalb einer

Industrie vorliegen. Dabei steht die ganzheitliche Betrachtung von Kunden im Vordergrund.
- Integration neuer Technologien in das Geschäftsmodell: Die Geschäftsmodell-Vision stellt sicher, dass in dem Geschäftsmodell neue Technologien eingesetzt werden.
- Ausrichtung an der Zukunft: Es werden generelle Trends in die Geschäftsmodell-Vision integriert; somit wird sichergestellt, dass das Geschäftsmodell zukunftsgerichtet ist.
- Weiterentwicklung und Absicherung des Geschäftsmodells: Die Geschäftsmodell-Vision stellt die Weiterentwicklung einzelner Geschäftsmodell-Dimensionen und die Absicherung des Geschäftsmodells gegenüber Wettbewerbern sicher.

4.4.2 Aktivitäten der Geschäftsmodell-Visions-Entwicklung

Zur Erreichung der Zielsetzung der Geschäftsmodell-Visions-Entwicklung dienen folgende *Aktivitäten*:

- Integration von Geschäftsmodell-Ideen
- Prognose von Kundenbedürfnissen
- Erhebung technologischer Trends
- Erhebung genereller Trends
- Formulierung von Geschäftsmodell-Visionen.

Integration von Geschäftsmodell-Ideen Die Aktivität *Integration von Geschäftsmodell-Ideen* hat zum Ziel, eine innovative Formulierung der Geschäftsmodell-Visionen[2] sicherzustellen. Dabei werden erfolgversprechende Geschäftsmodell-Ideen in erste Entwürfe von Geschäftsmodell-Visionen integriert.

- *Input*: erfolgversprechende Geschäftsmodell-Ideen
- *Ergebnis*: erste Entwürfe der Geschäftsmodell-Visionen.

Prognose von Kundenbedürfnissen Die Aktivität Prognose von Kundenbedürfnissen hat zum Ziel, die Geschäftsmodell-Visionen an aktuellen und zukünftigen Kundenbedürfnissen einer Industrie auszurichten. Diese Kundenbedürfnisse (Grasl 2009, S. 141; Johnson 2010, S. 115) werden auf Basis der Makro- und Mikro-Umwelt aus Kundensicht (siehe Kap. 2.5.2) abgeleitet und gruppiert. Im Anschluss erfolgt die Ableitung möglicher Leistungsschwerpunkte der Geschäftsmodelle.

- *Input:* Einflussfaktoren der Makro- und Mikro-Umwelt aus Kundensicht
- *Ergebnis:* potenzielle Leistungsschwerpunkte.

---

[2] Hierbei ist zwar die Einzahl gewählt, es können allerdings mehrere Geschäftsmodell-Visionen abgeleitet werden.

4.4 Geschäftsmodell-Visions-Entwicklung

Erhebung technologischer Trends Die Aktivität Erhebung technologischer Trends hat zum Ziel, neue Technologien zu identifizieren, diese zu strukturieren und in die neuen Geschäftsmodelle zu integrieren (Chesbrough und Rosenbloom 2002, S. 529; Papakiriakopoulos 2001, S. 449; Voelpel et al. 2004, S. 269 f.). Die Strukturierung der Technologie-Trends findet in einer Technologie-Landkarte (Brecht 2002, S. 420; Christ 2003, S. 66) statt. Neue Technologien ermöglichen die Unterstützung und die Gestaltung neuer Geschäftsmodelle.

- *Input*: technologische Trends
- *Ergebnis*: Technologie-Landkarte.

Erhebung von Trends innerhalb der Industrie Die Aktivität Erhebung von Trends innerhalb der Industrie verfolgt das Ziel, die Geschäftsmodelle zukunftsgerichtet auszugestalten. Die Trends werden auf Basis der Makro- und Mikro-Umwelt aus Unternehmenssicht (Schallmo und Brecht 2010, S. 12; Wirtz 2010, S. 211) abgeleitet. Somit berücksichtigen die Geschäftsmodell-Visionen die zukünftigen Entwicklungen.

- *Input*: Einflussfaktoren der Makro- und Mikro-Umwelt aus Unternehmenssicht
- *Ergebnis*: Trends innerhalb der Industrie.

Formulierung von Geschäftsmodell-Visionen Die Aktivität Formulierung von Geschäftsmodell-Visionen hat zum Ziel, die zuvor erarbeiteten Ergebnisse zusammenzufassen und somit die Entwicklung von innovativen Geschäftsmodellen sicherzustellen. Hierbei ist es wichtig, dass die Geschäftsmodell-Visionen (Schallmo und Brecht 2010, S. 12 f.) schlüssig ist (d. h., dass alle Geschäftsmodell-Elemente miteinander kompatibel sind). Die Geschäftsmodell-Visionen sollen jeweils das ideale Geschäftsmodell (Mitchel und Coles 2004, S. 43) innerhalb einer Industrie für die nächsten drei bis fünf Jahre beschreiben. Die Geschäftsmodell-Visionen stellt auch sicher, dass jeweils die Geschäftsmodell-Dimensionen eines bestehenden Geschäftsmodells weiterentwickelt[3] werden; das jeweilige Geschäftsmodell soll somit gegenüber potenziellen Wettbewerbern abgesichert werden (Teece 2010, S. 180–182).

- *Input*: erster Entwurf der Geschäftsmodell-Visionen, potenzielle Leistungsschwerpunkte, Technologie-Landkarte, Trends innerhalb der Industrie
- *Ergebnis*: Geschäftsmodell-Visionen.

Die Tab. 4.3 fasst die Aktivitäten der *Geschäftsmodell-Visions-Entwicklung* zusammen.

---

[3] Dies erfolgt über einen kontinuierlichen Abgleich eines implementierten Geschäftsmodells mit der Geschäftsmodell-Vision.

Tab. 4.3 Aktivitäten der Geschäftsmodell-Visions-Entwicklung. (Schallmo 2013, S. 145)

Aktivität	Input	Ergebnis
Integration von Geschäftsmodell-Ideen	erfolgversprechende Geschäftsmodell-Ideen	erster Entwurf der Geschäftsmodell-Visionen
Prognose von Kundenbedürfnissen	Einflussfaktoren der Makro- und Mikro-Umwelt aus Kundensicht	pot. Leistungsschwerpunkte
Erhebung technologischer Trends	technologische Trends	Technologie-Landkarte
Erhebung genereller Trends	Einflussfaktoren der Makro- und Mikro-Umwelt aus Unternehmenssicht	Trends innerhalb der Industrie
Formulierung der Geschäftsmodell-Visionen	erster Entwurf der Geschäftsmodell-Visionen potenzielle Leistungsschwerpunkte Technologie-Landkarte Trends innerhalb der Industrie	Geschäftsmodell-Visionen

4.5 Geschäftsmodell-Prototyp-Entwicklung

4.5.1 Zielsetzung der Geschäftsmodell-Prototyp-Entwicklung

Die Anforderungen Integration von Kunden, Integration von Experten, Berücksichtigung der bestehenden Literatur und Einsatz von Visualisierungstechniken werden in der Geschäftsmodell-Prototyp-Entwicklung umgesetzt.

Die Geschäftsmodell-Prototyp-Entwicklung hat folgende Zielsetzung:

- Gewinnung von Ideen zur Ausgestaltung der Geschäftsmodell-Elemente: Für die Ausgestaltung der Geschäftsmodell-Elemente sollen Ideen gewonnen und unterschiedliche Optionen berücksichtigt werden.
- Erstellung von Kombinationen von Geschäftsmodell-Elementen: Auf Basis der unterschiedlichen Optionen sollen Kombinationen erstellt werden, die in Geschäftsmodell-Prototypen abgebildet werden.
- Bewertung der Geschäftsmodell-Prototypen: Die Geschäftsmodell-Prototypen sollen bewertet werden, um sich auf einen erfolgversprechenden Geschäftsmodell-Prototyp zu konzentrieren.

4.5.2 Aktivitäten der Geschäftsmodell-Prototyp-Entwicklung

Um die Zielsetzung der Geschäftsmodell-Prototyp-Entwicklung zu erreichen, werden folgende *Aktivitäten* festgelegt:

- Integration der Geschäftsmodell-Visionen
- Berücksichtigung vorhandener Geschäftsmodelle innerhalb der Industrie
- Berücksichtigung generischer Geschäftsmodelle innerhalb der Literatur.
- Erstellung von Geschäftsmodell-Prototypen
- Bewertung von Geschäftsmodell-Prototypen

Integration der Geschäftsmodell-Visionen Die Aktivität *Integration der Geschäftsmodell-Visionen* hat zum Ziel, Ideen für die Ausgestaltung der Geschäftsmodell-Elemente zu gewinnen. Auf Basis der erarbeiteten Geschäftsmodell-Visionen erfolgt die Entwicklung von Optionen für die Ausgestaltung von Geschäftsmodell-Elementen. Somit werden die Geschäftsmodell-Visionen konkretisiert, und es werden Ideen für die Ausgestaltung von Geschäftsmodell-Elementen abgeleitet.

- *Input*: Geschäftsmodell-Visionen
- *Ergebnis*: Ideen für Geschäftsmodell-Elemente.

Berücksichtigung vorhandener Geschäftsmodelle innerhalb der Industrie Die Aktivität Berücksichtigung vorhandener Geschäftsmodelle innerhalb der Industrie hat ebenfalls zum Ziel, Ideen für die Ausgestaltung der Geschäftsmodell-Elemente zu gewinnen. Hierfür werden vorhandene Geschäftsmodelle innerhalb der Industrie erhoben und analysiert (Bucherer 2010, S. 77; Giesen 2007, S. 32; Schallmo und Brecht 2010, S. 14) und Geschäftsmodell-Muster abgeleitet. Auf Basis der Geschäftsmodell-Muster ist es dann möglich, Ideen für die Ausgestaltung der Geschäftsmodell-Elemente zu gewinnen. Daneben werden Interessengruppen (Stakeholder) und deren Bedürfnisse innerhalb der Industrie analysiert (Papakiriakopoulos 2001, S. 453 f.). Es erfolgt ebenso die Analyse der Wertschöpfungskette der Industrie, um die eigene Position innerhalb dieser Wertschöpfungskette festzulegen.

- *Input*: Geschäftsmodelle innerhalb Industrie, Stakeholder innerhalb Industrie
- *Ergebnis*: Geschäftsmodell-Muster innerhalb der Industrie, Stakeholder-Landkarte, Wertschöpfungskette der Industrie.

Berücksichtigung generischer Geschäftsmodelle innerhalb der Literatur Die Aktivität Berücksichtigung generischer Geschäftsmodelle aus der Literatur hat, wie die vorherigen beiden Aktivitäten, zum Ziel, Ideen für die Ausgestaltung der Geschäftsmodell-Elemente zu gewinnen (Schallmo und Brecht 2010, S. 14).

- *Input:* generische Geschäftsmodelle innerhalb der Literatur
- *Ergebnis:* Ideen für Geschäftsmodell-Elemente.

Erstellung von Geschäftsmodell-Prototypen Die Aktivität *Erstellung von Geschäftsmodell-Prototypen*[4] hat zum Ziel, sinnvolle Kombinationen der Optionen für Geschäftsmodell-Elemente zu entwickeln. Diese Kombinationen werden dann in dem Raster für Geschäftsmodelle als Prototypen abgebildet (siehe Kap. 3.2; Osterwalder und Pigneur 2001, S. 249; Wirtz 2010, S. 206). Auf die vorhandenen Ergebnisse (z. B. Geschäftsmodell-Muster innerhalb der Industrie) wird bei Bedarf zurückgegriffen.

- *Input:* Ideen für Geschäftsmodell-Elemente, Geschäftsmodell-Muster innerhalb der Industrie, Stakeholder-Landkarte, Wertschöpfungskette der Industrie
- *Ergebnis:* Geschäftsmodell-Prototypen.

Bewertung von Geschäftsmodell-Prototypen Die Aktivität Bewertung von Geschäftsmodell-Prototypen hat zum Ziel, die Akzeptanz und die Erfolgsaussichten der Geschäftsmodell-Prototypen zu messen. Hierfür werden die Geschäftsmodell-Prototypen potenziellen Kunden und Experten aus der Industrie vorgestellt und deren Feedback wird eingeholt. Daneben erfolgt die Bewertung der Geschäftsmodell-Prototypen, um aus diesen einen erfolgversprechenden auszuwählen (Bucherer 2010, S. 92 f.; Osterwalder und Pigneur 2010, S. 249). Daneben bietet die Bewertung die Möglichkeit, anschließend Anpassungen innerhalb des erfolgversprechenden Geschäftsmodell-Prototyps vorzunehmen.

- *Input:* Geschäftsmodell-Prototypen
- *Ergebnis:* erfolgversprechender Geschäftsmodell-Prototyp.

Die Tab. 4.4 fasst die Aktivitäten der *Geschäftsmodell-Prototyp-Entwicklung* zusammen.

4.6 Geschäftsmodell-Entwicklung

4.6.1 Zielsetzung der Geschäftsmodell-Entwicklung

Die Anforderungen Einsatz von Visualisierungstechniken, Entwicklung eines einheitlichen Beschreibungsrasters und Berücksichtigung relevanter Phasen werden in der Geschäftsmodell-Entwicklung umgesetzt.

Die Geschäftsmodell-Entwicklung hat folgende Zielsetzung:

---

[4] Analog zu den Geschäftsmodell-Visionen können in diesem Kontext unterschiedliche Geschäftsmodell-Prototypen erarbeitet und getestet werden.

4.6 Geschäftsmodell-Entwicklung

Tab. 4.4 Aktivitäten der Geschäftsmodell-Prototyp-Entwicklung. (Schallmo 2013, S. 147)

Aktivität	Input	Ergebnis
Integration der Geschäftsmodell-Visionen	Geschäftsmodell-Visionen	Ideen für Geschäftsmodell-Elemente
Berücksichtigung der Geschäftsmodelle innerhalb der Industrie	Geschäftsmodelle innerhalb der Industrie Stakeholder innerhalb der Industrie	Geschäftsmodell-Muster innerhalb der Industrie Stakeholder-Landkarte Wertschöpfungskette der Industrie
Berücksichtigung generischer Geschäftsmodelle innerhalb der Literatur	generische Geschäftsmodelle innerhalb der Literatur	Ideen für Geschäftsmodell-Elemente
Erstellung von Geschäftsmodell-Prototypen	Geschäftsmodell-Muster innerhalb der Industrie Stakeholder-Landkarte Wertschöpfungskette der Industrie Ideen für Geschäftsmodell-Elemente	Geschäftsmodell-Prototypen
Bewertung von Geschäftsmodell-Prototypen	Geschäftsmodell-Prototypen	erfolgversprechender Geschäftsmodell-Prototyp

- Ausgestaltung eines Geschäftsmodells: Der erfolgversprechende Geschäftsmodell-Prototyp soll mit seinen Dimensionen und Elementen detailliert ausgestaltet und beschrieben werden.
- Ableitung kritischer Erfolgsfaktoren der Dimensionen: Für die ausgestalteten Geschäftsmodell-Dimensionen sollen kritische Erfolgsfaktoren abgeleitet und in einem Wirkungsnetz in Beziehung zueinander gesetzt werden; somit sind die Abhängigkeiten der kritischen Erfolgsfaktoren erkennbar.
- Entwicklung eines Führungsinstruments: Für das ausgestaltete Geschäftsmodell soll auf Basis der kritischen Erfolgsfaktoren und den dazugehöriger Führungsgrößen ein Führungsinstrument entwickelt werden, um die Implementierung des Geschäftsmodells zu unterstützen.

4.6.2 Aktivitäten der Geschäftsmodell-Entwicklung

Um die Zielsetzung der Geschäftsmodell-Entwicklung zu erreichen, dienen folgende Aktivitäten:

- Konkretisierung der Kundendimension
- Konkretisierung der Nutzendimension
- Konkretisierung der Wertschöpfungsdimension
- Konkretisierung der Partnerdimension

- Konkretisierung der Finanzdimension
- Erstellung von Verzeichnissen
- Erstellung des Führungsinstruments.

Konkretisierung der Kundendimension Die Aktivität *Konkretisierung der Kundendimension* hat zum Ziel, die in dem Prototyp enthaltene Kundendimension auszugestalten. Es soll somit beschrieben werden, welche Kundensegmente, welche Kundenkanäle und welche Kundenbeziehungen (Bieger und Reinhold 2011, S. 32; Osterwalder et al. 2005, S. 10) relevant sind und wie diese beschrieben werden können. Neben den vorhandenen Ergebnissen (Stakeholder-Landkarte, Technologie-Landkarte) werden allgemeine Formen für die Kundenkanäle und die Kundenbeziehungen herangezogen (siehe Kap. 3.3: Beschreibung der Objekte), um eine Vollständigkeit sicherzustellen.

- *Input*: Prototyp der Kundendimension, Stakeholder-Landkarte, Technologie-Landkarte, allgemeine Formen für Kundenkanäle und Kundenbeziehungen
- *Ergebnis*: Kundensegmente, Kundenkanäle und Kundenbeziehungen.

Konkretisierung der Nutzendimension Die Aktivität *Konkretisierung der Nutzendimension* hat das Ziel, die Nutzendimension des Prototyps zu beschreiben; somit wird festgelegt, welcher Nutzen mit welchen Leistungen (innerhalb eines Leistungssystems) erzeugt wird (Bieger und Reinhold 2011, S. 32; Johnson 2010, S. 123; Osterwalder et al. 2005, S. 10). Es fließen vorhandene Ergebnisse (z. B. potenzielle Leistungsschwerpunkte) und allgemeine Formen für die Leistungen und den Nutzen ein (siehe Kap. 3.3: Beschreibung der Objekte).

- *Input*: Prototyp der Nutzendimension, potenzielle Leistungsschwerpunkte, allgemeine Formen für Leistungen und Nutzen
- *Ergebnis:* Leistungen und Nutzen.

Konkretisierung der Wertschöpfungsdimension Die Aktivität *Konkretisierung der Wertschöpfungsdimension* hat zum Ziel, die Wertschöpfungsdimension mit den Ressourcen, den Fähigkeiten und den Prozessen festzulegen; dies ist notwendig, um die Leistungen zu erstellen, den Nutzen zu erzeugen und das Geschäftsmodell zu betreiben (Bieger und Reinhold 2011, S. 32; Johnson 2010, S. 133; Osterwalder et al. 2005, S. 10). Es fließen ebenfalls vorhandene Ergebnisse (Wertschöpfungskette der Industrie, Technologie-Landkarte) ein, und es werden allgemeine Formen für die Ressourcen, die Fähigkeiten und die Prozesse herangezogen.

- *Input*: Prototyp der Wertschöpfungsdimension, Wertschöpfungskette der Industrie, Technologie-Landkarte, allgemeine Formen für Ressourcen, Fähigkeiten und Prozesse
- *Ergebnis*: Ressourcen, Fähigkeiten und Prozesse.

4.6 Geschäftsmodell-Entwicklung

Konkretisierung der Partnerdimension Die Aktivität *Konkretisierung der Partnerdimension* hat das Ziel, die Partnerdimension des Prototyps zu detaillieren. Dies erfolgt mittels der Beschreibung der Partner, der Partnerkanäle und der Partnerbeziehungen (Osterwalder et al. 2005, S. 10; Weiner und Weisbecker 2011, S. 28) anhand der Attribute der Objekte (siehe Kap. 3.3). Es fließen allgemeine Formen für die Partner, die Partnerkanäle und die Partnerbeziehungen aus den Beschreibungen der Objekte ein (siehe Kap. 3.3).

- *Input*: Prototyp der Partnerdimension, Stakeholder-Landkarte, Technologie-Landkarte, allgemeine Formen für Partner, Partnerkanäle und Partnerbeziehungen
- *Ergebnis*: Partner, Partnerkanäle und Partnerbeziehungen.

Konkretisierung der Finanzdimension Die Aktivität *Konkretisierung der Finanzdimension* hat zum Ziel, die letzte der fünf Dimensionen anhand der Finanzdimension des Geschäftsmodell-Prototyps zu beschreiben. Die Finanzdimension umfasst Umsätze und Kosten (Johnson 2010, S. 132; Osterwalder et al. 2005, S. 10), die innerhalb der übrigen Geschäftsmodell-Dimensionen und -Elemente entstehen.

- *Input*: Prototyp der Finanzdimension, allgemeine Formen für Umsätze und Kosten
- *Ergebnis*: Umsatz- und Kostenstruktur, Umsatz- und Kostenmechanismen.

Erstellung von Verzeichnissen Die Aktivität *Erstellung von Verzeichnissen* hat zum Ziel, die bisherigen Ergebnisse der ausgestalteten Dimensionen im Detail zu beschreiben. Hierfür werden anhand der in Kap. 3.3 vorgestellten Attribute je Geschäftsmodell-Element Verzeichnisse erstellt.

- *Input*: bisherige Ergebnisse der Geschäftsmodell-Dimensionen, Attribute der Geschäftsmodell-Elemente
- *Ergebnis*: Verzeichnisse der Geschäftsmodell-Elemente.

Erstellung des Führungsinstruments Die Aktivität *Erstellung des Führungsinstruments* hat zum Ziel, kritische Erfolgsfaktoren und deren Abhängigkeiten in einem Wirkungsnetz darzustellen. Hierfür werden auf Basis allgemeiner kritischer Erfolgsfaktoren[5] die kritischen Erfolgsfaktoren je Geschäftsmodell-Dimension abgeleitet. Darauf aufbauend werden Führungsgrößen, Zielwerte und Maßnahmen zur Sicherstellung der Zielerreichung abgeleitet und in einem Führungsinstrument vereint (Kaplan und Norton 1992, S. 72–75).

- *Input*: Verzeichnisse der Geschäftsmodell-Dimensionen, allgemeine kritische Erfolgsfaktoren
- *Ergebnis*: kritische Erfolgsfaktoren der Geschäftsmodell-Dimensionen, Wirkungsnetz, Führungsgrößen.

---

[5] Die allgemeinen kritischen Erfolgsfaktoren werden in Kap. 4.3.4 erläutert.

Tab. 4.5 Aktivitäten der Geschäftsmodell-Entwicklung. (Schallmo 2013, S. 150)

Aktivität	Input	Ergebnis
Konkretisierung der Kundendimension	Prototyp der Kundendimension Stakeholder-Landkarte Technologie-Landkarte allgemeine Formen für Kundenkanäle und Kundenbeziehungen	Kundensegmente Kundenkanäle Kundenbeziehungen
Konkretisierung der Nutzendimension	Prototyp der Nutzendimension potenzielle Leistungsschwerpunkte allgemeine Formen für Leistungen und Nutzen	Leistungen Nutzen
Konkretisierung der Wertschöpfungsdimension	Prototyp der Wertschöpfungsdimension Wertschöpfungskette der Industrie Technologie-Landkarte allgemeine Formen für Ressourcen, Fähigkeiten und Prozesse	Ressourcen Fähigkeiten Prozesse
Konkretisierung der Partnerdimension	Prototyp der Partnerdimension Stakeholder-Landkarte Technologie-Landkarte allgemeine Formen für Partner, Partnerkanäle und Partnerbeziehungen	Partner Partnerkanäle Partnerbeziehungen
Konkretisierung der Finanzdimension	Prototyp der Finanzdimension allgemeine Formen für Umsätze und Kosten	Umsatz- und Kostenstruktur Umsatz- und Kostenmechanismen
Erstellung von Verzeichnissen	bisherige Ergebnisse der Dimensionen	Verzeichnis je Element, das detailliert beschrieben ist
Erstellung des Führungsinstruments	Verzeichnisse der Geschäftsmodell-Dimensionen allgemeine kritische Erfolgsfaktoren	kritische Erfolgsfaktoren der Geschäftsmodell-Dimensionen Wirkungsnetz Führungsgrößen

Die Tab. 4.5 fasst die Aktivitäten der Geschäftsmodell-Entwicklung zusammen.

4.7 Geschäftsmodell-Implementierung

4.7.1 Zielsetzung der Geschäftsmodell-Implementierung

Die Anforderung *Berücksichtigung aller relevanten Phasen* wird in der *Geschäftsmodell-Implementierung* umgesetzt.

Die Geschäftsmodell-Implementierung hat folgende *Zielsetzung*:

- *Realisierung des Geschäftsmodells*: Das erarbeitete Geschäftsmodell soll realisiert werden; hierfür werden alle erforderlichen Projekte und Maßnahmen abgeleitet.
- *Sammlung von Erfahrungen*: Mittels der Realisierung des Geschäftsmodells sollen Erfahrungen gesammelt werden, die zur Anpassung und zur Erweiterung des Geschäftsmodells dienen.

4.7.2 Aktivitäten der Geschäftsmodell-Implementierung

Folgende *Aktivitäten* werden festgelegt, um die Zielsetzung der Geschäftsmodell-Implementierung zu erreichen:

- Erstellung eines Realisierungsplans
- Implementierung des Geschäftsmodells.

Erstellung eines Realisierungsplans Die Aktivität *Erstellung eines Realisierungsplans* hat das Ziel, alle notwendigen Projekte und Maßnahmen zur Realisierung des Geschäftsmodells abzuleiten[6]. Hierfür wird ein Abgleich zwischen den vorhandenen (sofern möglich) und den notwendigen Geschäftsmodell-Elementen vorgenommen. Im Anschluss an die Erstellung des Realisierungsplans erfolgt die Implementierung des Geschäftsmodells (Bucherer 2010, S. 94 f.).

- *Input*: Verzeichnisse der Geschäftsmodell-Elemente, vorhandene Geschäftsmodell-Elemente
- *Ergebnis*: Realisierungsplan mit Projekten und Maßnahmen.

Implementierung des Geschäftsmodells Die Aktivität *Implementierung des Geschäftsmodells* verfolgt das Ziel, das realisierte Geschäftsmodell in einem Markt zu implementieren. Mittels der Implementierung (Johnson 2010, S. 98; Osterwalder und Pigneur 2010, S. 249) werden mit dem Geschäftsmodell Erfahrungen (z. B. Akzeptanz des Geschäftsmodells je Kundensegment) gesammelt. Um die Risiken im Rahmen der Implementierung gering zu halten, ist es sinnvoll, das Geschäftsmodell in einem Testmarkt zu implementieren.

- *Input*: Realisierungsplan mit Projekten und Maßnahmen
- *Ergebnis*: implementiertes Geschäftsmodell.

Die Tab. 4.6 fasst die Aktivitäten der *Geschäftsmodell-Implementierung* zusammen.

---

[6] Die Maßnahmen zur Realisierung des Geschäftsmodells sind, im Gegensatz zu den Maßnahmen zur Sicherstellung der Zielerreichung (aus dem Führungsinstrument), einmalig.

Tab. 4.6 Aktivitäten der Geschäftsmodell-Implementierung. (Schallmo 2013, S. 152)

Aktivität	Input	Ergebnis
Erstellung eines Realisierungsplans	Verzeichnisse der Geschäftsmodell-Elemente vorhandene Geschäftsmodell-Elemente	Realisierungsplan mit Projekten und Maßnahmen
Implementierung des Geschäftsmodells	Realisierungsplan mit Projekten und Maßnahmen	implementiertes Geschäftsmodell

Das Beispiel 2 zeigt auf, wie ein Geschäftsmodell innerhalb eines Testmarktes implementiert wurde, um Erfahrungen zu sammeln.

Beispiel 2: car2go, Betreiber eines städt. Mobilitätskonzepts für PKW

Im Oktober 2008 setzte die Daimler AG die Geschäftsmodell-Idee *car2go* als Pilotprojekt in Ulm um. Hierbei können innerhalb des Stadtgebietes minutenweise *Smarts* gemietet werden. Die Auslöser für die Geschäftsmodell-Idee waren die steigenden Rohölpreise, das steigende Verkehrsaufkommen in Städten und das höhere Bedürfnis von Menschen nach individueller Mobilität (Daimler 2011). Das Geschäftsmodell wurde im Laufe der Zeit aufgrund gewonnener Erfahrungen erweitert. Zu dieser Geschäftsmodell-Erweiterung zählen die inhaltliche Ausgestaltung des Geschäftsmodells und die Veränderung der Größe bzw. der Reichweite des Geschäftsmodells. Inhaltlich wurden z. B. die Mietpreise erhöht, die Registrierungs- bzw. Stornierungsgebühren eingeführt und die Reservierungsmöglichkeit über einen längeren Zeitraum aufgehoben. Bezüglich der Veränderung der Größe bzw. der Reichweite des Geschäftsmodells erfolgte die Einführung von car2go an sieben weiteren Standorten (Vancouver, San Diego, Austin, Hamburg, Amsterdam, Wien, Lyon) (car2go 2011).

4.8 Geschäftsmodell-Erweiterung

4.8.1 Zielsetzung der Geschäftsmodell-Erweiterung

Die Anforderung *Berücksichtigung aller relevanten Phasen* wird analog zur Geschäftsmodell-Implementierung in der Geschäftsmodell-Erweiterung umgesetzt.

Die Geschäftsmodell-Erweiterung hat folgende *Zielsetzung*:

- *Inhaltliche Anpassung des Geschäftsmodells*: Mittels gewonnener Erfahrungen des implementierten Geschäftsmodells soll dieses inhaltlich angepasst werden.
- *Erhöhung der Reichweite des Geschäftsmodells*: Auf Basis der inhaltlichen Anpassung soll das Geschäftsmodell in andere Märkte bzw. Regionen übertragen werden.

4.8.2 Aktivitäten der Geschäftsmodell-Erweiterung

Um die Zielsetzung der Geschäftsmodell-Erweiterung zu erreichen, werden folgende *Aktivitäten* festgelegt:

- Beobachtung des Geschäftsmodells
- Anpassung des Geschäftsmodells
- Übertragung des Geschäftsmodells.

Beobachtung des Geschäftsmodells Die Aktivität *Beobachtung des Geschäftsmodells* verfolgt das Ziel, notwendige Informationen zu dem implementierten Geschäftsmodell zu gewinnen. Hierfür werden Abweichungen im Rahmen des Führungsinstruments (Bucherer 2010, S. 95; Wirtz 2010, S. 272–282) identifiziert und deren Ursachen analysiert. Es werden ebenso die gesammelten Erfahrungen mit dem Geschäftsmodell ausgewertet. Daneben erfolgen die Erhebung und die Bewertung von Chancen und Risiken, die für das Geschäftsmodell auftreten.

- *Input*: Ziele aus dem Führungsinstrument, aktuelle Zielerreichung, Erfahrungen mit dem implementierten Geschäftsmodell, Chancen und Risiken für das Geschäftsmodell
- *Ergebnis*: Soll-Ist-Vergleich des Führungsinstruments, Ursachen für Abweichungen, Erfahrungsberichte, Chancen-Risiken-Portfolio.

Anpassung des Geschäftsmodells Die Aktivität *Anpassung des Geschäftsmodells* hat zum Ziel, auf Basis der Abweichungsanalyse, der Erfahrungsberichte und des Chancen-Risiko-Portfolios einen Anpassungsplan zu erstellen (Bieger und Reinhold 2011, S. 52; Linder und Cantrell 2000, S. 10; Osterwalder und Pigneur 2010, S. 249). Zusätzlich erfolgt die Durchführung einer Conjoint-Analyse, um das Geschäftsmodell an dem Kundennutzen auszurichten (Homburg und Krohmer 2006, S. 576). Dies ermöglicht die inhaltliche Erweiterung des implementierten Geschäftsmodells[7] (siehe hierzu: Beispiel 2).[8]

- Input: Abweichungsanalyse, Erfahrungsberichte, Chancen-Risiken-Portfolio, Nutzenbewertung des Geschäftsmodells durch Kunden
- Ergebnis: Anpassungsplan mit Maßnahmen, angepasstes Geschäftsmodell.

Übertragung des Geschäftsmodells Die Aktivität *Übertragung des Geschäftsmodells* hat das Ziel, die Reichweite des Geschäftsmodells zu erhöhen, indem mit dem bereits imple-

---

[7] Selbstverständlich ist auch das Gegenteil einer Erweiterung (= Verkleinerung) möglich, was allerdings an dieser Stelle nicht berücksichtigt wird.

[8] Analog zur Beobachtung des Geschäftsmodells sollte auch die Anpassung des Geschäftsmodells in regelmäßigen Abständen erfolgen, um die Aktualität dessen sicherzustellen (Mitchel und Coles 2003, S. 43).

Tab. 4.7 Aktivitäten der Geschäftsmodell-Erweiterung. (Schallmo 2013, S. 154)

Aktivität	Input	Ergebnis
Beobachtung des Geschäftsmodells	Ziele aus dem Führungsinstrument aktuelle Zielerreichung Erfahrungen mit dem implementierten Geschäftsmodell Chancen und Risiken für das Geschäftsmodell	Soll-Ist-Vergleich des Führungsinstruments Ursachen für Abweichungen Erfahrungsberichte Chancen-Risiken-Portfolio
Anpassung des Geschäftsmodells	Abweichungsanalyse Erfahrungsberichte Chancen-Risiken-Portfolio Nutzenbewertung des Geschäftsmodells durch Kunden.	Anpassungsplan mit Maßnahmen angepasstes Geschäftsmodell
Übertragung des Geschäftsmodells	technologische Trends und Industrietrends (neuer Markt) Nutzenbewertung des Geschäftsmodells durch potenzielle Kunden Kundenbedürfnisse (neuer Markt)	Anforderungen des neuen Marktes Anpassungsplan für den neuen Markt

mentierten Geschäftsmodell neue Märkte bzw. neue Regionen bearbeitet werden (Bieger und Reinhold 2011, S. 53; Zollenkop 2006, S. 121). Hierfür werden die generellen/technologischen Trends und die Kundenbedürfnisse (siehe Entwicklung der Geschäftsmodell-Vision) des jeweiligen Marktes erhoben und mit dem implementierten Geschäftsmodell abgeglichen. Analog zu der Aktivität *Anpassung des Geschäftsmodells* findet ebenfalls die Durchführung einer Conjoint-Analyse mit potenziellen Kunden statt. Im Anschluss erfolgt, je nach Anforderung des neuen Marktes, die Geschäftsmodell-Prototyp-Entwicklung, die Geschäftsmodell-Entwicklung oder die Geschäftsmodell-Implementierung.[9] Der Anpassungsplan für den neuen Markt beinhaltet alle Maßnahmen, das Geschäftsmodell an die Anforderungen eines neuen Marktes anzupassen.

- *Input*: technologische Trends und Industrietrends(neuer Markt), Kundenbedürfnisse (neuer Markt), Nutzenbewertung des Geschäftsmodells durch potenzielle Kunden
- *Ergebnis:* Anforderungen des neuen Marktes, Anpassungsplan für den neuen Markt.

Die Tab. 4.7 fasst die Aktivitäten der *Geschäftsmodell-Erweiterung* zusammen.

---

[9] Ein Geschäftsmodell, dessen Reichweite z. B. mit bestehenden Partnern erhöht werden kann, bedarf keiner gesonderten Geschäftsmodell-Entwicklung, sondern der Geschäftsmodell-Implementierung.

4.9 Zusammenfassung, Lernkontrollfragen und Aufgabe

	1. Geschäftsmodell-Ideen-Gewinnung	2. Geschäftsmodell-Visions-Entwicklung	3. Geschäftsmodell-Prototyp-Entwicklung	4. Geschäftsmodell-Entwicklung	5. Geschäftsmodell-Implementierung	6. Geschäftsmodell-Erweiterung
Ziele	- Ideen-Gewinnung für innovative Geschäftsmodelle	- Kunden-, Technologie- und Zukunftsorientierung des Geschäftsmodells	- Erstellung von Geschäftsmodell-Prototypen	- Konkretisierung des Geschäftsmodells - Entwicklung des Führungsinstruments	- Realisierung des Geschäftsmodells - Sammlung von Erfahrungen	- inhaltliche Anpassung des Geschäftsmodells - Erhöhung der Reichweite des Geschäftsmodells
Aktivitäten	- Gewinnung und Beschreibung von Geschäftsmodell-Ideen - Bewertung von Geschäftsmodell-Ideen	- Integration von Geschäftsmodell-Ideen - Analyse von Kundenbedürfnissen, technologischen und generellen Trends - Formulierung von Geschäftsmodell-Visionen	- Integration von Geschäftsmodell-Visionen in die Geschäftsmodell-Prototypen - Analyse von Geschäftsmodellen der Industrie und von generischen Geschäftsmodellen aus Literatur - Erstellung von Geschäftsmodell-Prototypen - Bewertung von Geschäftsmodell-Prototypen	- Ausgestaltung der Geschäftsmodell-Dimensionen - Erstellung der Verzeichnisse - Ausgestaltung des Führungsinstruments	- Erstellung des Realisierungsplans - Implementierung des Geschäftsmodells	- Beobachtung des Geschäftsmodells - Anpassung des Geschäftsmodells - Übertragung des Geschäftsmodell
Ergebnisse	- beschriebene Geschäftsmodell-Ideen - erfolgversprechende Geschäftsmodell-Ideen	- Geschäftsmodell-Visionen mit Eckpfeilern eines Geschäftsmodells	- erfolgversprechender Geschäftsmodell-Prototyp	- Verzeichnisse Geschäftsmodell-Elemente - Führungsinstrument mit kritischen Erfolgsfaktoren und Führungsgrößen	- implementiertes Geschäftsmodell	- angepasstes Geschäftsmodell. - Anpassungsplan neuer Markt

Abb. 4.2 Prozedurales Modell der Geschäftsmodell-Innovation. (Schallmo 2013, S. 155)

4.9 Zusammenfassung, Lernkontrollfragen und Aufgabe

4.9.1 Zusammenfassung

In Abb. 4.2 sind die Ziele, die Aktivitäten und die wichtigsten Ergebnisse der Geschäftsmodell-Innovation in einem prozeduralen Modell zusammengefasst, das auf dem vorgestellten Vorgehensmodell aufbaut.

Das Vorgehensmodell verfolgt das Ziel der *radikalen Geschäftsmodell-Innovation*. Die neu entwickelten Geschäftsmodelle sollen eine Industrie (z. B. die Flugindustrie; siehe Beispiel 3) verändern.

Neben der radikalen Geschäftsmodell-Innovation besteht allerdings auch die Möglichkeit, ein Geschäftsmodell inkrementell weiterzuentwickeln. Hierbei erfolgt z. B. die Analyse vorhandener Ressourcen, Fähigkeiten, Prozesse, Partner und Leistungen, um darauf aufbauend eine Weiterentwicklung des bestehenden Geschäftsmodells durchzuführen (siehe hierzu: Osterwalder und Pigneur 2010, S. 138 f.). Soll mit der vorliegenden Methode eine inkrementelle Geschäftsmodell-Innovation erfolgen, so werden das bestehende Geschäftsmodell bzw. die bestehenden Geschäftsmodell-Elemente erhoben und in die Phase *Geschäftsmodell-Prototyp-Entwicklung* integriert.

Das Vorgehensmodell der Geschäftsmodell-Innovation setzt die beschrieben Anforderungen an die Methode der Geschäftsmodell-Innovation um. Es basiert auf der Literatur und den Erfahrungen, die im Rahmen des CE VeMaB gewonnen wurden. Das Vorgehensmodell ist generisch und muss an die individuellen Anforderungen von Unternehmen angepasst werden.

4.9.2 Lernkontrollfragen

Aufgaben

Zur Kontrolle der Erreichung der Lernziele sollten Sie folgende Fragen beantworten können:
- Welche Phasen liegen für das Vorgehensmodell der Geschäftsmodell-Innovation vor?
- Wie sind die jeweiligen Phasen des Vorgehensmodells charakterisiert?
- Welche Abgrenzungen liegen für die Geschäftsmodell-Innovation vor?
- Welche Zielsetzung, Aktivitäten und Ergebnisse liegen je Phase vor?
- Welche Rückkopplungs-Schleifen liegen vor und wann wird welche Rückkopplungs-Schleife eingesetzt?

4.9.3 Aufgaben

Fragen

Im Rahmen dieser Aufgaben setzen Sie sich mit dem Vorgehensmodell der Geschäftsmodell-Innovation auseinander.

Anforderungen an das Vorgehensmodell

Bitte recherchieren Sie für Ihr Unternehmen (bzw. analysiertes Geschäftsmodell) Anforderungen, die für die Geschäftsmodell-Innovation vorliegen. Diese Anforderungen hängen hauptsächlich von der Zielsetzung, die Ihr Unternehmen verfolgt, und von den Marktgegebenheiten ab.

Vorgehensmodell

Bitte erstellen Sie auf Basis der Anforderungen und auf Basis des Vorgehensmodells (Maximallösung) ein eigenes, angepasstes Vorgehensmodell, das dazu dient, Geschäftsmodell-Innovation zu betreiben. Bitte zeigen Sie auf, an welchen Stellen Sie Schwerpunkte (z. B. Geschäftsmodell-Ideen-Gewinnung) setzen möchten.

Literatur

Bieger T, Reinhold S (2011) Das wertbasierte Geschäftsmodell – ein aktualisierter Strukturansatz. In: Bieger T, zu Knyphausen-Aufseß D, Krys C (Hrsg) Innovative Geschäftsmodelle: Konzeptionelle Grundlagen, Gestaltungsfelder und unternehmerische Praxis. Springer Verlag, Berlin, S 11–70

Boulton R, Libert B, Samek S (2000) A business model for the new economy. Journal of Business Strategy S 29–35

Brecht L (2002) Process Leadership: Methode des informations-systemgestützten Prozessmanagement. Dr. Kovac Verlag, Hamburg

Bucherer E (2010) Business model innovation: guidelines for a structured approach. Shaker Verlag, Aachen

car2go (2011) Ausdruck liegt Autor vor und kann eingesehen werden. http://www.car2go.com/. Zugegriffen: 30. Juni 2011

CE VeMaB (2011b) Workshop 3 und Interviews: Intelligence und Analytics/Geschäftsmodell-Innovation, 24.11.2011, 09:30–17:30 Uhr, Ulm, Protokoll liegt Autor vor und kann eingesehen werden

CE VeMaB (2012) Workshop 4 und Interviews: Geschäftsmodell-Innovation/Vertriebsstrategie, 06.03.2012, 08:30–17:30 Uhr, Ulm, Protokoll liegt Autor vor und kann eingesehen werden

Chesbrough H (2007a) Business model innovation: it's not just about technology anymore. J strategy leadersh 35(6):12–17

Chesbrough H, Rosenbloom R (2002) The role of the business model in capturing value from innovation: evidence from Xerox corporation´s technology spin-off companies. Ind and Corp Change 11(3):529–555

Christ O (2003) Content-Management in der Praxis: Erfolgreicher Aufbau und Betrieb unternehmensweiter Portale. Springer Verlag, Berlin

Daimler (2011) Ausdruck liegt Autor vor und kann eingesehen werden. http://media.daimler.com/dcmedia/0-921-1193661-49-1139533-1-0-0-0-0-1-11701-854934-0-1-0-0-0-0-0.html?TS=1311445178483. Zugegriffen: 30. Juni 2011

Dehr G (1997) Suchfeldanalyse und Punktbewertungsverfahren als Entscheidungskriterien innovativer Produktpolitik. In: Dehr G (Hrsg) Innovation mit System: Erneuerungsstrategien für mittelständische Unternehmen. Springer Verlag, Berlin, S 125–135

Gerpott T (2005) Strategisches Technologie- und Innovationsmanagement. Schäffer-Poeschel Verlag, Stuttgart

Giesen E, Berman S, Bell R, Blitz A (2007) Three ways to successfully innovate your business model. Strategy and. Leadership 35(6):27–33

Grasl O (2009) Professional service firms: business model analysis – method and case studies, Dissertation, Sipplingen

Hamel G (2001) Leading the revolution, strategy and leadership, 29(1):4–10

Hamel G (2002) Leading the revolution: how to thrive in turbulent times by making innovation a way of life. Harvard Business Press, Boston

Herrmann A, Huber F (2008) Produktmanagement: Grundlagen, Methoden, Beispiele. Gabler Verlag, Wiesbaden

Homburg C, Krohmer H (2006) Marketingmanagement. Studienausgabe: Strategie – Instrumente – Umsetzung – Unternehmensführung. Gabler Verlag, Wiesbaden

Johnson M (2010) Seizing the white space: business model innovation for growth and renewal. Harvard Business Press, Boston

Kaplan R, Norton D (1992) The Balanced Scorecard – Measures that Drive Performance, Harvard Business Review, Januar/Februar 1992, S 70–79

Linder J, Cantrell S (2000) Changing Business Models: surveying the landscape. Accenture

Lindgardt Z, Reeves M, Stalk G, Deimler M (2009) Business model innovation: when the game gets tough change the game. The Boston Consulting Group

Mitchell D, Coles C (2003) The ultimate competitive advantage of continuing business model innovation, Journal of Business Strategy 25(1):16–26

Mitchell D, Coles C (2004) Business model innovation breakthrough moves. J Bus Strategy 25(1):16–26

Osterwalder A, Pigneur Y, Tucci C (2005) Clarifying business models: origins, present and future of the concept. Communications of the Association for Information Science (CAIS) 15:751–775

Osterwalder A, Pigneur Y (2010) Business Model Generation. Wiley, New Jersey

Papakiriakopoulos D, Poylumenakou A, Doukidis G (2001) Building e-Business Models: an analytical framework and development guidelines, proceedings of the 14th Bled electronic commerce Conference. Bled, Slovenia, S 446–464

Schallmo D (2013) Geschäftsmodell-Innovation: Grundlagen, bestehende Ansätze, methodisches Vorgehen und B2B-Geschäftsmodelle, Springer Gabler Wiesbaden

Schallmo D, Brecht L (2010) Business model innovation in business-to-business markets – procedure and examples, Proceedings of the 3rd ISPIM innovation Symposium: „Managing the Art of Innovation: Turning Concepts into Reality", Quebec, 12–15 Dezember 2010

Stummer C, Günther M, Köck A (2008) Grundzüge des Innovations- und Technologiemanagements. Facultas Verlag, Wien

Teece D (2010) Business models, business strategy and innovation. Long Range Plan 43(2–3): 172–194

Voelpel S, Leibold M, EdenB (2004) The wheel of business model reinvention: how to reshape your business model to leapfrog competitors. J of. Change Management 4(3):259–276

Weiner N, Renner T, Kett H (2010a) Geschäftsmodelle im "Internet der Dienste: Aktueller Stand in Forschung und Praxis, Fraunhofer-Institut für Arbeitswirtschaft und Organisation IAO

Weiner N, WeisbeckerA (2011) A business model framework for the design and evaluation of business models in the internet of services, SRII global Conference (SRII), San Jose, 29. März–02. April 2011, S 21–33

Wirtz B (2010) Business Model Management. Gabler Verlag, Wiesbaden

Zollenkop M (2006) Geschäftsmodellinnovation: Initiierung eines systematischen Innovationsmanagements für Geschäftsmodelle auf Basis lebenszyklusorientierter Frühaufklärung. Gabler Verlag, Wiesbaden

Zott C, Amit R (2009) Business model design: an activity system perspective. Long Range Plan 43(2–3):1–11

Techniken der Geschäftsmodell-Ideen-Gewinnung

5.1 Einleitung und Lernziele

Zusammenfassung

Auf Basis der dargestellten Aktivitäten erfolgt nun die *Erläuterung von Techniken*, die das Vorgehen im *Kleinen* beschreiben, d. h., wie im Detail vorzugehen ist, um Ergebnisse zu erzielen (Brecht 2002, S. 227 und S. 297).

Die dargestellten Techniken basieren auf den zuvor analysierten Ansätzen, auf den gewonnenen Erfahrungen innerhalb des CE VeMaB und auf Forschungsprojekten des Instituts für Technologie- und Prozessmanagement, die mit Unternehmen durchgeführt wurden[1]. Die dargestellten Techniken können nach Bedarf angepasst sowie erweitert werden.

Die Techniken werden mit ihren notwendigen Schritten und erzielten Ergebnissen beschrieben und enthalten sog. Hilfstechniken, die die Erzielung von Ergebnissen unterstützen. Im Anschluss an die Vorstellung einer Technik erfolgt deren Zusammenfassung, die auch kritische Anmerkungen enthält. Die Techniken setzen Visualisierungsinstrumente (z. B. die Stakeholder-Landkarte und die Zusammenhang-Analyse von Geschäftsmodell-Elementen) ein, die Denkprozesse anregen sollen und somit schneller Assoziationen bei Teilnehmern auslösen sollen (Osterwalder und Pigneur 2010, S. 148; Plattner et al. 2009, S. 129 und S. 133). Diese Visualisierung kann mit einer Software unterstützt werden (z. B. Fraunhofer 2012).

Kap. 5 beinhaltet die Geschäftsmodell-Ideen-Gewinnung. Hierzu werden mit Hilfe von Kreativitätstechniken Ideen für neue und innovative Geschäftsmodelle abgeleitet. Die gewonnenen Ideen werden im Anschluss anhand eines Geschäftsmodell-Ideen-Steckbriefs beschrieben und anhand eines Rasters bewertet. Dies ermöglicht die Vergleichbarkeit der gewonnenen Geschäftsmodell-Ideen. Das Kapitel fünf hat folgende Unterkapitel. In Kap. 5.2 erfolgt die Darstellung der Leifragen und des Überblicks zur

---

[1] Dazu zählen z. T. wissenschaftliche Arbeiten, die von Daniel Schallmo betreut wurden.

Geschäftsmodell-Ideen-Gewinnung. Das Kap. 5.3 erläutert die Technik *Geschäftsmodell-Ideen-Portfolio*. Das Kap. 5.4 beinhaltet eine Zusammenfassung, Lernkontrollfragen und Aufgaben.

Für dieses Kapitel liegen folgende **Lernziele** vor:
- In diesem Kapitel werden Sie in die Lage versetzt, Geschäftsmodell-Ideen zu gewinnen.
- Sie lernen Kreativitätstechniken zur Geschäftsmodell-Ideen-Gewinnung kennen.
- Sie können die Geschäftsmodell-Ideen anhand eines Steckbriefs einheitlich beschreiben.
- Sie können die Geschäftsmodell-Ideen transparent bewerten.

5.2 Leitfragen und Überblick zur Geschäftsmodell-Ideen-Gewinnung

Auf Basis der Anforderungen an eine Methode der Geschäftsmodell-Innovation und der Zielsetzung der Geschäftsmodell-Ideen-Gewinnung werden folgende Leitfragen für die Geschäftsmodell-Ideen-Gewinnung formuliert:

- Wie können Geschäftsmodell-Ideen gewonnen werden, die dazu dienen, radikale Geschäftsmodell-Innovation zu betreiben?
- Wie können die gewonnenen Geschäftsmodell-Ideen einheitlich beschrieben werden?
- Wie können die beschriebenen Geschäftsmodell-Ideen einheitlich bewertet werden?
- Wie kann sichergestellt werden, dass die Geschäftsmodell-Ideen auch zu einem späteren Zeitpunkt verfügbar sind?

Zur Beantwortung dieser Leitfragen dient die Technik *Geschäftsmodell-Ideen-Portfolio*, die von Hilfstechniken unterstützt wird; diese Hilfstechniken sind in die jeweiligen Schritte der Technik integriert. Die Abb. 5.1 setzt die Techniken der Geschäftsmodell-Ideen-Gewinnung in Bezug zum Rahmenkonzept der Geschäftsmodell-Innovation.

5.3 Geschäftsmodell-Ideen-Portfolio

Die *Geschäftsmodell-Ideen* sollen sich nicht an bestehenden Geschäftsmodellen, an der aktuellen Situation eines Unternehmens oder an der aktuellen Situation innerhalb einer Industrie orientieren. Aus diesem Grund liegen innerhalb der Geschäftsmodell-Ideen-Gewinnung keine Vorgaben, Denkraster oder Einschränkungen vor. Somit werden neue Ideen gewonnen, die der radikalen Geschäftsmodell-Innovation dienen (CE VeMaB, 2011, 2012).

Die gewonnenen Geschäftsmodell-Ideen sollen allerdings einheitlich beschrieben und einheitlich bewertet werden, um deren Attraktivität einzuschätzen und sich somit auf erfolgversprechende Geschäftsmodell-Ideen zu konzentrieren (CE VeMaB, 2011, 2012).

5.3 Geschäftsmodell-Ideen-Portfolio

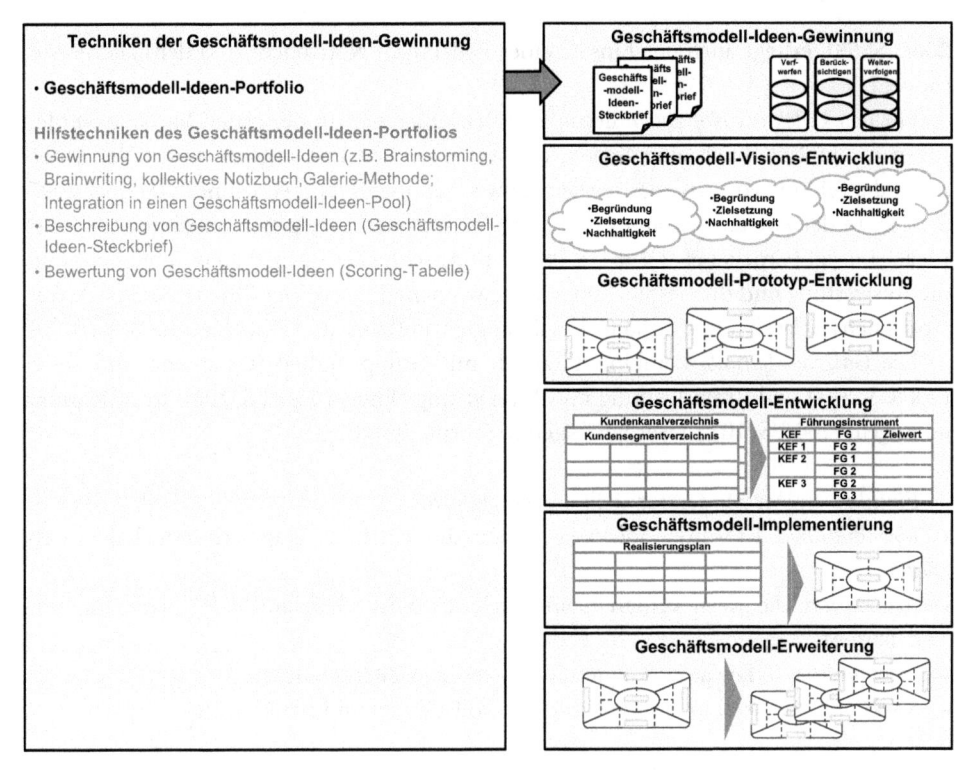

Abb. 5.1 Techniken der Geschäftsmodell-Ideen-Gewinnung. (Schallmo, 2013, S. 158)

Folgende Schritte werden für die Technik *Erstellung des Geschäftsmodell-Ideen-Portfolios* festgelegt:

- Gewinnung von Geschäftsmodell-Ideen
- Beschreibung von Geschäftsmodell-Ideen
- Bewertung von Geschäftsmodell-Ideen
- Erstellung eines Geschäftsmodell-Ideen-Portfolios.

Diese Schritte werden nun detailliert erläutert.

5.3.1 Gewinnung von Geschäftsmodell-Ideen

Um Geschäftsmodell-Ideen zu gewinnen werden Kreativitätstechniken eingesetzt (Bucherer 2011, S. 89–91; Osterwalder und Pigneur 2010, S. 135 f.; Wirtz 2010, S. 207–210). Neben bekannten Kreativitätstechniken, wie z. B. dem Brainstorming und dem Brainwriting (siehe Steiner 2007, S. 300–313; Vahs und Burmester 2005, S. 168 f.; Stummer et al.

2008, S. 58), erfolgt auch der Einsatz eines kollektiven Notizbuchs und der Galerie-Methode.

Für das *kollektive Notizbuch* liegen zwei Varianten vor. In der ersten Variante werden Ideen in ein Notizbuch eingetragen, das weitergereicht und ergänzt wird. Dies unterstützt die Bildung von Assoziationsketten zwischen mehreren Teilnehmern (Steiner 2007, S. 313). In der zweiten Variante erhält jeder Teilnehmer ein eigenes Notizbuch, in das er Ideen einträgt (Crocker et al. 1984, S. 98 f.). Im Anschluss erfolgen die Zusammentragung, die Auswertung und die Besprechung der gewonnenen Ideen. Der Einsatz des kollektiven Notizbuchs ist bei beiden Varianten unabhängig von Raum und Zeit (Mencke 2006, S. 70).

Die *Galerie-Methode* kombiniert Einzel- mit Gruppenarbeit (Gassmann und Sutter (2008, S. 331) und Brainstorming mit Brainwriting (Engeln 2006, S. 103). In Anlehnung an Engeln (2006, S. 103 f.) werden folgende Schritte festgelegt:

- *Einführung*: Der Moderator stellt die Aufgabe vor.
- *Ideenbildung I*: Es werden Ideen gewonnen, die schriftlich/graphisch festgehalten werden.
- *Assoziation*: Die Ideen werden in einer Galerie (meist Metaplanwände) ausgehängt und diskutiert.
- *Ideenbildung II*: Die ausgehängten Ideen werden weiterentwickelt.
- *Selektion*: Die Ideen werden gesichtet, vervollständigt und strukturiert.

Als Ergebnis liegt ein *Geschäftsmodell-Ideen-Pool* vor, der alle gewonnenen *Geschäftsmodell-Ideen* enthält. Die Geschäftsmodell-Ideen beziehen sich einerseits auf (einzelne) Geschäftsmodell-Elemente (z. B. Kundenkanäle) und andererseits auf ganze Geschäftsmodelle; doppelte bzw. ähnliche Ideen werden zusammengefasst. Es ist sinnvoll, ca. 40–50 Geschäftsmodell-Ideen abzuleiten.[2] Die vorgestellten Kreativitätstechniken sind miteinander kombinierbar.

Als *Quellen* für die Gewinnung von Geschäftsmodell-Ideen können neben Experten der Industrie und neben potenziellen Kunden auch Web-Plattformen und Innovationsberatungen genutzt werden. Ein Beispiel für eine Web-Plattform ist das Unternehmen *Hypios*, das z. B. Lösungssuchende mit Lösungsanbietern verknüpft. Ein Beispiel für eine Innovationsberatung ist das Unternehmen *Ideo*, das auf die Gewinnung und Umsetzung neuer Ideen spezialisiert ist (Ideo 2012). Eine weitere Quelle für die Gewinnung von Geschäftsmodell-Ideen sind Produkte und Technologien, die innerhalb eines Unternehmens vorliegen und mittels eines Geschäftsmodells kommerzialisiert werden können (siehe hierzu: Kap. 6.4).

Die Abb. 5.2 zeigt das Ergebnis des ersten Schrittes, das mit dem Einsatz von Kreativitätstechniken erzielt wird. Der Geschäftsmodell-Ideen-Pool dient dazu, alle gewonnenen

---

[2] Diese Einschätzung basiert auf zwei Forschungsprojekten mit Unternehmen. Innerhalb dieser Forschungsprojekte waren wissenschaftliche Arbeiten integriert die 2011 verfasst und von Daniel Schallmo betreut wurden.

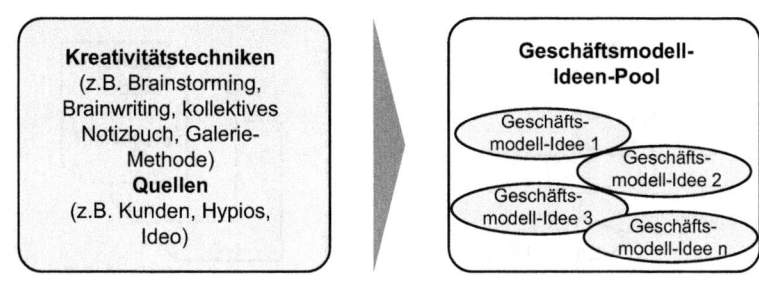

Abb. 5.2 Gewinnung von Geschäftsmodell-Ideen. (Schallmo, 2013, S. 160)

Ideen darzustellen und sicherzustellen, dass diese Ideen zu einem späteren Zeitpunkt (z. B. bei der Geschäftsmodell-Entwicklung) verfügbar sind. Die gewonnenen Geschäftsmodell-Ideen werden nun anhand eines einheitlichen Rasters beschrieben, um sie untereinander vergleichen zu können.

5.3.2 Beschreibung von Geschäftsmodell-Ideen

Die Geschäftsmodell-Ideen werden anhand eines einheitlichen Rasters beschrieben, das als Geschäftsmodell-Ideen-Steckbrief bezeichnet wird. Folgende Kriterien dienen zur Erstellung eines *Geschäftsmodell-Ideen-Steckbriefs* (in Anlehnung an Vahs und Burmester 2005, S. 181 f.):

- Titel der Geschäftsmodell-Idee
- Anwendungsbereich der Geschäftsmodell-Idee
- Art und Umfang des Nutzens der Geschäftsmodell-Idee für die pot. Kunden
- Art und Umfang des Nutzens (z. B. Imagezuwachs, pot. Umsätze) der Geschäftsmodell-Idee für das Unternehmen
- Partner zur Realisierung der Geschäftsmodell-Idee
- Differenzierungsmöglichkeit gegenüber Wettbewerbern mit der Geschäftsmodell-Idee
- Restriktionen der Geschäftsmodell-Idee am Markt
- Restriktionen der Geschäftsmodell-Idee im Unternehmen
- Abhängigkeiten der Geschäftsmodell-Idee von anderen Geschäftsmodell-Ideen
- Dauer der Realisierung der Geschäftsmodell-Idee
- Höhe der Realisierungskosten der Geschäftsmodell-Idee.

Als Ergebnis liegen *Geschäftsmodell-Ideen-Steckbriefe* vor, die eine Vergleichbarkeit der Geschäftsmodell-Ideen sicherstellen. Die Abb. 5.3 zeigt exemplarisch auf, wie das Ergebnis des zweiten Schrittes auf dem Geschäftsmodell-Ideen-Pool aufbaut.

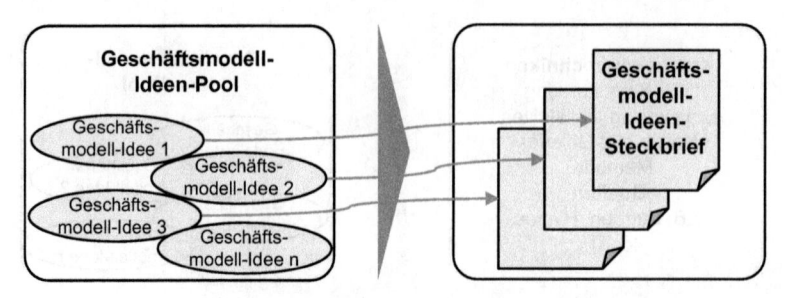

Abb. 5.3 Beschreibung von Geschäftsmodell-Ideen. (Schallmo, 2013, S. 160)

5.3.3 Bewertung von Geschäftsmodell-Ideen

Da es nicht möglich ist, alle gewonnenen Ideen weiterzuverfolgen, ist es notwendig, die Ideen mittels einer Bewertung zu priorisieren.

Das *Scoring-Modell* ermöglicht es, Zielvorstellungen mit Hilfe von Messkriterien zu operationalisieren, indem eine direkte Zuordnung zwischen dem Ziel und dem Messkriterium erfolgt (Gelbmann und Vorbach 2007b, S. 200 f.). Folgende Schritte werden für das Scoring-Modell festgelegt (in Anlehnung an Gelbmann und Vorbach 2007b, S. 203; Dehr 1997, S. 128 f.):

- *Festlegung von Bewertungskriterien*: Hierbei erfolgt die Festlegung von Kriterien (überschneidungsfrei und vollständig), anhand derer Geschäftsmodell-Ideen bewertet werden.
- *Gewichtung der Bewertungskriterien*: Sind die Bewertungskriterien nicht gleich gewichtet, so wird jeweils eine Priorisierung vorgenommen. Dies erfolgt entweder mit absoluten Werten (z. B. 1–5) oder in Prozent (Summe = 100 %).
- *Bewertung der Geschäftsmodell-Ideen*: Anhand der festgelegten Kriterien erfolgt die Bewertung der Geschäftsmodell-Ideen.
- *Berechnung der Punktwerte*: Für jedes Kriterium erfolgt die Berechnung der gewichteten Punktwerte.
- *Aggregation der Punktwerte*: Die gewichteten Punktwerte werden je Kriterium und Geschäftsmodell-Idee zu einer Gesamtpunktzahl aggregiert.

Folgende *Bewertungskriterien* werden für Geschäftsmodell-Ideen festgelegt (in Anlehnung an: Dehr 1997, S. 129; Herrmann und Huber 2008, S. 161; Wentz 2008, S. 95 f.; Gruber 2005, S. 104; Landwehr 2005, S. 138 f. und S. 167; Deinlein 2003, S. 36)[3]:

---

[3] Das erstellte Raster orientiert sich an Forschungsprojekten in zwei Unternehmen. Innerhalb dieser Forschungsprojekte waren wissenschaftliche Arbeiten integriert, die 2011 verfasst und von Daniel Schallmo betreut wurden. Wegen Sperrvermerken ist die Nennung der Arbeiten und Partnerunternehmen nicht möglich. Die Bewertungskriterien überschneiden sich zum Teil mit den Kriterien zur Beschreibung von Geschäftsmodell-Ideen.

- Akzeptanz der Geschäftsmodell-Idee am Markt
- Gewinnung neuer Kunden mit der Geschäftsmodell-Idee
- Nutzenbeitrag für Kunden mit der Geschäftsmodell-Idee
- Zahlungsbereitschaft von Kunden für die Geschäftsmodell-Idee
- Bindung von Kunden mit der Geschäftsmodell-Idee
- Umsatzvolumen p.a. der Geschäftsmodell-Idee
- Beitrag der Geschäftsmodell-Idee zum Image des Unternehmens
- Differenzierung gegenüber Wettbewerb mit der Geschäftsmodell-Idee
- Lebensdauer der Geschäftsmodell-Idee am Markt
- Bedarf an Mitarbeitern für die Umsetzung der Geschäftsmodell-Idee
- Bedarf an Kapital für die Umsetzung der Geschäftsmodell-Idee
- Bedarf an Know-how für die Umsetzung der Geschäftsmodell-Idee
- Realisierungsdauer der Geschäftsmodell-Idee.

Um die Bewertungskriterien zu operationalisieren, werden diese verbal bzw. mittels Zahlenwerten beschrieben; in Anhang 1 ist hierfür ein Beispiel aufgezeigt.

Werden nun die Bewertungskriterien, deren Gewichtung und die Bewertung der Geschäftsmodell-Ideen zusammengefasst, so ergibt sich je Geschäftsmodell-Idee ein Score. Die Gewichtung der Bewertungskriterien ist exemplarisch in Anhang 2 dargestellt.

Als Ergebnis dieses Schrittes liegen bewertete Geschäftsmodell-Ideen vor, die in einer Tabelle dargestellt sind.

5.3.4 Erstellung eines Geschäftsmodell-Ideen-Portfolios

Die bewerteten Geschäftsmodell-Ideen werden in ein *Geschäftsmodell-Ideen-Portfolio* integriert, um diese einzuordnen und sich somit auf erfolgversprechende Geschäftsmodell-Ideen zu konzentrieren (Hartschen et al. 2009, S. 56–58). Dabei werden in Abhängigkeit des Gesamtscores folgende drei Klassen gebildet:

- *Weiterverfolgen*: Erfolgversprechende Geschäftsmodell-Ideen, die in jedem Fall weiterverfolgt werden. Hierbei können z. B. die 20 % der Geschäftsmodell-Ideen mit den höchsten Gesamtscores herangezogen werden.
- *Berücksichtigen*: Geschäftsmodell-Ideen, die berücksichtigt werden, aber zunächst nicht weiterverfolgt werden. Hierbei können z. B. die 20 % der Geschäftsmodell-Ideen mit den nächst höheren Gesamtscores berücksichtigt werden.
- *Verwerfen*: Geschäftsmodell-Ideen, die aufgrund ihres niedrigen Gesamtscores (die schlechtesten 60 %) verworfen werden.

Die Abb. 5.4 stellt das *Geschäftsmodell-Ideen-Portfolio* dar, das auf der Bewertung der Geschäftsmodell-Ideen basiert.

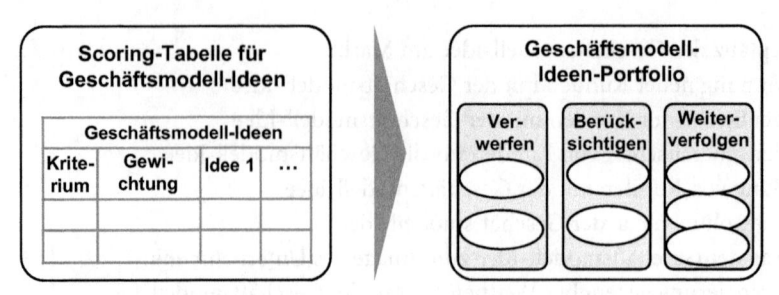

Abb. 5.4 Bewertung von Geschäftsmodell-Ideen. (Schallmo, 2013, S. 163)

Die Geschäftsmodell-Ideen mit einem besonders hohen Punktwert werden weiterverfolgt und in die Geschäftsmodell-Visionen integriert.[4]

Im Rahmen des Geschäftsmodell-Ideen-Portfolios kann es aufgrund veränderter Marktbedingungen dazu kommen, dass zunächst verworfene Geschäftsmodell-Ideen zu einem späteren Zeitpunkt berücksichtigt oder weiterverfolgt werden müssen. Daher sollte eine regelmäßige Aktualisierung des Geschäftsmodell-Ideen-Portfolios erfolgen; diese Aktualisierung umfasst die erneute Bewertung von Geschäftsmodell-Ideen und die Integration neuer Geschäftsmodell-Ideen.

Die vorgestellte Technik des Geschäftsmodell-Ideen-Portfolios muss bei Bedarf an die jeweiligen Anforderungen eines Unternehmens angepasst werden (z. B. Ergänzung um weitere Techniken zur Ideengewinnung[5], Einsatz anderer Kriterien zur Bewertung von Geschäftsmodell-Ideen). Zudem sollten Experten aus der Industrie und potenzielle Kunden (Drews und Hillebrand 2010, S. 54; Gelbmann und Vorbach 2007a, S. 139) hinzugezogen werden, um in Rahmen der Gewinnung, der Beschreibung und der Bewertung von Geschäftsmodell-Ideen auch eine externe Sicht zu integrieren.

5.4 Zusammenfassung, Lernkontrollfragen und Aufgabe

5.4.1 Zusammenfassung

Die Technik *Geschäftsmodell-Ideen-Portfolio* ermöglicht es, Geschäftsmodell-Ideen mittels Kreativitätstechniken (z. B. Galerie-Methode, kollektives Notizbuch) zu gewinnen, diese anhand eines Geschäftsmodell-Ideen-Steckbriefs einheitlich zu beschreiben und anschließend zu bewerten. Die Technik dient somit der Beantwortung der zuvor formulierten Leitfragen der Geschäftsmodell-Ideen-Gewinnung.

---

[4] Die beiden aufgezeigten Verfahren sind zur Bewertung von Geschäftsmodell-Ideen geeignet. Daneben liegen weitere Verfahren der Bewertung (allgemeiner) Ideen vor, die entsprechend herangezogen werden können (siehe hierzu: Vahs und Burmester, 2005, S. 194–215).

[5] Weitere Kreativitätstechniken finden sich z. B. in: Scherer, 2007; Mencke, 2006; Higgins und Wiese, 1996.

Folgende Ergebnisse liegen somit vor:

- ein Geschäftsmodell-Ideen-Pool
- Geschäftsmodell-Ideen, die anhand eines Steckbriefs beschrieben sind
- ein Geschäftsmodell-Ideen-Portfolio, das bewertete Geschäftsmodell-Ideen enthält.

Die Geschäftsmodell-Ideen des Portfolios werden nun in die Geschäftsmodell-Visions-Entwicklung intergiert.

5.4.2 Lernkontrollfragen

Aufgaben

Zur Kontrolle der Erreichung der Lernziele sollten Sie folgende Fragen beantworten können:
- Welche Technik wird zur Gewinnung von Geschäftsmodell-Ideen eingesetzt?
- Mittels welcher Hilfstechniken wird diese Technik unterstützt?
- Welche Kreativitätstechniken kennen Sie, um Geschäftsmodell-Ideen zu gewinnen?
- Welche Kriterien liegen zur Beschreibung von Geschäftsmodell-Ideen vor?
- Welche Kriterien liegen zur Bewertung von Geschäftsmodell-Ideen vor?
- Welche Klassen werden in Abhängigkeit des Gesamtscores bei der Bewertung von Geschäftsmodell-Ideen gebildet?

5.4.3 Aufgaben

Fragen

Im Rahmen dieser Aufgaben gewinnen Sie Geschäftsmodell-Ideen, die Sie beschreiben und bewerten.

Gewinnung von Geschäftsmodell-Ideen Bitte setzen Sie Kreativitätstechniken (z. B. Brainstorming, Brainwriting, kollektives Notizbuch, Galerie-Methode) ein, um ca. 15 Geschäftsmodell-Ideen (für eine Branche Ihrer Wahl bzw. für Ihr Geschäftsmodell) zu gewinnen. Integrieren Sie Ihre Geschäftsmodell-Ideen in einen Geschäftsmodell-Ideen-Pool.

Beschreibung von Geschäftsmodell-Ideen Bitte passen Sie die Kriterien des Geschäftsmodell-Ideen-Steckbriefs bei Bedarf an und beschreiben Sie fünf Geschäftsmodell-Ideen anhand des Geschäftsmodell-Ideen-Steckbriefs.

Bewertung von Geschäftsmodell-Ideen Bitte passen Sie die Kriterien zur Bewertung der Geschäftsmodell-Ideen bei Bedarf an. Bewerten Sie nun die fünf beschriebenen Geschäftsmodell-Ideen anhand der Scoring-Tabelle und erstellen Sie ein Geschäftsmodell-Ideen-Portfolio. Die erfolgsversprechenden Geschäftsmodell-Ideen werden in die Geschäftsmodell-Visionen integriert.

Literatur

Brecht L (2002) Process Leadership: Methode des informations-systemgestützten Prozessmanagement. Dr. Kovac Verlag, Hamburg

Bucherer E (2011) Business model innovation: guidelines for a structured approach, Shaker Verlag, Aachen

CE VeMaB (2011) Workshop 3 und Interviews: Intelligence und Analytics/Geschäftsmodell-Innovation, 24.11.2011, 09:30-17:30 Uhr, Ulm, Protokoll liegt Autor vor und kann eingesehen werden

CE VeMaB (2012). Workshop 4 und Interviews: Geschäftsmodell-Innovation/Vertriebsstrategie, 06.03.2012, 08:30-17:30 Uhr, Ulm, Protokoll liegt Autor vor und kann eingesehen werden

Crocker O, Sik Leung Chiu J, Charney C (1984) Quality circles: A guide to participation and productivity. Taylor and Francis, Agincourt

Dehr G (1997) Suchfeldanalyse und Punktbewertungsverfahren als Entscheidungskriterien innovativer Produktpolitik. In: Dehr G (Hrsg) Innovation mit System: Erneuerungsstrategien für mittelständische Unternehmen. Springer Verlag, Berlin, S. 125–135

Deinlein J (2003) Tragfähigkeit von Geschäftsmodellen der New Economy: Das Beispiel elektronische B-to-B-Märkte. DUV, Wiesbaden

Drews G, Hillebrand N (2010) Lexikon der Projektmanagement-Methoden. Haufe, Freiburg

Engeln W (2006) Methoden der Produktentwicklung. Oldenbourg Verlag, München

Fraunhofer (2012) Ausdruck liegt Autor vor und kann eingesehen werden. http://moby.iao.fraunhofer.de/. Zugegriffen: 10. Januar 2012

Gassmann O, Sutter P (2008) Praxiswissen Innovationsmanagement: Von der Idee zum Markterfolg. Hanser Verlag, München

Gelbmann U, Vorbach S (2007a) Das Innovationssystem. In: Strebel H (Hrsg) Innovations- und Technologiemanagement. UTB Verlag, Stuttgart, S. 95–155

Gelbmann U, Vorbach S (2007b) Strategisches Innovationsmanagement. In: Strebel H (Hrsg) Innovations- und Technologiemanagement. UTB Verlag, Stuttgart, S. 157–211

Gruber M (2005) Marketingplanung von Unternehmensgründungen: eine theoretische und empirische Analyse. Gabler Verlag, Wiesbaden

Higgins J, Wiese G (1996) Innovationsmanagement: Kreativitätstechniken für den unternehmerischen Erfolg. Springer Verlag, Berlin

Hartschen M, Scherer J, Brügger C (2009) Innovationsmanagement: Die 6 Phasen von der Idee zur Umsetzung. Gabal Verlag. Offenbach

Herrmann A, Huber F (2008) Produktmanagement: Grundlagen, Methoden, Beispiele. Gabler Verlag, Wiesbaden

Ideo (2012) Ausdruck liegt Autor vor und kann eingesehen werden. http://www.ideo.com/de/. Zugegriffen: 28 März 2012

Landwehr S (2005) Know-how-Management bei der Gründung innovativer Unternehmen. DUV, Wiesbaden

Mencke M (2006) 99 Tipps für Kreativitätstechniken: Ideenschöpfung und Problemlösung bei Innovationsprozessen und Produktentwicklung. Cornelsen Verlag, Berlin

Osterwalder A, Pigneur Y (2010) Business Model Generation. Wiley and Sons, New Jersey
Plattner H, Meinel C, Weinberg U (2009) Design-Thinking. mi Wirtschaftsbuch Verlag, München
Scherer J (2007), Kreativitätstechniken: In 10 Schritten Ideen finden, bewerten, umsetzen, Gabal Verlag, Offenbach.
Steiner G (2007) Kreativitätsmanagement: Durch Kreativität zur Innovation. In: Strebel H (Hrsg) Innovations- und Technologiemanagement. UTB Verlag, Stuttgart, S. 267–326
Stummer C, Günther M, Köck A (2008) Grundzüge des Innovations- und Technologiemanagements. Facultas Verlag, Wien
Vahs D, Burmester R (2005) Innovationsmanagement. Schäffer-Poeschel Verlag, Stuttgart
Wentz R (2008) Die Innovationsmaschine: Wie die weltbesten Unternehmen Innovationen managen. Springer Verlag, Berlin
Wirtz B (2010) Business Model Management. Gabler Verlag, Wiesbaden

Techniken der Geschäftsmodell-Visions-Entwicklung

6.1 Einleitung und Lernziele

Zusammenfassung

Kapitel 6 beinhaltet die Geschäftsmodell-Visions-Entwicklung. Hierzu werden auf Basis der gewonnenen Geschäftsmodell-Ideen und der Integration von Kundenbedürfnissen, von Technologie-Trends und von generellen Trends (Makro- und Mikro-Umwelt) Geschäftsmodell-Visionen erarbeitet. Dies ermöglicht es, Kunden zu integrieren und zukünftige Entwicklungen sowie Technologien zu berücksichtigen. Eine Geschäftsmodell-Vision sagt aus, welche Eckpfeiler das ideale Geschäftsmodell in einer Industrie in den nächsten drei bis fünf Jahren charakterisieren.

Das Kap. 6 hat folgende Unterkapitel. In Kap. 6.2 erfolgt die Darstellung der Leifragen und des Überblicks zur *Geschäftsmodell-Visions-Entwicklung*. Das Kap. 3 erläutert die Technik *Kunden-Monitor*, Kap. 6.4 die Technik *Technologie-Monitor* und Kap. 6.5 die Technik *Zukunfts-Monitor*. Das Kap. 6.6 beinhaltet die Technik *Raster der Geschäftsmodell-Innovation*. Das Kap. 6.7 beinhaltet eine *Zusammenfassung, Lernkontrollfragen und Aufgaben*.

Für dieses Kapitel liegen folgende **Lernziele** vor:
- In diesem Kapitel werden Sie in die Lage versetzt, Geschäftsmodell-Ideen weiter zu konkretisieren.
- Sie lernen drei Monitore kennen, die eine Kunden-, Technologie- und Zukunftsorientierung von Geschäftsmodellen sicherstellen.
- Sie lernen die jeweiligen Hilfstechniken der Monitore und deren Spezifika kennen.
- Sie können Kundenbedürfnisse auf Basis von Einflussfaktoren und Herausforderungen für Kunden ableiten.
- Sie sind in der Lage, eine Technologielandkarte zu erstellen und Technologien einheitlich zu beschreiben.
- Sie können Geschäftsmodell-Visionen einheitlich und zukunftsgerichtet beschreiben.

6.2 Leitfragen und Überblick zur Geschäftsmodell-Visions-Entwicklung

Ausgehend von den Anforderungen an eine Methode der Geschäftsmodell-Innovation und der Zielsetzung der Geschäftsmodell-Visions-Entwicklung werden folgende Leitfragen formuliert:

- Wie können gewonnene Geschäftsmodell-Ideen weiter konkretisiert werden?
- Wie können aktuelle und zukünftige Kundenbedürfnisse abgeleitet werden?
- Wie können technologische Trends abgeleitet werden?
- Wie können generelle Trends abgeleitet werden?
- Wie können aktuelle und zukünftige Kundenbedürfnisse sowie technologische und generelle Trends in die Geschäftsmodell-Visions-Entwicklung integriert werden?

Für die Geschäftsmodell-Visions-Entwicklung werden folgende Techniken festgelegt: der *Kunden-, der Technologie-, der Zukunfts-Monitor* und das *Raster zur Erstellung von Geschäftsmodell-Visionen*. Die drei Monitore werden von Hilfstechniken unterstützt, die in die jeweiligen Schritte integriert sind. Die Abb. 6.1 setzt die Techniken der Geschäftsmodell-Visions-Entwicklung in Bezug zum Rahmenkonzept der Geschäftsmodell-Innovation.

6.3 Kunden-Monitor

Der *Kunden-Monitor* soll aktuelle bzw. zukünftige Herausforderungen und Bedürfnisse potenzieller Kunden erheben bzw. prognostizieren; diese Bedürfnisse dienen dann als Basis für die Formulierung der Geschäftsmodell-Visionen. Der Kunden-Monitor orientiert sich im Gegensatz zu den gewonnenen Geschäftsmodell-Ideen, die ohne Vorgaben und Denkraster abgeleitet wurden, an einer Industrie und betrachtet die Mikro- und Makro-Umwelt aus Kundensicht (siehe Kap. 2.5.2). Entweder ist das Unternehmen bereits in der zu betrachtenden Industrie tätig, oder die Industrie wurde von dem Unternehmen als attraktiv eingeschätzt. (CE VeMaB 2010a). Folgende Schritte werden für die Technik *Kunden-Monitor* festgelegt:

- Erhebung und Bewertung von Einflussfaktoren aus Kundensicht
- Ableitung von Herausforderungen und Bedürfnissen für Kunden
- Erstellung von Bedürfnisclustern und Ableitung von Spannungspaaren
- Festlegung von potenziellen Leistungsschwerpunkten.

6.3 Kunden-Monitor

Techniken der Geschäftsmodell-Visions-Entwicklung

- Kunden-Monitor
- Technologie-Monitor
- Zukunfts-Monitor
- Raster der Geschäftsmodell-Vision

Hilfstechniken des Kunden-Monitors
- Erhebung und Bewertung von Einflussfaktoren aus Kundensicht (Makro- und Mikro-Umwelt, Einflussfaktoren-Portfolio)
- Ableitung von Herausforderungen und Bedürfnissen für Kunden
- Erstellung von Bedürfnisclustern und Ableitung von Spannungspaaren
- Festlegung von potenziellen Leistungsschwerpunkten (Spannungspaar-Schwerpunkt-Matrix)

Hilfstechniken des Technologie-Monitors
- Durchführung eines Technologie-Screenings (z.B. Patentdatenbanken, Forschungsberichte von Unternehmen/Universitäten/Ministerien)
- Beschreibung von Technologien (Technologie-Steckbrief)
- Erstellung einer Technologie-Landkarte

Hilfstechniken des Zukunfts-Monitors
- Erhebung und Beschreibung von Einflussfaktoren aus Unternehmenssicht (Makro- und Mikro-Umwelt, Einflussfaktoren-Portfolio)
- Ableitung von Trends innerhalb der Industrie

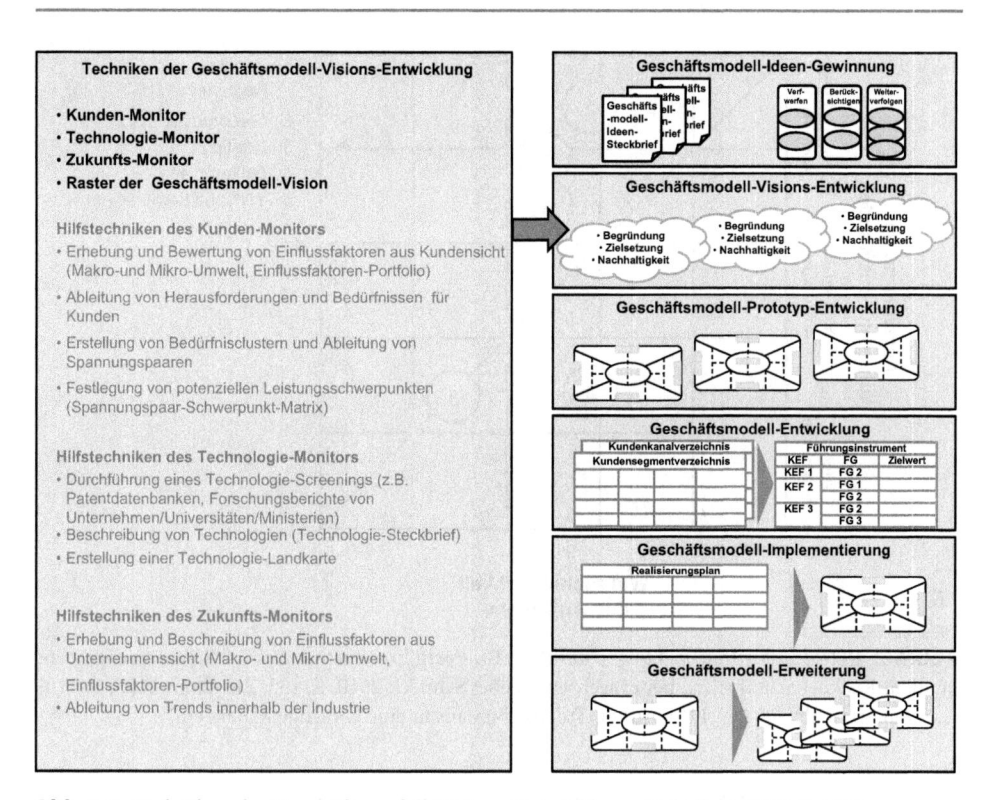

Abb. 6.1 Techniken der Geschäftsmodell-Visions-Entwicklung. (Schallmo 2013, S. 165)

6.3.1 Erhebung und Bewertung von Einflussfaktoren aus Kundensicht

Um ein Geschäftsmodell an den aktuellen und zukünftigen Kundenbedürfnissen auszurichten, werden die Einflussfaktoren der Makro-Umwelt aus der Kundensicht erhoben, kurz beschrieben und mit ihrer Entwicklungsrichtung festgelegt (Bensoussan und Fleisher 2008, S. 176). Hierfür dient die in Kap. 2.5.2 vorgestellte Makro-Umwelt von Geschäftsmodellen, die die sechs PESTEL-Dimensionen beinhaltet.

Die Einflussfaktoren werden in einer Tabelle erfasst und bewertet, um die Komplexität zu reduzieren. Die Bewertung der Einflussfaktoren umfasst die *Wahrscheinlichkeit des Auftretens* und die *Auswirkung des Auftretens* auf die potenziellen Kunden (in Anlehnung an Ehrmann 2005, S. 77 f.; Romeike und Hager 2009, S. 266).[1] Die Einflussfaktor-Prioritätszahl sagt aus, wie wichtig der jeweilige Einflussfaktor ist und auf welche Einflussfaktoren besonders geachtet werden muss. In Anhang 3 ist exemplarisch eine PESTEL-Tabelle dargestellt.

---

[1] Die Idee der Tabelle und Bewertung von Risiken entstammt dem Risikomanagement und entspricht einer einfachen Form der FMEA (Fehler-Möglichkeit-Einfluss-Analyse).

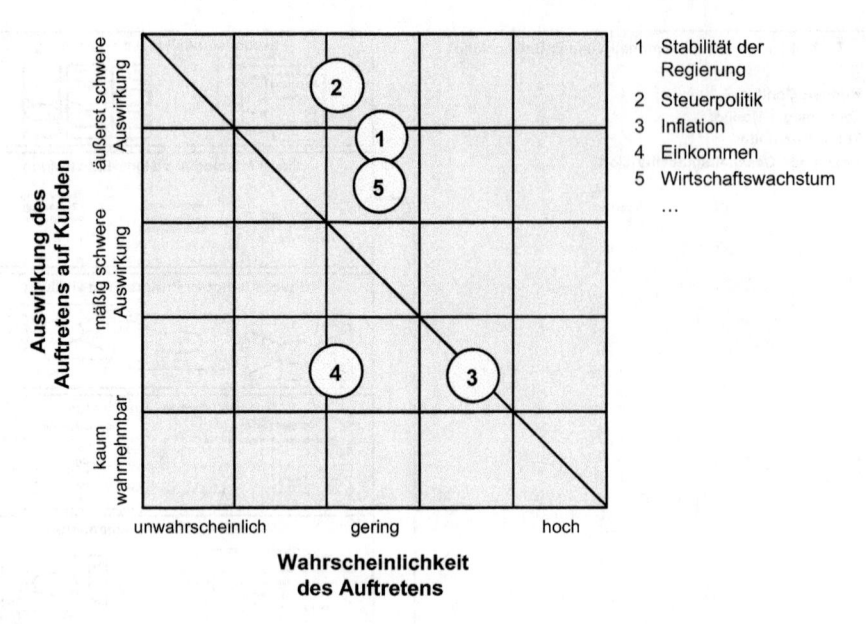

Abb. 6.2 PESTEL-Portfolio. (Die Idee des PESTEL-Portfolios entstammt dem Risikomanagement, bei dem Risiko-Portfolios erarbeitet werden. (siehe: Schneck 2010, S. 133; Ehrmann 2005, S. 110). Gausemeier et al. (2009, S. 115) ordnen Trends ebenfalls in eine derartige Matrix ein)

Die Darstellung der bewerteten Einflussfaktoren erfolgt in einem PESTEL-Portfolio (Gausemeier et al. 2009, S. 115), das die Relevanz der Einflussfaktoren visualisiert und in Abb. 6.2 abgebildet ist.

Die Position der Einflussfaktoren innerhalb des PESTEL-Portfolios sagt, gemäß der Einflussfaktor-Prioritäts-Zahl, aus, welche Einflussfaktoren eine hohe Relevanz haben. Analog zu der Makro-Umwelt erfolgt die Analyse der Mikro-Umwelt aus Kundensicht, deren Dimensionen in Anhang 4 erläutert sind. Die Einschätzung der Entwicklungsrichtung, die Bewertung der Einflussfaktoren, die Berechnung der Einflussfaktor-Prioritäts-Zahl und die Abbildung in einem Industriestruktur-Portfolio erfolgen für die Mikro-Umwelt gemäß der Makro-Umwelt.

Als Ergebnis liegt ein *Einflussfaktoren-Portfolio* vor, das *Einflussfaktoren der Makro- und Mikro-Umwelt aus Kundensicht* enthält (siehe Abb. 6.3). Diese Einflussfaktoren dienen nun als Basis, um die Herausforderungen für und die Bedürfnisse potenzieller Kunden abzuleiten.

Da an dieser Stelle evtl. noch keine potenzielle Kunden definiert sind, ist es fraglich, ob die geeigneten Einflussfaktoren abgeleitet und treffend bewertet werden können. Aus diesem Grund ist es sinnvoll, die Einflussfaktoren aus der Sicht von Stakeholdern der jeweiligen Industrie vorzunehmen, da diese Stakeholder ebenfalls potenzielle Kunden beinhalten (siehe Kap. 7.3.2).

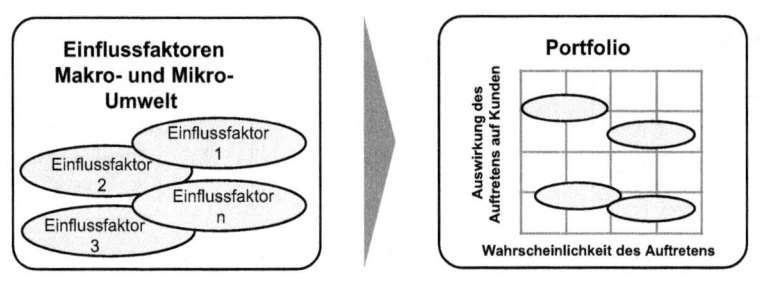

Abb. 6.3 Erhebung und Bewertung von Einflussfaktoren aus Kundensicht. (Schallmo 2013, S. 167)

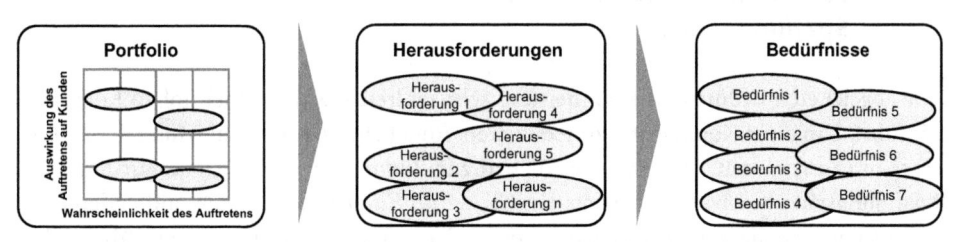

Abb. 6.4 Ableitung von Herausforderungen und Bedürfnissen für Kunden. (Schallmo 2013, S. 168)

6.3.2 Ableitung von Herausforderungen und Bedürfnissen für Kunden

Im Rahmen der *Ableitung von Herausforderungen[2] und Bedürfnissen für Kunden* (Cooper 2001, S. 156; Johnson 2010, S. 110) werden nur die Einflussfaktoren betrachtet, die eine hohen Prioritätszahl haben.

Ein Bedürfnis stellt einen subjektiv empfundenen Mangel eines Nachfragers dar (Homburg und Krohmer 2006, S. 3); ein Bedürfnis wird auch als eine Aufgabe aus Kundensicht bezeichnet (Österle 1995, S. 155). Der Zusammenhang zwischen Einflussfaktoren, Herausforderungen und Bedürfnissen lässt sich exemplarisch wie folgt beschreiben (Schallmo und Brecht 2011, S. 8):

Liegt der Einflussfaktor *Verschärfung von Umweltschutzauflagen* vor, so ergibt sich daraus für Kunden die Herausforderung eine *Kenntnis über Umweltschutzauflagen zu haben und diese Umweltschutzauflagen umzusetzen*. Das daraus resultierende Kundenbedürfnis ist dann *Leistungen eines Partners zu erhalten, die der Erfüllung von Umweltschutzauflagen dienen*.

Die Analyse und Prognose von Kundenbedürfnissen ist relevant, da diese mit den Marktleistungen (Muther 2001, S. 14 f.; Osterwalder und Pigneur 2010, S. 139) eines Geschäftsmodells befriedigt werden können.

Als Ergebnis liegen (aktuelle und zukünftige) *Herausforderungen und Bedürfnisse potenzieller Kunden* vor, die in Abb. 6.4 dargestellt sind. Die abgeleiteten Bedürfnisse werden nun geclustert und in sogenannte Spannungspaare integriert.

---

[2] Cooper (2001, S. 155) spricht von Kundenproblemen, die gelöst werden müssen.

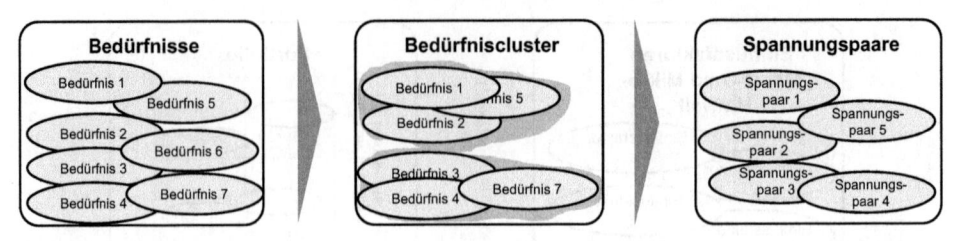

Abb. 6.5 Erstellung von Bedürfnisclustern und Ableitung von Spannungspaaren. (Schallmo 2013, S. 168)

6.3.3 Erstellung von Bedürfnisclustern und Ableitung von Spannungspaaren

Die abgeleiteten Bedürfnisse sind meistens sehr zahlreich, was zu einer hohen Komplexität führt. Um diese Komplexität zu reduzieren, findet eine Zusammenfassung der *Bedürfnisse in Clustern* statt. Diese Cluster dienen zur Bildung von sog. *Spannungspaaren*; ein Spannungspaar beinhaltet einerseits ein *Cluster an Kundenbedürfnissen* und andererseits daraus entstehende *Herausforderungen für Anbieter* (Schallmo und Brecht 2010, S. 13). Im Rahmen des CE VeMaB wurde zum Beispiel das Bedürfniscluster *Differenzierung* erstellt. Das Bedürfniscluster beschreibt die Notwendigkeit, dass sich Kunden immer stärker gegenüber ihren Wettbewerbern (z. B. durch Qualität, durch Innovation, durch den Einsatz neuer Technologien) differenzieren müssen. Da Anbieter allerdings aus Kostengründen eine Standardisierung (z. B. von Produkten) betreiben müssen, ergibt sich folgendes Spannungspaar: *Differenzierung vs. Standardisierung, d. h.*, die Kunden im Rahmen ihrer Differenzierung unterstützen und gleichzeitig eine Standardisierung betreiben (CE VeMaB 2010b).

Die Abb. 6.5 stellt das Ergebnis der *Erstellung von Bedürfnisclustern und der Ableitung von Spannungspaaren* dar.

Die Erstellung von Bedürfnisclustern und die Ableitung von Spannungspaaren ist sehr aufwendig; die abgeleiteten Spannungspaare bieten aber die Möglichkeit, die externe Sicht (Bedürfniscluster von Kunden) mit der internen Sicht (Herausforderung für Unternehmen) zu verknüpfen und somit mögliche Leistungsschwerpunkte von Geschäftsmodellen festzulegen.

6.3.4 Festlegung von potenziellen Leistungsschwerpunkten

Die potenziellen Leistungsschwerpunkte dienen dazu, die abgeleiteten Spannungspaare *aufzulösen*. Die Spannungspaare werden dazu in eine Spannungspaar-Schwerpunkt-Matrix eingetragen. Anschließend wird der Beitrag von *potenziellen Leistungsschwerpunkten* zur Auflösung der *Spannungspaare* ermittelt (siehe Tab. 6.1).[3]

---

[3] Diese Tabelle orientiert sich an der Vesterschen Vernetzungsmatrix (Vester 2002) bzw. an dem Quality Function Deployment (Madu 2006).

6.3 Kunden-Monitor

Tab. 6.1 Spannungspaar-Schwerpunkt-Matrix. (Schallmo 2013, S. 169)

pot. Leistung-Schwerpunkte von Geschäftsmodellen Spannungspaar	Leistungsschwerpunkt 1	Leistungsschwerpunkt 2	Leistungsschwerpunkt 3	...	Leistungsschwerpunkt n
Spannungspaar 1	5	5			
Spannungspaar 2	2	3			
Spannungspaar 3	4	4			
...	...				
Spannungspaar n					
schwache Auflösung	1				
mittlere Auflösung	3				
starke Auflösung	5				

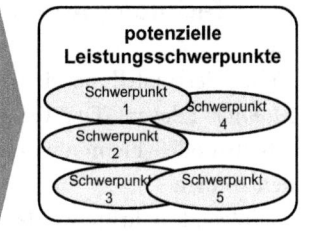

Abb. 6.6 Festlegung von potenziellen Leistungsschwerpunkten. (Schallmo 2013, S. 169)

Das Spannungspaar *Differenzierung vs. Standardisierung* wird z. B. stark durch die Leistungsschwerpunkte *modulares Produktangebot* und *Dienstleistungen* aufgelöst (CE VeMaB 2010b).

Als Ergebnis liegen *potenzielle Leistungsschwerpunkte von Geschäftsmodellen* (siehe Abb. 6.6) vor, die der Entwicklung von Geschäftsmodell-Visionen dienen.

6.3.5 Zusammenfassung

Die Technik *Kunden-Monitor* ermöglicht es, das Geschäftsmodell an aktuellen und zukünftigen Kundenbedürfnissen auszurichten. Diese Kundenbedürfnisse werden anhand der Makro- und Mikro-Umwelt aus Kundensicht abgeleitet. Anschließend werden die Bedürfnisse geclustert, die Spannungspaare gebildet und mittels der Spannungspaar-Schwerpunkt-Matrix potenzielle Leistungsscherpunkte erstellt.

Folgende Ergebnisse liegen somit vor:

- Einflussfaktoren der Makro- und Mikro-Umwelt aus Kundensicht
- abgeleitete Herausforderungen und Bedürfnisse für Kunden
- Bedürfniscluster und Spannungspaare
- potenzielle Leistungsschwerpunkte für Geschäftsmodelle.

Die potenziellen Leistungsschwerpunkte werden in die Entwicklung der Geschäftsmodell-Vision und in die Entwicklung der Geschäftsmodell-Prototypen integriert.

Sicherlich können mittels des *Kunden-Monitors* nicht immer die zutreffenden Einflussfaktoren aus Kundensicht erhoben werden. Daher können die daraus abgeleiteten Herausforderungen und Bedürfnisse für potenzielle Kunden nicht immer zutreffen. Ebenso ist fraglich, ob die erstellten Bedürfniscluster, die Spannungspaare und die potenziellen Leistungsschwerpunkte tatsächlich zutreffen.

Aus diesem Grund kann die Erstellung des Kunden-Monitors mittels eines interdisziplinären Teams (Plattner et al. 2009, S. 104 f.) erfolgen, um somit die unterschiedlichen Bereiche eines Unternehmens abzudecken und bessere Annahmen zu treffen. Analog zu der Erstellung des Geschäftsmodell-Ideen-Portfolios sollten Experten aus der Industrie und potenzielle Kunden hinzugezogen werden.

6.4 Technologie-Monitor

Neben der Erstellung eines Kunden-Monitors ist auch die Erstellung eines *Technologie-Monitors* relevant. Der Technologie-Monitor erhebt Technologien, die innerhalb von Geschäftsmodell-Elementen eingesetzt bzw. mittels eines Geschäftsmodells vermarktet werden können.

Folgende Schritte werden für die Technik *Technologie-Monitor* festgelegt:

- Durchführung eines Technologiescreenings
- Beschreibung von Technologien
- Erstellung einer Technologie-Landkarte.

6.4.1 Durchführung eines Technologie-Screenings

Ein *Technologie-Screening* dient dazu, neue Technologien frühzeitig zu erkennen und somit schnell auf die Entwicklungen in Bezug auf Technologien reagieren zu können (Stummer et al. 2008, S. 35).[4] Im Rahmen der Geschäftsmodell-Innovation spielen Technologien auf drei Arten eine Rolle (siehe Abb. 6.7).

Diese Rollen von Technologien in Geschäftsmodellen werden auf folgende Weise erläutert.

---

[4] Stummer et al. (2008) sprechen hierbei von einer Technologieanalyse und zeigen Instrumente zur Visualisierung von Technologien und Instrumente zur Erkennung von Technologieveränderungen auf. Zu Instrumenten der Visualisierung gehören z. B. Technologiebäume und Technologie-Roadmaps und zur Erkennung dienen z. B. die Technologiefrüherkennung und Szenario-Techniken (siehe hierzu: Stummer et al. 2008, S. 36–39).

6.4 Technologie-Monitor

| Technologie als **Unterstützer** für ein Geschäftsmodell | Technologie als **Enabler** für ein Geschäftsmodell | Geschäftsmodell als **Enabler** für die Technologie-Vermarktung |

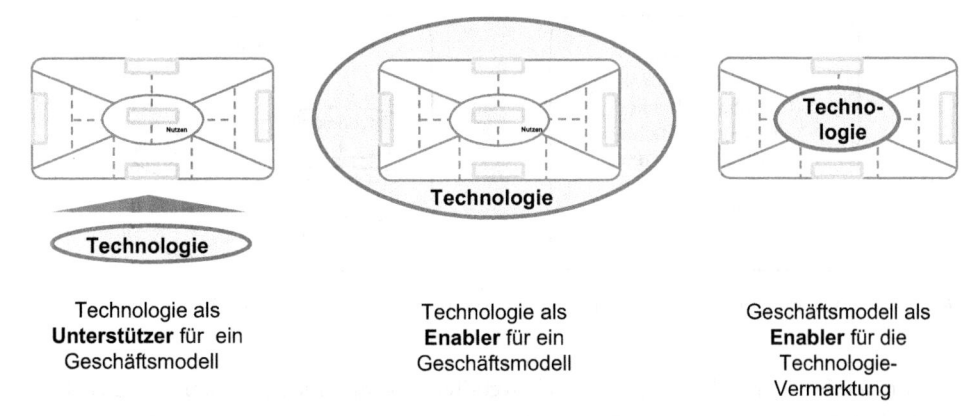

Abb. 6.7 Rollen von Technologien in Geschäftsmodellen. (Schallmo 2013, S. 171)

- *Technologie als Unterstützer für ein Geschäftsmodell*[5]: Innerhalb dieser Rolle werden Technologien in Geschäftsmodell-Elementen eingesetzt, um das Geschäftsmodell zu unterstützen. Eine Technologie wird z. B. in Kundenkanälen eingesetzt, um den Kontakt zu Endkunden zu ermöglichen; Unternehmen erreichen somit mittels einer Internetseite ihre Kunden. Eine Technologie kann z. B. auch in Prozessen eingesetzt werden; diese Prozesse werden somit effizienter gestaltet. Das Geschäftsmodell car2go erhält z. B. über die Fernwartung die Fehlermeldungen und die Tankfüllstände der PKW.
- *Technologie als Enabler für ein Geschäftsmodell*: Innerhalb dieser Rolle ist das Geschäftsmodell ohne die jeweilige Technologie nicht umsetzbar. Technologien, wie z. B. RFID zur Öffnung des PKW bei car2go und die Web-Technologie zur Vermarktung von Produkten (Amazon, eBay), ermöglichen somit die Umsetzung eines Geschäftsmodells.[6]
- *Geschäftsmodell als Enabler für die Technologie-Vermarktung*[7]: Innerhalb dieser Rolle werden Technologien, die im Unternehmen vorliegen bzw. verfügbar sind, mittels eines Geschäftsmodells vermarktet. Ein Beispiel dafür ist die Batterietechnologie für PKW, die aufgrund ihres hohen Preises schwer zu vermarkten ist. Better Place, ein innovatives Unternehmen, hat zur Vermarktung der Batterietechnologie ein Geschäftsmodell erstellt, welches das Mieten von Batterien und den Austausch von diesen an Elektrotankstellen innerhalb von ca. zwei Minuten ermöglicht (Better Place 2011; Schallmo und Brecht 2011, S. 7).

Die Rollen der Technologien können jeweils eine unterschiedliche Relevanz haben. Damit ist gemeint, dass z. B. die Web-Technologie für Internet-Geschäftsmodelle ein wesentlicher Bestandteil ist, ohne den diese Geschäftsmodelle nicht existieren würden. Für einen

---

[5] Österle (1995, S. 73) erhebt Technologien, die zur Unterstützung von Prozessen dienen.
[6] Unter Enabler ist in diesem Zusammenhang Befähiger zu verstehen.
[7] Chesbrough und Rosenbloom (2002, S. 529) sehen Geschäftsmodelle als Möglichkeit der Vermarktung von Technologien.

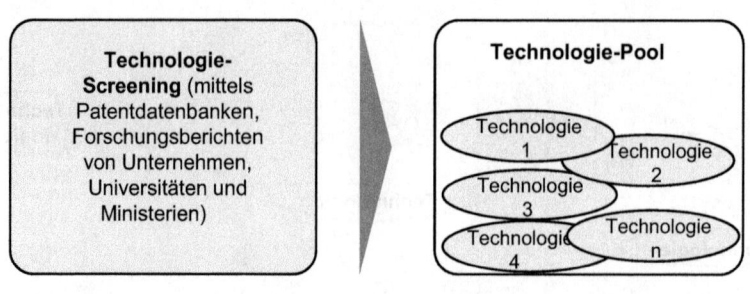

Abb. 6.8 Durchführung eines Technologie-Screenings. (Schallmo 2013, S. 172)

stationären Einzelhändler hingegen spielt Web-Technologie eine eher untergeordnete Rolle, da dieser seine Kunden persönlich bedient.

Für das Technologie-Screening können *Quellen* eingesetzt werden, die folgendermaßen mit Beispielen beschrieben sind:

- *Patentdatenbanken:* Das *Deutsche Patent- und Markenamt* mit Sitz in München verfügt z. B. über ein DPMA-Register, das Publikationen und Register mit Patenten, Marken und Mustern enthält; zusätzlich liegt ein elektronisches Patentdokumentenarchiv vor (DPMA 2011). Die Patentdaten können dazu genutzt werden, um sog. *White-Spot-Analysen* durchzuführen, die Problem-Lösungs-Kombinationen erstellen und Potenziale (sog. White-Spots) für Unternehmen aufzeigen (Fraunhofer 2012d).
- *Marktforschungsunternehmen: Forrester* und *Gartner* sind zwei Marktforschungsunternehmen, die sich auf Analysen im Technologiebereich spezialisiert haben (Forrester 2012; Gartner 2012).
- *Forschungsberichte von Unternehmen:* Die *Siemens AG* erstellt zweimal jährlich die sogenannten *Pictures of the Future*, die wesentliche Technologietrends und Zukunftsszenarien enthalten (Siemens 2012; Stummer et al. 2008, S. 40).
- *Forschungsberichte von Universitäten und Instituten:* Das MIT veröffentlicht jedes Jahr in der *technology review* zehn sog. *Emerging Technologies* die zukünftig einen hohen Einfluss auf Märkte haben werden (MIT 2011). Daneben erstellt das Fraunhofer IAO regelmäßig Publikationen zu neuen Technologien (Fraunhofer 2012c).
- *Forschungsberichte von Ministerien:* Das Bundesministerium für Wirtschaft und Technologie bietet z. B. Informationen zu Schlüsseltechnologien an (BMWi 2011).

Als Ergebnis liegt ein *Technologie-Pool* vor, der alle erhobenen Technologien enthält (siehe Abb. 6.8). Somit liegt ein Überblick zu Technologien vor, die in einem Geschäftsmodell eingesetzt bzw. die mittels eines Geschäftsmodells vermarktet werden können. Diese Technologien werden im nächsten Schritt einheitlich beschrieben.

Neben den aufgezeigten Quellen können zusätzlich wissenschaftliche Publikationen mittels einer Software analysiert und die Ergebnisse visualisiert werden. Das *Austrian Institute of Technology* hat hierfür die Software *BibTechMon* entwickelt, die es ermöglicht, Forschungsfronten zu ausgewählten Themen zu erkennen und diese zu visualisieren

6.4 Technologie-Monitor

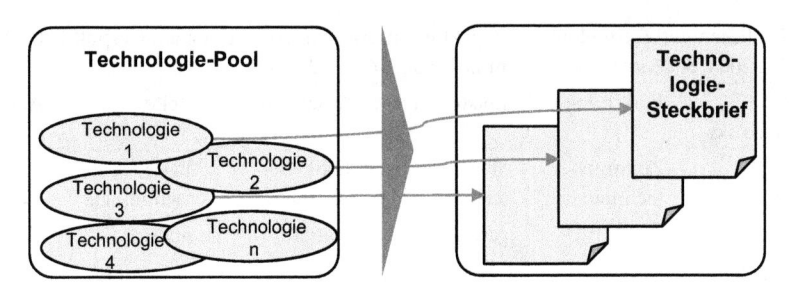

Abb. 6.9 Beschreibung von Technologien. (Schallmo 2013, S. 173)

(AIT 2012). Somit können Technologietrends frühzeitig erkannt und die Potenziale für das eigene Geschäftsmodell abgeleitet werden.

6.4.2 Beschreibung von Technologien

Um die erhobenen Technologien einheitlich zu beschreiben und in eine Technologie-Landkarte einzuordnen, wird je Technologie anhand folgender Kriterien ein *Technologie-Steckbrief* erstellt (in Anlehnung an Gerybadze 2004, S. 129; Gerpott 2005, S. 115 f.):

- Name der Technologie
- Kurzbeschreibung der Technologie
- Beitrag der Technologie zum Kundennutzen
- Beitrag der Technologie zur Erfüllung der gesetzlichen Anforderungen
- Technologietyp (Zukunfts-, Schrittmacher-, Schlüssel-, Basistechnologie)
- Differenzierungsmöglichkeit mit der Technologie gegenüber dem Wettbewerb
- mögliche Anwendungen, in die die Technologie einfließt
- Geschäftsmodell-Elemente (z. B. Kundenkanäle, Prozesse, Leistungen), die durch die Technologie unterstützt werden bzw. in die die Technologie einfließt.

Als Ergebnis liegen *beschriebene Technologien* (siehe Abb. 6.9) vor, die in einer Technologie-Landkarte integriert werden und als Input für die Entwicklung von Geschäftsmodell-Visionen dienen. Somit werden Potenziale, die die Technologie im Rahmen eines Geschäftsmodells bietet, identifizieren.

6.4.3 Erstellung einer Technologie-Landkarte

Die Technologie-Landkarte stellt alle analysierten Technologien übersichtlich dar. Im Rahmen der Einordnung von Technologien eignet sich der Technologielebenszyklus, der auf Arthur D. Little zurückgeht und der sich im Rahmen der Betriebswirtschaftslehre und

Tab. 6.2 Phasen des Technologielebenszykluskonzepts. (in Anlehnung an: Gerpott 2005, S. 115 f.; Gerybadze 2004, S. 88 und S. 131; Stummer et al. 2008, S. 32 f.)

Phase Charakteristika	Forschung	Entstehung	Wachstum	Reife	Alter
eingesetzter Technologietyp	Zukunftstechnologie	Schrittmachertechnologie	Schlüsseltechnologie	Basistechnologie	
Verbreitung der Technologie innerhalb der Industrie	–	gering	mittel	hoch	
Anzahl der Anwendungsgebiete in Geschäftsmodell	unbekannt		zunehmend	stabil	abnehmend
Unsicherheit über Leistungsfähigkeit der Technologie	sehr hoch	hoch	mittel	niedrig	sehr niedrig
Verfügbarkeit der Technologie	nicht verfügbar	sehr beschränkt	Restrukturierung	marktorientiert	hoch
Zugangsbarrieren	wissenschaftliche Fähigkeiten		Personal	Lizenzen	Anwendungs-Know-how
Typ der Entwicklungsanforderungen	wissenschaftlich		anwendungsorientiert		kostenorientiert
Wettbewerbspotenzial der Technologie	–	hoch	mittel	gering	gering
Ausschöpfungsgrad des Wettbewerbsvorteils	–	sehr gering	mittel	hoch	sehr hoch

des Technologiemanagements als Standard etabliert hat (Gerybadze 2004, S. 130)[8]. Analog zum Produktlebenszyklus unterteilt sich der Technologielebenszyklus in die Phasen Entstehung, Wachstum, Reife und Alter (Gerpott 2005, S. 115 f.; Stummer et al. 2008, S. 33). Jede der Phasen zeichnet sich durch Charakteristika aus, die in Tab. 6.2 dargestellt sind. Die bestehenden vier Phasen wurden um die Phase *Forschung* erweitert, da diese Phase Zukunfts- bzw. embryonische Technologien enthält (Stummer et al. 2008, S. 32 und Gerybadze 2004, S. 88 und S. 131).

---

[8] Weitere Technologielebenszykluskonzepte finden sich in: Stummer et al. 2008, S. 30–35; Gerpott 2005, S. 117–119.

6.4 Technologie-Monitor

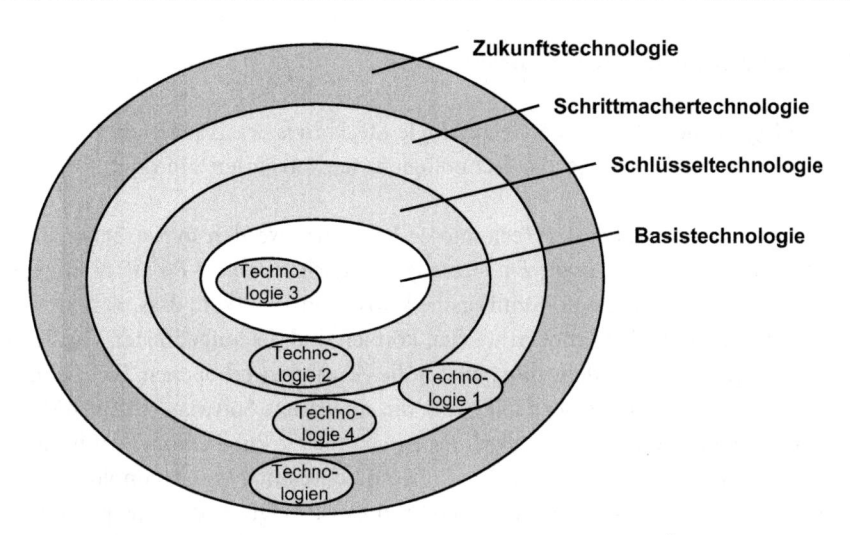

Abb. 6.10 Technologie-Landkarte. (in Anlehnung an Brecht 2002, S. 420; Österle 1995, S. 141)

Die zugeordneten *Technologietypen* lassen sich wie folgt erläutern (Gerpott 2005, S. 116; Gerybadze 2004, S. 88 und S. 130 f.; Stummer et al. 2008, S. 32 f.):

- *Zukunftstechnologie*: Die Zukunftstechnologie wird noch nicht innerhalb der Industrie eingesetzt und befindet sich im Forschungsstadium bzw. wird bereits in anderen Industrien eingesetzt.
- *Schrittmachertechnologie*: Die Schrittmachertechnologie wird von wenigen Wettbewerbern eingesetzt und hat (noch) einen geringen Einfluss auf den Wettbewerbserfolg.
- *Schlüsseltechnologie*: Die Schlüsseltechnologie wird von den wichtigsten Wettbewerbern eingesetzt und ist entscheidend für den Wettbewerbserfolg.
- *Basistechnologie*: Die Basistechnologie wird von allen Wettbewerbern eingesetzt und bietet keine Möglichkeit der Wettbewerbsdifferenzierung; sie wird in den Phasen *Reife* und *Alter* eingesetzt.

Die analysierten Technologien werden in einer Technologie-Landkarte den vier Technologietypen zugeordnet (siehe Abb. 6.10). Die Technologie-Landkarte ermöglicht es, alle erhobenen und beschriebenen Technologien übersichtlich darzustellen.

Es ist möglich, die Technologien bereits bei der Analyse von Einflussfaktoren (PESTEL) zu erheben. Da Technologien in Geschäftsmodellen eine entscheidende Rolle spielen, erfolgt eine separate Erhebung.

6.4.4 Zusammenfassung

Die Technik *Technologie-Monitor* ermöglicht einen Überblick über vorhandene Technologien, die einheitlich beschrieben sind; sie stellt somit die Integration von Technologien innerhalb der Geschäftsmodell-Innovation sicher.

Folgende Ergebnisse liegen somit vor:

- Technologien, die anhand eines Technologie-Steckbriefs beschrieben sind
- eine Technologie-Landkarte, die Technologien vier Kategorien zuordnet.

Die Technologien innerhalb der Technologie-Landkarte werden in die *Entwicklung der Geschäftsmodell-Vision* und in die *Entwicklung der Geschäftsmodell-Prototypen* integriert.

Im Rahmen des Technologie-Monitors ist kritisch anzumerken, dass nicht immer alle vorliegenden Technologien erhoben werden können und die aufgeführten Quellen nicht immer zugänglich sind. Zudem führt eine hohe Anzahl an erhobenen Technologien zu einer höheren Komplexität. Daher sollte z. B. die aufgezeigte Software (BibTechMon) eingesetzt werden, um mittels der Analyse wissenschaftlicher Publikationen frühzeitig neue Technologien zu identifizieren (AIT 2012). Die Beschreibung von Technologien anhand der aufgeführten Kriterien ist umfangreich, und es ist möglich, dass nicht alle notwendigen Informationen vorliegen. Die Kriterien des Technologie-Steckbriefs dienen daher der exemplarischen Darstellung und können je nach Anforderung erweitert bzw. gekürzt werden. Die Einordnung von Technologien in der Technologie-Landkarte verändert sich im Laufe der Zeit, da z. B. die Zahl der Wettbewerber, die einen Zugang zur Technologie bekommen, steigt und Technologien verstärkt eingesetzt werden. Daher ist es sinnvoll, die Einordnung von Technologien regelmäßig vorzunehmen; mittels eines permanenten Technologie-Screenings werden zusätzlich neue Technologien in die Technologie-Landkarte aufgenommen.

6.5 Zukunfts-Monitor

Analog zur Analyse der Einflussfaktoren der Mikro- und Makro-Umwelt aus Kundensicht findet nun die *Analyse der Einflussfaktoren aus Unternehmenssicht* statt (Bucherer 2011, S. 77 und S. 85 f.), um Trends, also langfristige Veränderungstendenzen, abzuleiten und das Geschäftsmodell daran auszurichten. Selbstverständlich können hierbei auch Szenarien erstellt werden; auf eine Erläuterung der Szenariotechnik wird an dieser Stelle allerdings verzichtet, da die erhobenen Einflussfaktoren und die abgeleiteten Trends für die Erstellung der Geschäftsmodell-Visionen besser geeignet sind.[9] Dies liegt daran, dass Geschäftsmodell-Visionen auf Basis einzelner Trends und nicht für Szenarien entwickelt werden.

Folgende Schritte sind für die Technik *Zukunfts-Monitor* relevant:

- Erhebung und Beschreibung von Einflussfaktoren aus Unternehmenssicht
- Ableitung von Trends innerhalb der Industrie.

---

[9] Weitere Informationen zur Entwicklung von Szenarien finden sich z. B. in: Wilms 2006; Dönitz 2009; Gausemeier et al. 2009.

6.5 Zukunfts-Monitor

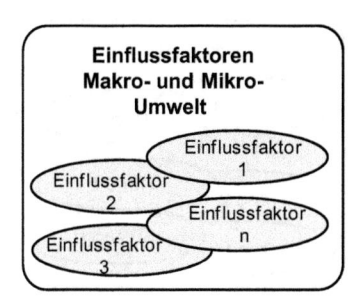

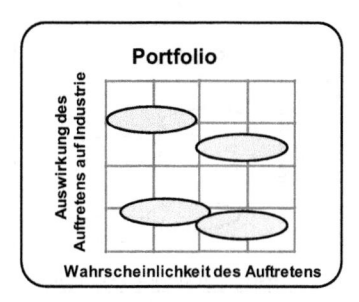

Abb. 6.11 Erhebung und Beschreibung von Einflussfaktoren aus Unternehmenssicht. (Schallmo 2013, S. 176)

6.5.1 Erhebung und Beschreibung von Einflussfaktoren aus Unternehmenssicht

Die *Einflussfaktoren der Makro- und Mikro-Umwelt* werden aus der Unternehmenssicht erhoben, beschrieben und mit ihrer Entwicklungsrichtung festgelegt (Osterwalder und Pigneur 2010, S. 200–210; Papakiriakopoulos et al. 2001, S. 456; Gelbmann und Vorbach 2007a, S. 96 f.). Hierbei kann es zu Überschneidungen mit den Einflussfaktoren aus der Kundensicht kommen (siehe Kap. 2.5.2). Analog zu den Einflussfaktoren aus der Kundensicht erfolgt die Erfassung und Bewertung der Einflussfaktoren aus der Unternehmenssicht mittels einer Einflussfaktor-Prioritätszahl; die Darstellung der bewerteten Einflussfaktoren erfolgt in einem Einflussfaktoren-Portfolio (siehe Abb. 6.2), das allerdings die Einflussfaktoren mit der Auswirkung auf die Industrie und nicht, wie in der Kundensicht, die Auswirkung auf die Kunden beinhaltet.

Als Ergebnis liegt ein *Einflussfaktoren-Portfolio* vor, das (aktuelle und zukünftige) Einflussfaktoren der Makro- und Mikro-Umwelt aus der Unternehmenssicht enthält; diese Einflussfaktoren dienen im nächsten Schritt dazu, Trends abzuleiten (siehe Abb. 6.11).

6.5.2 Ableitung von Trends innerhalb der Industrie

Trends stellen langfristige Veränderungstendenzen dar und beeinflussen das zukünftige Geschäft innerhalb einer Industrie (Pillkahn 2007, S. 428; Gausemeier et al. 2009, S. 112). Mittels der Ableitung von Trends ist es möglich, die zukünftige Ausgestaltung des Geschäftsmodells festzulegen (Osterwalder und Pigneur 2010, S. 210 f.; Müller-Stewens und Lechner 2011, S. 190).

Ein Beispiel, das den Zusammenhang zwischen Einflussfaktoren und Trends erläutert, ist folgendes: die Einflussfaktoren *Verknappung von Energieträgern* und ein *zunehmendes Umweltbewusstsein* führen zu dem Trend *verstärkter Einsatz von Leichtbau in der Fahrzeugtechnik* (Gausemeier et al. 2009, S. 112).

Als Ergebnis liegen *Trends innerhalb der Industrie* vor, was in Abb. 6.12 beispielhaft dargestellt ist. Diese Trends dienen der Entwicklung der Geschäftsmodell-Visionen.

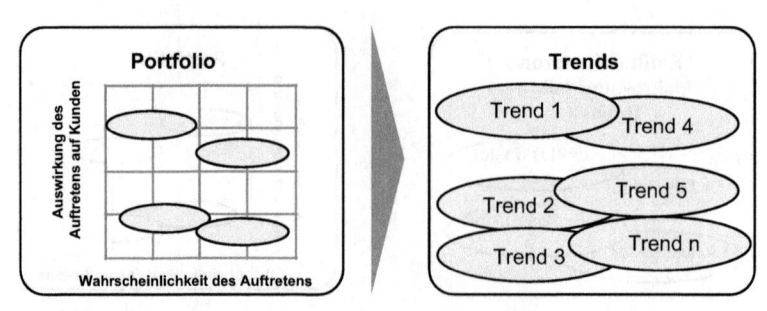

Abb. 6.12 Ableitung von Trends innerhalb der Industrie. (Schallmo 2013, S. 177)

6.5.3 Zusammenfassung

Die Technik *Zukunfts-Monitor* ermöglicht die Berücksichtigung von Einflussfaktoren der Makro- und Mikro-Umwelt aus der Unternehmenssicht und leitet daraus Trends für die Industrie ab. Diese Trends werden in die *Entwicklung der Geschäftsmodell-Vision* integriert.

Folgende Ergebnisse liegen somit vor:

- Einflussfaktoren der Makro- und Mikro-Umwelt aus der Unternehmenssicht
- abgeleitete Trends für die Industrie.

Bei der Technik *Zukunfts-Monitor* ist anzumerken, dass nicht immer alle Informationen vorliegen, um die Einflussfaktoren zu erheben, richtig zu bewerten und daraus die zutreffenden Trends abzuleiten. Aus diesem Grund sollten im Rahmen des *Zukunfts-Monitors* Experten der Industrie hinzugezogen werden, die eine externe Sicht ermöglichen.

6.6 Raster der Geschäftsmodell-Vision

Das Raster der Geschäftsmodell-Vision dient dazu, anhand vorgegebener Kriterien ein zukünftiges Geschäftsmodell zu beschreiben. Die Ideen des *Geschäftsmodell-Ideen-Portfolios*, die *potenziellen Leistungsschwerpunkte*, die *Technologie-Landkarte* und die *abgeleiteten Trends* dienen als Basis, um Geschäftsmodell-Visionen zu erstellen.

Für die Technik *Raster der Geschäftsmodell-Vision* dienen folgende Schritte:

- Erstellung von Geschäftsmodell-Visionen (Erstentwürfe)
- Ergänzung und Finalisierung von Geschäftsmodell-Visionen.

6.6.1 Erstellung von Geschäftsmodell-Visionen (Erstentwürfe)

Die Geschäftsmodell-Vision sagt aus, was das Geschäftsmodell in den nächsten drei bis fünf Jahren auszeichnet und wie das ideale Geschäftsmodell innerhalb einer Industrie

6.6 Raster der Geschäftsmodell-Vision

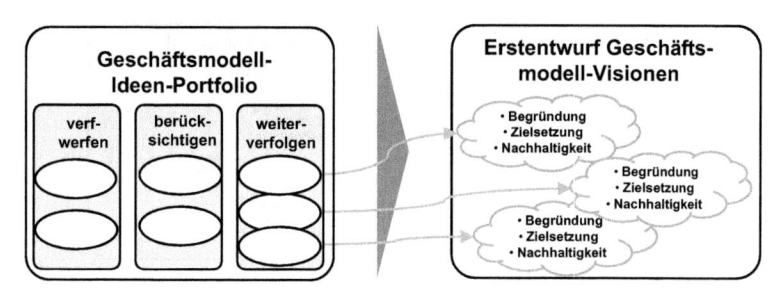

Abb. 6.13 Erstellung des Erstentwurfs für Geschäftsmodell-Visionen. (Schallmo 2013, S. 178)

charakterisiert ist (Mitchel und Coles 2003, S. 43; siehe auch Kap. 3.3). Der *Erstentwurf für Geschäftsmodell-Visionen* basiert auf den gewonnenen Geschäftsmodell-Ideen, die in dem Geschäftsmodell-Ideen-Portfolio enthalten sind. Hierfür werden die in Kap. 3.3 aufgeführten Attribute der Geschäftsmodell-Vision eingesetzt.

Als Ergebnis liegen acht bis zehn[10] *Erstentwürfe für Geschäftsmodell-Visionen* vor, die erfolgversprechende Geschäftsmodell-Ideen konkretisieren; in Abb. 6.13 ist das Ergebnis exemplarisch dargestellt.

Da die Geschäftsmodell-Ideen nicht ausreichen, um die Geschäftsmodell-Visionen vollständig zu formulieren, werden die Erstentwürfe der Geschäftsmodell-Visionen nun mit Hilfe der zuvor erstellten Monitore ergänzt.

6.6.2 Ergänzung und Finalisierung von Geschäftsmodell-Visionen

Die Geschäftsmodell-Visionen sollen kunden-, zukunfts- und technologieorientiert sein. Dabei sind die potenziellen Leistungsschwerpunkte des Kunden-Monitors für jeweils eine Geschäftsmodell-Vision relevant, da diese Leistungsschwerpunkte direkt zuordenbar sind. Sollten sich die Leistungsschwerpunkte keinem Erstentwurf der Geschäftsmodell-Visionen zuordnen lassen, so besteht die Möglichkeit, zusätzliche Geschäftsmodell-Visionen zu formulieren.

Die übrigen beiden Monitore (Technologie und Zukunft) sind keinem Erstentwurf direkt zugeordnet, sondern bieten gleichermaßen Input für alle Erstentwürfe der Geschäftsmodell-Visionen. Zur Erstellung der Geschäftsmodell-Visionen sind auch die in Kap. 3.2 formulierten Leitfragen, insbesondere die Frage, wie das zukünftige Geschäftsmodell eine Industrie verändert, wichtig.

Die Geschäftsmodell-Visionen werden nun anhand des folgenden *Rasters* detailliert beschrieben (siehe auch Kap. 3.3):

---

[10] Diese Einschätzung basiert auf Erfahrungen, die im Rahmen der Forschungsprojekte gewonnen wurden.

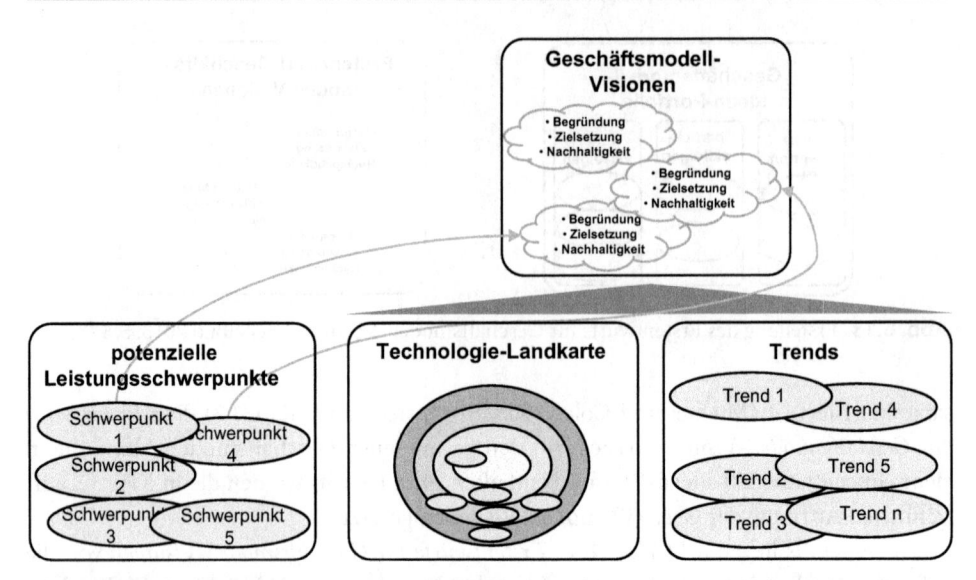

Abb. 6.14 Ergänzung und Finalisierung von Geschäftsmodell-Visionen. (Schallmo 2013, S. 179)

- *Begründung:* Die Begründung ist die Ausgangsbasis für die Existenz des Geschäftsmodells. Dabei erfolgt die Aufführung identifizierter und relevanter Einflussfaktoren, Herausforderungen und Bedürfnisse von Kunden.
- *Zielsetzung/Schwerpunkt:* Dieses Attribut enthält die Zielsetzung und den Schwerpunkt des Geschäftsmodells. Der Schwerpunkt beschreibt z. B. grob die Geschäftsmodell-Dimensionen und die eingesetzten Technologien.
- *Nachhaltigkeit:* Die Nachhaltigkeit enthält die Beschreibung der Lebensdauer und der Differenzierung des Geschäftsmodells gegenüber Wettbewerbern.

Eine Geschäftsmodell-Vision orientiert sich an den aktuellen und den zukünftigen Kundenbedürfnissen; sie kann ebenfalls dazu dienen, Kundenbedürfnisse zu wecken und somit einen neuen Markt zu schaffen (Kim und Mauborgne 2005, S. 7). Als Ergebnis liegen acht bis zehn *Geschäftsmodell-Visionen* vor, die auf den Geschäftsmodell-Ideen und den Informationen aus dem Kunden-, dem Technologie- und dem Zukunfts-Monitor aufbauen (siehe Abb. 6.14).

Da die Erstellung der drei Monitore zeitaufwendig und komplex sein kann, können die Geschäftsmodell-Visionen auch ausschließlich auf Basis der gewonnenen Geschäftsmodell-Ideen formuliert werden. Daneben kann die Technik *Raster der Geschäftsmodell-Vision* bei Bedarf um weitere Hilfstechniken (z. B. die Walt-Disney-Methode[11]) ergänzt werden.

---

[11] Bei der Walt-Disney-Methode werden drei unterschiedliche Rollen (Träumer, Realist, Kritiker) eingenommen, um neue Ideen aus unterschiedlichen Perspektiven (= Rollen) zu betrachten und diese Ideen immer weiter zu konkretisieren (siehe hierzu: Brunner 2008, S. 304–317).

6.7 Zusammenfassung, Lernkontrollfragen und Aufgabe

6.7.1 Zusammenfassung

Die Techniken der Geschäftsmodell-Visions-Entwicklung (Kunden-, Technologie-, Zukunftsmonitor, Raster der Geschäftsmodell-Vision) ermöglichen die Entwicklung und einheitliche Beschreibung von Geschäftsmodell-Visionen. Dabei orientieren sich die Geschäftsmodell-Visionen an gewonnenen Geschäftsmodell-Ideen, an den potenziellen Leistungsschwerpunkten, an der Technologie-Landkarte und an den Trends innerhalb der Industrie.

Folgende Ergebnisse liegen somit vor:

- Erstentwürfe von Geschäftsmodell-Visionen auf Basis von Geschäftsmodell-Ideen
- ergänzte und finalisierte Geschäftsmodell-Visionen auf Basis des Kunden-, Technologie- und Zukunfts-Monitors.

Die Geschäftsmodell-Visionen werden anschließend in die *Entwicklung von Geschäftsmodell-Prototypen* integriert; somit werden die Geschäftsmodell-Visionen weiter konkretisiert.

6.7.2 Lernkontrollfragen

Fragen Zur Kontrolle der Erreichung der Lernziele sollten Sie folgende Fragen beantworten können:

- Welche Techniken werden zur Entwicklung von Geschäftsmodell-Visionen eingesetzt?
- Mittels welcher Hilfstechniken werden diesen Techniken jeweils unterstützt?
- Wodurch ist der Kundenmonitor charakterisiert?
- Wodurch ist der Technologie- Monitor charakterisiert?
- Wodurch ist der Zukunftsmonitor charakterisiert?
- Anhand welcher Kriterien lassen sich Einflussfaktoren aus Kundensicht darstellen?
- Wozu dient die Ableitung von Herausforderungen und Bedürfnissen aus Kundensicht?
- Was ist ein Spannungspaar und wozu dienen Spannungspaare?
- Welche Rollen nehmen Technologien in Geschäftsmodellen ein?
- Welche Quellen liegen zur Durchführung eines Technologie-Screenings vor?
- Anhand welcher Kriterien lassen sich Technologien beschreiben?
- Welche Phasen liegen im Rahmen des Technologielebenszykluskonzepts vor?
- Welche Technologietypen kennen Sie und wodurch sind diese charakterisiert?
- Anhand welcher Merkmale (Raster) lassen sich Geschäftsmodell-Visionen beschreiben?

6.7.3 Aufgaben

Aufgaben

Im Rahmen dieser Aufgaben erstellen Sie Monitore und entwickeln Geschäftsmodell-Visionen.

Kunden-Monitor

Hier erstellen Sie einen Kunden-Monitor.

- Bitte erheben und bewerten Sie ca. 20 Einflussfaktoren aus Kundensicht (Makro- und Mikro-Umwelt, Einflussfaktoren-Portfolio).
- Bitte leiten Sie je ca. 20 Herausforderungen und Bedürfnisse für Kunden ab.
- Bitte erstellen Sie ca. 5 Bedürfniscluster und leiten Sie Spannungspaare ab.
- Bitte legen Sie ca. 3 potenzielle Leistungsschwerpunkte fest (Spannungspaar-Schwerpunkt-Matrix).

Technologie-Monitor

Hier erstellen Sie einen Technologie-Monitor.

- Bitte führen Sie ein Technologie-Screening durch (ca. 20 Technologien; z. B. Patentdatenbanken, Forschungsberichte von Unternehmen/Universitäten/Ministerien).
- Bitte beschreiben Sie ca. 5 Technologien (Technologie-Steckbrief).
- Bitte erstellen Sie eine Technologie-Landkarte.

Zukunfts-Monitor

Hier erstellen Sie einen Zukunfts-Monitor.

- Bitte erheben und beschreiben Sie ca. 20 Einflussfaktoren aus Unternehmenssicht (Makro- und Mikro-Umwelt, Einflussfaktoren-Portfolio).
- Bitte leiten Sie Trends innerhalb der Industrie ab.

Raster für Geschäftsmodell-Visionen

Hier entwickeln Sie Geschäftsmodell-Visionen.

- Bitte erstellen Sie ca. 3 Geschäftsmodell-Visionen anhand des definierten Rasters für Geschäftsmodell-Visionen.
- Bitte integrieren Sie die erfolgversprechenden Geschäftsmodell-Ideen und die Ergebnisse des Kunden-, des Technologie- und des Zukunfts-Monitors.
- Die Geschäftsmodell-Visionen werden in die Geschäftsmodell-Prototypen integriert.

Literatur

AIT (2012) http://www.ait.ac.at/research-services/research-services-foresight-policy-development/emergingtechnologies/; heruntergeladen am: 01.02.2012. Ausdruck liegt Autor vor und kann eingesehen werden

Bensoussan B, Fleisher C (2008) Analysis without paralysis: 10 tools to make better strategic decisions. FT Press, Upper Saddle River

Better Place (2011) http://www.betterplace.com/; heruntergeladen am: 25.10.2011, Ausdruck liegt Autor vor und kann eingesehen werden

BMWi (2011) http://www.bmwi.de/BMWi/Navigation/Technologie-und-Innovation/Technologiepolitik/schluesseltechnologien.html; heruntergeladen am: 31.12.2011. Ausdruck liegt Autor vor und kann eingesehen werden.

Brecht L (2002) Process Leadership: Methode des informations-systemgestützten Prozessmanagement. Dr. Kovac Verlag, Hamburg

Brunner F (2008) Japanische Erfolgskonzepte: KAIZEN, KVP, Lean Production Management, Total Productive Maintenance, Shopfloor Management, Toyota Production Management. Hanser Verlag, München

Bucherer E (2011) Business model innovation: guidelines for a structured approach, Shaker Verlag, Aachen

CE VeMaB (2010a) Mini-Workshop 1 und Interviews: Einflussfaktoren, Herausforderungen und Bedürfnisse von Kunden in Business-to-Business-Märkten 29.06.2010, 8:30–14:00 Uhr, Ulm, Protokoll liegt Autor vor und kann eingesehen werden

CE VeMaB (2010b) Workshop 1 und Interviews: Bildung von Geschäftsmodell-Visionen, 13.07.2010, 8:15-18:15 Uhr, Ulm, Protokoll liegt Autor vor und kann eingesehen werden

Chesbrough H, Rosenbloom R (2002) The role of the business model in capturing value from innovation: evidence from Xerox Corporation's technology spin-off companies. Industrial and Corporate Change, 11(3): 529–555

Cooper R (2001) Winning at new products: Accelerating the process from idea to launch. Perseus Books, Cambridge

Dönitz E (2009) Effizientere Szenariotechnik durch teilautomatische Generierung von Konsistenzmatrizen. Gabler, Wiesbaden

DPMA (2011) http://register.dpma.de/DPMAregister/Uebersicht; heruntergeladen am: 10.12.2011. Ausdruck liegt Autor vor und kann eingesehen werden

Ehrmann H (2005) Kompakt-Training Risikomanagement: Basel II-Rating. Kiehl, Ludwigshafen

Forrester (2012) http://www.forrester.com/home#/aboutus; heruntergeladen am: 28.03.2012. Ausdruck liegt Autor vor und kann eingesehen werden

Fraunhofer (2012c) http://www.iao.fraunhofer.de/lang-de/geschaeftsfelder/tim.html; heruntergeladen am: 06.02.2012. Ausdruck liegt Autor vor und kann eingesehen werden

Fraunhofer (2012d) http://www.iao.fraunhofer.de/lang-de/geschaeftsfelder/tim/496-white-spot-analyse.html; heruntergeladen am: 28.03.2012. Ausdruck liegt Autor vor und kann eingesehen werden

Gartner (2012) http://www.gartner.com/technology/research.jsp; heruntergeladen am: 28.03.2012. Ausdruck liegt Autor vor und kann eingesehen werden

Gausemeier J, Plass C, Wenzelmann C (2009) Zukunftsorientierte Unternehmensgestaltung: Strategien, Geschäftsprozesse und IT-Systeme für die Produktion von morgen. Hanser Verlag, München

Gelbmann U, Vorbach S (2007a) Das Innovationssystem. In: Strebel H (Hrsg) Innovations- und Technologiemanagement. UTB Verlag, Stuttgart, S. 95–155

Gerpott T (2005) Strategisches Technologie- und Innovationsmanagement. Schäffer-Poeschel Verlag, Stuttgart
Gerybadze A (2004) Technologie- und Innovationsmanagement: Strategie, Organisation und Implementierung. Vahlen Verlag, München
Homburg C, Krohmer H (2006) Marketingmanagement. Studienausgabe: Strategie - Instrumente - Umsetzung -Unternehmensführung. Gabler, Wiesbaden
Johnson M (2010) Seizing the white space: business model innovation for growth and renewal. Harvard Business Press, Boston
Kim W, Mauborgne R (2005) Blue ocean strategy: how to create uncontested market space and make the competition irrelevant. Harvard Business Press, Boston
Madu C (2006) House of quality (QFD) in a minute: quality function deployment. Chi Verlag, Fairfield
MIT (2011) http://www.technologyreview.com/emtech/11/index.aspx; heruntergeladen am: 23.12.2011. Ausdruck liegt Autor vor und kann eingesehen werden
Mitchell D, Coles C (2003) The ultimate competitive advantage of continuing business model innovation. Journal of Business Strategy 25(1):16–26
Müller-Stewens G, Lechner C (2011) Strategisches Management: Wie strategische Initiativen zum Wandel führen. Schäffer-Poeschel Verlag, Stuttgart
Muther A (2001) Electronic Customer Care: Die Anbieter-Kunden-Beziehung im Informationszeitalter. Springer, Berlin
Österle H (1995) Business Engineering. Prozeß- und Systementwicklung. Springer, Berlin
Osterwalder A, Pigneur Y (2010) Business model generation. Wiley and Sons, New Jersey
Papakiriakopoulos D, Poylumenakou A, Doukidis G (2001) Building e-Business models: an analytical framework and development guidelines. Proceedings of the 14th Bled Electronic Commerce Conference, 25.-26. Juni, 2001, Bled, Slovenia, S. 446–464
Pillkahn U (2007) Trends und Szenarien als Werkzeuge zur Strategieentwicklung: Wie Sie die unternehmerische und gesellschaftliche Zukunft planen und gestalten. Pubilcis Verlag, Erlangen
Plattner H, Meinel C, Weinberg U (2009) Design-Thinking. mi Wirtschaftsbuch Verlag, München
Romeike F, Hager P (2009) Erfolgsfaktor Risiko-Management 2.0: Methoden, Beispiele, Checklisten: Praxishandbuch für Industrie und Handel. Gabler, Wiesbaden
Schallmo D (2013) Geschäftsmodell-Innovation: Grundlagen, bestehende Ansätze, methodisches Vorgehen und B2B-Geschäftsmodelle, Springer Gabler Wiesbaden
Schallmo D, Brecht L (2010) Business model innovation in business-to-business markets – procedure and examples, Proceedings of the 3rd ISPIM Innovation Symposium: "Managing the Art of Innovation: Turning Concepts into Reality", 12.-15. Dezember, 2010, Quebec, Kanada
Schallmo D, Brecht L (2011) An innovative business model: the sustainability provider. Proceedings of the XXII ISPIM Conference: "Sustainability in Innovation: Innovation Management Challenges", 12.-15. Juni, 2011, Hamburg, Germany
Schneck O (2010) Risikomanagement: Grundlagen, Instrumente, Fallbeispiele. Wiley-VCH Verlag, Weinheim
Siemens (2012) http://www.siemens.com/innovation/de/publikationen/index.htm; heruntergeladen am: 06.01.2012. Ausdruck liegt Autor vor und kann eingesehen werden
Stummer C, Günther M, Köck A (2008) Grundzüge des Innovations- und Technologiemanagements. Facultas Verlag, Wien
Vester F (2002) Die Kunst, vernetzt zu denken: Ideen und Werkzeuge für einen neuen Umgang mit Komplexität. Deutscher Taschenbuch Verlag, München
Wilms F (2006) Szenariotechnik: vom Umgang mit der Zukunft. Haupt, Bern

Techniken der Geschäftsmodell-Prototyp-Entwicklung

7

7.1 Einleitung und Lernziele

Zusammenfassung

Kapitel 7 beinhaltet die Techniken zur Geschäftsmodell-Prototyp-Entwicklung. Die entwickelten Geschäftsmodell-Visionen dienen dabei als Ausgangspunkt für die Beschreibung von Geschäftsmodell-Prototypen, in deren Ausgestaltung ebenfalls die relevanten Aspekte der Industrie (z. B. die Industrie-Wertschöpfungskette, Stakeholder in der Industrie) einfließen. Der Geschäftsmodell-Prototyp charakterisiert das Geschäftsmodell anhand des aufgezeigten Geschäftsmodell-Rasters (mit den Dimensionen und Elementen).

Die beschriebenen Geschäftsmodell-Prototypen werden im Anschluss bewertet, um einen erfolgsversprechenden Geschäftsmodell-Prototyp auszuwählen.

Das Kap. 7 gliedert sich in folgende Unterkapitel. In Kap. 7.2 erfolgt die Darstellung der Leifragen und des Überblicks zur *Geschäftsmodell-Prototyp-Entwicklung*. Das Kap. 7.3 erläutert die Technik *Industrie-Monitor*, Kap. 7.4 die Technik *Raster des Geschäftsmodell-Prototyps* und Kap. 7.5 die Technik *Bewertung der Geschäftsmodell-Prototypen*. Das Kap. 7.6 beinhaltet eine *Zusammenfassung, Lernkontrollfragen und Aufgaben*.

Für dieses Kapitel liegen folgende Lernziele vor:
- In diesem Kapitel werden Sie in die Lage versetzt, Geschäftsmodell-Visionen weiter zu konkretisieren.
- Sie lernen den Industrie-Monitor kennen und dessen Hilfstechniken kennen.
- Sie können Geschäftsmodell-Prototypen einheitlich beschreiben.
- Sie sind in der Lage, kritische Erfolgsfaktoren für Geschäftsmodell-Prototypen abzuleiten und diese miteinander zu verknüpfen.
- Sie können Geschäftsmodell-Prototypen anhand von Szenarien, der internen und der externen Attraktivität bewerten und in ein Attraktivitäts-Portfolio einordnen.

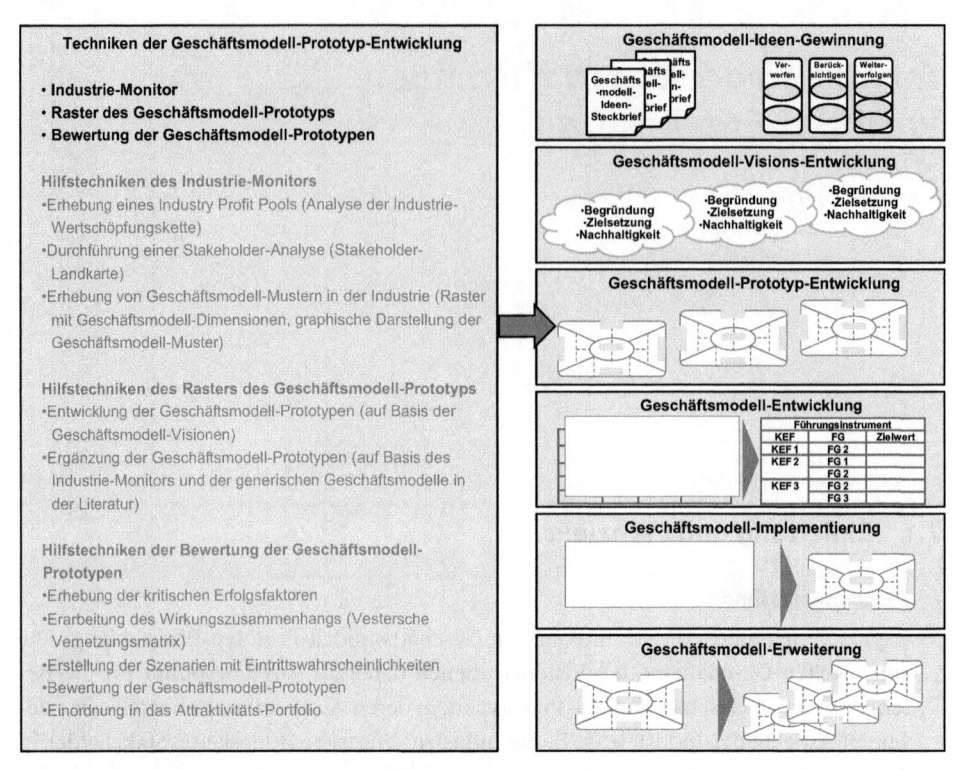

Abb. 7.1 Techniken der Geschäftsmodell-Prototyp-Entwicklung. (Schallmo 2013, S. 181)

7.2 Leitfragen und Überblick zur Geschäftsmodell-Prototyp-Entwicklung

Die beschriebenen Anforderungen an eine Methode der Geschäftsmodell-Innovation und die formulierte Zielsetzung der Geschäftsmodell-Prototyp-Entwicklung in Kap. 4.5.1 dienen der Formulierung folgender Leitfragen:

- Wie können potenzielle Kunden und Experten in die Entwicklung der Geschäftsmodell-Prototypen integriert werden?
- Wie können Aspekte der Industrie (z. B. die Stakeholder, die bestehenden Geschäftsmodelle) in die Entwicklung der Geschäftsmodell-Prototypen integriert werden?
- Wie können generische Geschäftsmodelle, die in der Literatur beschrieben sind, innerhalb der Entwicklung der Geschäftsmodell-Prototypen berücksichtigt werden?
- Wie können die Geschäftsmodell-Prototypen visualisiert werden?
- Wie können die Geschäftsmodell-Prototypen getestet und bewertet werden?

Zur Beantwortung der Leitfragen der Geschäftsmodell-Prototyp-Entwicklung dienen folgende Techniken: der *Industrie-Monitor* und das *Raster zur Erstellung von Geschäftsmodell-Prototypen*. Beide Techniken setzen Hilfstechniken ein, die in die jeweiligen Schritte integriert sind. Die Abb. 7.1 setzt die Techniken der Geschäftsmodell-Prototyp-Entwicklung in Bezug zum Rahmenkonzept der Geschäftsmodell-Innovation.

7.3 Industrie-Monitor

Im Gegensatz zu den abgeleiteten Trends des Zukunfts-Monitors geht es innerhalb des *Industrie-Monitors* darum, grundlegende Entscheidungen im Rahmen der Ausgestaltung des Geschäftsmodells zu unterstützen. Zu diesen Entscheidungen zählen die Festlegung der Position innerhalb der Industrie-Wertschöpfungskette oder die Auswahl geeigneter Partner für das Geschäftsmodell. Der Industrie-Monitor bildet die folgenden Aspekte einer Industrie ab: die Wertschöpfungskette, die Stakeholder und die vorhandenen Geschäftsmodelle.

Folgende Schritte werden für die Technik *Industrie-Monitor* festgelegt:

- Erhebung eines Industry Profit Pools
- Durchführung einer Stakeholder-Analyse
- Erhebung von Geschäftsmodell-Mustern einer Industrie.

7.3.1 Erhebung eines Industry Profit Pools

Der *Industry Profit Pool* dient dazu, alle Umsätze und Gewinne entlang der Wertschöpfungskette einer Industrie zu erheben und somit potenzielle Quellen für Gewinne zu erkennen (Hitt et al. 2008, S. 24). Die von Porter(1985, S. 36 f.) definierte Wertschöpfungskette eines Unternehmens dient dabei als Ausgangspunkt, um die Wertschöpfungskette einer Industrie zu analysieren (Hitt et al. 2008, S. 24; Grant 2005, S. 123; Gadiesh und Gilbert 1998a, S. 149).[1] In Anlehnung an Gadiesh und Gilbert (1998a, S. 150–155) werden folgende Schritte festgelegt:

- Analyse der Wertschöpfungskette einer Industrie mit den dazugehörigen Aktivitäten
- Erhebung der gesamten Umsätze und Gewinne, die innerhalb der Wertschöpfungskette einer Industrie erzielt werden
- Verteilung der Umsätze und Gewinne auf einzelne Aktivitäten der Wertschöpfungskette einer Industrie.

Die Abbildung der Umsätze und Gewinne einer Industrie sowie deren Verteilung auf Aktivitäten der Wertschöpfungskette finden in tabellarischer Form statt (siehe Tab. 7.1).

Die graphische Darstellung der Umsatzanteile und Umsatzrenditen erfolgt in einem Industry Profit Pool, der für die Automobilindustrie in Abb. 7.2 exemplarisch dargestellt ist.

Die Abb. 7.2 konzentriert sich auf die Aktivitäten innerhalb der Automobilindustrie. Diese Aktivitäten sind allerdings nicht eindeutig einer Wertschöpfungskette zugeordnet und überschneiden sich teilweise mit anderen Industrien (z. B. der Versicherungsindustrie).

---

[1] Zollenkop (2006, S. 83 f.) schlägt die Analyse des Profit Pools vor, um den Umsatzmechanismus festzulegen. Im Rahmen des vorliegenden Ansatzes wird der Profit Pool zur Festlegung der eigenen Position innerhalb der Wertschöpfungskette einer Industrie herangezogen.

Tab. 7.1 Umsatz und Gewinn innerhalb der Industrie-Wertschöpfungskette. (Schallmo 2013, S. 182)

Gesamt	Wertschöpfungskette der Industrie				
	Stufe 1	Stufe 2	Stufe 3	...	Stufe n
Umsatz					
Gewinn					
Umsatz-anteil					
Umsatz-rendite					

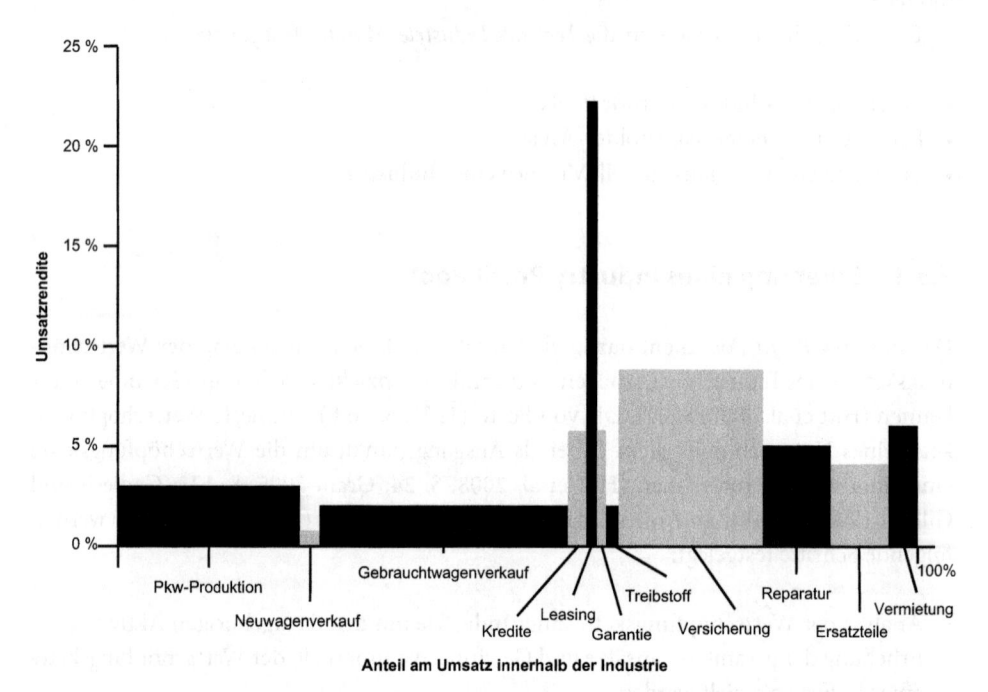

Abb. 7.2 Profit Pool der Automobilindustrie. (in Anlehnung an Gadiesh und Gilbert 1998b, S. 142)

Dennoch bietet sich der Ansatz an, um den Industry Profit Pool zu erheben, ein Industrieverständnis aufzubauen und Entscheidungen bzgl. der Ausgestaltung des Geschäftsmodells zu unterstützen. Als Ergebnisse liegen die *Wertschöpfungskette innerhalb der Industrie* mit dem dazugehörigen *Industry Profit Pool* vor, was in Abb. 7.3 exemplarisch dargestellt ist. Die Ergebnisse dienen dazu, die Attraktivität von Wertschöpfungsstufen innerhalb der Wertschöpfungskette zu analysieren und die Position innerhalb der Wertschöpfungskette festzulegen. Dies wirkt sich auf die Wertschöpfungs- und Partnerdimension innerhalb des eigenen Geschäftsmodells aus.

Abb. 7.3 Erstellung des Industry Profit Pools. (Schallmo 2013, S. 183)

7.3.2 Durchführung einer Stakeholder-Analyse

Die *Stakeholder-Analyse* bildet alle Interessengruppen eines Unternehmens ab. Sie hat zum Ziel, herauszufinden, welche Individuen, Unternehmen, Institutionen und Behörden innerhalb einer Industrie vorliegen und welche Erwartungen diese Interessengruppen an das Unternehmen und dessen Geschäftsmodell haben. Die Darstellung der Ergebnisse erfolgt in einer Stakeholder- Landkarte (Andersen et al. 2008, S. 29). Im Rahmen des vorliegenden Ansatzes findet die Anwendung der Stakeholder-Analyse (Papakiriakopoulos et al. 2001, S. 453) nicht für ein Unternehmen, sondern für eine Industrie statt. Durch die Identifikation aller Interessengruppen innerhalb einer Industrie und durch die Kenntnis über die Erwartungen der Interessengruppen können somit neuartige Geschäftsmodelle entwickelt werden.

Für *externe Stakeholder* von Unternehmen liegen drei Klassen vor, die wie folgt auf Industrien angepasst werden (Gausemeier et al. 2009, S. 170 f.; Freeman 2010, S. 55):

- *Ökonomische Stakeholder:* Zu den ökonomischen Stakeholdern gehören Personen bzw. Gruppen, die innerhalb einer Industrie durch eine geschäftliche Beziehung miteinander verbunden sind (z. B. Kunden, Lieferanten, Wettbewerber, Partner, Banken).
- *Direkte und globale Stakeholder:* Zu den direkten und globalen Stakeholdern gehören Personen bzw. Gruppen, die innerhalb einer Industrie direkt, aber nicht wirtschaftlich verbunden sind (z. B. Kommunen, Umweltschutzgruppen, Industrieverbände).
- *Indirekte und globale Stakeholder:* Personen bzw. Gruppen, die innerhalb einer Industrie indirekt und nicht wirtschaftlich verbunden sind (z. B. Staat, Parteien, Kommunen, Verbraucherverbände).

In Anlehnung an Andersen et al. (2008, S. 32) werden folgende Schritte festgelegt, um eine Stakeholder-Landkarte für eine Industrie zu erarbeiten:

- Identifikation der Stakeholder innerhalb der Industrie
- Analyse der Erwartungen und der Positionen (Einfluss) der Stakeholder
- Darstellung der Ergebnisse mittels einer Stakeholder-Landkarte.

Tab. 7.2 Stakeholder-Tabelle. (Schallmo 2013, S. 184)

Stakeholder einer Industrie	Erwartungen	Position/Einfluss
Zulieferer	Planbarkeit	Schwach
	Rahmenvertrag	
Automobilhersteller	Zuverlässige Lieferung	Stark
Banken	Hohe Rendite	Mittel
Reparaturwerkstätten	Zuverlässige Ersatzteillieferung	Schwach
	Vertragsbindung von Nutzern	
Automobilhändler	Bekannte Marken mit pos. Image	Mittel
	Aktuelle Modelle	

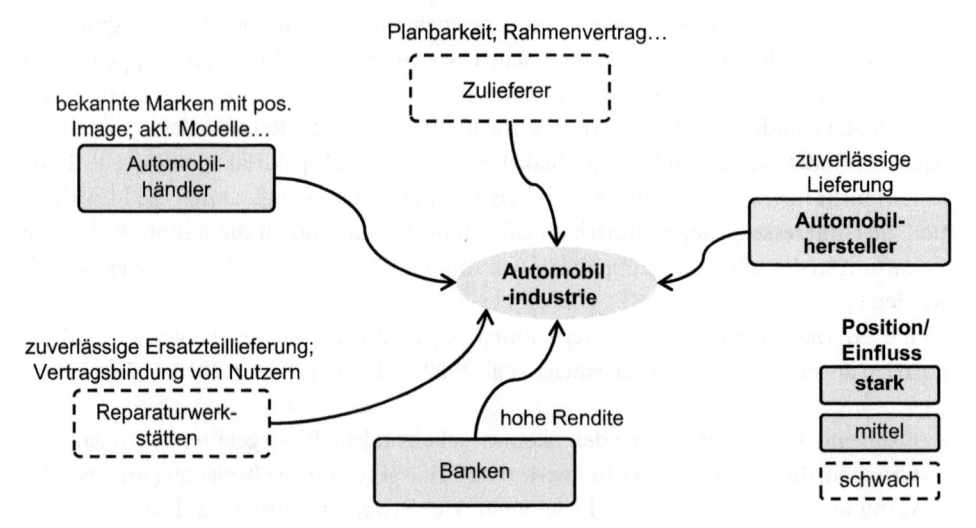

Abb. 7.4 Stakeholder-Landkarte. (Schallmo 2013, S. 185)

Die Auflistung der Erwartungen und der Position der Stakeholder erfolgt in einer Stakeholder-Tabelle (siehe Tab. 7.2).

Die graphische Umsetzung der Stakeholder-Tabelle erfolgt in einer Stakeholder-Landkarte, welche in Abb. 7.4 exemplarisch dargestellt ist (Andersen et al. 2008, S. 34 f.; Gausemeier et al. 2009, S. 172).

Stakeholder stellen einerseits potenzielle Kunden und andererseits potenzielle Partner für das Geschäftsmodell dar. Über die Kenntnis zu den Erwartungen der Stakeholder (insb. der potenziellen Kunden und Partner) kann ein Nutzen gestiftet werden (Stähler 2002, S. 43), was zu stabilen Geschäftsbeziehungen führt und den Aufbau eines nachhaltigen Geschäftsmodells ermöglicht.

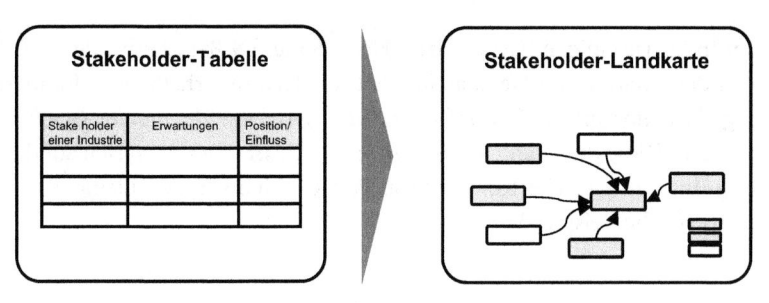

Abb. 7.5 Durchführung einer Stakeholder-Analyse. (Schallmo 2013, S. 185)

Als Ergebnis liegen die *Stakeholder einer Industrie,* deren *Erwartungen* und deren *Position* vor (siehe Abb. 7.5). Mittels der Stakeholder-Analyse wird die Ausprägung der Kunden- und Partnerdimension beeinflusst.

7.3.3 Erhebung von Geschäftsmodell-Mustern einer Industrie

Die Erhebung von Geschäftsmodellen innerhalb einer Industrie (Bucherer 2011, S. 77; Giesen et al. 2007, S. 32) dient dazu, *Geschäftsmodell-Muster* zu erkennen und Ideen für die Geschäftsmodell-Prototypen abzuleiten. Hierfür wird das Raster mit fünf Dimensionen eines Geschäftsmodells herangezogen, das bereits in Kap. 3.2 vorgestellt wurde (siehe Abb. 7.14). Als Unterstützung dienen ebenfalls die in Kap. 3.2 formulierten Leitfragen für Geschäftsmodell-Elemente. Die zuvor identifizierten Stakeholder einer Industrie sind der Ausgangspunkt, um die existierenden Geschäftsmodelle innerhalb der Industrie zu erheben und Geschäftsmodell-Muster abzuleiten.[2]

Diese Geschäftsmodell-Muster geben z. B. Aufschluss darüber,

- welche Leistungen in einer Industrie angeboten werden
- welche Kundenkanäle typischerweise verwendet werden
- welche Umsatzmechanismen typischerweise eingesetzt werden
- welche Partner üblicherweise relevant sind.

Diese Geschäftsmodell-Muster sind mit dem *Dominant Design* aus dem Produktbereich vergleichbar. Das *Dominat Design* enthält Informationen zu einer festgelegten Kombination von Bauteilen, Technologien und Designprinzipien, auf die sich die Entscheidungs-

---

[2] Im Rahmen der Analyse bestehender Geschäftsmodelle innerhalb der Industrie kann auch ein Benchmarking durchgeführt werden. Zielsetzung ist hierbei der Vergleich des eigenen Geschäftsmodells mit anderen Geschäftsmodellen und nicht die Innovation von Geschäftsmodellen. Folgende Kriterien können hierbei im Detail untersucht werden: Bilanz, GuV, Produktprogramm, Produktionsstätten, Kapazitäten, Forschungseinrichtungen, Länder und Vertriebsgesellschaften (Festo 2011b). Neben dem Benchmarking kann im Rahmen der inkrementellen Geschäftsmodell-Innovation das bestehende Geschäftsmodell integriert werden, um dieses weiterzuentwickeln (siehe Kap. 4.3.6.3).

träger einer Industrie einigen (Gerybadze 2004, S. 83 und S. 89; Chesbrough 2007b, S. 96). Im Rahmen der Analyse von Geschäftsmodell-Mustern innerhalb einer Industrie lassen sich analog dazu *dominante Geschäftsmodell-Designs* bzw. *dominante Geschäftsmodell-Muster* festlegen. Diese *dominanten Geschäftsmodell-Muster* beziehen sich auf die typische Ausprägung und die typische Kombination von Geschäftsmodell-Elementen innerhalb einer Industrie (siehe Beispiel 3).

Beispiel 3: Billiganbieter in der Flugindustrie

Ein dominantes Geschäftsmodell-Muster ist z. B. das Muster von Billiganbietern innerhalb der Flugindustrie. 1971 musste sich Southwest Airlines in einem hart umkämpften Markt mit einem starken Preiskampf behaupten. Die Kunden waren nicht bereit, die hohen Flugpreise zu bezahlen. Southwest Airlines konzentrierte sich auf die Kernleistung *Transport von Passagieren* und verzichtete auf sämtliche Extras, wie z. B. das Essen an Bord, das Zusatzgepäck oder die Platzwahl. Werden sämtliche Extras weggelassen, so spricht man von sogenannten *no frills* (= ohne *Schnick-Schnack*). Die Folge war, dass Southwest Airlines hohe Marktanteile gewann und trotz niedriger Preise profitabel war (in Anlehnung an: Johnson 2010, S. 139–142; Southwest 2011).

Das Geschäftsmodell der Billiganbieter in der Flugindustrie hat sich in den folgenden Jahrzenten als ein dominantes Geschäftsmodell-Muster durchgesetzt und wurde von weiteren Unternehmen, wie z. B. Easyjet, Ryanair und Germanwings übernommen.

Auf Basis der Geschäftsmodell-Muster können Ideen für Geschäftsmodell-Prototypen gewonnen werden; dabei spielen Geschäftsmodell-Muster auf zwei Arten eine Rolle:

- *Best Practices für das eigene Geschäftsmodell*: Welche Geschäftsmodell-Muster liegen in der Industrie vor und welche Best Practices bzw. welche Ideen lassen sich daraus für das eigene Geschäftsmodell ableiten?
- *Radikale Veränderung der Industrie*: Wie kann mit der Kenntnis zu bestehenden Geschäftsmodell-Mustern innerhalb der Industrie ein neues Geschäftsmodell erstellt werden, das die Industrie radikal verändert?

Im Rahmen der radikalen Veränderung von Industrien erfolgt die Anwendung des Blue-Ocean-Strategy-Ansatzes von Kim und Mauborgne (2005, S. 18), der zum Ziel hat, in gesättigten Industrien neue Märkte aufzubauen und neue Nachfrager zu gewinnen. Osterwalder (2004, S. 52) und Davenport et al. (2006, S. 271) schlagen diesen Ansatz ebenfalls vor, um Leistungen für das Geschäftsmodell zu definieren.

- Folgende Schritte sind relevant (in Anlehnung an Kim und Mauborgne 2005, S. 26–32):
- Erhebung von Faktoren zur Beschreibung der Geschäftsmodelle in der Industrie

7.3 Industrie-Monitor

- graphische Analyse der bestehenden Geschäftsmodell-Muster[3]
- Beantwortung von vier relevanten Fragen zur Neugestaltung von Geschäftsmodellen (Eliminieren, Reduzieren, Erhöhen, Erstellen)
- Neugestaltung von Geschäftsmodellen.

Die Darstellung der Schritte erfolgt nun anhand von Beispiel 2 *car2go*. Die bestehenden Geschäftsmodell-Muster im Markt von *car2go* betreffen im Allgemeinen die lokalen Transportdienstleistungen (z. B. den öffentlichen Nahverkehr oder die Taxi-Unternehmen). Da *car2go* allerdings ein Vermietungskonzept ist, werden ebenso Autovermietungen berücksichtigt. Die Faktoren, anhand derer bestehende Geschäftsmodell-Muster für die Transportdienstleistungen beschrieben werden können, sind folgende:

- *Preis*, der für die Leistung zu bezahlen ist
- *zeitliche Verfügbarkeit*, die vorliegt (gleichzusetzen mit Öffnungszeiten eines Geschäfts)
- *räumliche Verfügbarkeit*, die vorliegt (gleichzusetzen mit der Netzabdeckung im Mobilfunk)
- *Wartezeiten*
- *Transportdauer*
- *Bequemlichkeit* des Geschäftsmodell-Musters
- *Image* des Geschäftsmodell-Musters.

Die graphische Analyse der bestehenden Geschäftsmodell-Muster ist in Abb. 7.6 exemplarisch dargestellt.

Aufbauend auf der Analyse bestehender Geschäftsmodellmuster, erfolgt nun die Hinterfragung bestehender Standards innerhalb der Industrie bzw. bestehender Geschäftsmodell-Muster. Folgende Fragen sind hierfür relevant (in Anlehnung an: Kim und Mauborgne 2005, S. 29):

- *Eliminieren*: Welche Faktoren, die innerhalb der Industrie als selbstverständlich angesehen werden, sollen innerhalb des Geschäftsmodells eliminiert werden?
- *Reduzieren*: Welche Faktoren sollen innerhalb des Geschäftsmodells deutlich reduziert werden und somit unter dem Industrie-Standard liegen?
- *Erhöhen*: Welche Faktoren sollen innerhalb des Geschäftsmodells deutlich erhöht werden und somit über dem Industrie-Standard liegen?
- *Erstellen*: Welche Faktoren, die bisher nicht innerhalb der Industrie angeboten werden, sollen mittels des Geschäftsmodells neu erstellt werden?

---

[3] Dies erfolgt mittels der Analyse von Faktoren aus Kundensicht. Zu diesen Faktoren zählen auch kritische Erfolgsfaktoren eines Geschäftsmodells; siehe hierzu: Kap. 4.3.4, das die Ableitung kritischer Erfolgsfaktoren im Rahmen der Entwicklung des Führungsinstruments behandelt. Kim und Mauborgne sprechen auch von *grundlegenden Faktoren* (2005, S. 25).

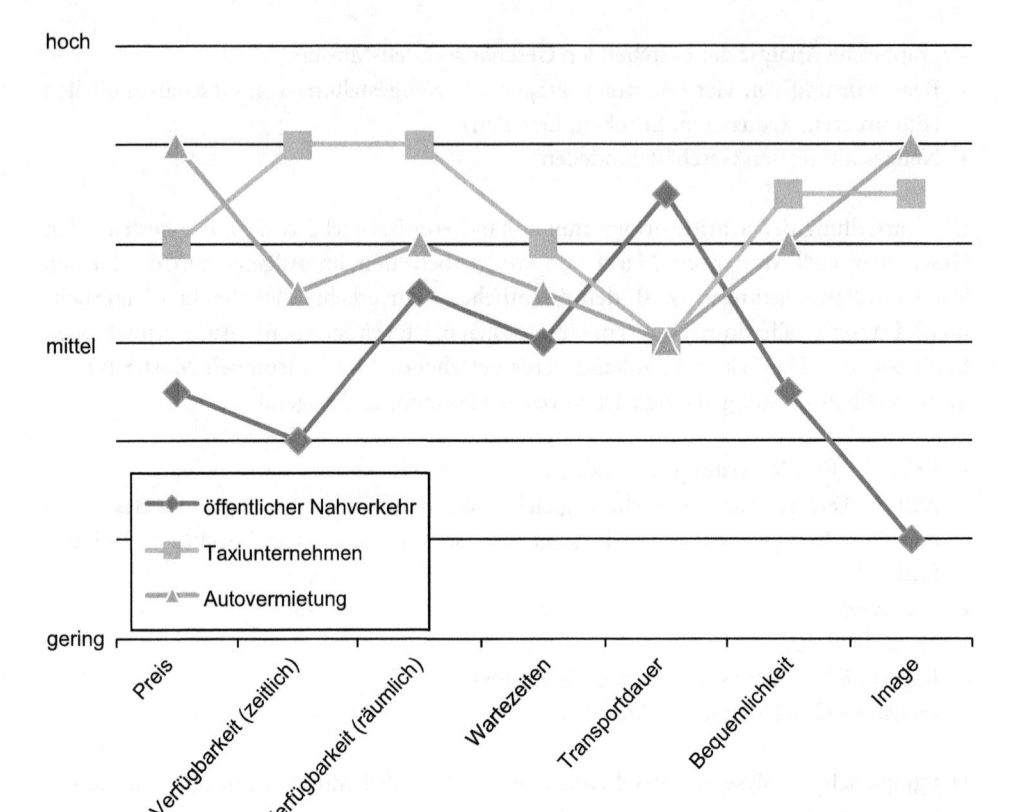

Abb. 7.6 Graphische Darstellung bestehender Geschäftsmodell-Muster (Schallmo 2013, S. 188)

Tab. 7.3 Ausgestaltung des Geschäftsmodells von car2go. (Schallmo 2013, S. 188)

Eliminieren	Erhöhen
	Image
	Bequemlichkeit
	Verfügbarkeit (räumlich)
	Verfügbarkeit (zeitlich)
Reduzieren	*Erstellen*
Wartezeiten	
Transportdauer	

Die Ergebnisse im Rahmen der Anwendung dieser vier Fragen, bezogen auf car2go, sind in Tab. 7.3 exemplarisch dargestellt. Die Ergebnisse beziehen sich primär auf den Vergleich mit dem öffentlichen Nahverkehr.

Es zeigt sich, dass car2go im Rahmen der Ausgestaltung des Geschäftsmodells die Wartezeiten reduziert hat. Dies ist möglich, da die PKW über das gesamte Stadtgebiet verteilt und somit sofort verfügbar sind. Aufgrund vordefinierter Fahrpläne liegen hingegen im

7.3 Industrie-Monitor

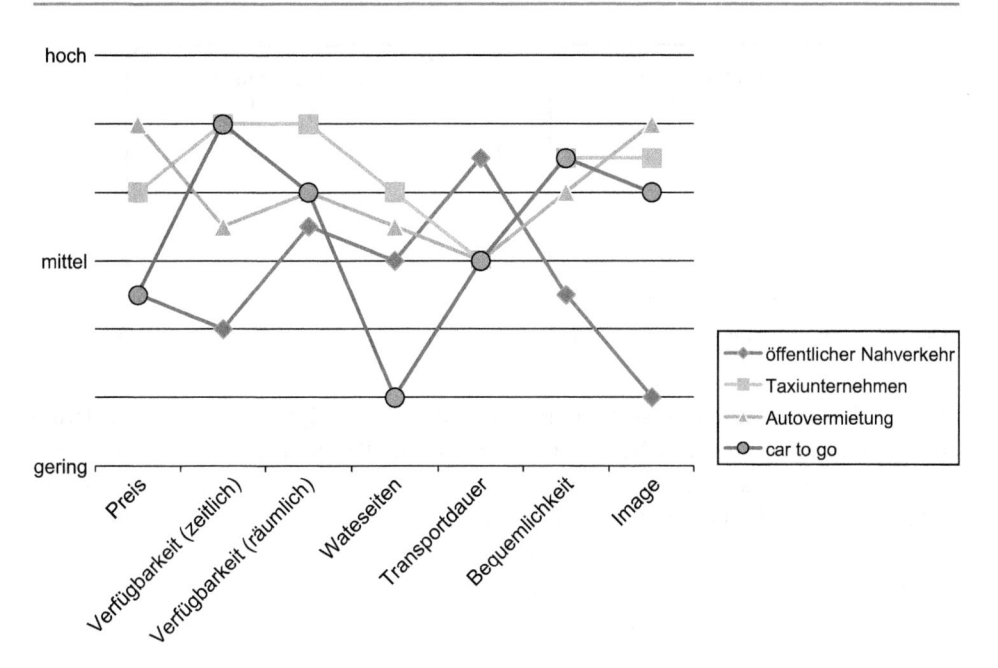

Abb. 7.7 Graphische Darstellung des neuen Geschäftsmodell-Musters (Schallmo 2013, S. 189)

öffentlichen Nahverkehr Wartezeiten vor und ein Taxi erfordert üblicherweise ebenfalls eine Wartezeit. Die Transportdauer wurde im Vergleich zum öffentlichen Nahverkehr ebenfalls reduziert, da keine Zwischenstopps an Haltestellen vorliegen. Das Image wurde im Vergleich zum öffentlichen Nahverkehr erhöht, da car2go insbesondere innerhalb von jungen Zielgruppen als *trendy* und *modern* gilt. Die Bequemlichkeit wurde ebenso erhöht, da im Gegensatz zum öffentlichen Nahverkehr immer ein Sitzplatz vorhanden ist. Die zeitliche und räumliche Verfügbarkeit wurde im Vergleich zum öffentlichen Nahverkehr ebenso erhöht. Die Abb. 7.7 beinhaltet die graphische Darstellung des neuen Geschäftsmodell-Musters im Vergleich zu den bestehenden Geschäftsmodell-Mustern.

Im Rahmen der Betrachtung von Geschäftsmodell-Mustern innerhalb einer Industrie ist der Bezug zu den Geschäftsmodell-Ebenen (Industrie-Ebene) erkennbar, die in Kap. 2.4.2 vorgestellt wurden.

Als Ergebnis liegen *Geschäftsmodelle innerhalb einer Industrie* und abgeleitete *Geschäftsmodell-Muster* vor, die in Abb. 7.8 dargestellt sind. Diese Ergebnisse dienen dazu, Ideen für die Ausgestaltung der Geschäftsmodell-Prototypen zu gewinnen. Die graphische Darstellung der Geschäftsmodell-Muster ist nicht explizit aufgeführt, da die Muster in dem Raster für Geschäftsmodelle enthalten sind.

7.3.4 Zusammenfassung

Die Technik *Industrie-Monitor* stellt sicher, dass relevante Aspekte der Industrie berücksichtigt werden. Die Wertschöpfungskette der Industrie unterstützt die Festlegung der

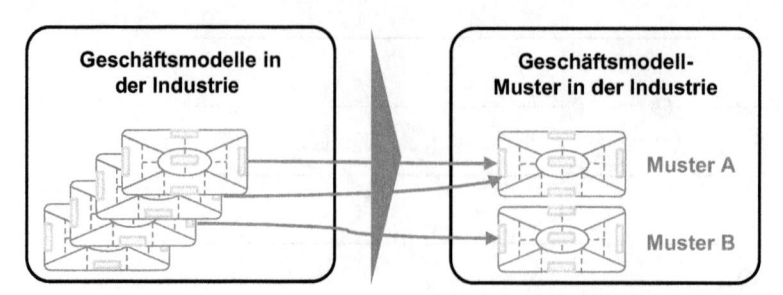

Abb. 7.8 Erhebung von Geschäftsmodell-Mustern in der Industrie. (Schallmo 2013, S. 189)

Position des eigenen Geschäftsmodells innerhalb der Wertschöpfungskette, was wiederum die notwendigen Ressourcen, Fähigkeiten, Prozesse und Partner beeinflusst. Die Kenntnis zu Stakeholdern innerhalb einer Industrie ermöglicht es, potenzielle Kunden und potenzielle Partner für das Geschäftsmodell zu identifizieren. Anhand von identifizierten Geschäftsmodell-Mustern innerhalb einer Industrie können Ideen für die Ausgestaltung des eigenen Geschäftsmodells gewonnen werden.

Folgende Ergebnisse liegen somit vor:

- die Industrie-Wertschöpfungskette und der Industry Profit Pool
- die Stakeholder-Landkarte
- die Geschäftsmodell-Muster innerhalb der Industrie.

Die Ergebnisse der Technik *Industrie-Monitor* fließen in die Technik *Raster des Geschäftsmodel-Prototyps* ein.

Im Rahmen der Erhebung des Industry Profit Pools sind häufig nicht alle Informationen verfügbar, um die Umsätze und Gewinne vollständig zu erheben und auf die einzelnen Stufen zu verteilen. Eine Schätzung der Umsätze und Gewinne ist möglich, kann aber zu Fehlentscheidungen bzgl. der Ausgestaltung des Geschäftsmodells führen. Daher sollte auf Berichte von Industrieverbänden und auf Industrie-Experten zurückgegriffen werden, um den Industry Profit Pool zu erstellen.

Im Rahmen der Stakeholder-Analyse können die jeweiligen Erwartungen und Positionen der Stakeholder meist nicht vollständig abgeleitet werden. Daher können die Stakeholder der Industrie direkt befragt werden und für die Erstellung der Stakeholder-Landkarte können Experten hinzugezogen werden.

Im Rahmen der Erhebung von Geschäftsmodell-Mustern innerhalb der Industrie ist kritisch anzumerken, dass die Orientierung an bestehenden Geschäftsmodellen (inkl. Wettbewerbs-Geschäftsmodelle) evtl. nicht zu einer radikalen Geschäftsmodell-Innovation führt. Wettbewerber spielen im Rahmen von Geschäftsmodell-Innovation ohnehin eine untergeordnete Rolle (Osterwalder und Pigneur 2010, S. 126). Die Geschäftsmodell-Muster der Industrie können daher primär dazu eingesetzt werden, Industrien radikal zu verändern, indem neue Geschäftsmodell-Muster erarbeitet werden. Daneben können die Geschäftsmodell-Muster anderer Industrien dazu dienen, neue Ideen für das eigene

7.4 Raster des Geschäftsmodell-Prototyps

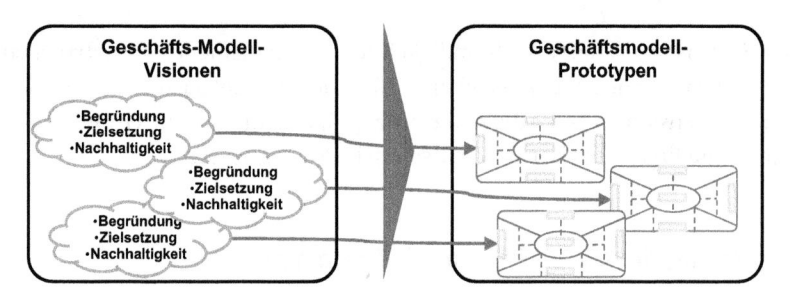

Abb. 7.9 Entwicklung der Geschäftsmodell-Prototypen. (Schallmo 2013, S. 191)

Geschäftsmodell zu gewinnen. Ein Beispiel für die Übertragung eines Geschäftsmodell-Musters (in Bezug auf den Umsatzmechanismus) ist die *minutengenaue Abrechnung* aus der Telekommunikationsindustrie auf die Automobilindustrie (Vermietung von PKW) durch *car2go*.

7.4 Raster des Geschäftsmodell-Prototyps

Die Technik *Raster des Geschäftsmodell-Prototyps* hat zum Ziel, auf Basis der bisher gewonnenen Ergebnisse Geschäftsmodell-Prototypen, also Erstentwürfe von Geschäftsmodellen, zu entwickeln (Osterwalder und Pigneur 2010, S. 161–163). Um die Geschäftsmodell-Prototypen zu entwickeln, wird auf die *Geschäftsmodell-Visionen*, die *Industrie-Wertschöpfungskette*, den *Industry Profit Pool*, die *Stakeholder-Landkarte* und die *Geschäftsmodell-Muster der Industrie* zurückgegriffen. Es werden ebenso generische Geschäftsmodelle aus der Literatur berücksichtigt, um zusätzliche Ideen in die Entwicklung der Geschäftsmodell-Prototypen zu integrieren.

Für Technik *Raster des Geschäftsmodell-Prototyps* dienen folgende Schritte:

- Entwicklung der Geschäftsmodell-Prototypen
- Ergänzung der Geschäftsmodell-Prototypen.

7.4.1 Entwicklung der Geschäftsmodell-Prototypen

Die erarbeiteten Geschäftsmodell-Visionen dienen als Basis für die *Entwicklung der Geschäftsmodell-Prototypen*. Hierfür wird das Raster mit den fünf Dimensionen eines Geschäftsmodells herangezogen, das zuvor im Rahmen der Analyse von Geschäftsmodell-Mustern innerhalb einer Industrie verwendet und bereits in Kap. 3.2 vorgestellt wurde (siehe Abb. 7.14). Als Unterstützung für die Entwicklung von Geschäftsmodell-Prototypen dienen die in Kap. 3.2 formulierten Leitfragen für Geschäftsmodell-Elemente.

Als Ergebnis liegt je Geschäftsmodell-Vision ein entsprechender Geschäftsmodell-Prototyp vor, was in Abb. 7.9 dargestellt ist.

An dieser Stelle ist noch keine Vollständigkeit der Geschäftsmodell-Prototypen zu erwarten, da die Informationen der Geschäftsmodell-Visionen nicht ausreichen, um alle Geschäftsmodell-Dimensionen und -Elemente auszuprägen. Aus diesem Grund findet im nächsten Schritt die Ergänzung der Geschäftsmodell-Prototypen statt.

7.4.2 Ergänzung der Geschäftsmodell-Prototypen

Die Ergänzung der Geschäftsmodell-Prototypen erfolgt mittels der Ergebnisse des Industrie-Monitors. Der Industry Profit Pools ermöglicht es, die geeignete Position innerhalb der Industrie-Wertschöpfungskette festzulegen, was sich somit auf die Geschäftsmodell-Elemente innerhalb der Wertschöpfungsdimension auswirkt. Die Stakeholder-Landkarte dient dazu, potenzielle Partner und potenzielle Kundensegmente zu identifizieren. Die vorhandenen Geschäftsmodell-Muster innerhalb der Industrie und die generischen Geschäftsmodelle aus der Literatur dienen dazu, Ideen für die Ausgestaltung der Geschäftsmodell-Elemente abzuleiten. In Tab. 7.4 sind einige Autoren aufgeführt, die generische Geschäftsmodelle vorstellen; in Tab. 11.6 sind diese generischen Geschäftsmodelle ausführlich erläutert.

Die Ergänzung der Geschäftsmodell-Prototypen erfolgt mittels der Delphi-Methode. Die Delphi-Methode ist ein Verfahren zur Befragung von Experten und dient der Einschätzung zukünftiger Ereignisse, zukünftiger Trends und technischer Entwicklungen (Drews und Hillebrand 2010, S. 54; Gelbmann und Vorbach 2007a, S. 139). Im Rahmen des vorliegenden Ansatzes werden Experten aus der ausgewählten Industrie herangezogen.[4]

Als Ergebnis liegen *ergänzte Geschäftsmodell-Prototypen* vor, was in Abb. 7.10 beispielhaft dargestellt ist. Im Anschluss werden die ergänzten Geschäftsmodell-Prototypen getestet und bewertet.

7.4.3 Zusammenfassung

Die Technik *Raster des Geschäftsmodell-Prototyps* stellt die einheitliche und übersichtliche Beschreibung von Geschäftsmodellen sicher. Die Technik konkretisiert die Geschäftsmodell-Visionen und berücksichtigt Aspekte der Industrie (z. B. Stakeholder) sowie generische Geschäftsmodelle der Literatur. Als Ergebnis liegen *Geschäftsmodell-Prototypen* vor, die nun bewertet werden.

Es ist allerdings kritisch anzumerken, dass die Ergänzung der Geschäftsmodell-Prototypen aufwendig sein kann, da unterschiedliche Quellen (z. B. der Industry Profit Pool)

---

[4] Wie bereits erwähnt, können die Experten einer Industrie (Delphi-Methode) bereits im Rahmen der Geschäftsmodell-Ideen-Gewinnung und im Rahmen der Geschäftsmodell-Visions-Entwicklung eingesetzt werden. Weitere Informationen zur Delphi-Methode finden sich in: Häder 2009

7.4 Raster des Geschäftsmodell-Prototyps

Tab. 7.4 Generische Geschäftsmodelle innerhalb der Literatur. (Schallmo 2013, S. 192)

Autor	Beschreibung
Kagermann und Österle 2007, S. 19–26	Kagermann und Österle stellen neun generische Geschäftsmodelle vor, die sowohl für den Business-to-Business- als auch für den Business-to-Consumer-Bereich gültig sind und anhand von sieben Elementen beschrieben sind. Die Geschäftsmodelle stellen Teilkomponenten dar, die als Ergänzung zur Erstellung des eigenen Geschäftsmodells dienen.
Kobler 2005, S. 350–353	Kobler stellt vier generische Geschäftsmodelle für Schweizer Versicherungen im Privatkundensegment vor, die anhand von 15 Dimensionen beschrieben werden.
Linder und Cantrell 2000, S. 7 f.	Linder und Cantrell erläutern acht generische Geschäftsmodelle, die analog zu Kagermann und Österle für den Business-to-Business- und den Business-to-Consumer-Bereich gültig und untereinander kombinierbar sind.
Osterwalder und Pigneur 2010, S. 56–119	Osterwalder und Pigneur stellen fünf generische Geschäftsmodelle vor, die hauptsächlich für den Business-to-Consumer-Bereich gelten und anhand von neun Elementen beschrieben werden.
Rappa 2004, S. 35–37	Rappa zeigt neun generische Geschäftsmodelle für den Bereich des E-Business auf, die beschrieben werden und miteinander kombinierbar sind.
Schröter und Biege 2009, S. 628 f.	Schröter und Biege stellen vier generische Geschäftsmodelle für die Montage (Business-to-Business-Märkte) vor; der Fokus der Geschäftsmodelle liegt auf der Reduktion der Total Cost of Ownership.
Slywotzky und Morrison 1997, S. 71–84	Slywotzky und Morrison beschreiben 22 generische Geschäftsmodelle, die im Business-to-Business- und im Business-to-Consumer-Bereich anwendbar sind; die beschriebenen Geschäftsmodelle überschneiden sich stark.
Timmers 1998, S. 4–8	Timmers zählt zehn generische Geschäftsmodelle für das Internet auf, die miteinander kombinierbar sind.
Weill und Vitale 2001, S. 21	Weil und Vitale stellen acht generische Geschäftsmodelle für den Bereich des E-Business vor, die anhand von fünf Elementen beschrieben sind.
Wirtz 2001, S. 218	Wirtz erläutert vier generische Geschäftsmodelle für E-Business, die für den Business-to-Business- und den Business-to-Consumer-Bereich gelten und kombinierbar sind.
Zentes et al. 2007, S. 151–214	Zentes et al. zeigen sieben generische Geschäftsmodelle für den Großhandel, die entweder in idealtypischer Form oder als Kombination umsetzbar sind.

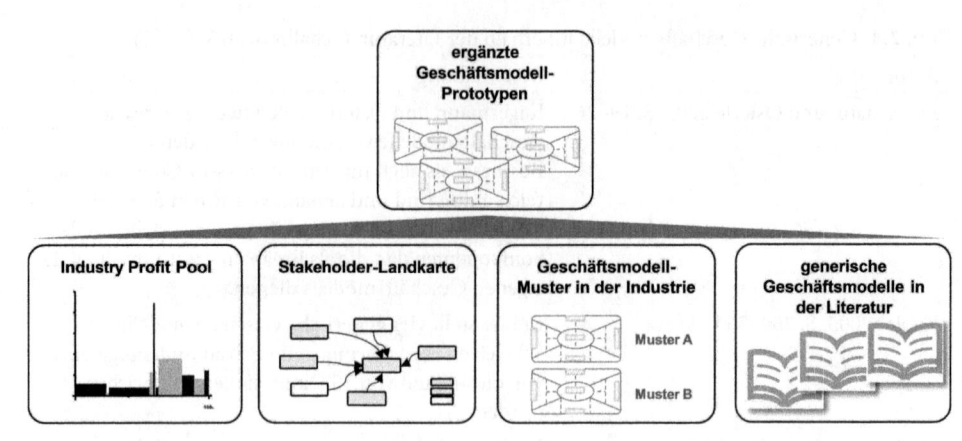

Abb. 7.10 Ergänzung der Geschäftsmodell-Prototypen. (Schallmo 2013, S. 193)

herangezogen werden müssen. Die Technik *Raster-Geschäftsmodell-Prototyp* kann auch in verkürzter Form (z. B. ohne die Integration generischer Geschäftsmodelle aus der Literatur) angewandt werden.

7.5 Bewertung der Geschäftsmodell-Prototypen

Da die Geschäftsmodell-Entwicklung komplex bzw. umfangreich ist und nicht alle Geschäftsmodell-Prototypen weiterverfolgt werden können, ist es notwendig, einen erfolgsversprechenden Geschäftsmodell-Prototyp auszuwählen. Die Technik *Bewertung der Geschäftsmodell-Prototypen* hat zum Ziel, die erwartete Attraktivität der Geschäftsmodell-Prototypen in Abhängigkeit unterschiedlicher Szenarien zu ermitteln.

Für die Technik *Bewertung der Geschäftsmodell-Prototypen* dienen folgende Schritte:

- Erhebung der kritischen Erfolgsfaktoren
- Erarbeitung des Wirkungszusammenhangs
- Erstellung der Szenarien
- Bewertung der Geschäftsmodell-Prototypen
- Einordnung in das Attraktivitäts-Portfolio.

7.5.1 Erhebung der kritischen Erfolgsfaktoren

Für jeden Geschäftsmodell-Prototypen liegen *kritische Erfolgsfaktoren* (KEF) vor, die dazu dienen, sich auf die wesentlichen Faktoren eines Geschäftsmodells zu konzentrieren. Die Übertragung des Konzepts der kritischen Erfolgsfaktoren auf Geschäftsmodelle gestaltet

7.5 Bewertung der Geschäftsmodell-Prototypen

Abb. 7.11 Erhebung kritischer Erfolgsfaktoren. (Schallmo 2013, S. 194)

sich folgendermaßen (in Anlehnung an: Österle 1995, S. 108; Meyer 2005, S. 44 f.; Biethahn et al. 2004, S. 303):[5]

- Die *kritischen Erfolgsfaktoren* sind die wenigen Variablen, die den Erfolg eines Geschäftsmodells nachhaltig (dauerhaft) beeinflussen.
- Die *kritischen Erfolgsfaktoren* beziehen sich im Rahmen der Bewertung der Geschäftsmodell-Prototypen auf die Geschäftsmodell-Dimensionen und -Elemente.
- Die *kritischen Erfolgsfaktoren* sind die Ausgangsbasis für die Entwicklung des Führungsinstruments des Geschäftsmodells (siehe Kap. 8.9).

Für Prozesse liegen *allgemeine kritische Erfolgsfaktoren* vor (Österle 1995, S. 109 f.), die wie folgt auf Geschäftsmodelle übertragen werden:

- *Zeit:* Die Geschäftsmodell-Elemente ermöglichen eine schnelle Bereitstellung von Leistungen.
- *Kosten*: Die Geschäftsmodell-Elemente verursachen geringe Kosten bzw. sind so gestaltet, dass ein geringes Risiko vorliegt.
- *Qualität*: Die Geschäftsmodell-Elemente ermöglichen die Bereitstellung von Leistungen, die Kundenbedürfnisse erfüllen.
- *Flexibilität*: Die Geschäftsmodell-Elemente sind so gestaltet, dass sie unterschiedliche Kundenbedürfnisse abdecken und schnell an neue Kundenbedürfnisse angepasst werden können.[6]

Je Geschäftsmodell-Dimension der Prototypen sollen maximal fünf kritische Erfolgsfaktoren abgeleitet werden (Österle 1995, S. 112). Als Ergebnis liegen je Geschäftsmodell-Prototyp die *kritischen Erfolgsfaktoren und deren Erläuterung* vor; diese Ergebnisse sind in Abb. 7.11 exemplarisch dargestellt.

---

[5] Andere Autoren verwenden synonyme Begriffe, wie z. B. *Schlüsselfaktor, strategischer Erfolgsfaktor, Erfolgsdeterminanten;* siehe hierzu: Meyer (2005), der das Konzept der Erfolgsfaktoren detailliert behandelt.

[6] In der Literatur liegen weitere Auflistungen kritischer Erfolgsfaktoren für Unternehmen vor (siehe z. B. Schmelzer und Sesselmann 2008, S. 99).

7.5.2 Erarbeitung des Wirkungszusammenhangs

Die kritischen Erfolgsfaktoren eines Geschäftsmodell-Prototyps beeinflussen sich gegenseitig und stehen somit in einem *Wirkungszusammenhang*. Um diesen Zusammenhang der kritischen Erfolgsfaktoren innerhalb eines Wirkungsnetzes systematisch herzuleiten, wird die sog. *Vestersche Vernetzungsmatrix* eingesetzt. Hierfür werden bestehende Ansätze wie folgt angepasst (Mietzner 2009, S. 122 f.; Winkelhofer 2004, S. 129; Vester 2002; Bokranz und Kasten 2003, S. 139–145):

- *Integration:* Die kritischen Erfolgsfaktoren werden in eine Vestersche Vernetzungsmatrix integriert (1. Spalte und 1. Zeile).
- *Ermittlung:* Die gegenseitigen Wirkungsbeziehungen der kritischen Erfolgsfaktoren werden ermittelt (0 = keine, 1 = schwache, 2 = starke Wirkungsbeziehung).
- *Berechnung:* Die Aktiv- und Passivsummen werden je kritischem Erfolgsfaktor berechnet (Addition der Zeilenwerte = Aktivsumme; Addition der Spaltenwerte = Passivsumme).
- *Darstellung:* Die Zusammenhänge der kritischen Erfolgsfaktoren werden in einem Wirkungsnetz graphisch dargestellt.[7]

Zur Veranschaulichung des Wirkungszusammenhangs erfolgt die Darstellung eines Beispiels (Ryanair), das auf Casadesus-Masanell und Ricart (2011, S. 104) basiert. Casadesus-Masanell und Ricart (2011, S. 104) analysieren nicht die kritischen Erfolgsfaktoren eines Geschäftsmodells, sondern die Ausprägungen von Geschäftsmodell-Elementen (*choices*) und die daraus entstehenden Konsequenzen (*consequences*), die sie in drei Kreisläufe einordnen:

- *Kreislauf 1*: niedrige Flugpreise → hohe Volumina → höhere Verhandlungsmacht gegenüber Lieferanten → niedrigere Fixkosten → niedrigere Flugpreise
- *Kreislauf 2*: niedrige Flugpreise → hohe Volumina → hohe Auslastung → niedrige Fixkosten je Passagier → niedrige Flugpreise
- Kreislauf 3: niedrige Flugpreise → niedrigere Erwartungen bzgl. Service seitens der Passagiere → keine Mahlzeiten → geringe variable Kosten → niedrige Flugpreise.

Die Tab. 7.5 stellt die *Vestersche Vernetzungsmatrix* mit den Ausprägungen von Geschäftsmodell-Elementen dar, die in diesem Zusammenhang als kritische Erfolgsfaktoren verstanden werden. Die Aktiv- bzw. Passivsummen sagen aus, wie stark ein kritischer Erfolgs-

---

[7] Das Wirkungsnetz dient der Darstellung der Zusammenhänge einzelner kritischer Erfolgsfaktoren des Geschäftsmodells. Daneben liegen folgende Varianten vor, um Wirkungszusammenhänge darzustellen: *Causal-Loop-Diagramm aus* System Dynamics (z. B. Sandrock 2006; Palm 2009; Casadesus-Masanell und Ricart 2009, S. 6), *value logic bzw. self sustaining feedback loop,* Grasl, 2009, S. 97 f.; Activity Systems Map (Porter, 2008, S. 50). Des Weiteren findet in der Erarbeitung sog. Strategy Maps eine Hierarchisierung und Visualisierung der Perspektiven der Balanced Scorecard statt (siehe hierzu: Kaplan und Norton, 2004, S. 21).

7.5 Bewertung der Geschäftsmodell-Prototypen

Tab. 7.5 Vestersche Vernetzungsmatrix mit kritischen Erfolgsfaktoren. (Schallmo 2013, S. 195 f.)

wirkt auf	KEF 1	KEF 2	KEF 3	KEF 4	KEF 5	KEF 6	KEF 7	KEF 8	KEF 9	Aktivsumme
KEF 1: niedrige Flugpreise	-	2	0	0	2	0	2	0	0	6
KEF 2: hohe Volumina	0	-	2	1	2	1	0	0	1	7
KEF 3: Verhandlungsmacht gegenüber Lieferanten	1	0	-	2	0	1	0	0	1	5
KEF 4: niedrigere Fixkosten	2	0	0	-	0	2	0	0	0	4
KEF 5: hohe Auslastung	0	2	1	2	-	2	0	0	1	8
KEF 6: niedrige Fixkosten je Passagier	2	0	0	1	0	-	0	0	0	3
KEF 7: niedrige Erwartungen bzgl. Service	0	0	0	0	0	1	-	2	2	5
KEF 8: keine Mahlzeiten	1	0	0	1	0	1	0	-	2	5
KEF 9: geringe variable Kosten	2	0	0	0	0	0	0	0	-	2
Passivsumme	8	4	3	7	4	8	2	2	7	-

faktor andere Erfolgsfaktoren beeinflusst bzw. wie stark ein kritischer Erfolgsfaktor von anderen Erfolgsfaktoren beeinflusst wird (Mietzner 2009, S. 122).

Auf Basis der Vernetzungsmatrix erfolgt nun die graphische Darstellung der Wirkungsbeziehungen, indem je Geschäftsmodell-Prototyp ein Wirkungsnetz erstellt wird. Hierbei sind die mit stark (= 2) bewerteten Beziehungen berücksichtigt worden, um innerhalb der Darstellung die Komplexität gering zu halten. Die Abb. 7.12 stellt das Wirkungsnetz der kritischen Erfolgsfaktoren eines Geschäftsmodell-Prototyps exemplarisch dar.

Das Wirkungsnetz ermöglicht es, die Zusammenhänge der kritischen Erfolgsfaktoren darzustellen. Den kritischen Erfolgsfaktoren mit hoher Aktivsumme wird eine besondere Aufmerksamkeit geschenkt, da diese einen starken Einfluss auf andere kritische Erfolgsfaktoren haben. Das Ergebnis der *Erarbeitung des Wirkungszusammenhangs* ist in Abb. 7.13 zusammengefasst.

7.5.3 Erstellung der Szenarien

Neben der Berücksichtigung kritischer Erfolgsfaktoren der Geschäftsmodell-Prototypen ist die Berücksichtigung zukünftiger Entwicklungen entscheidend. Hierfür werden auf Basis der erstellten Monitore der Geschäftsmodell-Visions-Entwicklung (siehe Kap. 7) Szenarien erstellt, die eine mögliche zukünftige Situation beschreiben. Szenarien haben unterschiedliche Ausprägungen (Gausemeier et al. 2009, S. 59) und beeinflussen somit z. B. über die *Wettbewerbsintensität innerhalb einer Industrie* und über die *Akzeptanz des*

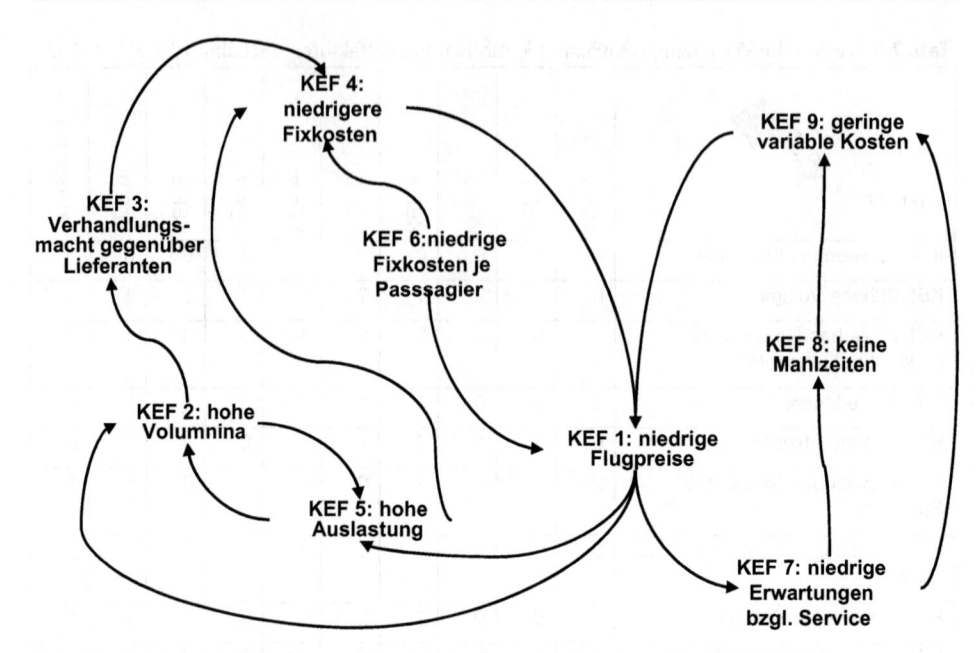

Abb. 7.12 Wirkungsnetz der kritischen Erfolgsfaktoren. (Schallmo 2013, S. 196)

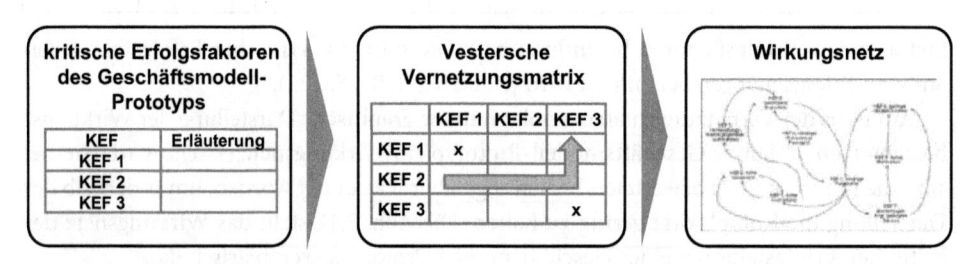

Abb. 7.13 Erarbeitung des Wirkungszusammenhangs. (Schallmo 2013, S. 196)

Geschäftsmodells bei Kunden den *Wert eines Geschäftsmodells*. Zur Entwicklung von Szenarien liegen folgende Schritte vor (in Anlehnung an: Gausemeier et al. 2009, S. 63–97):

- *Szenario-Vorbereitung:* In dieser Phase erfolgen die Bestimmung der Zielsetzung, der Projektorganisation und die Analyse des Gestaltungsfelds. Die Gestaltungsfelder beschreiben, was mittels des Szenario-Projekts gestaltet werden soll, und umfassen z. B. das Unternehmen, die Produkte oder die Branchen. Das Gestaltungsfeld im Rahmen der vorliegenden Arbeit umfasst die Geschäftsmodell-Prototypen.
- *Szenariofeld-Analyse:* In dieser Phase wird auf Basis der Einflussfaktoren der Makro- und Mikro-Umwelt aus Unternehmenssicht das Szenariofeld beschrieben. Das Szenariofeld beschreibt den Erklärungsgegenstand der Szenarien. Hierfür werden sog. Schlüsselfaktoren ermittelt, die einen besonders hohen Einfluss auf das Szenariofeld (die Umwelt von Geschäftsmodell-Prototypen) haben.

7.5 Bewertung der Geschäftsmodell-Prototypen

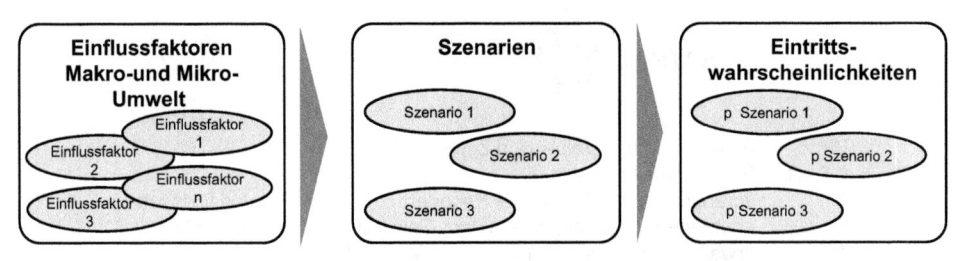

Abb. 7.14 Erstellung der Szenarien mit Eintrittswahrscheinlichkeiten. (Schallmo 2013, S. 197)

- *Szenario-Prognostik:* In dieser Phase werden für die ermittelten Schlüsselfaktoren alternative Entwicklungsrichtungen (fünf bis zehn Jahre) erarbeitet. Aus diesen alternativen Entwicklungsrichtungen werden die geeigneten Entwicklungsrichtungen ausgewählt, formuliert und begründet. Somit stellen die Schlüsselfaktoren mit ihren Entwicklungsrichtungen *Bausteine* für die Szenarien dar.
- *Szenario-Bildung:* In dieser Phase werden die (ausgewählten) Schlüsselfaktoren mit ihren Entwicklungsrichtungen in Szenarien gebündelt und beschrieben. Dabei ist die Konsistenz der Kombinationen der Schlüsselfaktoren entscheidend.
- *Szenario-Transfer:* In dieser Phase werden die Szenarien analysiert und hinsichtlich ihrer Eintrittswahrscheinlichkeit bewertet.

Um die Szenarien und deren Eintrittswahrscheinlichkeit zu bestimmen, werden Experten der Industrie hinzugezogen (Mateika 2005, S. 121). Das Ergebnis der *Ableitung von Szenarien und Eintrittswahrscheinlichkeiten* ist in Abb. 7.14 beispielhaft zusammengefasst.

7.5.4 Bewertung der Geschäftsmodell-Prototypen

Die Bewertung der erwarteten Attraktivität der Geschäftsmodell-Prototypen erfolgt einerseits anhand des *Business Model Value* und andererseits anhand des *Kundennutzens*. Somit werden die *interne Attraktivität* in Form des Werts des Geschäftsmodells (Business Model Value) und die *externe Attraktivität* in Form des Kundennutzens abgebildet.

Business Model Value Als Ausgangspunkt zur Berechnung des *Business Model Value (BMV)* dient der Net Present Value (NPV, Netto-Kapitalwert), der auch im Rahmen der Unternehmens-, Projekt- und Produktbewertung eingesetzt wird (siehe: Brigham und Ehrhardt 2010, S. 383–389).[8]

---

[8] Im Rahmen von Investitionsentscheidungen können neben dem Kapitalwert z. B. auch die Annuitätenmethode oder die Methode der internen Zinssätze herangezogen werden (siehe auch: Kruschwitz, 2011, S. 32; Afuah, 2004, S. 211–231). Für die Bewertung der Attraktivität wird allerdings der Kapitalwert herangezogen, da dieser Wert am gebräuchlichsten ist (Mateika, 2005, S. 100); zudem trägt ein hoher Kapitalwert zum Wert des Unternehmens bei, wohingegen z. B. ein hoher interner Zinsfuß keine Aussage über den Beitrag zum Wert des Unternehmens enthält (Brigham und Ehrhardt, 2010, S. 389).

$$BMV_0 = \sum_{t=0}^{T} \frac{E_t - A_t}{(1+i)^t} - I$$

BMV_0 : Business Model Value zum Zeitpunkt t=0
t=0…T : Betrachtungszeitraum
T : voraussichtliche Anzahl der Perioden des Geschäftsmodelleinsatzes
E_t : erwartete Einzahlungen aus dem Geschäftsmodell in Periode t
A_t : erwartete Auszahlungen aus dem Geschäftsmodell in Periode t
i : Kalkulationszinsfuß zur Diskontierung auf den Zeitpunkt t=0
I : Investitionsausgabe zum Zeitpunkt t=0

Abb. 7.15 Berechnung des Business Model Value. Investitionen, die während der Lebensdauer eines Geschäftsmodells erfolgen, sind in den jeweiligen Auszahlungen berücksichtigt. Die Liquidationserlöse bzw. die Liquidationskosten sind in den Ein- bzw. Auszahlungen der letzten Periode berücksichtigt.

Der *Business Model Value* ist der Wert eines Geschäftsmodells zum Zeitpunkt t = 0; der *Business Model Value* berücksichtigt die Differenz der Einzahlungen und Auszahlungen, die während der Lebensdauer eines Geschäftsmodells anfallen, und zinst diese Differenz auf den Zeitpunkt t = 0 ab. Daneben werden auch die Investitionen für die Erstellung eines Geschäftsmodells berücksichtigt. Die Berechnungsformel des *Business Model Value* ist in Abb. 7.15 dargestellt (in Anlehnung an: Mateika 2005, S. 100; Brigham und Ehrhardt 2010, S. 384; Franke und Hax 2003, S. 166):

Auf Basis der Ausführungen in Kap. 3.3 setzten sich die Ein- und Auszahlungen sowie die Investitionen für Geschäftsmodelle wie in Tab. 7.6 dargestellt zusammen.

Für jeden Geschäftsmodell-Prototypen erfolgt in Abhängigkeit vom jeweiligen Szenario die Prognose der Lebensdauer des Geschäftsmodells, der Ein- und Auszahlungen sowie der Investitionen. Somit ist es möglich, für jeden Geschäftsmodell-Prototyp und für jedes Szenario den Business Model Value zum Zeitpunkt t = 0 zu bestimmen. Werden nun die jeweiligen Business Model Value der Szenarien zum Zeitpunkt t = 0 mit der Eintrittswahrscheinlichkeit des Szenarios gewichtet, so ergibt sich der erwartete Business Model Value (über alle Szenarien) zum Zeitpunkt t = 0. In Tab. 7.7 ist die Berechnung des erwarteten Business Model Value zum Zeitpunkt t = 0 exemplarisch dargestellt.

Die *interne Attraktivität* der Geschäftsmodell-Prototypen kann somit mittels des erwarteten Business Model Value zum Zeitpunkt t_0 bestimmt werden. Da die interne Attraktivität nicht ausreicht, um Geschäftsmodell-Prototypen zu bewerten, erfolgt ebenso die Berücksichtigung der *externen Attraktivität* in Form der Ermittlung des Kundennutzens der Geschäftsmodell-Prototypen.

Kundennutzen Um den Kundennutzen zu ermitteln, werden die *Geschäftsmodell-Prototypen* (Bucherer 2011, S. 92–94; Mitchell und Coles 2004, S. 43) mit *Lead-Usern* getestet und bewertet (Lead-User-Analyse). Die Lead-User-Analyse bindet besonders innovative Kunden in die Ideenselektion und in die Entwicklung eines Konzepts ein (Trommsdorff und Binsack 1999, S. 118), um im Rahmen der Produktentwicklung den Innovationserfolg zu erhöhen (Gerpott 2005, S. 103). Erfolgreiche Unternehmen, die die Lead-User-Analyse

7.5 Bewertung der Geschäftsmodell-Prototypen

Tab. 7.6 Typische Komponenten zur Berechnung des Business Model Value.(Schallmo 2013, S. 198 f.)

Einzahlungen	Einzahlungen durch den Verkauf von Leistungen (Produkte/Dienstleistungen)
	Einzahlungen Nutzungsgebühren für Leistungen (z. B. Vermietung/Leasing)
	Einzahlungen durch Registrierungsgebühren/Grundgebühren
	Einzahlungen durch Lizenzgebühren
	Einzahlungen durch Provisionen/Vermittlungsgebühren
Auszahlungen	Auszahlungen für die Nutzung der Kundenkanäle
	Auszahlungen für die Pflege der Kundenbeziehungen
	Auszahlungen für die Bereitstellung der Ressourcen
	Auszahlungen für die Bereitstellung der Fähigkeiten
	Auszahlungen für die Ausführung der Prozesse
	Auszahlungen für die Bezahlung der Partner
	Auszahlungen für die Nutzung der Partnerkanäle
	Auszahlungen für die Pflege der Partnerbeziehungen
Investitionen	Investition für den Aufbau von Kundenkanälen
	Investition für den Aufbau von Kundenbeziehungen
	Investition für den Aufbau von Ressourcen
	Investition für den Aufbau von Fähigkeiten
	Investition für die Gestaltung von Prozessen
	Investition für den Aufbau von Partnerkanälen
	Investition für den Aufbau von Partnerbeziehungen

Tab. 7.7 Berechnung des erwarteten Business Model Value. (Schallmo 2013, S. 199)

	S_1	S_2	...	S_m	$e\,BMV_0$
$GM\text{-}PT_1$	$BMV_{0\,11}$	$BMV_{0\,12}$	...	$BMV_{0\,1m}$	$e\,BMV_{0\,1}$
$GM\text{-}PT_2$	$BMV_{0\,21}$	$BMV_{0\,22}$	...	$BMV_{0\,2m}$	$e\,BMV_{0\,2}$
...	...	...	...	...	...
$GM\text{-}PT_n$	$BMV_{0\,n1}$	$BMV_{0\,n2}$	...	$BMV_{0\,nm}$	$e\,BMV_{0\,n}$
p	p_1	p_2	...	p_m	

mit: *GM-PT* Geschäftsmodell-Prototyp (mit Wirkungsnetz der kritischen Erfolgsfaktoren), *S* Szenario (abgeleitet aus der Makro-und Mikro-Umwelt), *p* Eintrittswahrscheinlichkeit des Szenarios, BMV_0 Business Model Value zum Zeitpunkt t = 0 (je Szenario), *e BMV* erwarteter Business Model Value zum Zeitpunkt t = 0 (über alle Szenarien)

einsetzen, sind z. B. Hilti und 3 M (Davenport et. al. 2006, S. 18; Cooper 2001, S. 165).[9] In dem vorliegenden Ansatz erfolgt die Anwendung der Lead-User-Analyse nicht für Produkte, sondern für Geschäftsmodell-Prototypen.[10] Somit ist es möglich, Risiken im Rahmen der

---

[9] Weitere Informationen zur Lead-User-Analyse finden sich in: Herstatt 2002 und Lamprecht 2009.
[10] Analog zur Delphi-Methode kann die Lead-User-Analyse bereits im Rahmen des Zukunfts- oder des Industriemonitors eingesetzt werden.

$$y_k = \sum_{j=1}^{J} \sum_{m=1}^{M_j} b_{jm} x_{jmk}$$

y_k: : geschätzter Gesamtnutzen für Stimulus k
k : Stimulus k (= Geschäftsmodell-Kombination bzw. Geschäftsmodell-Prototyp)
J : Anzahl der Geschäftsmodell-Merkmale (j=1,...,J)
j : Geschäftsmodell-Merkmal
M_j : Anzahl der Merkmalsausprägungen (m=1,..., M_j für alle j)
m : Merkmalsausprägung
b_{jm} : Teilnutzenwert für Merkmalsausprägung m des Merkmals j
x_{jmk} : ist gleich 1, wenn bei Stimulus k das Merkmal j in der Merkmalsausprägung m vorliegt

Abb. 7.16 Additives Nutzenmodell der Conjoint-Analyse für Geschäftsmodell-Prototypen

Einführung neuer Geschäftsmodelle zu reduzieren und den Innovationserfolg zu erhöhen. Der Test von Geschäftsmodellen kann ähnlich wie Dienstleistungen in einem Labor stattfinden (siehe hierzu: Beispiel 4).

Beispiel 4: ServLab (Service Labor)

Das Fraunhofer IAO hat gemeinsam mit Partnern ein Labor aufgebaut, in dem Dienstleistungen entwickelt, getestet und optimiert werden können. Hierbei wird die sogenannte *Virtual Reality* eingesetzt, die mittels einer Computersimulation und den Mitarbeitern des Anbieters bei den Probanden die Dienstleistungen testet. Somit ist es möglich, bereits im Vorfeld der Einführung von Dienstleistungen Verbesserungen vorzunehmen (Fraunhofer 2012b).

Im Anschluss an den die Vorstellung und den Test der Geschäftsmodell-Prototypen erfolgt die Durchführung der Conjoint-Analyse[11], die in Kap. 10.4 ausführlich erläutert ist. Im Rahmen der Conjoint-Analyse werden die Teilnutzenwerte einzelner Geschäftsmodell-Merkmale (insb. die Nutzendimension) mittels Paarvergleichen bei Probanden (Auswahl von potenziellen Kunden) erhoben. Auf dieser Basis wird dann je Proband der Gesamtnutzen je Geschäftsmodell-Prototyp berechnet. In Abb. 7.16 ist die Formel zur *Berechnung des Gesamtnutzens eines Geschäftsmodell-Prototyps* dargestellt (Homburg 2000, S. 216; Homburg und Krohmer 2006, S. 411 f. und S. 576).

Zur Berechnung der Teilnutzenwerte auf Basis der Paarvergleiche wird ein iteratives, mehrstufiges Verfahren eingesetzt, das mit einer Software[12] unterstützt wird (Homburg 2000, S. 216; Fabian 2005, S. 177–180). Im Rahmen der Ermittlung des Kundennutzens der Geschäftsmodell-Prototypen werden, analog zu der Berechnung des Business Model

---

[11] Bei der Conjoint-Analyse wird in dem vorliegenden Fall die Profil-Methode angewandt. Daneben liegen weitere Formen, wie z. B. die Trade-Off-Methode vor (siehe hierzu: Homburg und Krohmer 2006, S. 410 f.; Homburg 2000, S. 215 f.).

[12] Eine Software zur Durchführung der Conjoint-Analyse ist z. B. *Sawtooth* (Sawtooth 2012).

7.5 Bewertung der Geschäftsmodell-Prototypen

Tab. 7.8 Berechnung des erwarteten Gesamtnutzens. (Schallmo 2013, S. 201)

	S_1	S_2	...	S_m	$e\bar{y}$
GM-PT$_1$	$\bar{y}_{11}$	$\bar{y}_{12}$	...	$\bar{y}_{1m}$	$e\bar{y}_1$
GM-PT$_2$	$\bar{y}_{21}$	$\bar{y}_{22}$	...	$\bar{y}_{2m}$	$e\bar{y}_2$
...	...	...	...	...	...
GM-PT$_n$	$\bar{y}_{n1}$	$\bar{y}_{n2}$	...	$\bar{y}_{nm}$	$e\bar{y}_n$
p	p_1	p_2	...	p_m	

mit: *GM-PT* Geschäftsmodell-Prototyp (mit Wirkungsnetz der kritischen Erfolgsfaktoren),
S Szenario (abgeleitet aus der Makro-und Mikro-Umwelt),
p Eintrittswahrscheinlichkeit des Szenarios,
$\bar{y}$ arithmetisches Mittel des Gesamtnutzens (je Szenario),
$e\bar{y}$ erwarteter Gesamtnutzen der arithmetischen Mittel (über alle Szenarien)

Value, die erstellten Szenarien und deren Eintrittswahrscheinlichkeiten berücksichtigt. Es erfolgt nun die Bildung des arithmetischen Mittels der jeweils ermittelten Gesamtnutzenwerte (je Proband und je Geschäftsmodell-Prototyp). In Tab. 7.8 ist die Ermittlung des erwarteten Gesamtnutzens für die Geschäftsmodell-Prototypen exemplarisch dargestellt.

7.5.5 Einordnung in das Attraktivitäts-Portfolio

Ausgehend von dem jeweiligen *Business Model Value* und von dem *Gesamtnutzen* je Geschäftsmodell-Prototyp wird nun ein Attraktivitäts-Portfolio erstellt. Dieses Attraktivitäts-Portfolio besteht aus vier Quadranten und dient dazu, die Geschäftsmodell-Prototypen entsprechend ihrer Bewertung einzuordnen (siehe Abb. 7.17).

In Abhängigkeit von der Einordnung der Geschäftsmodell-Prototypen in das Attraktivitäts-Portfolio liegen Handlungsempfehlungen vor, die folgendermaßen erläutert sind:

- *I Weiterverfolgen:* Geschäftsmodell-Prototypen innerhalb dieses Quadranten weisen eine *hohe interne* und *externe Attraktivität* auf und sollten daher im Rahmen der Geschäftsmodell-Entwicklung weiterverfolgt werden.
- *II Anpassen:* Geschäftsmodell-Prototypen innerhalb dieses Quadranten weisen eine *geringe interne* und eine *hohe externe Attraktivität* auf. Zielsetzung ist es, die Geschäftsmodell-Prototypen anzupassen (z. B. durch die Reduktion der Kosten), um die interne Attraktivität zu erhöhen und die Geschäftsmodell-Prototypen in den Quadranten I zu verschieben.
- *III Anpassen:* Geschäftsmodell-Prototypen innerhalb dieses Quadranten weisen eine *hohe interne*, aber eine *geringe externe Attraktivität* auf. Zielsetzung ist es, Anpassungen

Abb. 7.17 Attraktivitäts-Portfolio der Geschäftsmodell-Prototypen. (Schallmo 2013, S. 201))

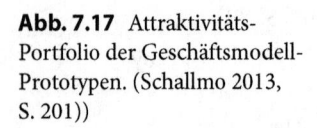

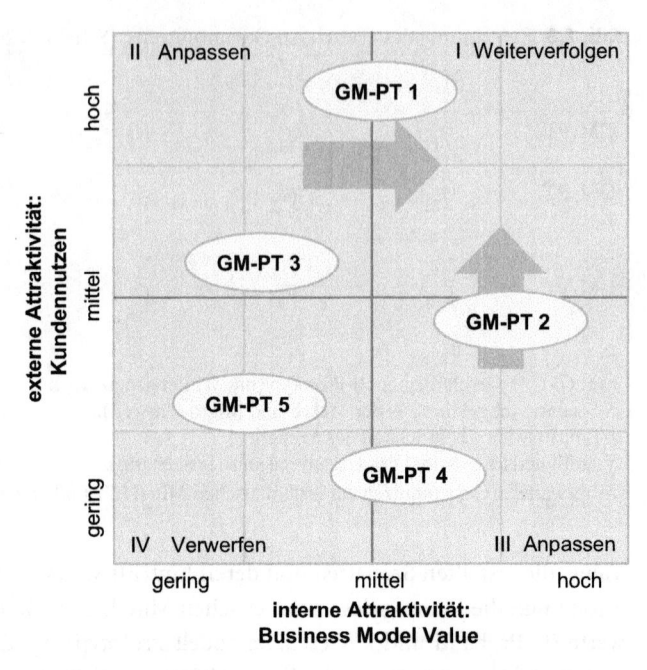

(z. B. Veränderung von Leistungen) vorzunehmen, welche die externe Attraktivität erhöhen.

- *IV Verwerfen:* Geschäftsmodell-Prototypen innerhalb dieses Quadranten weisen eine *geringe interne* und eine *geringe externe Attraktivität* auf. Diese Geschäftsmodell-Prototypen werden verworfen, da der Aufwand, sie in den Quadranten I zu verschieben, zu hoch ist.

Im Anschluss an die Einordnung der Geschäftsmodell-Prototypen liegen nun folgende Möglichkeiten vor:

- Es wird direkt mit der Geschäftsmodell-Entwicklung fortgefahren, da genügend Geschäftsmodell-Prototypen in dem Quadranten I enthalten sind.
- Die Geschäftsmodell-Prototypen der Quadranten I bis III werden verändert, um deren interne bzw. deren externe Attraktivität zu erhöhen. Im Rahmen der Veränderung der Geschäftsmodell-Prototypen werden insbesondere die kritischen Erfolgsfaktoren mit einer hohen Aktivsumme berücksichtigt, da diese die übrigen kritischen Erfolgsfaktoren sehr stark beeinflussen.

Das Ergebnis der Veränderung von Geschäftsmodell-Prototypen ist in Abb. 7.18 dargestellt.

Die erneute Einordnung der Geschäftsmodell-Prototypen kann entweder anhand einer erneuten Erhebung von Daten oder anhand der Einschätzung (aufgrund der bereits ermittelten Daten) erfolgen. Es zeigt sich, dass sich die interne bzw. die externe Attraktivität je Geschäftsmodell-Prototyp verändert hat. Es kann allerdings vorkommen, dass die Er-

7.5 Bewertung der Geschäftsmodell-Prototypen

Abb. 7.18 Verändertes Attraktivitäts-Portfolio der Geschäftsmodell-Prototypen. (Schallmo 2013, S. 201)

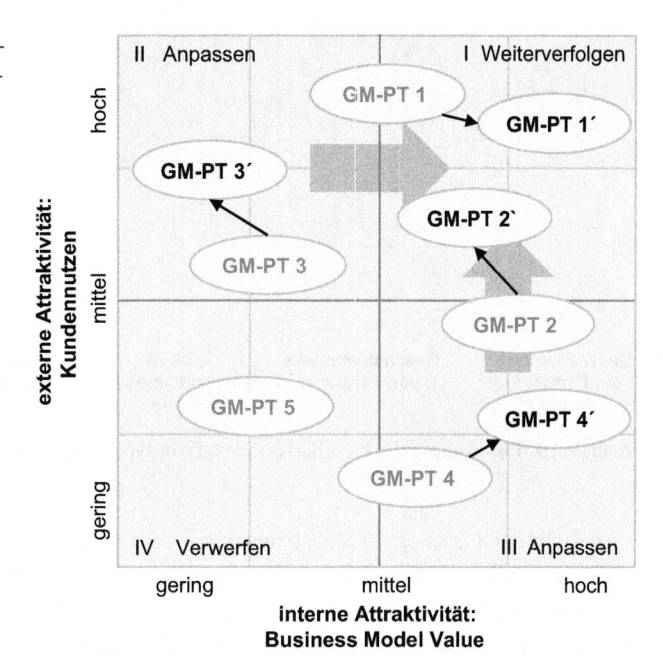

höhung der externen Attraktivität zu Lasten der internen Attraktivität erfolgt (z. B. GM-PT 3′). Analog dazu kann die Erhöhung der internen Attraktivität zu Lasten der externen Attraktivität erfolgen (z. B. GM-PT 1′). Die Veränderung der Geschäftsmodell-Prototypen kann iterativ erneut erfolgen, um die Attraktivität der Geschäftsmodell-Prototypen weiter zu erhöhen.

Als Ergebnis liegen Geschäftsmodell-Prototypen vor, die anhand ihrer internen und externen Attraktivität bewertet sind. Aus diesen Geschäftsmodell-Prototypen wird derjenige ausgewählt, der die höchste interne und höchste externe Attraktivität aufweist (erfolgversprechender Geschäftsmodell-Prototyp). Dieser erfolgversprechende Geschäftsmodell-Prototyp wird im Rahmen der Geschäftsmodell-Entwicklung weiter ausgeprägt.

Es ist anzumerken, dass die Bewertung der Geschäftsmodell-Prototypen aufwendig ist, da zahlreiche Aspekte (Wirkungsnetz der kritischen Erfolgsfaktoren, Szenarien) berücksichtigt werden müssen. Zudem basieren die Bewertungen der Geschäftsmodell-Prototypen auf Prognosen, die zu Fehlentscheidungen führen können. Aus diesem Grund können im Rahmen der Bewertung von Geschäftsmodell-Prototypen Experten der Industrie einbezogen werden; daneben können auch potenzielle Kunden in einer ausreichenden Anzahl befragt werden, um den Kundennutzen zu bewerten. Es ist ebenfalls anzumerken, dass die *externe Attraktivität* die *interne Attraktivität* beeinflussen kann; ein hoher Kundennutzen kann sich z. B. positiv auf den Umsatz, der mit dem Geschäftsmodell erzielt wird, auswirken. Daher können auch andere Parameter zur Bewertung der Attraktivität der Geschäftsmodell-Prototypen berücksichtigt werden (z. B. die Differenzierungsmöglichkeit gegenüber Wettbewerbern). Die Technik bietet sich trotzdem an, da sowohl interne als auch externe Aspekte berücksichtigt werden. Zudem können mit dieser Technik Veränderungen

| Geschäftsmodelle der Partner von Partnern | Geschäftsmodelle von Partnern | eigener Geschäftsmodell-Prototyp | Geschäftsmodelle von Kunden | Geschäftsmodelle der Kunden von Kunden |

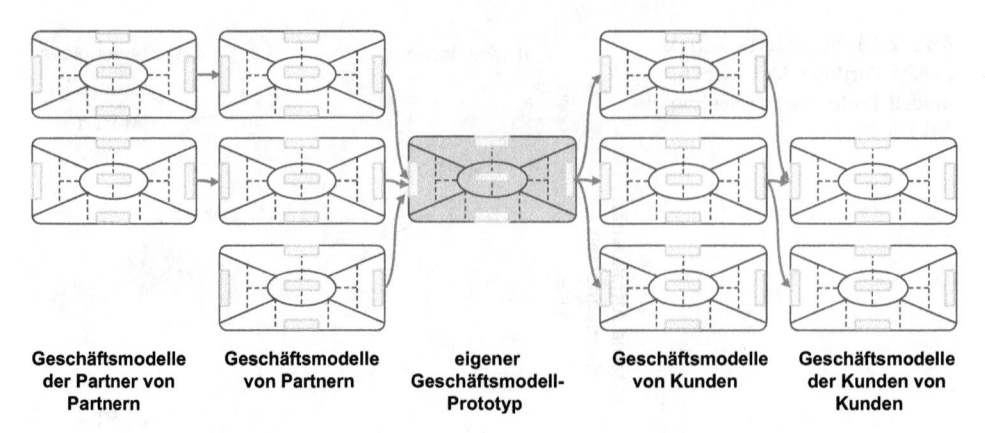

Abb. 7.19 Einordnung des Geschäftsmodell-Prototyps. (Schallmo 2013, S. 203)

innerhalb der Geschäftsmodell-Prototypen vorgenommen und deren Auswirkungen auf die Attraktivität der Geschäftsmodell-Prototypen bewertet werden.

Es ist denkbar, die Bewertung der Geschäftsmodell-Prototypen auch auf die übrigen Phasen der Geschäftsmodell-Innovation zu übertragen. Da die Geschäftsmodell-Entwicklung sehr aufwendig ist und daher nicht alle Geschäftsmodell-Prototypen berücksichtigt werden können, ist allerdings die Auswahl des erfolgsversprechenden Geschäftsmodell-Prototyps besonders relevant.

Der erfolgversprechende Geschäftsmodell-Prototyp kann anhand der bisherigen Ergebnisse (Industrie-Wertschöpfungskette, Geschäftsmodelle in der Industrie) in Bezug zu den potenziellen Partner und Kunden gesetzt werden. Dies erfolgt in Anlehnung an Porter (2008, S. 76 f.), der die Einordnung der eigenen Wertschöpfungskette innerhalb eines *Wertsystems* vorschlägt. Das Wertsystem setzt die eigene Wertschöpfungskette und die der Lieferanten und Kunden in Beziehung zueinander. Heuskel (1999, S. 58–70) stellt vier mögliche Kombinationen der Wertschöpfungsketten vor (*Layer Player, Market Maker, Orchestrator, Integrator*). Müller-Stewens und Lechner (2011, S. 372 f.) stellen sechs Optionen vor, die Wertschöpfungskette zu konfigurieren und somit höhere Wettbewerbsvorteile zu erzielen. Die Einordnung des erfolgversprechenden Geschäftsmodell-Prototyps ist in Abb. 7.19 exemplarisch dargestellt.

Mit Hilfe dieser Einordnung ist es möglich, die Position des eigenen Geschäftsmodells innerhalb einer Industrie darzustellen und den Zusammenhang zu den Geschäftsmodellen potenzieller Kunden und Partner aufzuzeigen.

Im Rahmen der Technik *Bewertung der Geschäftsmodell-Prototypen* werden sowohl die interne als auch die externe Attraktivität der Geschäftsmodell-Prototypen berücksichtigt. Die Technik berücksichtigt neben den Geschäftsmodell-Prototypen und deren Wirkungsnetzen der kritischen Erfolgsfaktoren auch Szenarien mit Eintrittswahrscheinlichkeiten. Auf dieser Basis werden je Geschäftsmodell-Prototyp die erwarteten Business Model Value und die erwarteten Gesamtnutzen für Kunden berechnet. Somit können die Geschäftsmodell-Prototypen in ein Attraktivitätsportfolio integriert werden.

Als Ergebnis liegt somit ein *erfolgversprechender Geschäftsmodell-Prototyp* (höchste interne und höchste externe Attraktivität) vor, der nun im Rahmen der Geschäftsmodell-Entwicklung ausgeprägt wird.

7.6 Zusammenfassung, Lernkontrollfragen und Aufgabe

7.6.1 Zusammenfassung

Sie haben die Techniken zur Geschäftsmodell-Prototyp-Entwicklung kennengelernt. Die entwickelten Geschäftsmodell-Visionen haben dabei als Ausgangspunkt gedient. Daneben wurden die relevanten Aspekte der Industrie (z. B. die Industrie-Wertschöpfungskette, Stakeholder in der Industrie) berücksichtigt. Der Geschäftsmodell-Prototyp charakterisiert das Geschäftsmodell anhand des aufgezeigten Geschäftsmodell-Rasters (mit den Dimensionen und Elementen). Im Anschluss haben Sie die Bewertung der Geschäftsmodell-Prototypen kennengelernt.

7.6.2 Lernkontrollfragen

Fragen

Zur Kontrolle der Erreichung der Lernziele sollten Sie folgende Fragen beantworten können:
- Welche Techniken werden zur Entwicklung von Geschäftsmodell-Prototypen eingesetzt?
- Mittels welcher Hilfstechniken werden diesen Techniken jeweils unterstützt?
- Wodurch ist der Industrie-Monitor charakterisiert?
- Wodurch ist das Raster für Geschäftsmodell-Prototypen charakterisiert?
- Was ist ein Profit Pool und wie wird er erstellt?
- Was ist eine Stakeholderanalyse und wozu dienen deren Ergebnisse?
- Wozu dient die Erhebung von Geschäftsmodell-Mustern einer Industrie?
- Wodurch wird der Geschäftsmodell-Prototyp ergänzt?
- Was ist ein kritischer Erfolgsfaktor?
- Wie wird der Zusammenhang kritischer Erfolgsfaktoren erarbeitet?
- Welche Rolle spielen die Eintrittswahrscheinlichkeiten von Szenarien bei der Bewertung von Geschäftsmodell-Prototypen?
- Anhand welcher Kriterien lassen sich Geschäftsmodell-Prototypen bewerten?
- Was ist ein Attraktivitäts-Portfolio?

7.6.3 Aufgaben

Aufgaben

Im Rahmen dieser Aufgaben erstellen Sie einen Industrie-Monitor und entwickeln Geschäftsmodell-Prototypen, die Sie anschließend bewerten.

Industrie-Monitor

Hier erstellen Sie einen Industrie-Monitor.
- Bitte erarbeiten Sie einen Industry Profit Pool (Analyse der Industrie-Wertschöpfungskette).
- Bitte führen Sie eine Stakeholder-Analyse durch (Stakeholder-Landkarte).
- Bitte erheben Sie Geschäftsmodell-Muster in der Industrie (Raster mit Geschäftsmodell-Dimensionen, graphische Darstellung der Geschäftsmodell-Muster).

Raster des Geschäftsmodell-Prototyps

Hier erstellen Sie ca. 3 Geschäftsmodell-Prototypen.
- Bitte entwickeln Sie auf Basis der Geschäftsmodell-Visionen Geschäftsmodell-Prototypen.
- Bitte ergänzen Sie die Geschäftsmodell-Prototypen (auf Basis des Industrie-Monitors und der generischen Geschäftsmodelle in der Literatur).

Bewertung der Geschäftsmodell-Prototypen

Hier bewerten Sie die Geschäftsmodell-Prototypen.
- Bitte schätzen Sie die interne und externe Attraktivität der Geschäftsmodell-Prototypen ab und ordnen Sie diese in das Attraktivitäts-Portfolio der Geschäftsmodell-Prototypen ein.
- Der Geschäftsmodell-Prototyp mit der höchsten Attraktivität wird in der folgenden Aufgabe konkretisiert.

Literatur

Afuah A (2003) Business Models: a strategic management approach. McGraw-Hill, New York
Andersen B, Fagerhaug T, Onsoyen L (2008) Mapping Work Processes. ASQ Quality Press, Milwaukee
Biethahn J, Mucksch H, Ruf W (2004) Ganzheitliches Informationsmanagement. Oldenbourg Verlag, München
Brigham E, Ehrhardt M (2010) Financial Management Theory and Practice. Cengage Learning, Mason
Bokranz R, Kasten L (2003) Organisations-Management in Dienstleistung und Verwaltung: Gestaltungsfelder, Instrumente und Konzepte. Gabler Verlag, Wiesbaden
Bucherer E (2011) Business model innovation: guidelines for a structured approach, Shaker Verlag, Aachen
Casadesus-Masanell R, Ricart E (2009) From Strategy to Business Models and Tactics, Working Paper 813, IESE Business School – University of Navarra
Casadesus-Masanell R, Ricart E (2011) How to design a winning business model, Harvard Business Review. Januar 2011:S 100-107

Chesbrough H (2007b) Open business models: how to thrive in the new innovation landscape. Harvard Business Press, Boston

Cooper R (2001) Winning at new products: Accelerating the process from idea to launch. Perseus Books, Cambridge

Davenport T, Leibold M, Voelpel S (2006), Strategic management in the innovation economy: strategy approaches and tools for dynamic innovation capabilities. Wiley VCH Verlag, Weinheim

Drews G, Hillebrand N (2010) Lexikon der Projektmanagement-Methoden. Haufe, Freiburg

Fabian S (2005) Wettbewerbsforschung und Conjoint-Analyse: Bestimmung der Präferenzen von Managern mittels Conjoint-Analyse zur Erklärung ihres Verhaltens im Wettbewerb, insbesondere ihres Reaktionsverhaltens bei Konkurrenzaktionen. DUV, Wiesbaden

Festo (2011b) Forschungsprojekt der Universität Ulm und der Festo AG mit dem Ziel der Analyse von Wettbewerbsgeschäftsmodellen.

Franke G, Hax H (2003) Finanzwirtschaft des Unternehmens und Kapitalmarkt. Gabler Verlag, Wiesbaden

Fraunhofer (2012b) http://www.iao.fraunhofer.de/geschaeftsfelder/dienstleistungs-und-personalmanagement/289.html?lang=En-US; heruntergeladen am: 01.01.2012. Ausdruck liegt Autor vor und kann eingesehen werden

Freeman E (2010) Strategic Management: A Stakeholder Approach. Cambridge University Press, Cambridge

Gadiesh O, Gilbert J (1998a) How to Map Your Industry's Profit Pool. In: Harv Bus Rev Mai/Juni 1998:S 149--162

Gadiesh O, Gilbert J (1998b) Profit Pools: A Fresh Look at Strategy. In: Harv Bus Rev Mai/Juni 1998:S 139--147

Gausemeier J, Plass C, Wenzelmann C (2009) Zukunftsorientierte Unternehmensgestaltung: Strategien, Geschäftsprozesse und IT-Systeme für die Produktion von morgen. Hanser Verlag, München

Gelbmann U, Vorbach S (2007a) Das Innovationssystem. In: Strebel H (Hrsg) Innovations- und Technologiemanagement, UTB Verlag, Stuttgart, S 95–155

Gerpott T (2005) Strategisches Technologie- und Innovationsmanagement. Schäffer-Poeschel Verlag, Stuttgart

Gerybadze A (2004) Technologie- und Innovationsmanagement: Strategie, Organisation und Implementierung. Vahlen Verlag, München

Giesen E, Berman S, Bell R, Blitz A (2007) Three ways to successfully innovate your business model. Strategy Leadership 35(6):27–33

Grant R (2005) Contemporary strategy analysis. Wiley-Blackwell, Oxford

Grasl O (2009) Professional Service Firms: Business Model Analysis – Method and Case Studies, Dissertation, Sipplingen

Häder M (2009) Delphibefragungen: Ein Arbeitsbuch, VS Verlag, Wiesbaden

Herstatt C (2002) Lead User Management in der praktischen Anwendung: Handbuch für die effektive Produktentwicklung mit Schlüssel-Kunden, Cornelius Herstatt, Hamburg

Heuskel D (1999) Wettbewerb jenseits von Industriegrenzen: Aufbruch zu neuen Wachstumsstrategien. Campus Verlag, Frankfurt

Homburg C (2000) Quantitative Betriebswirtschaftslehre: Entscheidungsunterstützung durch Modelle. Mit Beispielen, Übungsaufgaben und Lösungen. Gabler Verlag, Wiesbaden

Homburg C, Krohmer H (2006) Marketingmanagement. Studienausgabe: Strategie - Instrumente - Umsetzung - Unternehmensführung. Gabler Verlag, Wiesbaden

Hitt M, Ireland D, Hoskisson R (2008) Strategic management: competitiveness and globalization: concepts and case. Cengage Learning, Mason

Johnson M (2010) Seizing the white space: business model innovation for growth and renewal. Harvard Business Press, Boston

Kagermann H, Österle H (2007) Geschäftsmodelle 2010: Wie CEOs Unternehmen transformieren. Frankfurter Allgemeine Buch, Frankfurt
Kaplan R, Norton D (1992), The Balanced Scorecard – Measures that Drive Performance, Harvard Business Review, Januar/Februar 1992, S. 70-79
Kim W, Mauborgne R (2005) Blue ocean strategy: how to create uncontested market space and make the competition irrelevant. Harvard Business Press, Boston
Kobler D (2005) Innovative Geschäftsmodelle: Entwicklung und Gestaltung innovativer Geschäftsmodelle für Schweizer Versicherungsunternehmen im Privatkundensegment. Hampp Verlag, Mering
Kruschwitz L (2011) Investitionsrechnung.Oldenbourg Verlag, München
Lamprecht H (2009) Die Lead-User-Methode in der Produktentwicklung: Literaturüberblick und Fallbeispiel aus der Sportartikelindustrie. VDM, Saarbrücken
Linder J, Cantrell S (2000) Changing Business Models: surveying the landscape, Accenture
Mateika M (2005) Unterstützung der lebenszyklusgerechten Produktplanung am Beispiel des Maschinen- und Anlagenbaus. Vulkan-Verlag, Essen
Meyer W (2005) Erfolgsfaktoren der Hersteller-Händler-Beziehung: Theoretische Systematisierung und empirische Überprüfung am Beispiel der Porzellanbranche. Gabler Verlag, Wiesbaden
Mietzner D (2009) Strategische Vorausschau und Szenarioanalysen: Methodenevaluation und neue Ansätze. Gabler Verlag, Wiesbaden
Mitchell D, Coles C (2004) Business model innovation breakthrough moves. J Bus Strategy 25(1):16–26
Müller-Stewens G, Lechner C (2011) Strategisches Management: Wie strategische Initiativen zum Wandel führen. Schäffer-Poeschel Verlag, Stuttgart
Osterwalder A (2004) The business model ontology – a proposition in a design science approach, Dissertation, Universität Lausanne
Osterwalder A, Pigneur Y (2010) Business Model Generation. Wiley and Sons, New Jersey
Österle H (1995) Business Engineering. Prozeß- und Systementwicklung. Springer Verlag, Berlin
Palm J. (2009) System Dynamics. McGraw-Hill, New York
Papakiriakopoulos D, Poylumenakou A, Doukidis G (2001) Building e-Business Models: An Analytical Framework and Development Guidelines, Proceedings of the 14th Bled Electronic Commerce Conference, 25.-26. Juni, 2001, Bled, Slovenia, S. 446-464
Porter M (1985) Competitive Advantage. Free Press Verlag, New York
Porter M (2008) On competition. Harvard Business Press, Boston
Rappa M (2004) The utility business model and the future of computing services. IBM Syst J 43(1):32–42
Sandrock J (2006) System Dynamics in der strategischen Planung: Zur Gestaltung von Geschäftsmodellen im ELearning. DUV, Wiesbaden
Sawtooth J (2012) http://www.sawtoothsoftware.com/solutions/conjoint_analysis; heruntergeladen am: 20.04.2012. Ausdruck liegt Autor vor und kann eingesehen werden
Schallmo D (2013) Geschäftsmodell-Innovation: Grundlagen, bestehende Ansätze, methodisches Vorgehen und B2B-Geschäftsmodelle, Springer Gabler Wiesbaden
Schmelzer H, Sesselmann W (2008) Geschäftsprozessmanagement in der Praxis. Hanser Verlag, München
Schröter M, Biege S (2009) Dienstleistungsbasierte Gescäftsmodelle für die Montage, Zeitschrift für wirtschaftlichen Fabrikbetrieb, 104, S. 627-631
Slywotzky A, Morrison D (1997) Die Gewinnzone mi Wirtschaftsbuch Verlag, München
Southwest (2011) http://www.southwest.com/; heruntergeladen am: 11.12.2011. Ausdruck liegt Autor vor und kann eingesehen werden
Stähler P (2002) Geschäftsmodelle in der digitalen Ökonomie. Merkmale, Strategien und Auswirkungen. Eul Verlag, Lohmar

Timmers P (1998) Business Models for Electronic Markets. Electronic Markets 8(2):3–8

Trommsdorff V, Binsack M (1999), Informationsgrundlagen für das Innovationsmarketing In: Tintelnot C, Meißner D, Steinmeier I (Hrsg) Innovationsmanagement. S. 109-121

Vester F (2002) Die Kunst, vernetzt zu denken: Ideen und Werkzeuge für einen neuen Umgang mit Komplexität. Deutscher Taschenbuch Verlag, München

Weill P, Vitale M (2001) Place to space: migrating to eBusiness Models. Harvard Business Press, Boston

Winkelhofer G (2004) Management- und Projekt-Methoden: ein Leitfaden für IT, Organisation und Unternehmensentwicklung. Springer Verlag, Berlin

Wirtz B (2001) Electronic Business. Gabler Verlag, Wiesbaden

Zentes J, Hüffer G, Pocsay S, Chavie R (2007) Innovative Geschäftsmodelle und Geschäftsprozesse im Großhandel. Deutscher Fachverlag, Frankfurt

Zollenkop M (2006) Geschäftsmodellinnovation: Initiierung eines systematischen Innovationsmanagements für Geschäftsmodelle auf Basis lebenszyklusorientierter Frühaufklärung. Gabler Verlag, Wiesbaden

Techniken der Geschäftsmodell-Entwicklung 8

8.1 Einleitung und Lernziele

Zusammenfassung

Der Geschäftsmodell-Prototyp wird im Rahmen der Geschäftsmodell-Entwicklung in Kap. 8 konkretisiert. Hierbei werden die jeweiligen Geschäftsmodell-Dimensionen detailliert dargestellt, und es werden sog. Verzeichnisse für die Geschäftsmodell-Elemente erstellt. Daneben erfolgt die Entwicklung eines Wirkungsnetzes, das alle kritischen Erfolgsfaktoren des Geschäftsmodells und deren Abhängigkeiten abbildet. Die kritischen Erfolgsfaktoren des Geschäftsmodells werden anhand von Führungsgrößen operationalisiert.

In Kap. 8.2 erfolgt die Darstellung der Leifragen und des Überblicks zur Geschäftsmodell-Entwicklung. Die Kap. 5.3 bis 8.7 beinhalten die Konkretisierung der Geschäftsmodell-Dimensionen mittels dazugehöriger Techniken. Kapitel. 8.8 erläutert die Erstellung der Verzeichnisse und Kap. 8.9 die Erarbeitung des Führungsinstruments. Das Kap. 8.10 beinhaltet eine Zusammenfassung, Lernkontrollfragen und Aufgaben.

Für dieses Kapitel liegen folgende **Lernziele** vor:
- In diesem Kapitel werden Sie in die Lage versetzt, den erfolgsversprechenden Geschäftsmodell-Prototyp im Detail auszugestalten.
- Sie lernen Visualisierungstechniken kennen und wenden diese an.
- Sie können kritische Erfolgsfaktoren eines Geschäftsmodells ableiten und auf deren Basis Führungsgrößen zur Steuerung des Geschäftsmodells benennen.

8.2 Leitfragen und Überblick zur Geschäftsmodell-Entwicklung

Die Anforderungen an eine Methode der Geschäftsmodell-Innovation und die formulierte Zielsetzung der Geschäftsmodell-Entwicklung dienen der Formulierung folgender Leitfragen:

- Wie können der erfolgversprechende Geschäftsmodell-Prototyp und die darin enthaltenen Geschäftsmodell-Dimensionen ausgestaltet werden?
- Wie können Visulisierungstechniken die Geschäftsmodell-Entwicklung unterstützen?
- Anhand welcher Kriterien können die Geschäftsmodell-Elemente beschrieben werden?
- Wie können kritische Erfolgsfaktoren und deren gegenseitige Beeinflussung in einem Wirkungsnetz dargestellt werden?
- Wie kann das Geschäftsmodell anhand von Führungsgrößen gesteuert werden und wie kann der Erfolg des Geschäftsmodells gemessen werden?

Wurden innerhalb der bisherigen Schritte (Geschäftsmodell-Visions-Entwicklung und Geschäftsmodell-Prototyp-Entwicklung) *mehrere* Alternativen (Geschäftsmodell-Visionen und Geschäftsmodell-Prototypen) berücksichtigt, erfolgt nun im Rahmen der Geschäftsmodell-Entwicklung die detaillierte Ausarbeitung *eines* Geschäftsmodells. In Abhängigkeit von unternehmerischen Rahmenbedingungen (z. B. finanzielle Ausstattung, personelle Ressourcen) können auch mehrere Geschäftsmodelle ausgeprägt werden.

Für die *Geschäftsmodell-Entwicklung* werden folgende Techniken festgelegt: *Konkretisierung der Dimensionen*, *Erstellung von Verzeichnissen* und *Erarbeitung eines Führungsinstruments*. Die Techniken setzen Hilfstechniken ein, die in die jeweiligen Schritte integriert sind. Die Abb. 8.1 setzt die Techniken der *Geschäftsmodell-Entwicklung* in Bezug zum Rahmenkonzept der Geschäftsmodell-Innovation.

Im Rahmen der Technik *Konkretisierung der Dimensionen* erfolgt die gesonderte Darstellung der fünf Dimensionen (Kunden-, Nutzen-, Wertschöpfungsdimension usw.), um die Komplexität zu reduzieren.

8.3 Konkretisierung der Kundendimension

Die Kundendimension legt fest, welche Kundensegmente mit welchen Kundenkanälen bearbeitet werden und welche Form der Kundenbeziehung je Kundensegment vorliegt. Auf Basis des erfolgversprechenden Geschäftsmodell-Prototyps findet nun die *Konkretisierung der Kundendimension* und darin enthaltener Elemente statt. Hierfür werden der Customer Buying Cycle je Kundensegment erarbeitet und generische Ausprägungen von Kundenkanälen und Kundenbeziehungen integriert.

Folgende Schritte sind für die Technik *Konkretisierung der Kundendimension* relevant:

- Festlegung der Kundensegmente
- Festlegung der Kundenkanäle je Kundensegment
- Festlegung der Kundenbeziehung je Kundensegment

8.3 Konkretisierung der Kundendimension

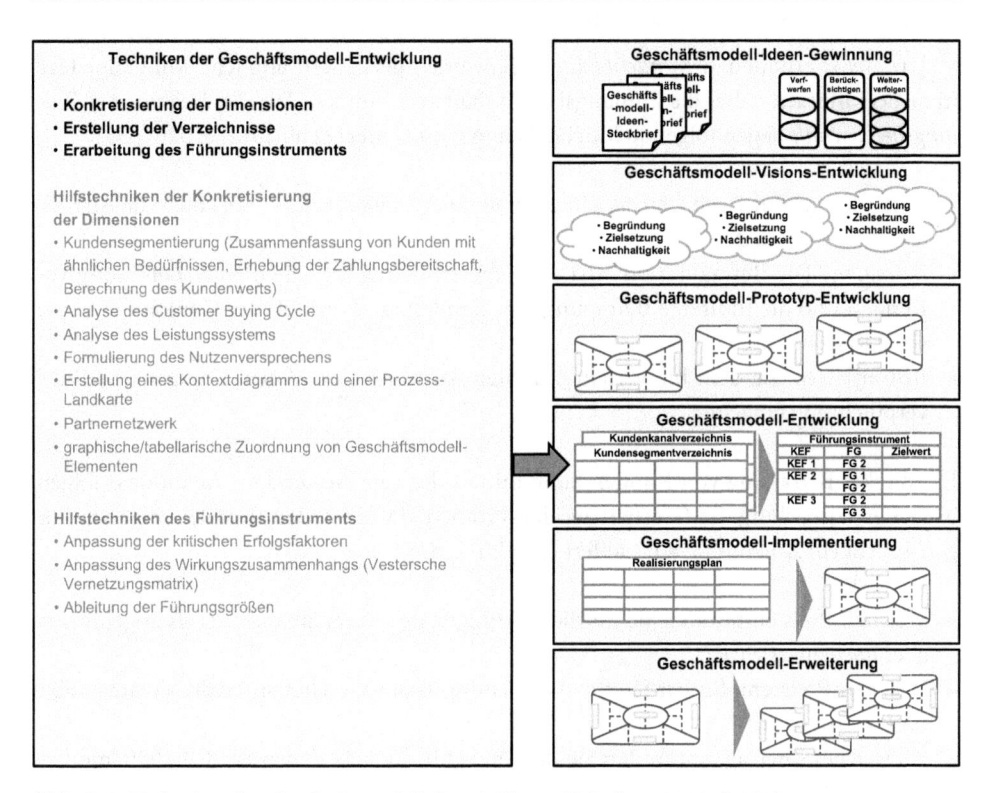

Abb. 8.1 Techniken der Geschäftsmodell-Entwicklung. (Schallmo 2013, S. 205)

Diese Schritte werden anschließend detailliert erläutert.

8.3.1 Festlegung der Kundensegmente

Die Kundensegmente des Geschäftsmodell-Prototyps dienen als Ausgangspunkt, um eine Ergänzung und *Festlegung der Kundensegmente* zu ermöglichen. Die Ergänzung der Kundensegmente findet mittels der Analyse der Stakeholder-Landkarte statt, um somit weitere Kundensegmente zu berücksichtigen und eine Vollständigkeit sicherzustellen.

Zur Definition von Kundensegmenten[1] findet die Anwendung der Kriterien *Kundenbedürfnisse*, *Zahlungsbereitschaft*[2] und *Kundenwert* statt. Kunden mit ähnlichen Bedürfnissen, Zahlungsbereitschaften und Kundenwerten (Bieger und Reinhold 2011, S. 36 und 46–48) werden somit zu einem Kundensegment zusammengefasst. Daneben erfolgt die Anwendung der in Kap. 3.2 vorgestellten Leitfragen für die Kundensegmente.

---

[1] Siehe auch: Meffert et al. (2012, S. 195), die weitere Kriterien (z. B. verhaltensorientierte, psychographische) aufführen.
[2] Die Zahlungsbereitschaft von Kunden beeinflusst die Preisgestaltung und die erzielbaren Umsätze.

Die zuvor erhobenen *Kundenbedürfnisse* werden geclustert; ähnliche Kundenbedürfnisse beeinflussen dabei die Zahlungsbereitschaft von Kunden. Für die *Messung der Zahlungsbereitschaft* liegen folgende Möglichkeiten vor (Meffert et al. 2012, S. 526–533):

- *Beobachtung*: Zur Beobachtung zählen Preisexperimente (Feld/Labor) oder die Auswertung von Marktdaten.
- *Befragung*: Die Befragung umfasst die Expertenbefragung, die direkte Befragung von Kunden und die indirekte Befragung von Kunden (z. B. mittels der Conjoint-Analyse; siehe Kap. 10.2).
- *Bietverfahren*: Zu dem Bietverfahren zählen Auktionen, bei denen Kunden eine Kaufverpflichtung eingehen.

Die direkte Befragung von Kunden kann mittels der van Westendorp-Methode erfolgen. Nach der Vorstellung des Geschäftsmodell-Prototyps[3] werden dem Kunden folgende Fragen gestellt (in Anlehnung an: Meffert et al. 2012, S. 527):

- Welchen Preis empfinden Sie für die Leistungen des Geschäftsmodells als angemessen, aber *noch günstig (a)*?
- Welchen Preis empfinden Sie für die Leistungen des Geschäftsmodells als hoch, aber *noch vertretbar (b)*?
- Ab welchem Betrag empfinden Sie den Preis für die Leistungen des Geschäftsmodells als *zu hoch (c)*?
- Ab welchem Betrag haben Sie Zweifel an der Qualität der Leistungen des Geschäftsmodells und empfinden den Preis (für die Leistungen) als *zu niedrig (d)*?

Die Darstellung der Befragungsergebnisse erfolgt in einem Diagramm (in kumulierter Form). Die ermittelten Zahlungsbereitschaften dienen dazu, den sogenannten *akzeptablen Preisbereich* zu definieren, der zwischen den Schnittstellen *zu niedrig (d)* mit *noch vertretbar (b)* und *zu hoch (c)* mit *noch günstig (a)* liegt (Meffert et al. 2012, S. 528; Wildner 2003, S. 7). In der Abb. 8.2 ist ein Beispiel für die Ermittlung des akzeptablen Preisbereichs dargestellt.

Die Ermittlung der Zahlungsbereitschaft kann alternativ auch im Rahmen des Tests von Geschäftsmodell-Prototypen (siehe Kap. 0) und im Rahmen der Geschäftsmodell-Erweiterung (siehe Kap. 10.2) erfolgen.

Die jeweils ermittelte Zahlungsbereitschaft beeinflusst (über den Preis der Leistung) den Kundenwert. Zur Berechnung des Kundenwerts liegen unterschiedliche Verfahren, wie z. B. die Kunden-Umsatzberechnung, die Kunden-Deckungsbeitragsberechnung, das

---

[3] Der Geschäftsmodell-Prototyp wird herangezogen, da das vollständig ausgeprägte Geschäftsmodell noch nicht vorliegt. Die Messung der Zahlungsbereitschaft von Kunden kann nochmals im Anschluss an die Ausprägung des vollständigen Geschäftsmodells (bzw. der Verzeichnisse) erfolgen.

8.3 Konkretisierung der Kundendimension

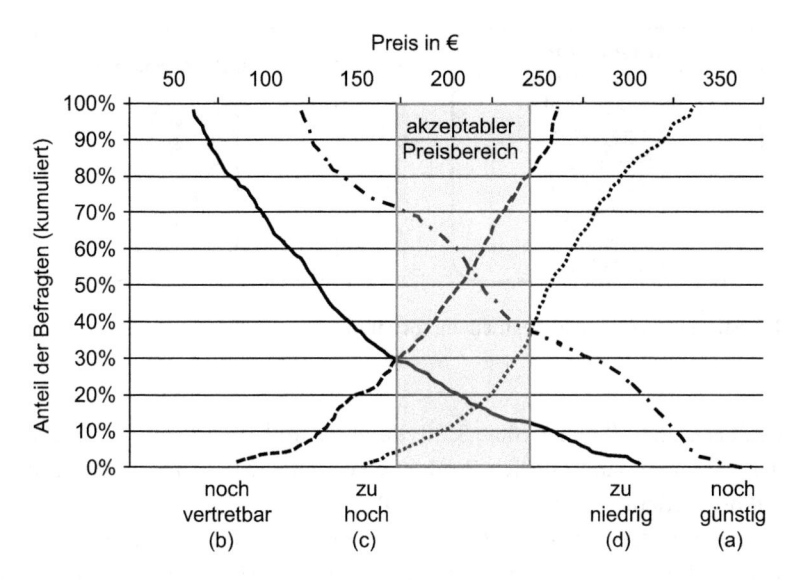

Abb. 8.2 Anwendungsbeispiel der van Westendrop-Methode. (In Anlehnung an Meffert 2012, S. 528)

Abb. 8.3 : Berechnung des Customer Lifetime Value. (In Anlehnung an Loy 2006, S. 85 f.; Mödritscher 2008, S. 188; Jung 2007, S. 449)

$$CLV_0 = \sum_{t=0}^{T} \frac{E_t - A_t}{(1+i)^t}$$

CLV_0 : Customer Lifetime Value zum Zeitpunkt 0
$t=0...T$: Betrachtungszeitraum
T : voraussichtliche Anzahl der Perioden der Kundenbeziehung
E_t : erwartete Einzahlungen aus der Kundenbeziehung in Periode t
A_t : erwartete Auszahlungen aus der Kundenbeziehung in Periode t
i : Kalkulationszinsfuß zur Diskontierung auf den Zeitpunkt t=0

Scoring-Modell oder das Kunden-Portfoliomodell, vor (Cornelsen 1996, S. 7; Reichold 2006, S. 36; Strasser 2009, S. V)[4].

Ein Verfahren, das dynamisch geprägt ist, ist die Berechnung des Customer Lifetime Value. Der Customer Lifetime Value berücksichtigt über die gesamte erwartete Beziehungsdauer mit Kunden die abdiskontierten erwarteten Ein- und Auszahlungsströme (= Kapitalwert von Kunden) (Reichold 2006, S. 36; Loy 2006, S. 84).

Die Berechnung des Customer Lifetime Value erfolgt anhand der in Abb. 8.3 dargestellten Formel.

Die erwarteten Umsätze einer Periode werden dabei von dem Verkauf *identischer* (Mehrverkauf), *höherwertigerer* (Up-Selling) und *zusätzlicher Leistungen* (Cross-Selling)

---
[4] Eine Übersicht zu bestehenden Formen bieten Belz und Bieger 2006; Günter und Helm 2006.

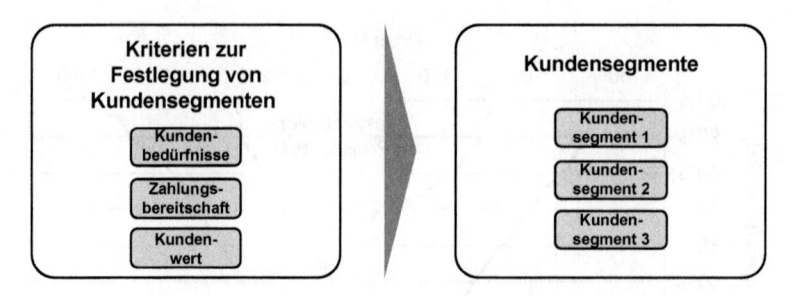

Abb. 8.4 Festlegung von Kundensegmenten. (Schallmo 2013, S. 208)

an Kunden beeinflusst (Steiner 2009, S. 10; Reinecke und Janz 2006, S. 423). Die erwarteten Kosten enthalten hauptsächlich Produkt-, Verkaufs-, Marketing-, Verpackungs- und Transportkosten (Reinecke und Janz 2006, S. 85).

Die Berechnung des *Customer Lifetime Value* erfolgt jeweils für einen Kunden. Soll nun der *Customer Lifetime Value* eines Kundensegments berechnet werden, so muss bei der Berechnung der erwarteten Umsätze und Kosten je Periode eine Berücksichtigung der Kundenanzahl erfolgen.[5]

Als Ergebnis der Clusterung ähnlicher *Kundenbedürfnisse, Zahlungsbereitschaften* und *Kundenwerte* liegen für das Geschäftsmodell die relevanten *Kundensegmente* vor, was in Abb. 8.4 exemplarisch dargestellt ist.

8.3.2 Festlegung der Kundenkanäle je Kundensegment

Aufbauend auf den festgelegten Kundenkanälen des Geschäftsmodell-Prototyps erfolgt die Analyse des Customer Buying Cycles je Kundensegment. Der Customer Buying Cycle dient der Strukturierung einer Kundenbeziehung und umfasst z. B. das Erkennen eines Bedürfnisses auf Kundenseite (1), das Sammeln von Leistungsinformationen (2), die Kaufabwicklung (3), die Verwendung der Leistung (4) und evtl. die Entsorgung (5) (Muther 2001, S. 14–17; Osterwalder 2004, S. 65 f.; Bieger und Reinhold 2011, S. 44 f.). Der Customer Buying Cycle ermöglicht es somit, alle Kundenkontaktpunkte zu analysieren und die *Kundenkanäle je Kundensegment festzulegen*. Abbildung 8.5 stellt exemplarisch die Kundenkanäle dar, die entlang des Customer Buying Cycles eingesetzt werden können.

Die bereits erstellte Technologie-Landkarte kann als Unterstützung herangezogen werden, um die Kundenkanäle aus technologischer Sicht zu ergänzen. Die Leitfragen zu Kundenkanälen aus Kap. 3.2 werden ebenfalls herangezogen, um geeignete Kundenkanäle zu definieren.

Die Darstellung der Kundenkanäle je Kundensegment erfolgt in graphischer Form (siehe Abb. 8.6).

---

[5] Meffert et al. 2012, S. 75 sprechen hierbei von dem Kundenstammwert.

8.3 Konkretisierung der Kundendimension

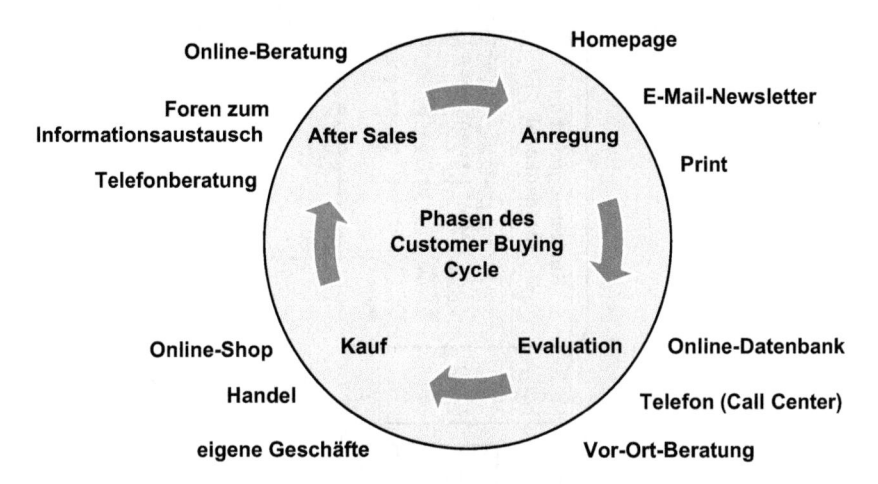

Abb. 8.5 Kundenkanäle entlang des Customer Buying Cycle. (Die Beispiele sind in Anlehnung an Muther 2001, S. 17 erstellt)

Abb. 8.6 Verknüpfung von Kundensegmenten und Kundenkanälen. (Schallmo 2013, S. 209)

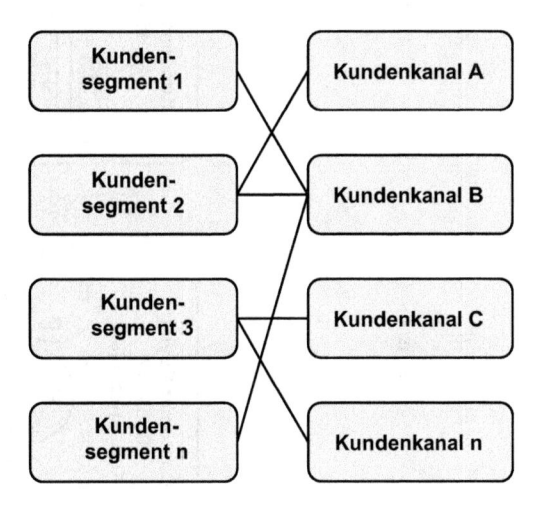

Die Komplexität nimmt bei mehreren Kundensegmenten und Kundenkanälen sehr schnell zu. Daher ist es sinnvoll, die Verknüpfungen in tabellarischer Form zusammenzufassen.

Als Ergebnis liegen *je Kundensegment notwendige Kanäle* vor, die sich zum Teil überschneiden (siehe Abb. 8.7).

8.3.3 Festlegung der Kundenbeziehung je Kundensegment

Die *Festlegung der Kundenbeziehungen* erfolgt unter Berücksichtigung der definierten Kundenbeziehungen des Geschäftsmodell-Prototyps. Daneben erfolgt die Berücksichti-

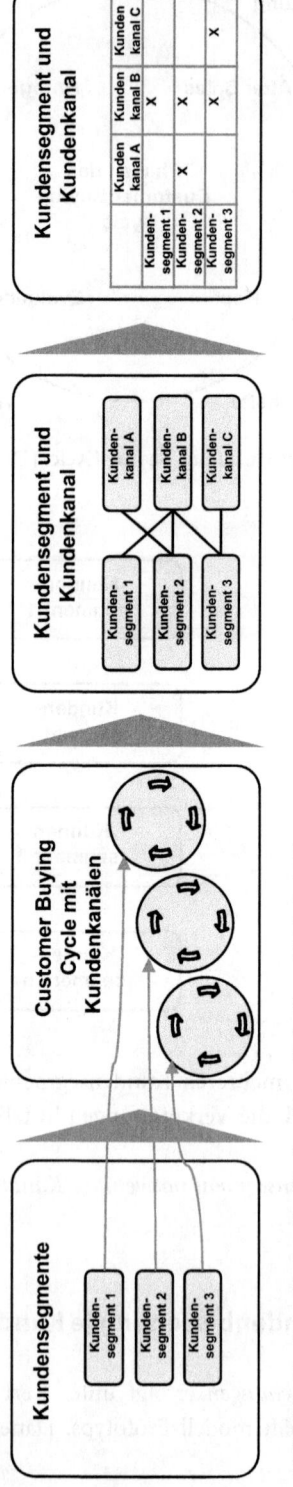

Abb. 8.7 Festlegung von Kundenkanälen. (Schallmo 2013, S. 210)

8.3 Konkretisierung der Kundendimension

```
                        Kundenbindung
                   ┌─────────┴─────────┐
            verbunden-            gebundenheits-
          heitsgetrieben            getrieben
         ┌──────┴──────┐         ┌──────┼──────┐
    Transaktions-  Beziehungs-  ökonomisch  technisch-  vertraglich
      qualität      qualität                funktional
```

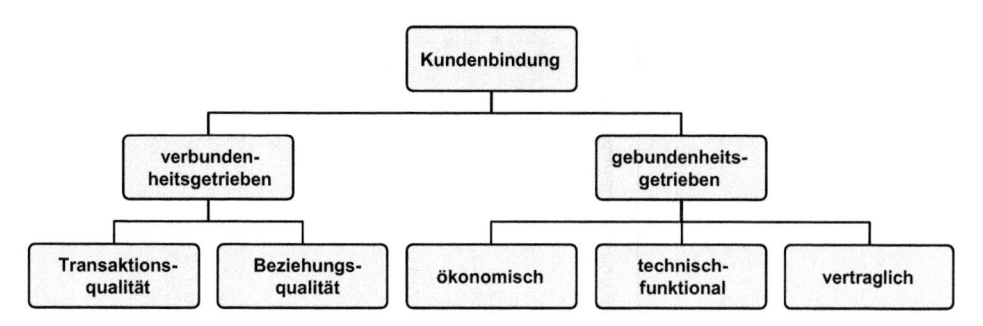

Abb. 8.8 Formen der Kundenbindung

gung unterschiedlicher Formen der Kundenbindung, die Kundenbeziehungen charakterisieren (siehe Abb. 8.8).

Die *verbundenheitsgetriebene Form* ist freiwillig und wird durch die *Transaktionsqualität* und die *Beziehungsqualität* beeinflusst. Die *Transaktionsqualität* sagt aus, wie zufrieden die Kunden mit den Leistungen des Anbieters sind. Die *Beziehungsqualität* sagt aus, wie die Kunden die Beziehung zu ihrem Lieferanten empfinden, was z. B. durch die Höhe der Komplexität der Beziehung beeinflusst wird (Garcia und Rennhak 2006, S. 6). Die *gebundenheitsgetriebene Form* wird von den Kunden freiwillig eingegangen und kann *ökonomisch*, *technisch-funktional* oder *vertraglich* etabliert werden. Bei der *ökonomischen Gebundenheit* (z. B. Rabatte, Abonnements) entstehen für die Kunden bei der Abwanderung finanzielle Verluste. Bei der *technisch-funktionalen Gebundenheit* ist die Nutzung von Leistungen nur durch zusätzliche Leistungen des Anbieters möglich (z. B. Drucker und Patronen; iPod und iTunes). Bei der *vertraglichen Gebundenheit* verpflichten sich die Kunden, über einen definierten Zeitraum die Leistungen des Anbieters zu beziehen (z. B. Mobilfunkvertrag) (Garcia und Rennhak 2006, S. 6 f.).

Die *verbundenheitsgetriebene Form* wird durch den *Nutzen*, den die Kunden durch die Inanspruchnahme von Leistungen des Anbieters empfinden, beeinflusst[6]. Die *gebundenheitsgetriebene* Kundenbindung beeinflusst den Umsatzmechanismus, der in der Finanzdimension dargestellt wird. Analog zu den beiden vorherigen Geschäftsmodell-Elementen erfolgen die Anwendung der Leitfragen (siehe Kap. 3.2) und die Darstellung der Kundenbeziehung je Kundensegment in graphischer und tabellarischer Form.

Als Ergebnis liegen *je Kundensegment relevante Kundenbeziehungen* vor, was in Abb. 8.9 dargestellt ist.

8.3.4 Zusammenfassung

Die Technik *Konkretisierung der Kundendimension* ermöglicht die Ausgestaltung der Kundensegmente, der Kundenkanäle und der Kundenbeziehungen, die in dem Geschäftsmo-

---

[6] Die Messung des empfundenen Nutzens durch Kunden kann z. B. über die Conjoint-Analyse erfolgen (siehe Kap. 12.1.1.3).

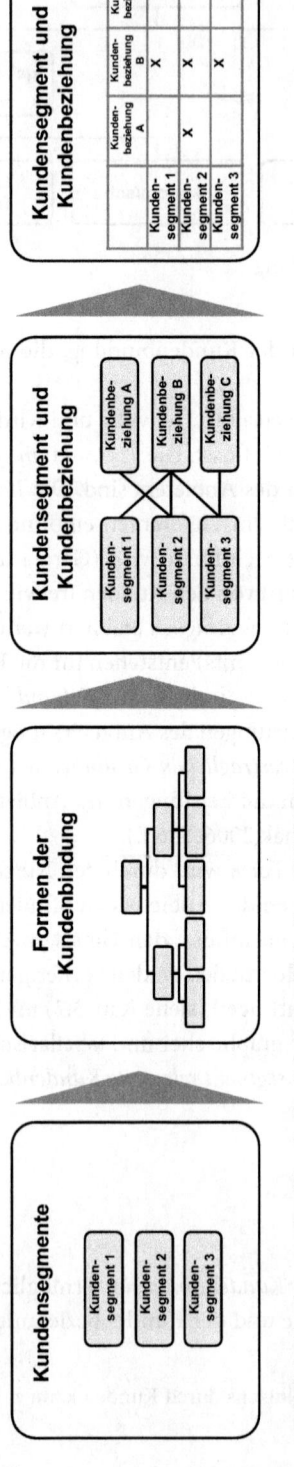

Abb. 8.9 Festlegung von Kundenbeziehungen. (Schallmo 2013, S. 211)

dell-Prototyp grob festgelegt wurden. Als Ergebnis liegen Kundensegmente mit zugeordneten Kundenkanälen und der Kundenbeziehung vor.

Die definierten Kundensegmente dienen als Basis für die Technik *Konkretisierung der Nutzendimension*, um die Leistungen und die Nutzenversprechen den jeweiligen Kundensegmenten zuzuordnen. Alle Ergebnisse der *Konkretisierung der Kundendimension* fließen in die Konkretisierung der Wertschöpfungsdimension ein, um notwendige Ressourcen, Fähigkeiten und Prozesse festzulegen. Im Rahmen des Schrittes *Erstellung von Verzeichnissen* (Kap. 8.8) werden die Kundensegmente, die Kundenkanäle und die Kundenbeziehungen anhand von Kriterien beschrieben.

Problematisch ist eventuelle, dass für die Festlegung von Kundensegmenten, Kundenkanälen und Kundenbeziehungen nicht immer alle notwendigen Informationen vorliegen. Daher muss in einigen Fällen auf Schätzwerte zurückgegriffen werden, um den Customer Lifetime Value zu berechnen. Daneben sind die Kriterien zur Festlegung von Kundensegmenten an die Unternehmenssituation anzupassen. Im Anschluss an die Implementierung des Geschäftsmodells sollte ebenfalls eine Ergänzung der Kundensegmente, Kundenkanäle und Kundenbeziehungen erfolgen.

8.4 Konkretisierung der Nutzendimension

Die Nutzendimension legt fest, welche Leistungen je Kundensegment erbracht werden und welcher Nutzen damit erzielt wird. Analog zur Konkretisierung der Kundendimension erfolgt nun die *Konkretisierung der Nutzendimension* auf Basis des erfolgversprechenden Prototyps. Hierfür werden der Customer Buying Cycle, das Leistungssystem und allgemeingültige Formen von Nutzen integriert.

- Folgende Schritte sind für die Technik *Konkretisierung der Kundendimension* relevant:
- Festlegung von Leistungen je Kundensegment
- Formulierung des Nutzenversprechens je Kundensegment.

8.4.1 Festlegung der Leistungen je Kundensegment

Auf Basis der *Leistungen*, die in dem Geschäftsmodell-Prototyp enthalten sind, erfolgt nun deren Ergänzung und Konkretisierung. Zur Gewinnung von Ideen für neue Leistungen bieten sich das Leistungssystem (Bieger und Reinhold 2011, S. 34) und der Customer Buying Cycle an. Die Abb. 8.10 stellt das allgemeingültige Leistungssystem von Belz (1997) dar.

Das *Leistungssystem* ist anhand folgender Aspekte beschrieben (in Anlehnung an: Belz et al. 2008, S. 116 f.; Homburg und Jensen 2004, S. 507)[7]:

---

[7] Homburg und Jensen bezeichnen das Leistungssystem als Nutzenzwiebel und fügen weitere Ebenen hinzu. Im Kern ist die Aussage der beiden Ansätze allerdings identisch.

Abb. 8.10 Leistungssystem.
(In Anlehnung an: Belz 1997,
S. 21–23)

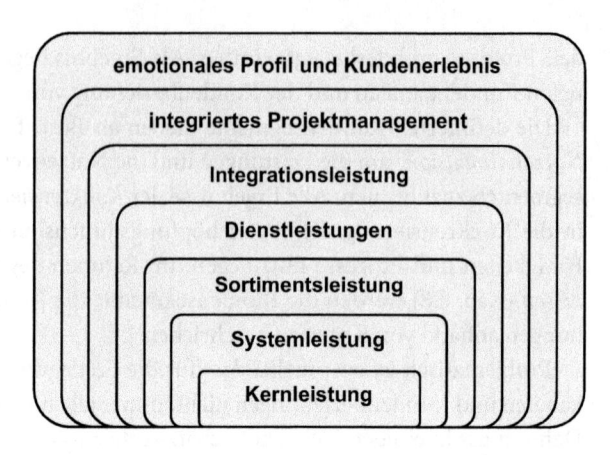

(Schichten von außen nach innen:)
- emotionales Profil und Kundenerlebnis
- integriertes Projektmanagement
- Integrationsleistung
- Dienstleistungen
- Sortimentsleistung
- Systemleistung
- Kernleistung

- *Kernleistung*: Die Kernleistung umfasst das Produkt bzw. die Dienstleistung eines Geschäftsmodells.
- *Systemleistung*: Die Systemleistung besteht aus Produkten bzw. Dienstleistungen, die in einem Einkaufs- bzw. Verwendungsverbund zur Kernleistung stehen, z. B. ein modulares System und individualisierte Produkt- und Verpackungsvarianten.
- *Sortimentsleistung*: Die Sortimentsleistung beinhaltet Zusatzprodukten und -dienstleistungen zusammen, die von der Kernleistung trennbar sind, z. B. Produktallianzen.
- *Dienstleistungen*: Die Dienstleistungen sind immaterielle Zusatzleistungen (z. B. Finanzierung, Wartung, Versicherung, Just-in-Time-Lieferung), die die Nutzung der Kernleistung unterstützen.
- *Integrationsleistung*: Die Integrationsleistung setzt sich aus gemeinsamen Prozessen zusammen, die einen Dienstleistungscharakter haben, z. B. die Entwicklung von Lösungen mit Kunden.
- *Integriertes Projektmanagement*: Das integrierte Projektmanagement umfasst Dienstleistungen, die das Leistungspotenzial der Kernleistung nutzbar machen, z. B. der Betrieb von Anlagen und die Übernahme von Risiken.
- *Emotionales Profil und Kundenerlebnis*: Zu dem emotionales Profil und dem Kundenerlebnis zählen image- und vertrauensbildende Maßnahmen und Eigenschaften, z. B. starke Marke, Verlässlichkeit, Verfügbarkeit, Referenzen und Zertifikate.

Eine weitere Möglichkeit, Leistungen für Kundensegmente abzuleiten, ist der Customer Buying Cycle. Im Gegensatz zu der Festlegung von Kundenkanälen, bei dem der Customer Buying Cycle eingesetzt wurde, liegt der Fokus hier auf der Analyse von Kundenbedürfnissen und den sich daraus ergebenden Kundenaufgaben (Muther 2001, S. 16).

Die oben beschriebenen Kundenaufgaben (siehe Tab. 8.1) werden durch die Leistungen des Geschäftsmodells unterstützt. Analog zur Darstellung der Kundenkanäle erfolgt in Abb. 8.11 die Darstellung der Leistungen entlang des Customer Buying Cycle.

Zwischen dem Leistungssystem und dem Customer Buying Cycle liegen teilweise Überschneidungen, wie z. B. die Installation der Leistung, vor. Somit wird die Vollständigkeit im Rahmen der Festlegung von Leistungen je Kundensegment sichergestellt.

8.4 Konkretisierung der Nutzendimension

Tab. 8.1 Kundenbedürfnisse, Kundenaufgaben und Leistungen. (In Anlehnung an Muther 2001, S. 17)

Phase	Kundenbedürfnisse	Kundenaufgaben	Leistungen
Anregung	Informationen über Neuheiten zeitgerechte Ansprache transparente Angebote	Bedürfnisse erkennen Entwicklungen verfolgen Neuheiten erkennen Markt und Anbieter erkunden	Unternehmens- und Produktinformationen Marketingkommunikation (Werbung, Öffentlichkeitsarbeit)
Evaluation	Konkrete Informationen bzgl. der Leistung genaue Vorstellung über Bedürfnisse Beratung durch Anbieter	Bedürfnis konkretisieren Informationen über Leistung und Anbieter suchen Anforderung der Leistung bestimmen Leistung vergleichen Leistung auswählen Lieferantengespräche führen	Kundenberatung individuelle Produktangebote Konfiguration der Leistung Entscheidungsunterstützung
Kauf	Einfache Bestellabwicklung Transparenz im Hinblick auf den Bestellvorgang bequeme Bezahlung sichere und schnelle Logistik	Leistung bestellen Bestellung ändern Bestellstatus überprüfen Leistung bezahlen Leistung empfangen Leistung installieren	Bestellabwicklung Auftragsbestätigung Lieferstatus Lieferschein und Rechnung Lieferung der Leistung Unterstützung bei Installation
After Sales	Information bzgl. Bedienung einfache Bedienung reibungsloser Betrieb Reparatur und Ersatzteile schnelle Beantwortung von Fragen Entsorgung	Verwendung der Leistung lernen Leistung verwenden Leistung warten Leistung reparieren Leistung aktualisieren relevante Informationen einholen Leistung entsorgen	Schulungen bzgl. Bedienung Anleitung bzgl. Bedienung Wartung und Service Ersatzteillieferung Beantwortung von Fragen Entsorgungsunterstützung

Als Ergebnis liegen *Leistungen je Kundensegment* vor, die graphisch und tabellarisch dargestellt sind (siehe Abb. 8.12).

8.4.2 Formulierung des Nutzenversprechens je Kundensegment

Mit den Leistungen des Geschäftsmodells wird ein Nutzen für Kunden erzielt. Die Übertragung der Nutzenkategorien für Produkte und Dienstleistungen wird wie folgt auf Geschäftsmodelle übertragen (In Anlehnung an: Homburg und Krohmer 2006, S. 513):

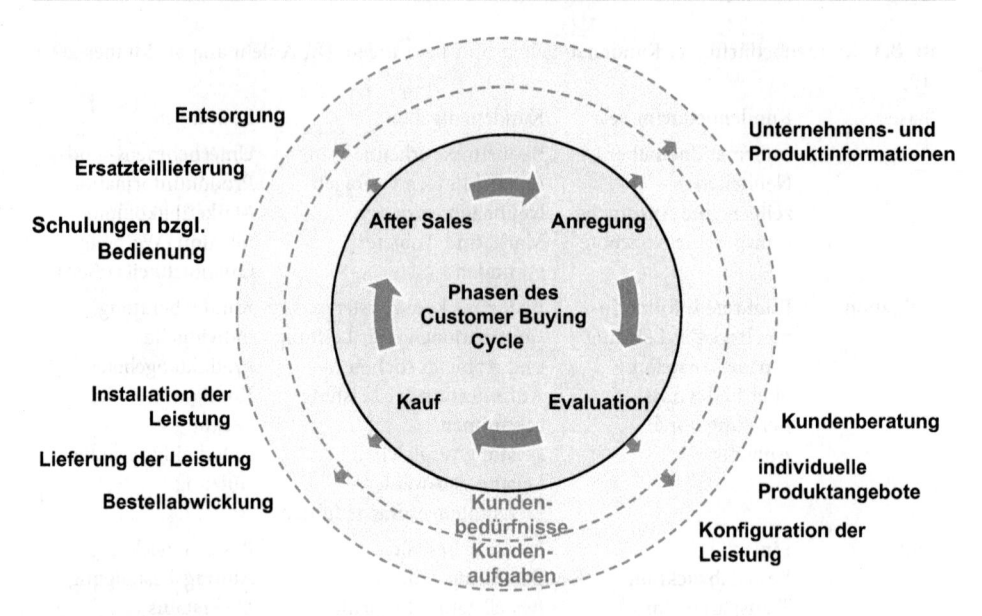

Abb. 8.11 Leistungen entlang des Customer Buying Cycle. (Die Beispiele sind in Anlehnung an Muther (2001, S. 17) erstellt.)

- *Funktionaler Nutzen*: Der funktionale Nutzen entsteht aus den Basisfunktionen des Geschäftsmodells und ist mit dessen Verwendung verbunden.
- *Ökonomischer Nutzen*: Der ökonomische Nutzen entsteht aus den unmittelbaren Geschäftsmodelleigenschaften (z. B. Kostenersparnis, Risikoreduktion).
- *Prozessbezogener Nutzen:* Der prozessbezogene Nutzen entsteht durch die einfache Beschaffung von Leistungen und die Verwendung des Geschäftsmodells (z. B. Zeitersparnis).
- *Emotionaler Nutzen*: Der emotionale Nutzen entsteht durch positive Gefühle durch die Verwendung des Geschäftsmodells (z. B. Marke).
- *Sozialer Nutzen*: Der soziale Nutzen entsteht durch die soziale Anerkennung bei der Verwendung des Geschäftsmodells.

Der gestiftete Nutzen wird mittels eines *Nutzenversprechens je Kundensegment* ausformuliert. Eine Differenzierung je Kundensegment ist notwendig, da unterschiedliche Bedürfnisse von Kunden adressiert werden (Haenecke und Laukamp 2006, S. 148). Ein Nutzenversprechen wird anhand folgender *Kriterien* formuliert (in Anlehnung an: Haenecke und Laukamp 2006, S. 159 f.; Homburg et al 2010, S. 32; Meffert et al. 2012, S. 613):

- *Kundenprobleme*: Was sind Kundenprobleme und welche Kundenbedürfnisse entstehen daraus?
- *Leistungen*: Welche Leistungen dienen (bzw. welches Geschäftsmodell dient) der Befriedigung von Kundenbedürfnissen?

8.4 Konkretisierung der Nutzendimension

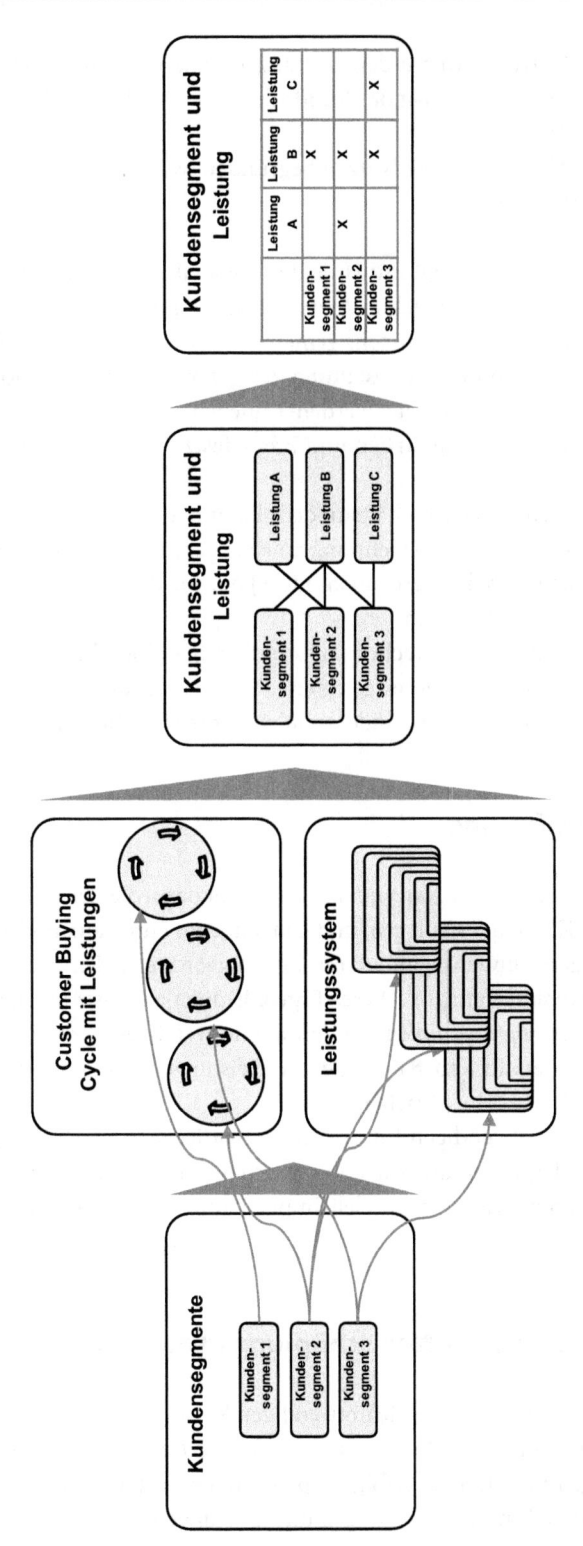

Abb. 8.12 Festlegung der Leistungen je Kundensegment. (Schallmo 2013, S. 214)

- *Nutzen*: Welcher Nutzen wird mit den Leistungen (bzw. mit dem Geschäftsmodell) gestiftet, bzw. welchen Vorteil erhält der Kunde durch die Leistungen (durch die Nutzung des Geschäftsmodells)?
- *Belege*: Womit wird der gestiftete Nutzen begründet, was sind also die Leistungsmerkmale des Geschäftsmodells?

Die Bewertung des Nutzens erfolgt mit Hilfe der *Conjoint-Analyse*. Hierbei wird der Beitrag einzelner Merkmale bzw. einzelner Merkmalsausprägungen eines Geschäftsmodells zum Gesamtnutzen des Geschäftsmodells gemessen (siehe Kap. 10.2). Die Conjoint-Analyse kann auch im Rahmen der Ausgestaltung des gesamten Geschäftsmodells (bzw. des Geschäftsmodell-Prototyps) eingesetzt werden. Daneben eignet sich die Conjoint-Analyse dazu, einzelne Leistungen auszugestalten und Preise festzulegen (Homburg und Krohmer 2006, S. 407 f.).

Das Nutzenversprechen des Geschäftsmodells kann in einem Satz gegenüber Kundensegmenten formuliert werden (in Anlehnung an Haenecke und Laukamp 2006, S. 149):

Wenn Sie [die Leistungen des Geschäftsmodells] nutzen, dann erhalten Sie [diesen Nutzen], weil [der Beleg für den Nutzen].

Um die jeweiligen Nutzenversprechen zu formulieren, erfolgt die Integration der erhobenen Kundenbedürfnisse und der festgelegten Leistungen je Kundensegment. Als Ergebnis liegen die *Nutzenversprechen je Kundensegment* vor (siehe Abb. 8.13).

8.4.3 Zusammenfassung

Die Technik *Konkretisierung der Nutzendimension* dient dazu, die Leistungen und das Nutzenversprechen für Kunden festzulegen, und baut auf dem Geschäftsmodell-Prototyp auf.

Als Ergebnis liegen Kundensegmente mit den zugeordneten Leistungen und den zugeordneten Nutzenversprechen vor. Dieses Ergebnis dient als Basis für die Technik *Konkretisierung der Wertschöpfungsdimension*, um die notwendigen Ressourcen, Fähigkeiten und Prozesse festzulegen. In Kap. 8.8 werden die Leistungen und das Nutzenversprechen in Form von Verzeichnissen beschrieben.

Da meist nicht alle notwendigen Informationen vorliegen, um alle Leistungen des Geschäftsmodells festzulegen und die Nutzenversprechen je Kundensegment zu formulieren, sollte im Anschluss an die Geschäftsmodell-Implementierung eine Ergänzung vorgenommen werden.

8.5 Konkretisierung der Wertschöpfungsdimension

Die Wertschöpfungsdimension legt die notwendigen Ressourcen, Fähigkeiten und Prozesse des Geschäftsmodells fest. Die *Konkretisierung der Wertschöpfungsdimension* basiert auf der Wertschöpfungsdimension des erfolgversprechenden Prototyps und den zuvor festgelegten Kundenkanälen, Kundenbeziehungen und Leistungen.

8.5 Konkretisierung der Wertschöpfungsdimension

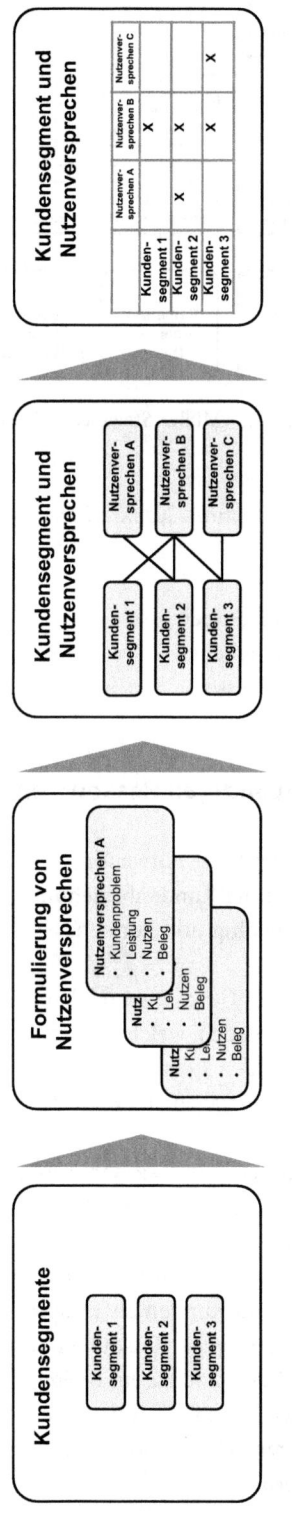

Abb. 8.13 Formulierung des Nutzenversprechens je Kundensegment. (Schallmo 2013, S. 216)

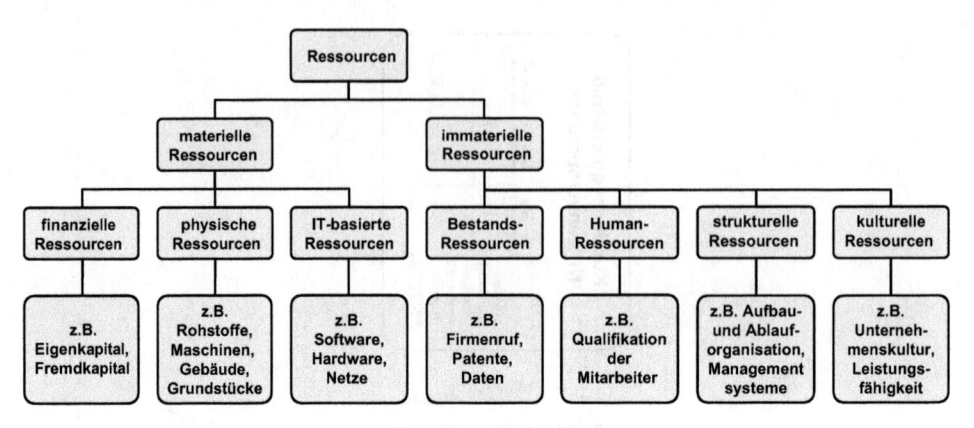

Abb. 8.14 Allgemeingültige Ressourcen. (Müller-Stewens und Lechner 2011, S. 199)

Folgende Schritte sind für die Technik *Konkretisierung der Wertschöpfungsdimension* relevant:

- Festlegung der notwendigen Ressourcen
- Festlegung der notwendigen Fähigkeiten
- Festlegung der notwendigen Prozesse.

8.5.1 Festlegung der notwendigen Ressourcen

Die *Festlegung notwendiger Ressourcen* ist notwendig, um die Leistungen zu erstellen, die Kundenkanäle bereitzustellen und die Kundenbeziehungen aufzubauen bzw. aufrechtzuerhalten. Die Ressourcen sind vielfältig und können, wie in Abb. 8.14 dargestellt, klassifiziert werden.

Im Rahmen der Entwicklung von Geschäftsmodellen werden die wichtigsten Ressourcen festgelegt; daneben wird entschieden, welche Ressourcen selbst und welche von Partnern bereitgestellt werden. Neben den Ressourcen, die in dem Prototyp enthalten sind, erfolgt auch die Anwendung der Leitfragen aus Kap. 3.2, um notwendige Ressourcen des Geschäftsmodells festzulegen.

Analog zur Festlegung vorheriger Dimensionen erfolgt ebenfalls die graphische Darstellung, die in Abb. 8.15 exemplarisch aufgezeigt ist.

Die Darstellung in graphischer Form ist an Prahalad und Hamel (1990, S. 82) angelehnt, die Kompetenzen als Voraussetzung für Kernprodukte sehen. Kernprodukte werden in Geschäftsbereichen eingesetzt und Kunden als Endprodukte bereitgestellt. Kompetenzen ergeben sich aus der Kombination von Ressourcen und Fähigkeiten und müssen folgende Anforderungen erfüllen: Zugang zu einem breiten Markt ermöglichen (1), Beitrag zum empfundenen Kundennutzen leisten (2) und schwere Imitierbarkeit sicherstellen (3). Um eine Übersichtlichkeit sicherzustellen, erfolgt die Darstellung notwendiger Ressourcen ebenfalls in tabellarischer Form.

8.5 Konkretisierung der Wertschöpfungsdimension

Abb. 8.15 Festlegung von notwendigen Ressourcen in graphischer Form. (Schallmo 2013, S. 218)

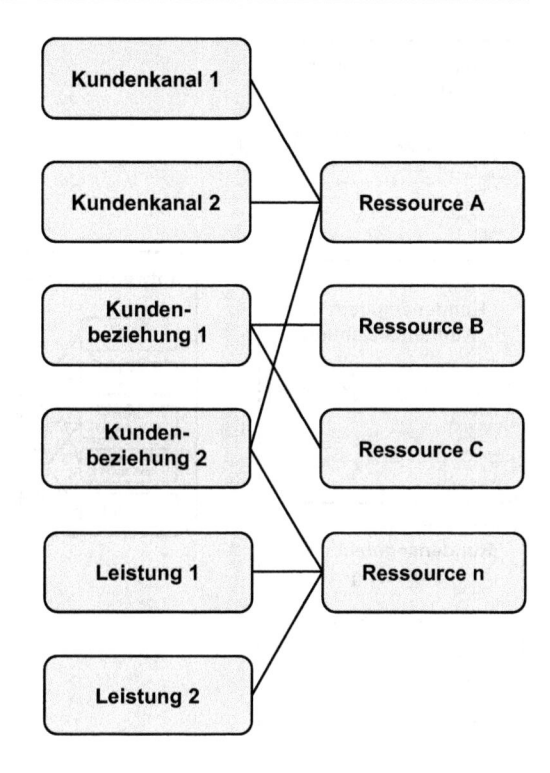

Als Ergebnis liegen eine graphische Darstellung notwendiger Ressourcen und eine dazugehörige Tabelle vor (siehe Abb. 8.16).

8.5.2 Festlegung der notwendigen Fähigkeiten

Um die Ressourcen zu kombinieren, die Leistungen zu erstellen, die Kundenkanäle zu bedienen und die Kundenbeziehungen aufzubauen bzw. aufrechtzuerhalten, sind *Fähigkeiten* notwendig (Bieger und Reinhold 2011, S. 38). In Abb. 8.17 sind die *allgemeingültigen Formen von Fähigkeiten* enthalten.

Ausgehend von den festgelegten Kundenkanälen, Kundenbeziehungen und Leistungen erfolgt die Festlegung der notwendigen Fähigkeiten (analog zu Abb. 8.15).

Die Abb. 8.18 zeigt das Ergebnis der *Festlegung von Fähigkeiten* auf.

8.5.3 Festlegung der notwendigen Prozesse

Neben den Ressourcen und den Fähigkeiten werden innerhalb der Wertschöpfungsdimension auch die *Prozesse* festgelegt. Diese sind zwar in den Fähigkeiten enthalten, erfordern aber im Rahmen der Entwicklung von Geschäftsmodellen eine gesonderte Betrachtung.

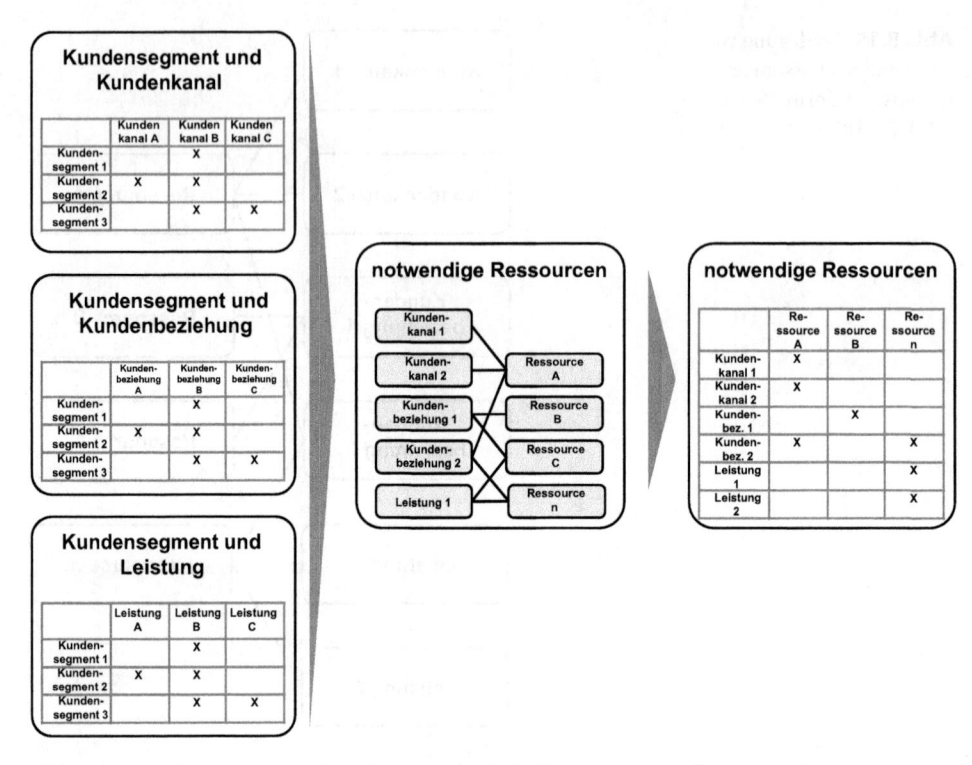

Abb. 8.16 Festlegung notwendiger Ressourcen. (Schallmo 2013, S. 218)

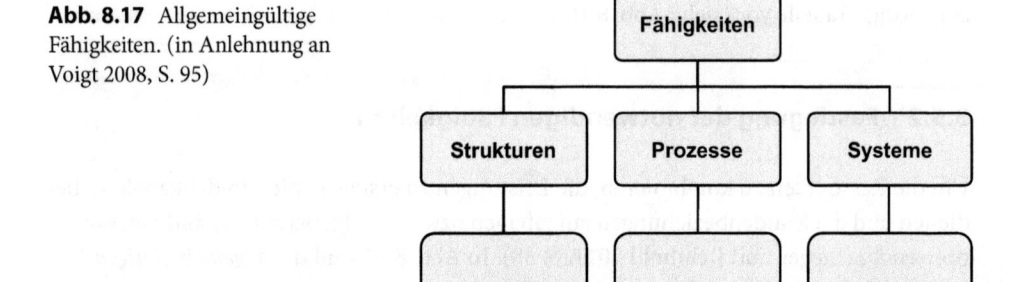

Abb. 8.17 Allgemeingültige Fähigkeiten. (in Anlehnung an Voigt 2008, S. 95)

Die von Porter (2008, S. 37–40) vorgeschlagene generische Wertkette dient dazu, einen ersten Überblick zu Geschäftsmodell-Prozessen zu bekommen. Porter unterscheidet hierbei in Leistungs- und Unterstützungsprozesse.

Eine weitere Unterscheidung von Prozessen liegt anhand folgender Kategorien vor (Brecht 2002, S. 36 f.; Krüger 1994, S. 124; Österle 1995, S. 130 f.):

- *Leistungsprozesse*: Leistungsprozesse tauschen Leistungen mit externen Kunden aus bzw. sind unmittelbar an der Wertschöpfung für Kunden beteiligt.

8.5 Konkretisierung der Wertschöpfungsdimension

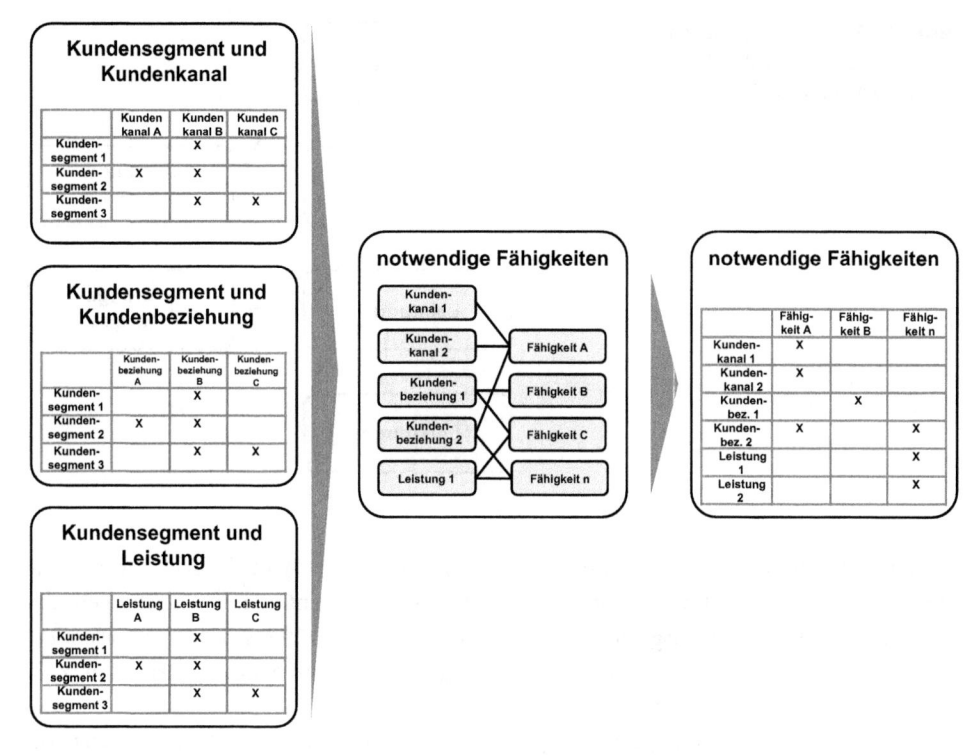

Abb. 8.18 Festlegung notwendiger Fähigkeiten. (Schallmo 2013, S. 219)

- *Unterstützungsprozesse*: Unterstützungsprozesse berücksichtigen den Aufbau und die Pflege von Ressourcen; sie unterstützen mit ihren Leistungen die Leistungsprozesse.
- *Führungsprozesse*: Führungsprozesse dienen der Planung, der Kontrolle und der Koordination; sie tauschen Leistungen mit den Leistungs- und Unterstützungsprozessen aus.

Im Rahmen der Festlegung von Prozessen in Geschäftsmodellen ist die Konzentration auf die wichtigsten Prozesse entscheidend. Zu den wichtigsten Prozessen gehören die Leistungsprozesse, da sich diese an Kunden ausrichten und direkt an der Wertschöpfung beteiligt sind (Brecht 2002, S. 36 f. und 304).

Eine Ausrichtung von Prozessen an den Kunden erfolgt mittels der Leistungen des Customer Buying Cycle, der in Kap. 8.3.2 vorgestellt wurde. Dabei werden die Leistungen, die Kunden bereitgestellt werden, in Prozessen gebündelt (Brecht 2002, S. 306; Muther 2001, S. 16 f.). Die Abb. 8.19 stellt die Bündelung bereits festgelegter Leistungen zu Prozessen exemplarisch dar.

Es liegen nun Leistungsprozesse[8] vor, die als Basis für die Ableitung weiterer Prozesse (Führungs- und Unterstützungsprozesse) mittels eines Kontextdiagramms dienen. Ein

---

[8] Neben den Leistungsprozessen werden in der Literatur Transaktionen vorgestellt, die dazu dienen, Leistungen über Kanäle zu transferieren; dazu gehören Marketingtransaktionen, Verkaufstransaktionen, Liefertransaktionen und Beschaffungstransaktionen (Grasl 2009, S. 96 und S. 111).

Abb. 8.19 Festlegung notwendiger Prozesse in graphischer Form. (Schallmo 2013, S. 220)

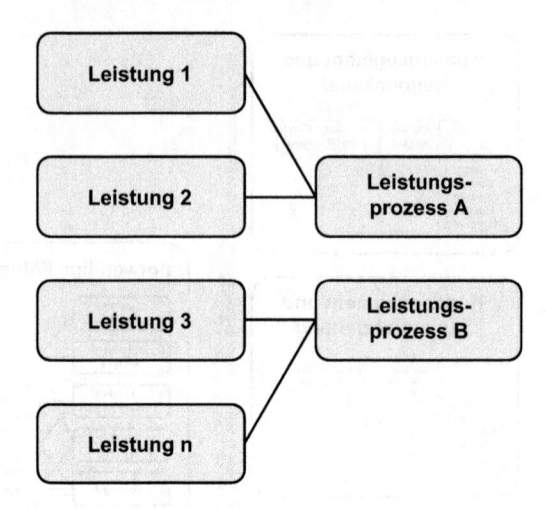

Kontextdiagramm enthält jeweils einen Leistungsprozess mit dem dazugehörigen Kundenprozess (z. B. Anbahnung, Kauf). Kanten (Pfeile) repräsentieren die Leistungen, die zwischen den Prozessen ausgetauscht werden. Wie aus Abb. 8.20 ersichtlich ist, orientiert sich der Leistungsfluss nicht nur in eine Richtung, sondern kann beidseitig verlaufen (z. B. die Anfrage eines Kunden) (Österle 1995, S. 79).

Im Rahmen der Auswahl geeigneter Prozesse erfolgt üblicherweise die Bewertung von Prozessen anhand von Kriterien, auf die allerdings an dieser Stelle nicht näher eingegangen wird (siehe hierzu: Brecht 2002, S. 310; Österle 1995, S. 136). Im Anschluss an die Erstellung der Kontextdiagramme für die jeweiligen Leistungsprozesse erfolgt ein Abgleich mit:

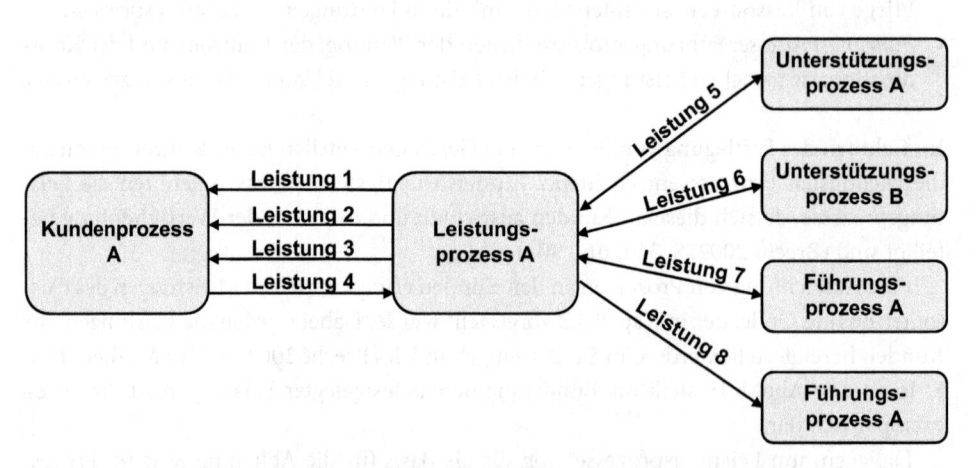

Abb. 8.20 Kontextdiagramm eines Leistungsprozesses. (Schallmo 2013, S. 221)

8.5 Konkretisierung der Wertschöpfungsdimension

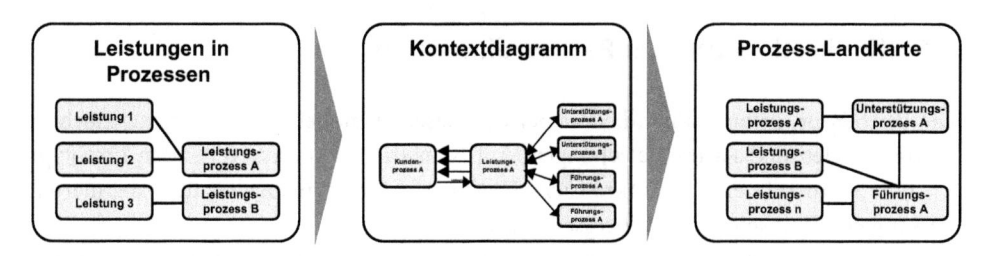

Abb. 8.21 Festlegung notwendiger Prozessen. (Schallmo 2013, S. 221)

- den Prozessen des Geschäftsmodell-Prototyps
- den Prozessen, die in den Fähigkeiten enthalten sind.

Als Ergebnis liegt die *Prozess-Landkarte des Geschäftsmodells* vor, die alle notwendigen Prozesse und deren Zusammenhang enthält. Die Prozess-Landkarte ist mit dem *Kontextdiagramm* und den *Leistungen in Prozessen* in Abb. 8.21 dargestellt.

8.5.4 Zusammenfassung

Die Technik *Konkretisierung der Wertschöpfungsdimension* legt die notwendigen Ressourcen, Fähigkeiten und Prozesse für das Geschäftsmodell fest.

Folgende Ergebnisse liegen somit vor:

- notwendige Ressourcen in Abhängigkeit der Kundenkanäle, Kundenbeziehungen und Leistungen
- notwendige Fähigkeiten in Abhängigkeit der Kundenkanäle, Kundenbeziehungen und Leistungen
- Prozesslandkarte mit notwendigen Prozessen.

Die Ergebnisse werden in die Technik *Konkretisierung der Partnerdimension* integriert, um geeignete Partner für das Geschäftsmodell festzulegen. In Kap. 8.8 werden die Ressourcen, die Fähigkeiten und die Prozesse in Form von Verzeichnissen beschrieben.

Es ist kritisch anzumerken, dass nicht immer alle notwendigen Ressourcen, Fähigkeiten und Prozesse festgelegt werden können. Aus diesem Grund sollten im weiteren Verlauf Ergänzungen vorgenommen werden. Daneben sind die Erstellung von Prozess-Landkarten und die Ausprägung von Prozessen meist sehr aufwendig. Daher können auch generische Lösungen, wie z. B. das SCOR-Modell oder das EFQM-Modell, verwendet werden, um Prozesse für das Geschäftsmodell festzulegen und diese auszuprägen. Diese generischen Lösungen müssen allerdings an die Anforderungen des Geschäftsmodells angepasst werden.

8.6 Konkretisierung der Partnerdimension

Die Partnerdimension enthält die Partner des Geschäftsmodells mit den dazugehörigen Partnerkanälen und Partnerbeziehungen. Auf Basis des erfolgversprechenden Prototyps wird die Partnerdimension konkretisiert. Hierfür werden ebenfalls die zuvor definierten Ressourcen, Fähigkeiten und Prozesse integriert.

Folgende Schritte sind für die Technik *Konkretisierung der Partnerdimension* relevant:

- Festlegung der Partner
- Festlegung der Partnerkanäle je Partner
- Festlegung der Partnerbeziehung je Partner.

8.6.1 Festlegung der Partner

Im Rahmen der *Festlegung der Partner* wird auf die Stakeholder-Landkarte und den Geschäftsmodell-Prototyp zurückgegriffen. Zunächst gilt es allerdings zu klären, welche Ressourcen, Fähigkeiten und Prozesse geeignet sind, um von Partnern bereitgestellt bzw. ausgeführt zu werden. Hierfür erfolgt die Bewertung notwendiger Ressourcen, Fähigkeiten und Prozesse anhand folgender *Kriterien/Fragen* (in Anlehnung an Hofbauer und Hellwig 2009, S. 328 f.):

- *Kapazität*: Wie viele Kapazitäten sind für den Aufbau der Ressource/Fähigkeit bzw. für die Gestaltung und Durchführung des Prozesses notwendig?
- *Qualität*: Kann mit der Ressource/Fähigkeit bzw. dem Prozess ein angemessenes Qualitätsniveau erzielt werden?
- *Kosten*: Wie hoch sind die Kosten für den Aufbau der Ressource/Fähigkeit bzw. die Gestaltung und Durchführung des Prozesses?
- *Zeit*: Wie lange dauert der Aufbau der Ressource/Fähigkeit bzw. die Gestaltung und Durchführung des Prozesses?
- *Risiko*: Besteht bei der Ressource/Fähigkeit bzw. bei dem Prozess ein Risiko der Abhängigkeit von Partnern oder das Risiko, dass Wettbewerber Zugang zu Know-how bekommen?

Mittels dieser Bewertung von Ressourcen, Fähigkeiten und Prozessen ist es möglich, festzulegen, welche Ressourcen/Fähigkeiten von Partnern bereitgestellt bzw. welche Prozesse ausgeführt werden sollen. Für diese Ressourcen, Fähigkeiten und Prozesse müssen nun geeignete Partner gefunden werden, die analog zu den zuvor definierten Kriterien bewertet werden (siehe auch: Bieger und Reinhold 2011, S. 51).[9] Analog zu der vorgestellten Stakeholder-Landkarte, die alle relevanten Interessengruppen eines Unternehmens bzw. einer

---

[9] Hierbei ist z. B. die Frage zu stellen, ob der jeweilige Partner über genügend Kapazitäten verfügt, um einen Prozess durchzuführen, oder wie hoch die Kosten sind, um einen Prozess von einem Partner durchführen zu lassen.

Industrie enthält, erfolgt nun die Erstellung eines Partnernetzwerks. Das Partnernetzwerk stellt alle relevanten Partner eines Geschäftsmodells und deren Beitrag zum Geschäftsmodell graphisch dar.[10] Der Unterschied zur Stakeholder-Landkarte liegt darin, dass im Partnernetzwerk die Partner (z. B. Bank A) konkret benannt werden, anstatt eine Kategorie (z. B. Finanzinstitute) aufzuzeigen.

Als Ergebnis liegen die für das Geschäftsmodell *relevanten Partner* vor, was in Abb. 8.22 exemplarisch dargestellt ist.

8.6.2 Festlegung der Partnerkanäle je Partner

Die *Festlegung der Partnerkanäle* und deren Darstellung erfolgen analog zu der Festlegung von Kundenkanälen. Statt des *Customer Buying Cycles* erfolgt die Anwendung des *Selling Cycles* (Hofbauer und Hellwig 2009, S. 54–56), der den Verkaufsprozess aus der Partnersicht analysiert und geeignete Partnerkanäle ableitet. Die notwendigen Kunden- und Partnerkanäle können sich dabei überschneiden (z. B. gemeinsame Online-Plattform für Kunden und Partner). Die Darstellung der Partner und der dazugehören Partnerkanäle erfolgt einmal in graphischer und einmal in tabellarischer Form.

Als Ergebnis liegen *notwendige Kanäle je Partner* vor (siehe Abb. 8.23).

8.6.3 Festlegung der Partnerbeziehung je Partner

Bei der *Festlegung der Partnerbeziehungen* wird analog zur Festlegung der Kundenbeziehungen vorgegangen. Die dabei aufgezeigten Formen der Kundenbindung sind auf die Partnerbindung bzw. die Partnerbeziehung übertragbar.

Als Ergebnis liegen die *Partnerbeziehungen je Partner* vor, was in Abb. 8.24 beispielhaft dargestellt ist.

8.6.4 Zusammenfassung

Die Technik *Konkretisierung der Partnerdimension* ermöglicht die Festlegung der Partner, der Partnerkanäle und der Partnerbeziehungen, die in dem Geschäftsmodell-Prototyp grob beschrieben wurden.

Als Ergebnis liegen die Partner mit dazugehörigen Partnerkanälen und Partnerbeziehungen vor. In Kap. 8.8 werden die Partner, die Partnerkanäle und die Partnerbeziehungen in Form von Verzeichnissen weiter beschrieben.

---

[10] Die Idee des Partnernetzwerks basiert auf dem Sektornetzwerk, welches wesentliche Marktteilnehmer und deren Leistungen in Beziehung zueinander setzt (Österle 1995, S. 66–72). Bieger und Reinhold bezeichnen das Partnernetzwerk als Firmennetzwerk (2011, S. 51).

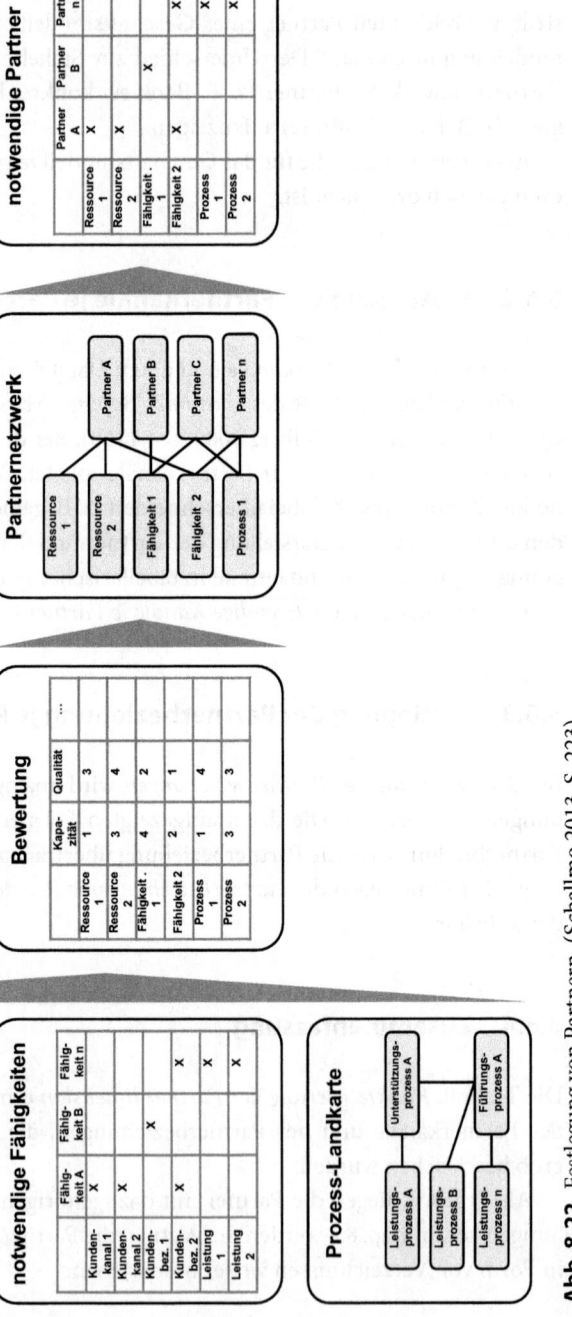

Abb. 8.22 Festlegung von Partnern. (Schallmo 2013, S. 223)

8.6 Konkretisierung der Partnerdimension

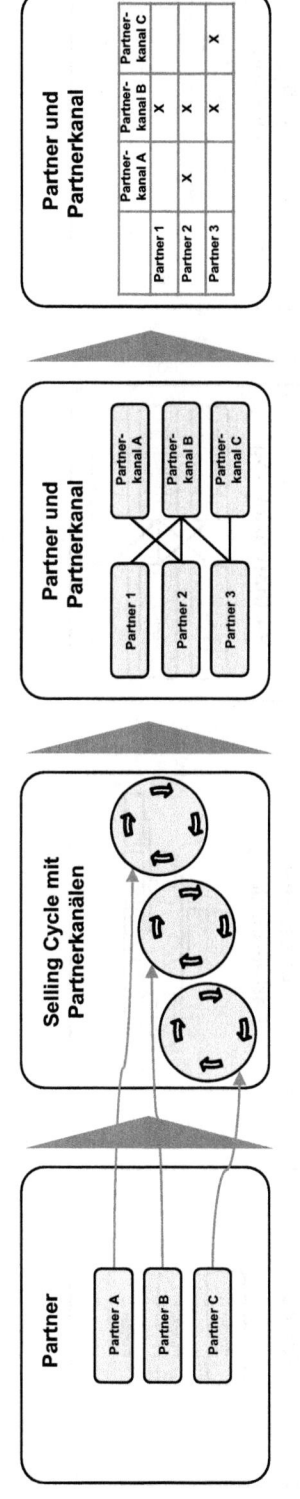

Abb. 8.23 Festlegung von Partnerkanälen. (Schallmo 2013, S. 224)

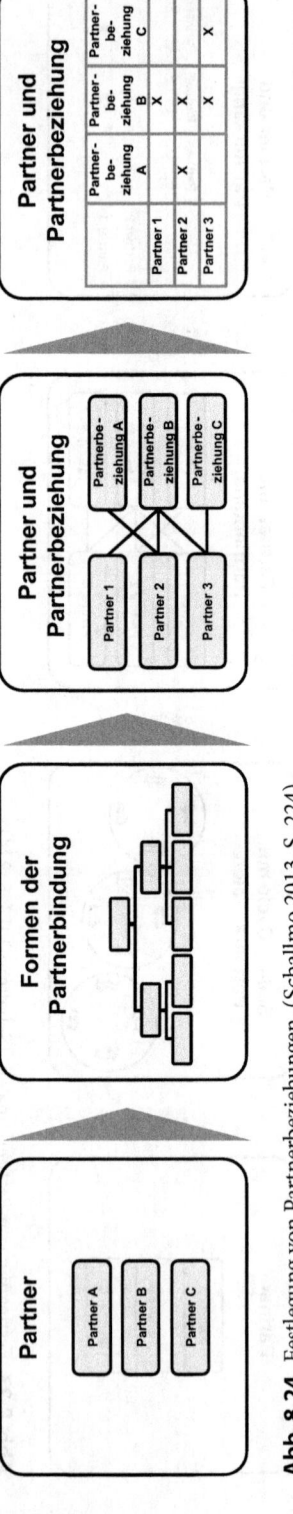

Abb. 8.24 Festlegung von Partnerbeziehungen. (Schallmo 2013, S. 224)

Neben den Ressourcen, den Fähigkeiten und den Prozessen können auch die Kundenkanäle von Partnern bereitgestellt werden; in diesem Fall ermöglichen die Partner einen Kundenzugang. Analog zu den vorherigen Elementen (z. B. Leistungen des Geschäftsmodells) können die Geschäftsmodell-Elemente der Partnerdimension zu einem späteren Zeitpunkt weiter ergänzt werden. Zudem sollten im Vorfeld mit Partnern Gespräche stattfinden, um Details festzulegen.

8.7 Konkretisierung der Finanzdimension

Die *Konkretisierung der Finanzdimension* erhebt die Umsatz- und Kostenstruktur und legt dazugehörige Mechanismen fest. Die Konkretisierung basiert auf den grob festgelegten Umsätzen und Kosten innerhalb des Geschäftsmodell-Prototyps.

Folgende Schritte sind für die Technik *Konkretisierung der Finanzdimension* relevant:

- Erhebung der Umsatz- und Kostenstruktur
- Festlegung der Umsatz- und Kostenmechanismen.

8.7.1 Erhebung der Umsatz- und Kostenstruktur

Die *Umsatz- und Kostenstruktur* wird von den bisher definierten Geschäftsmodell-Elementen beeinflusst. Die Geschäftsmodell-Elemente der Kunden- und Nutzendimension beeinflussen dabei hauptsächlich die Umsatzstruktur. Die Geschäftsmodell-Elemente der Wertschöpfungs- und Partnerdimension beeinflussen hauptsächlich die Kostenstruktur. Des Weiteren liegen Fälle vor, in denen z. B. ein Geschäftsmodell-Element der Partnerdimension zu Umsätzen führt; dies liegt vor, wenn ein Partner eine Vermittlungsprovision bezahlt.

Bei der Erhebung der Umsatz- und Kostenstruktur sind zunächst die Kostenarten[11] (und nicht die Höhe der Kosten) entscheidend. Als Ergebnis liegt eine *Auflistung aller Umsätze*[12] *und Kosten* vor (siehe Abb. 8.25).

---

[11] Im Rahmen der Innovation von Geschäftsmodellen geht es um die Erfassung der Umsätze und Kosten, die hauptsächlich anfallen. An dieser Stelle sei auf folgende Literatur verwiesen, die sich mit der Kosten- und Leistungsrechnung befasst: Ebert 2004; Steger 2010; Moews 2002.

[12] Umsätze werden hauptsächlich durch die Zahlungsbereitschaft von Kunden beeinflusst; siehe hierzu: Kap. 4.3.6.

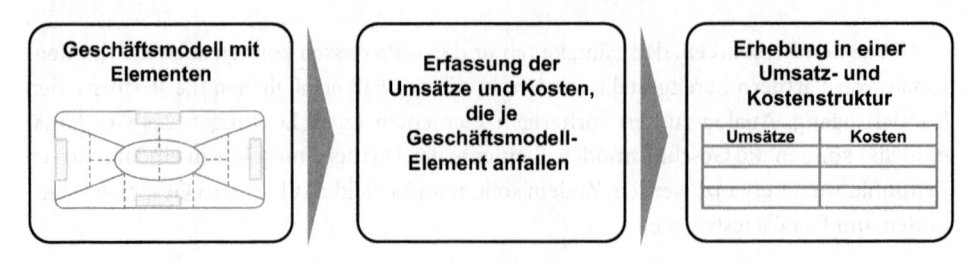

Abb. 8.25 Erhebung der Umsatz- und Kostenstruktur. (Schallmo 2013, S. 225)

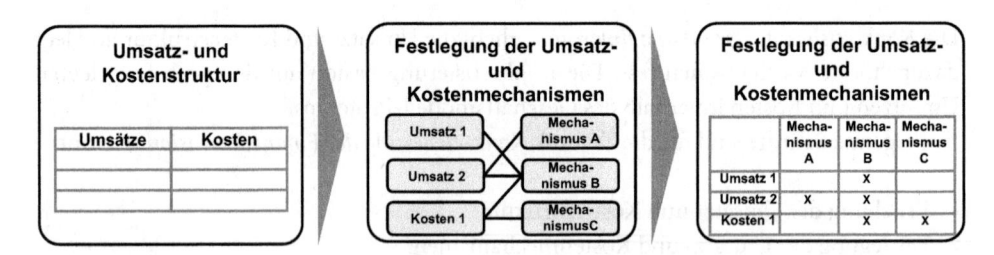

Abb. 8.26 Festlegung der Umsatz- und Kostenmechanismen. (Schallmo 2013, S. 226)

8.7.2 Festlegung der Umsatz- und Kostenmechanismen

Je nach Präferenz des Kundensegments und je nach Zielsetzung des Unternehmens lassen sich im Rahmen des Geschäftsmodells folgende *Umsatzmechanismen* einsetzen (Wirtz 2001, S. 215; Osterwalder 2004, S. 100; Zollenkop 2006, S. 78 und 82; Osterwalder und Pigneur 2010, S. 31):

- *Verkauf* von Produkten (z. B. PKW) und Dienstleistungen (z. B. Wartung, Reparatur)
- Erhebung einer *Nutzungsgebühr* für Produkte (z. B. Miete/Leasing) und Dienstleistungen (z. B. Zinsen für Finanzierung) sowie eine nutzungsabhängige Berechnung (z. B. Strecke, Dauer, Menge)
- Erhebung einer *Registrierungsgebühr/Grundgebühr* für Nutzungsrechte (z. B. Mobiltelefon)
- Erhebung von *Lizenzgebühren* für Nutzungsrechte (z. B. Franchisegebühren)
- Erhebung von *Provisionen* für Vermittlungen (z. B. Maklergebühren).

Die dargestellten Umsatzmechanismen gelten analog für *Kostenmechanismen* (z. B. Zahlung von Nutzungsgebühren), die mit Partnern auszuarbeiten sind.

Als Ergebnis liegt eine *Zuordnung der Umsätze und Kosten zu Mechanismen* vor. Je Umsatz- bzw. je Kostenart können parallel unterschiedliche Mechanismen erarbeitet werden, da z. B. die Präferenzen je Kundensegment variieren. Die Abb. 8.26 stellt die Ergebnisse exemplarisch dar.

8.7.3 Zusammenfassung

Die Technik *Konkretisierung der Finanzdimension* ermöglicht es, die Umsatz- und Kostenstruktur sowie die Umsatz- und Kostenmechanismen für das Geschäftsmodell festzulegen. Folgende Ergebnisse liegen somit vor:

- Umsatz- und Kostenstruktur des Geschäftsmodells
- Umsatz- und Kostenmechanismen je Umsatz- und Kostenart.

In Kap. 8.8 wird die Umsatz- und Kostenstruktur in Form von Verzeichnissen detailliert beschrieben.

Bezüglich der *Konkretisierung der Finanzdimension* ist kritisch anzumerken, dass es an dieser Stelle evtl. nicht möglich ist, die Umsätze und die Kosten vollständig zu erfassen. Daher sollen die Umsatz- und Kostenstruktur die Umsätze und Kosten enthalten, die *hauptsächlich* im Rahmen des Betriebs des Geschäftsmodells anfallen. Die Höhe der Kosten wird dann innerhalb der *Erstellung von Verzeichnissen* ermittelt. Es ist ebenfalls anzumerken, dass die festgelegten Umsatz- und Kostenmechanismen nicht geeignet sein können, wenn nicht alle Kundenpräferenzen bzgl. der Umsatzmechanismen vorliegen. Aus diesem Grund kann nach der Implementierung eine Anpassung der Finanzdimension vorgenommen werden.

8.8 Erstellung der Verzeichnisse

Die notwendigen Geschäftsmodell-Elemente sollen anhand der Verzeichnisse detailliert beschrieben werden, um darauf aufbauend einen Realisierungsplan zu erarbeiten. Die *Erstellung von Verzeichnissen* baut auf den Ergebnissen der Konkretisierung der fünf Geschäftsmodell-Dimensionen auf. Die Verzeichnisse werden in tabellarischer Form anhand der aufgezeigten Attribute der Geschäftsmodell-Elemente erstellt (siehe Kap. 3.3).

Als Ergebnis liegt *je Geschäftsmodell-Element ein Verzeichnis* vor, was in Abb. 8.27 exemplarisch dargestellt ist.

Es ist kritisch anzumerken, dass die Erstellung von Verzeichnissen sehr aufwendig sein kann. Die Attribute zur Beschreibung der Geschäftsmodell-Elemente können daher an individuelle Anforderungen eines Unternehmens angepasst werden.

Es ist denkbar, die Verzeichnisse bereits *während* der Konkretisierung der jeweilgen Geschäftsmodell-Dimensionen zu erstellen. Da jedoch nicht alle Informationen, wie z. B. die Verknüpfungen der Geschäftsmodell-Elemente untereinander, vorliegen, empfiehlt es sich, die Erstellung der Verzeichnisse *nach* der Konkretisierung der Geschäftsmodell-Dimensionen vorzunehmen. Die bisher erstellten Ergebnisse können auch in einem Business-Plan zusammengefasst werden (Osterwalder und Pigneur 2010, S. 268 f.; Wirtz 2010, S. 218). Auf die Struktur und die Inhalte eines Business-Plans wird an dieser Stelle allerdings nicht näher eingegangen (siehe hierzu: Klandt 2006; Nagl 2011).

Abb. 8.27 Erstellung von Verzeichnissen. (Schallmo 2013, S. 227)

Ergebnisse der Konkretisierung der Geschäftsmodell-Dimensionen

Erstellung von Verzeichnissen
Kundenbeziehungsverzeichnis
Kundenkanalverzeichnis
Kundensegmentverzeichnis

8.9 Erarbeitung des Führungsinstruments

Um das ausgestaltete Geschäftsmodell zu operationalisieren, erfolgt die *Erarbeitung des Führungsinstruments*. Dieses Führungsinstrument enthält je Geschäftsmodell-Dimension kritische Erfolgsfaktoren mit dazugehörigen Führungsgrößen.

Folgende Schritte sind für die Technik *Erarbeitung des Führungsinstruments* relevant:

- Anpassung der kritischen Erfolgsfaktoren
- Ableitung der Führungsgrößen.

8.9.1 Anpassung der kritischen Erfolgsfaktoren

Auf Basis der konkretisierten Geschäftsmodell-Dimensionen werden die bereits erarbeiteten *kritischen Erfolgsfaktoren* (KEF) des Geschäftsmodell-Prototyps angepasst; der Wirkungszusammenhang der kritischen Erfolgsfaktoren wird ebenso angepasst (siehe Kap. 7.5).

Analog zu dem Geschäftsmodell-Prototyp sollen je Geschäftsmodell-Dimension maximal fünf kritische Erfolgsfaktoren vorliegen (Österle 1995, S. 112). Als Ergebnis liegen die angepassten *kritischen Erfolgsfaktoren des Geschäftsmodells, deren Erläuterung und deren Wirkungszusammenhang* vor; dies ist in Abb. 8.28 exemplarisch dargestellt.

8.9.2 Ableitung der Führungsgrößen

Um die kritischen Erfolgsfaktoren des Geschäftsmodells zu operationalisieren, sind *Führungsgrößen* notwendig. Führungsgrößen können in folgende Arten unterschieden werden (Österle 1995, S. 112 f.):

- *Finanzielle Führungsgrößen*: Finanzielle (indirekte) Führungsgrößen beinhalten Umsätze, Kosten und Erfolgswerte des Geschäftsmodells. sie sind dem Rechnungswesen zuzuordnen (z. B. die Kosten einer Ressource und die Rentabilität des Geschäftsmodells).

8.9 Erarbeitung des Führungsinstruments

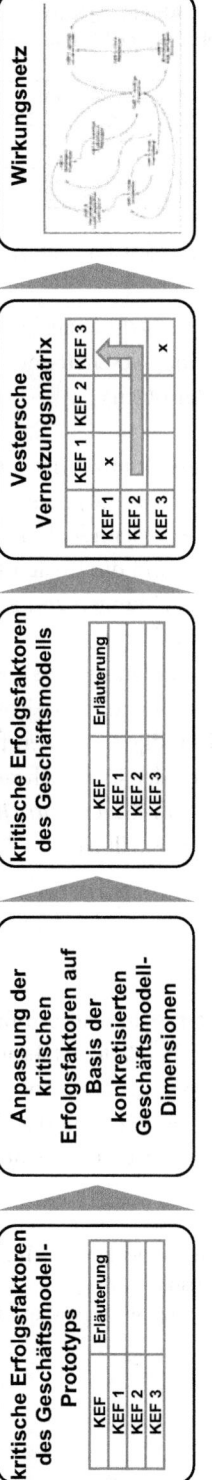

Abb. 8.28 Anpassung kritischer Erfolgsfaktoren und deren Wirkungszusammenhang. (Schallmo 2013, S. 228)

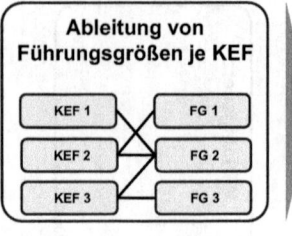

Abb. 8.29 Ableitung von Führungsgrößen. (Schallmo 2013, S. 229)

- *Nicht-finanzielle Führungsgrößen*: Nicht-finanzielle (direkte) Führungsgrößen sind direkt beobachtbare Merkmale einzelner Geschäftsmodell-Elemente (z. B. die Anzahl von Kunden und die Antwortzeit für Anfragen).

Wirtz (2010, S. 277–279) schlägt zum Controlling von Geschäftsmodellen *Kennzahlen zur Messung der Befriedigung von Kundenbedürfnissen* (z. B. die Kundenzuwachsrate, die Kauffrequenz und der Kundenzufriedenheitsindex) und *Kennzahlen zur Messung der Profitabilität* (z. B. der Umsatz je Produkt und die Kosten für die Ressourcen) vor. Daneben liegen in der Literatur weitere Unterscheidungen von Kennzahlen vor, die an dieser Stelle allerdings nicht näher erläutert werden.[13]

Für jeden kritischen Erfolgsfaktor werden zwei bis vier Führungsgrößen abgeleitet. Dabei kann eine Führungsgröße zugleich für mehrere kritische Erfolgsfaktoren gelten. Um das Führungsinstrument zu vervollständigen, werden für jede Führungsgröße Zielwerte definiert bzw. es werden Zielwerte aus der Unternehmensstrategie vorgegeben (insb. für finanzielle Führungsgrößen). Als Ergebnis liegen *kritische Erfolgsfaktoren, Führungsgrößen* und *Zielwerte* vor, was in Abb. 8.29 dargestellt ist.

8.9.3 Zusammenfassung

Die Technik *Erarbeitung des Führungsinstruments* ermöglicht es, anhand eines Wirkungsnetzes die Zusammenhänge der kritischen Erfolgsfaktoren des Geschäftsmodells transparent darzustellen. Daneben werden je kritischem Erfolgsfaktor Führungsgrößen festgelegt, was mit dazugehörigen Zielwerten eine Führung des Geschäftsmodells sicherstellt. Das Führungsinstrument wird im Rahmen der Geschäftsmodell-Implementierung eingesetzt.

---

[13] Andere Autoren sprechen in diesem Zusammenhang auch von Kenngrößen und Key Performance Indicators; siehe hierzu: Preißler 2008; Ossola-Haring 2006; Fischbach und Fischbach 2006. Kaplan und Norton (2004, S. 52 f.) leiten auf Basis der Strategy Map Ziele, Kennzahlen, Zielwerte und Maßnahmen ab, um Strategien umzusetzen.

Folgende Ergebnisse liegen vor:

- angepasste kritische Erfolgsfaktoren des Geschäftsmodells und deren Wirkungszusammenhang
- Führungsgrößen und Zielwerte für jeden kritischen Erfolgsfaktor.

Es ist anzumerken, dass die Komplexität mit der Anzahl an kritischen Erfolgsfaktoren steigen kann und dass es schwierig sein kann, die kritischen Erfolgsfaktoren und deren Wirkungszusammenhang vollständig zu erfassen. Die kritischen Erfolgsfaktoren und deren Wirkungszusammenhang können daher auch im Anschluss an die Geschäftsmodell-Implementierung angepasst werden; zudem sollten Industrie-Experten in die Technik integriert werden. Analog zu der Ableitung von kritischen Erfolgsfaktoren ist an dieser Stelle anzumerken, dass nicht immer die geeigneten Führungsgrößen abgeleitet werden können. Ebenso ist die Festlegung der Zielwerte je Führungsgröße schwierig, da bisher noch keine Erfahrungswerte mit dem Geschäftsmodell vorliegen. Aus diesem Grund kann im Anschluss an die Geschäftsmodell-Implementierung ebenfalls eine Anpassung der abgeleiteten Führungsgrößen und Zielwerte vorgenommen werden.

8.10 Zusammenfassung, Lernkontrollfragen und Aufgabe

8.10.1 Zusammenfassung

Sie haben die Techniken zur Geschäftsmodell-Entwicklung kennengelernt. Hierfür wurde der Geschäftsmodell-Prototyp mit den Geschäftsmodell-Dimensionen konkretisiert. Die jeweiligen Geschäftsmodell-Elemente sind mittels Verzeichnissen im Detail beschrieben. Daneben liegt für das Geschäftsmodell ein Wirkungsnetz vor, das alle kritischen Erfolgsfaktoren des Geschäftsmodells und deren Abhängigkeiten abbildet. Die kritischen Erfolgsfaktoren des Geschäftsmodells sind anhand von Führungsgrößen operationalisiert.

8.10.2 Lernkontrollfragen

Fragen

Zur Kontrolle der Erreichung der Lernziele sollten Sie folgende Fragen beantworten können:

- Welche Techniken werden zur Geschäftsmodell-Entwicklung eingesetzt?
- Mittels welcher Hilfstechniken werden diesen Techniken jeweils unterstützt?
- Wie wird die Zahlungsbere itschaft von Kunden analysiert?
- Wie wird der Kundenwert berechnet?
- Welche Kriterien liegen zur Festlegung von Kundensegmenten vor?

- Wodurch ist der Customer Buying Cycle charakterisiert und wozu dient er?
- Welche Formen der Kundenbindung kennen Sie?
- Was ist ein Leistungssystem?
- Welche Nutzenkategorien liegen für Geschäftsmodelle vor?
- Wie werden Nutzenversprechen formuliert (vier Kriterien)?
- Was ist ein Partnernetzwerk?
- Welche allgemeingültigen Ressourcen kennen Sie?
- Anhand welcher Kriterien werden Ressourcen, Fähigkeiten und Prozesse bewertet, um zu prüfen, ob Sie selbst, oder von Partnern bereitgestellt bzw. ausgeführt werden?
- Welche Umsatzmechanismen kennen Sie?
- Wozu dienen Führungsgrößen und welche Arten von Führungsgrößen kennen Sie?

8.10.3 Aufgaben

Aufgaben

Die nachfolgenden Aufgaben sind sehr umfangreich. Sie bilden den Kern der Methode der Geschäftsmodell-Innovation und dienen dazu, den ausgewählten Geschäftsmodell-Prototyp mit seinen Dimensionen zu konkretisieren. Je nach Anforderung können Sie bei den Aufgaben Schwerpunkte setzen.

Konkretisierung der Kundendimension

Im Rahmen dieser Aufgabe konkretisieren Sie die Kundendimension des Geschäftsmodell-Prototyps mit der höchsten Attraktivität.

Kundensegmente

Hier erarbeiten Sie die Kundensegmente des Geschäftsmodells.

- Bitte erarbeiten Sie auf Basis des Geschäftsmodell-Prototyps und auf Basis der Stakeholder-Landkarte geeignete Kundensegmente.
- Diese Kundensegmente sollten ähnliche Bedürfnisse, Zahlungsbereitschaften und Kundenwerte aufweisen.
- Nehmen Sie auch die Arten (= allgemeine Formen) in der Beschreibung des Objekts Kundensegment zu Hilfe.
- Bitte wählen Sie ein Kundensegment aus, für das nun die übrigen Geschäftsmodell-Elemente erarbeitet werden sollen.

Kundenkanäle

Hier erarbeiten Sie die Kundenkanäle des Geschäftsmodells.

- Bitte analysieren Sie den Customer Buying Cycle und leiten Sie je Phase geeignete Kundenkanäle ab.

- Bitte berücksichtigen Sie auch den Geschäftsmodell-Prototyp und Technologien aus dem Technologie-Screening, die in Kundenkanälen eingesetzt werden können bzw. die Kundenkanäle darstellen.
- Nehmen Sie auch die Arten (= allgemeine Formen) in der Beschreibung des Objekts Kundenkanäle zu Hilfe.

Kundenbeziehungen
Hier erarbeiten Sie die Kundenbeziehungen des Geschäftsmodells.

- Bitte erarbeiten Sie auf Basis des Geschäftsmodell-Prototyps und auf Basis der Arten (= allgemeine Formen) in der Beschreibung des Objekts Kundenbeziehung geeignete Kundenbeziehungen.

Konkretisierung der Nutzendimension
Im Rahmen dieser Aufgabe konkretisieren Sie die Nutzendimension des Geschäftsmodell-Prototyps mit der höchsten Attraktivität.

Leistungen
Hier erarbeiten Sie die Leistungen des Geschäftsmodells.

- Bitte analysieren Sie den Customer Buying Cycle und leiten Sie je Phase geeignete Leistungen ab.
- Bitte nehmen Sie auch den Geschäftsmodell-Prototyp, das Leistungssystem und die Arten (= allgemeine Formen) in der Beschreibung des Objekts Leistung zu Hilfe.

Nutzen
Hier erarbeiten Sie den Nutzen des Geschäftsmodells.

- Bitte erstellen Sie auf Basis des Geschäftsmodell-Prototyps und auf Basis der Arten (= allgemeine Formen) in der Beschreibung des Objekts Nutzen ein Nutzenversprechen.
- Bitte formulieren Sie dieses Nutzenversprechen in Normal- und Kurzform.

Konkretisierung der Wertschöpfungsdimension
Im Rahmen dieser Aufgabe konkretisieren Sie die Wertschöpfungsdimension des Geschäftsmodell-Prototyps mit der höchsten Attraktivität.

Ressourcen
Hier leiten Sie die notwendigen Ressourcen des Geschäftsmodells ab.

- Bitte leiten Sie auf Basis des Geschäftsmodell-Prototyps und auf Basis der angebotenen Leistungen, der Kundenkanäle und der Kundenbeziehungen die notwendigen Ressourcen des Geschäftsmodells ab

- Nehmen Sie auch die Arten (= allgemeine Formen) in der Beschreibung des Objekts Ressource zu Hilfe.

Fähigkeiten
Hier leiten Sie die notwendigen Fähigkeiten des Geschäftsmodells ab.

- Bitte leiten Sie auf Basis des Geschäftsmodell-Prototyps und auf Basis der angebotenen Leistungen, der Kundenkanäle und der Kundenbeziehungen die notwendigen Fähigkeiten des Geschäftsmodells ab
- Nehmen Sie auch die Arten (= allgemeine Formen) in der Beschreibung des Objekts Fähigkeit zu Hilfe.

Prozesse
Hier leiten Sie die notwendigen Prozesse des Geschäftsmodells ab.

- Bitte bündeln Sie die angebotenen Leistungen in Prozessen.
- Bitte nehmen Sie den Geschäftsmodell-Prototyp und die Arten (= allgemeine Formen) in der Beschreibung des Objekts Prozesse zu Hilfe.
- Bitte erarbeiten Sie auf dieser Basis eine geeignete Prozesslandkarte für das Geschäftsmodell.

Konkretisierung der Partnerdimension
Im Rahmen dieser Aufgabe konkretisieren Sie die Partnerdimension des Geschäftsmodell-Prototyps mit der höchsten Attraktivität.

Bewertung der Ressourcen, Fähigkeiten und Prozesse
Hier bewerten Sie zunächst die Ressourcen, Fähigkeiten und Prozesse.

- Bitte bewerten Sie die Ressourcen, Fähigkeiten und Prozesse anhand der Kapazität, der Qualität, der Kosten, der Zeit und des Risikos.
- Wählen Sie anschließend die Ressourcen, Fähigkeiten und Prozesse aus, die von Partnern bereitgestellt bzw. durchgeführt werden können.

Partner
Hier leiten Sie die notwendigen Partner des Geschäftsmodells ab.

- Bitte leiten Sie auf Basis des Geschäftsmodell-Prototyps und auf Basis der Stakeholder-Landkarte geeignete Partner ab, die notwendig sind, um das Geschäftsmodell zu betreiben.
- Bitte erstellen Sie ein Partnernetzwerk, das die Partner und deren Leistungen enthält (analog der Stakeholder-Landkarte).

8.10 Zusammenfassung, Lernkontrollfragen und Aufgabe

Partnerkanäle
Hier erarbeiten Sie die Partnerkanäle des Geschäftsmodells.

- Bitte analysieren Sie den Selling Cycle und leiten Sie je Phase geeignete Partnerkanäle ab.
- Bitte berücksichtigen Sie auch Technologien aus dem Technologie-Screening, die in Partnerkanälen eingesetzt werden können bzw. die Partnerkanäle darstellen.
- Nehmen Sie auch die Arten (= allgemeine Formen) in der Beschreibung des Objekts Partnerkanäle zu Hilfe.

Partnerbeziehungen
Hier erarbeiten Sie die Partnerkanäle des Geschäftsmodells.

- Bitte erarbeiten Sie auf Basis des Geschäftsmodell-Prototyps und auf Basis der Arten (= allgemeine Formen) in der Beschreibung des Objekts Partnerbeziehung geeignete Partnerbeziehungen.

Konkretisierung der Finanzdimension
Im Rahmen dieser Aufgabe konkretisieren Sie die Finanzdimension des Geschäftsmodell-Prototyps mit der höchsten Attraktivität.

Umsätze und Umsatzmechanismen
Hier erarbeiten Sie Umsätze und Umsatzmechanismen des Geschäftsmodells.

- Bitte erarbeiten Sie auf Basis des Geschäftsmodell-Prototyps und auf Basis der konkretisierten Geschäftsmodell-Dimensionen die wichtigsten Umsätze, die in den ersten drei Jahren generiert werden (Art und Höhe).
- Bitte erarbeiten Sie geeignete Umsatzmechanismen; nehmen Sie auch die Arten (= allgemeine Formen) in der Beschreibung des Objekts Umsatz zu Hilfe.

Kosten und Kostenmechanismen
Hier erarbeiten Sie Kosten und Kostenmechanismen des Geschäftsmodells.

- Bitte erarbeiten Sie auf Basis des Geschäftsmodell-Prototyps und auf Basis der konkretisierten Geschäftsmodell-Dimensionen die wichtigsten Kosten, die in den ersten drei Jahren anfallen werden (Art und Höhe).
- Bitte erarbeiten Sie geeignete Kostenmechanismen; nehmen Sie auch die Arten (= allgemeine Formen) in der Beschreibung des Objekts Kosten zu Hilfe.

Erarbeitung des Führungsinstruments
Im Rahmen dieser Aufgabe erarbeiten Sie das Führungsinstrument.

Kritische Erfolgsfaktoren
Hier leiten Sie kritische Erfolgsfaktoren für das Geschäftsmodell ab.

- Bitte leiten Sie für jede Geschäftsmodell-Dimension kritische Erfolgsfaktoren ab und erläutern Sie diese (insg. ca. 12).
- Bitte nehmen Sie auch die allgemeingültigen kritischen Erfolgsfaktoren zu Hilfe.

Wirkungsnetz
Hier erarbeiten Sie ein Wirkungsnetz.

- Bitte erarbeiten Sie für die kritischen Erfolgsfaktoren eine Vestersche Vernetzungsmatrix.
- Bitte errechnen Sie die Aktiv- und Passivsummen der kritischen Erfolgsfaktoren.
- Bitte stellen Sie die wichtigsten Beziehungen der kritischen Erfolgsfaktoren in einem Wirkungsnetz dar und zeigen Sie auf, welche kritischen Erfolgsfaktoren sich gegenseitig beeinflussen/verstärken.

Führungsgrößen und Zielwerte
Hier leiten Sie Führungsgrößen ab für das Geschäftsmodells ab.

- Bitte leiten Sie für die wichtigsten kritischen Erfolgsfaktoren Führungsgrößen ab.
- Bitte nehmen Sie auch die allgemeingültigen Führungsgrößen zu Hilfe.
- Bitte definieren Sie für die Führungsgrößen Zielwerte (drei Jahre).

Literatur

Belz C (1997) Leistungssysteme. In: Belz C (Hrsg) Leistungs- und Kundensysteme. Thexis, St. Gallen, S 12–39

Belz C, Müllner M, Zupancic D (2008) Spitzenleistungen im Key-Account-Management: das St. Galler KAM-Konzept. mi Wirtschaftsbuch Verlag, München

Bieger T, Reinhold S (2011) Das wertbasierte Geschäftsmodell – ein aktualisierter Strukturansatz. In: Bieger T, zu Knyphausen-Aufseß D, Krys C (Hrsg) Innovative Geschäftsmodelle: Konzeptionelle Grundlagen, Gestaltungsfelder und unternehmerische Praxis. Springer Verlag, Berlin, S 11–70

Brecht L (2002) Process Leadership: Methode des informations-systemgestützten Prozessmanagement. Dr Kovac Verlag, Hamburg

Cornelsen J (1996) Kundenwert. Begriff und Bestimmungsfaktoren. Universität Erlangen-Nürnberg, Nürnberg

Garcia A, Rennhak C (2006) Kundenbindung – Grundlagen und Begrifflichkeiten. In: Rennhak C (Hrsg) Herausforderung Kundenbindung. DUV, Wiesbaden, S 3–14

Haenecke H, Laukamp G (2006) Entwicklung und Test von Nutzenversprechen. In: Zerres C, Zerres M (Hrsg) Handbuch Marketing-Controlling. Springer Verlag, Berlin, S 145–164

Hofbauer G, Hellwig C (2009) Professionelles Vertriebsmanagement: Der prozessorientierte Ansatz aus Anbieter- und Beschaffersicht. Wiley VCH Verlag, Weinheim

Homburg C, Jensen O (2004) Kundenbindung im Industriegütergeschäft. In: Backhaus K, Voeth M (Hrsg) Handbuch Industriegütermarketing. Gabler Verlag, Wiesbaden, S 481–519
Homburg C, Krohmer H (2006) Marketingmanagement. Studienausgabe: Strategie – Instrumente – Umsetzung – Unternehmensführung. Gabler Verlag, Wiesbaden
Homburg C, Schäfer H, Schneider J (2010) Sales excellence: Vertriebsmanagement mit System. Gabler Verlag, Wiesbaden
Jung H (2007) Controlling. Oldenbourg Verlag, München
Klandt H (2006) Gründungsmanagement: Der integrierte Unternehmensplan: Business Plan als zentrales Instrument für die Gründungsplanung. Oldenbourg Verlag, München
Krüger W (1994) Organisation der Unternehmung. Kohlhammer Verlag, Stuttgart
Loy A (2006) Consultative Value Selling: Mehrwertorientierte Kundenberatung. Expert Verlag, Renningen
Meffert H, Burmann C, Kirchgeorg M (2012) Marketing: Grundlagen marktorientierter Unternehmensführung. Konzepte – Instrumente – Praxisbeispiele. Gabler Verlag, Wiesbaden
Mödritscher G (2008) Customer Value Controlling: Hintergründe – Herausforderungen – Methode. Gabler Verlag, Wiesbaden
Müller-Stewens G, Lechner C (2011) Strategisches Management: Wie strategische Initiativen zum Wandel führen. Schäffer-Poeschel Verlag, Stuttgart
Muther A (2001) Electronic Customer Care: Die Anbieter-Kunden-Beziehung im Informationszeitalter. Springer Verlag, Berlin
Nagl A (2011) Der Businessplan: Geschäftspläne professionell erstellen. Mit Checklisten und Fallbeispielen. Gabler Verlag, Wiesbaden
Prahalad C, Hamel G (1990) The core competence of the corporation. In: Harvard Business Review. S 79–91
Österle H (1995) Business Engineering. Prozeß- und Systementwicklung. Springer Verlag, Berlin
Osterwalder A (2004) The business model ontology—a proposition in a design science approach. Dissertation, Universität Lausanne
Osterwalder A, Pigneur Y (2010) Business Model Generation. Wiley and Sons, New Jersey
Porter M (2008) On competition, Harvard Business Press, Boston
Reichold A (2006) Prozesse des Analytischen CRM: Fallbeispiele aus der Finanzdienstleistungsbranche, Architekturvorschlag und Methodenelemente. Universität St. Gallen.
Reinecke S, Janz S (2006) Marketingcontrolling: Sicherstellen von Marketingeffektivität und -effizienz. Kohlhammer Verlag, Stuttgart
Schallmo D (2013) Geschäftsmodell-Innovation: Grundlagen, bestehende Ansätze, methodisches Vorgehen und B2B-Geschäftsmodelle, Springer Gabler Wiesbaden
Steiner V (2009) Modellierung des Kundenwertes: Ein branchenübergreifender Ansatz. Gabler Verlag, Wiesbaden
Strasser M (2009) Was ist ein Kunde wert? Customer Lifetime Value als Methode zur Kundenbewertung. Facultas Verlag, Wien
Voigt K (2008) Industrielles Management: Industriebetriebslehre aus prozessorientierter Sicht. Springer Verlag, Berlin
Wildner R (2003) Marktforschung für den Preis. In: Jahrbuch der Absatz- und Verbrauchsforschung 49(1), S 4–26
Wirtz B (2001) Electronic Business. Gabler Verlag, Wiesbaden
Wirtz B (2010) Business Model Management. Gabler Verlag, Wiesbaden
Zollenkop M (2006) Geschäftsmodellinnovation: Initiierung eines systematischen Innovationsmanagements für Geschäftsmodelle auf Basis lebenszyklusorientierter Frühaufklärung. Gabler Verlag, Wiesbaden

Techniken der Geschäftsmodell-Implementierung

9.1 Einleitung und Lernziele

Zusammenfassung

In Kap. 9 wird das entwickelte Geschäftsmodell nun implementiert. Im Rahmen der Geschäftsmodell-Implementierung wird hierfür ein Soll-Ist-Abgleich von bestehenden und notwendigen Geschäftsmodell-Elementen vorgenommen. Dies ermöglicht die Implementierung des Geschäftsmodells mittels eines Realisierungsplans. Mit dem implementierten Geschäftsmodell werden somit frühzeitig Erfahrungen gesammelt, die dann in die Geschäftsmodell-Erweiterung einfließen.

In Kap. 9.2 erfolgt die Darstellung der Leifragen und des Überblicks zur Geschäftsmodell-Implementierung. Das Kap. 9.3 enthält die Entwicklung des Realisierungsplans und Kap. 9.4 die Implementierung des Geschäftsmodells. Das Kap. 9.5 beinhaltet eine Zusammenfassung, Lernkontrollfragen und Aufgaben.

Für dieses Kapitel liegen folgende **Lernziele** vor:
- In diesem Kapitel werden Sie in die Lage versetzt, auf Basis eines Soll-Ist-Abgleichs von Geschäftsmodell-Elementen einen Realisierungsplan zu erstellen.
- Sie lernen ein Geschäftsmodell erfolgreich zu implementieren.

9.2 Leitfragen und Überblick zur Geschäftsmodell-Implementierung

Ausgehend von den Anforderungen an eine Methode der Geschäftsmodell-Innovation und der Zielsetzung der Geschäftsmodell-Implementierung in Kap. 4.7.1, werden folgende Leitfragen formuliert:

- Welche Geschäftsmodell-Elemente liegen innerhalb des Unternehmens bereits vor?
- Welche der vorliegenden Geschäftsmodell-Elemente können für das neu entwickelte Geschäftsmodell verwendet werden?

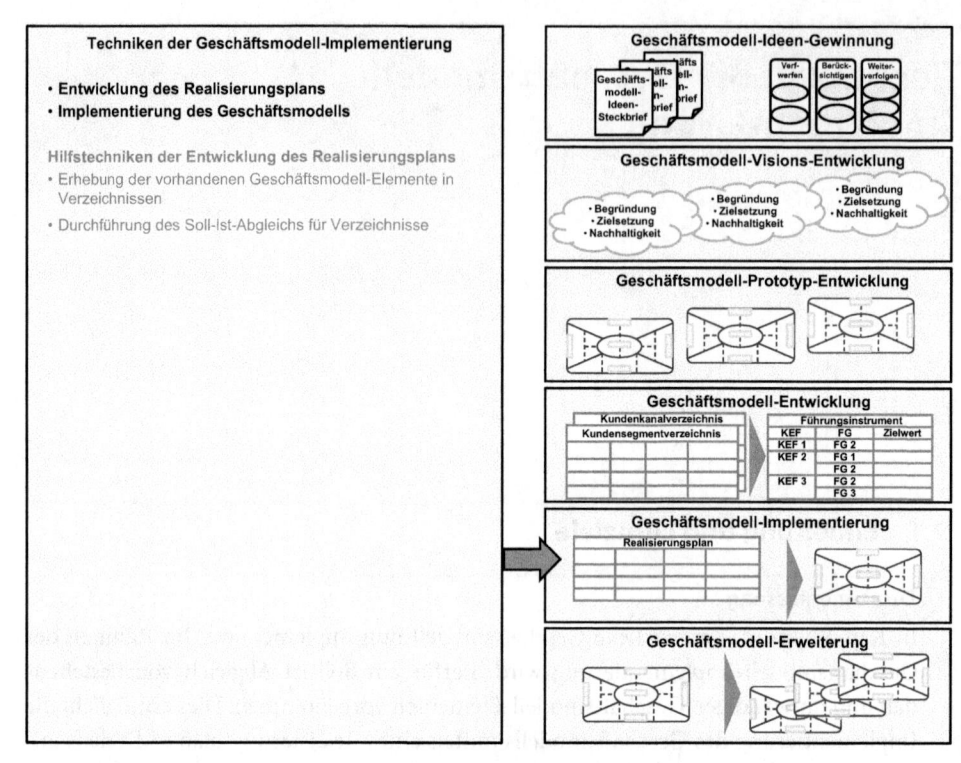

Abb. 9.1 Techniken der Geschäftsmodell-Implementierung. (Schallmo 2013, S. 230)

- Wie kann das neu entwickelte Geschäftsmodell realisiert und implementiert werden?
- Welche Projekte und Maßnahmen sind für die Realisierung und Implementierung notwendig?

Für die Geschäftsmodell-Implementierung[1] werden Techniken des Projektmanagements vorgeschlagen, um das ausgestaltete Geschäftsmodell mittels eines *Realisierungsplans* umzusetzen. Der Realisierungsplan basiert auf einem *Soll-Ist-Abgleich* vorhandener und notwendiger Geschäftsmodell-Elemente und der Ableitung von Projekten und Maßnahmen (Bucherer 2011, S. 79 f.). Im Anschluss daran erfolgt die Implementierung des Geschäftsmodells. Die Abb. 9.1 stellt die Techniken der *Geschäftsmodell-Implementierung* in Bezug zum Rahmenkonzept der Geschäftsmodell-Innovation dar.

---

[1] Sowohl die Geschäftsmodell-Implementierung als auch die Geschäftsmodell-Erweiterung werden innerhalb der meisten bestehenden Ansätze nicht betrachtet. Dies begründet sich dadurch, dass viele Autoren die Geschäftsmodell-Entwicklung als Hauptaufgabe der Geschäftsmodell-Innovation sehen. Nachfolgend werden die Geschäftsmodell-Implementierung und die Geschäftsmodell-Erweiterung erläutert, um einen vollständigen Ansatz aufzuzeigen. Die Erläuterung erfolgt allerdings weniger detailliert als die Geschäftsmodell-Entwicklung, da hier bekannte Ansätze (z. B. Projektmanagement) einfließen.

Abb. 9.2 Erhebung von vorhandenen Geschäftsmodell-Elementen. (Schallmo 2013, S. 231)

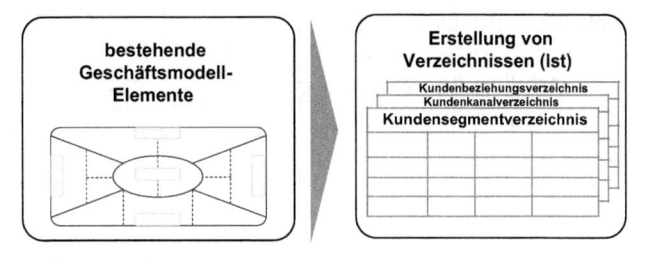

9.3 Entwicklung des Realisierungsplans

Um das Geschäftsmodell zu implementieren erfolgt zunächst die Erarbeitung eines Realisierungsplans. Ausgehend von den vorhandenen Geschäftsmodell-Elementen eines Unternehmens (sofern diese vorliegen) und den Elementen des neuen Geschäftsmodells, erfolgt der Soll-Ist-Abgleich (Bucherer 2011, S. 94 f.). Darauf aufbauend, werden Projekte und Maßnahmen abgeleitet, die in einem *Realisierungsplan* zusammengefasst sind.

Folgende Schritte sind für die Technik *Entwicklung eines Realisierungsplans* relevant:

- Erhebung der vorhandenen Geschäftsmodell-Elemente
- Durchführung des Soll-Ist-Abgleichs
- Fertigstellung des Realisierungsplans.

9.3.1 Erhebung der vorhandenen Geschäftsmodell-Elemente

Um eine Übersicht zu den vorhandenen Geschäftsmodell-Elementen zu erhalten, werden diese anhand von Verzeichnissen erhoben; die Struktur ist analog zu den Verzeichnissen aus Kap. 8.8 (Attribute der Geschäftsmodell-Elemente).

Als Ergebnis liegt die *Dokumentation bestehender Geschäftsmodell-Elemente in Verzeichnissen* vor (Bucherer 2011, S. 82 f.). In Abb. 9.2 ist das Ergebnis exemplarisch dargestellt.

Sofern keine Geschäftsmodell-Elemente vorliegen, wird dieser Schritt ausgelassen. In diesem Fall wird das Geschäftsmodell neu erstellt, ohne auf existierende Geschäftsmodell-Elemente zurückgreifen zu können.

9.3.2 Durchführung des Soll-Ist-Abgleichs

Der *Soll-Ist-Abgleich* stellt die vorhandenen Geschäftsmodell-Elemente (Ist-Verzeichnis) den notwendigen Geschäftsmodell-Elementen (Soll-Verzeichnis) gegenüber und zeigt die Unterschiede auf (Bucherer 2011, S. 94). Das Ergebnis ist eine *Auflistung der Geschäftsmodell-Elemente und ein Soll-Ist-Abgleich* (siehe Abb. 9.3).

Abb. 9.3 Durchführung eines Soll-Ist-Abgleichs der Verzeichnisse. (Schallmo 2013, S. 232)

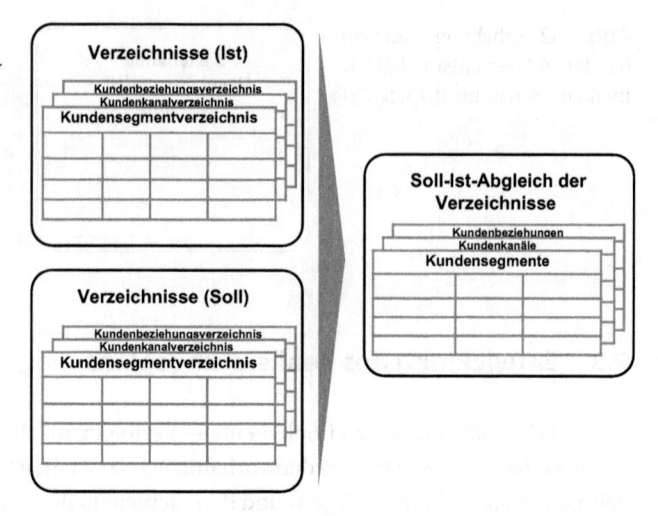

Abb. 9.4 Soll-Ist-Abgleich und Realisierungsplan. (Schallmo 2013, S. 232)

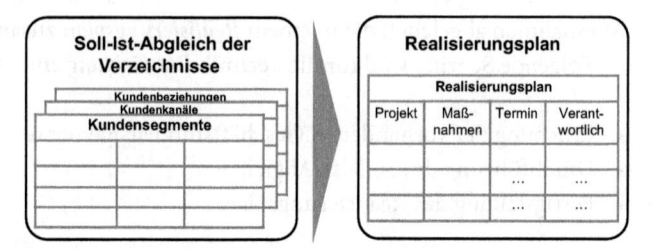

9.3.3 Fertigstellung des Realisierungsplans

Auf Basis des Soll-Ist-Abgleichs für Verzeichnisse erfolgt nun die *Fertigstellung des Realisierungsplans* (Bucherer 2011, S. 95). Der Realisierungsplan zeigt auf, welche Projekte und Maßnahmen notwendig sind, um das Geschäftsmodell umzusetzen. Den Projekten und Maßnahmen sind Termine und Verantwortlichkeiten zugeordnet. Neben der tabellarischen Auflistung können die Projekte auch in Form eines Projektstrukturplans (z. B. Balkendiagramm) dargestellt werden (Kerzner 2008, S. 453). Das Ergebnis ist in Abb. 9.4 dargestellt.

9.3.4 Zusammenfassung

Die Technik *Entwicklung eines Realisierungsplans* stellt die bestehenden Geschäftsmodell-Elemente (Ist-Verzeichnis) den notwendigen Geschäftsmodell-Elementen (Soll-Verzeichnis) in einem Soll-Ist-Abgleich gegenüber. Der Realisierungsplan enthält dann alle Projekte und Maßnahmen, die zur Implementierung eines Geschäftsmodells notwendig sind.

Der Realisierungsplan dient der Implementierung des Geschäftsmodells, was in Kap. 9.4 dargestellt ist. Als Kritikpunkt ist im Rahmen der *Entwicklung des Realisierungsplans* der Aufwand zu nennen, der für die Erstellung und den Abgleich der Verzeichnisse ent-

Abb. 9.5 Implementierung des Geschäftsmodells. (Schallmo, 2013, S. 233)

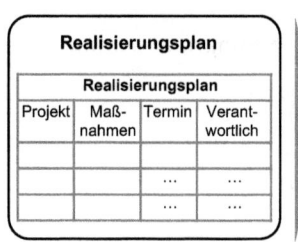

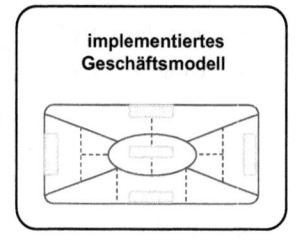

stehen kann. Dies begründet sich dadurch, dass innerhalb eines Unternehmens zahlreiche Geschäftsmodell-Elemente vorliegen, die dokumentiert werden müssen. Daher kann die Erhebung vorliegender Geschäftsmodell-Elemente bereits ab der *Geschäftsmodell-Ideen-Gewinnung* erfolgen. Die Technik *Entwicklung des Realisierungsplans* kann an die Anforderungen von Unternehmen angepasst werden.

9.4 Implementierung des Geschäftsmodells

Im Anschluss an die Entwicklung des Realisierungsplans erfolgt die *Implementierung des Geschäftsmodells* (Bucherer 2011, S. 95; Johnson 2010, S. 110; Lindgardt et al. 2009, S. 5; Mitchell und Coles 2004, S. 43; Osterwalder et al. 2005, S. 8; Wirtz 2010, S. 228–241). Für die Implementierung des Geschäftsmodells liegen zwei Möglichkeiten vor: entweder das Geschäftsmodell wird innerhalb des bestehenden Unternehmens, oder innerhalb eines neuen Unternehmens implementiert (Johnson 2010, S. 110; Lindgardt et al. 2009, S. 6).

Als Ergebnis liegt das *implementierte Geschäftsmodell* vor, was in Abb. 9.5 exemplarisch dargestellt ist.

Das implementierte Geschäftsmodell wird beobachtet (siehe Kap. 10.3), um es auf Basis gewonnener Erfahrungen anzupassen (siehe Kap. 10.4). Um eine erfolgreiche Implementierung des Geschäftsmodells und eine Akzeptanz innerhalb des Unternehmens sicherzustellen, sollten Techniken des Change Managements eingesetzt werden (Bucherer 2011, S. 75).[2]

9.5 Zusammenfassung, Lernkontrollfragen und Aufgaben

9.5.1 Zusammenfassung

Sie haben gelernt, wie ein Soll-Ist-Abgleich von notwendigen und vorhandenen Geschäftsmodell-Elementen erstellt vorgenommen wird. Dies ermöglicht die Implementierung des Geschäftsmodells mittels eines Realisierungsplans. Das implementierte Geschäftsmodell

---

[2] Folgende Autoren bieten Informationen zum Thema Change Management: Doppler und Lauterburg, 2002; Stolzenberg und Heberle, 2009; Lauer, 2010.

dient somit dazu, frühzeitig Erfahrungen zu sammeln, die dann in die Geschäftsmodell-Erweiterung einfließen.

9.5.2 Lernkontrollfragen

Fragen

Zur Kontrolle der Erreichung der Lernziele sollten Sie folgende Fragen beantworten können:

- Welche Techniken werden zur Geschäftsmodell-Implementierung eingesetzt?
- Mittels welcher Hilfstechniken werden diesen Techniken jeweils unterstützt?
- Was geschieht mit dem Geschäftsmodell nach der Implementierung?

9.5.3 Aufgaben

Aufgaben

Im Rahmen dieser Aufgaben entwickeln Sie einen Realisierungsplan und einen Business-Plan.

Realisierungsplan Hier entwickeln Sie einen Realisierungsplan.

- Bitte leiten Sie Projekte und Maßnahmen ab, die zur Umsetzung des Geschäftsmodells notwendig sind.
- Bitte ordnen Sie den Projekten und Maßnahmen Verantwortlichkeiten und Termine zu.

Business-Plan (Zusatz) Hier entwickeln Sie einen Business-Plan.

- Bitte fassen Sie alle bisherigen Ergebnisse in einem Business-Plan zusammen und erläutern Sie diese (Zusammenfassung, Management, Geschäftsmodell-Vision, Kundendimension, Nutzendimension, Wertschöpfungsdimension, Partnerdimension, Finanzdimension, Führungsinstrument, Implementierungsplan).
- Bitte erarbeiten Sie zusätzlich einen Finanzplan und leiten Sie Chancen und Risiken des Geschäftsmodells ab.

Literatur

Bucherer E (2011) Business model innovation: guidelines for a structured approach, Shaker Verlag, Aachen

Doppler K, Lauterburg C (2002) Change Management. Campus Verlag, Frankfurt

Johnson M (2010) Seizing the white space: business model innovation for growth and renewal. Harvard Business Press, Boston

Kerzner H (2008) Projektmanagement: Ein systemorientierter Ansatz zur Planung und Steuerung. Redline Verlag, Heidelberg

Lauer T (2010) Change Management: Grundlagen und Erfolgsfaktoren. Springer Verlag, Berlin

Lindgardt Z, Reeves M, Stalk G, Deimler M (2009) Business model innovation: when the game gets tough change the game. The Boston Consulting Group

Mitchell D, Coles C (2004) Business model innovation breakthrough moves. J Business Strategy 25(1):16–26

Osterwalder A, Pigneur Y, Tucci C (2005) Clarifying business models: origins, present and future of the concept. Communications of the Association for Information Science (CAIS) 15:751–775

Stolzenberg K, Heberle K (2009) Change Management: Veränderungsprozesse Erfolgreich Gestalten – Mitarbeiter mobilisieren. Springer Verlag, Berlin

Wirtz B (2001) Electronic Business. Gabler Verlag, Wiesbaden

Techniken der Geschäftsmodell-Erweiterung   10

10.1 Einleitung und Lernziele

Zusammenfassung

In Kap. 10 erfolgt die Erläuterung der Geschäftsmodell-Erweiterung. Auf Basis der gewonnenen Erfahrungen findet eine inhaltliche Anpassung des implementierten Geschäftsmodells statt. Daneben erfolgt die Anpassung des Geschäftsmodells an die Anforderungen anderer Regionen/Länder, was eine Erhöhung der Reichweite (geographische und inhaltliche Erweiterung) des Geschäftsmodells ermöglicht.

In Kap. 10.2 erfolgt die Darstellung der Leifragen und des Überblicks zur Geschäftsmodell-Erweiterung. Das Kap. 10.3 enthält die Technik Geschäftsmodell-Monitor, Kap. 10.4 die Technik Geschäftsmodell-Anpassung und Kap. 10.5 die Technik Geschäftsmodell-Übertragung. Das Kap. 10.6 beinhaltet eine Zusammenfassung, Lernkontrollfragen und Aufgaben.

Für dieses Kapitel liegen folgende **Lernziele** vor:
- In diesem Kapitel werden Sie in die Lage versetzt, auf Basis der gewonnenen Erfahrungen mit dem implementierten Geschäftsmodell, Anpassungen vorzunehmen.
- Sie lernen ebenfalls, das Geschäftsmodell an Anforderungen neuer Märkte anzupassen.
- Sie können anschließend das angepasst Geschäftsmodell in neue Märkte implementieren.

10.2 Leitfragen und Überblick zur Geschäftsmodell-Erweiterung

Auf Basis der Anforderungen an eine Methode der Geschäftsmodell-Innovation und der Zielsetzung der Geschäftsmodell-Erweiterung in Kapitel. werden folgende Leitfragen formuliert:

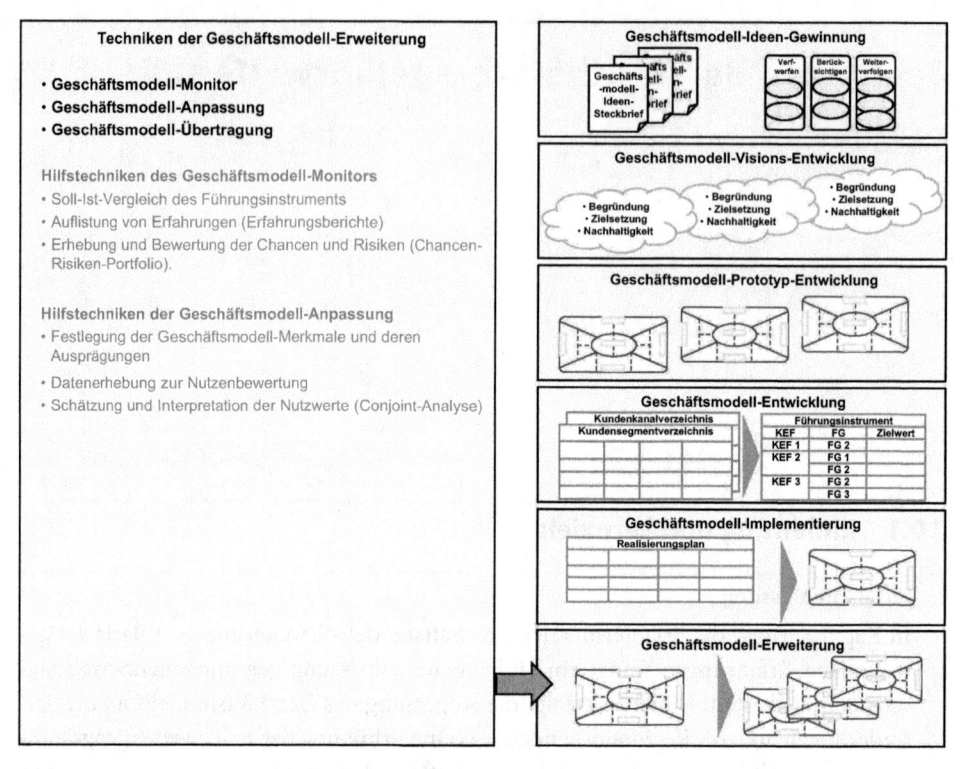

Abb. 10.1 Techniken der Geschäftsmodell-Erweiterung. (Schallmo 2013, S. 234)

- Wie können die Erfahrungen mit dem implementierten Geschäftsmodell genutzt werden, um Anpassungen innerhalb des implementierten Geschäftsmodells vorzunehmen?
- Wie können die Kundenanforderungen in das implementierte Geschäftsmodell integriert werden?
- Wie kann das implementierte Geschäftsmodell in andere Märkte bzw. Regionen übertragen werden und welche Anpassungen sind dafür notwendig?

Für die Geschäftsmodell-Erweiterung werden folgende Techniken festgelegt: der *Geschäftsmodell-Monitor*, die *Geschäftsmodell-Anpassung* und die *Geschäftsmodell-Übertragung*. Die Abb. 10.1 setzt die Techniken der Geschäftsmodell-Erweiterung in Bezug zum Rahmenkonzept der Geschäftsmodell-Innovation.

10.3 Geschäftsmodell-Monitor

Der *Geschäftsmodell-Monitor* dient der Informationsgewinnung zu dem implementierten Geschäftsmodell, um im Anschluss Anpassungen vorzunehmen. Der Geschäftsmodell-Monitor vergleicht die Soll-Werte mit den Ist-Werten des Führungsinstruments.[1] Dieser

---

[1] Der Vergleich von Soll- und Ist-Werten ist nicht mit dem Soll-Ist-Abgleich der Verzeichnisse zu verwechseln, bei dem das Ziel die Realisierung eines neuen Geschäftsmodells ist.

10.3 Geschäftsmodell-Monitor

Abb. 10.2 Soll-Ist-Vergleich des Führungsinstruments. (Schallmo 2013, S. 235)

KEF	FG	Soll	Ist	Abw.
KEF 1	FG 2			
KEF 2	FG 1			
	FG 2			
KEF 3	FG 2			
	FG 3			

Soll-Ist-Vergleich Führungsinstrument

Abweichung	Ursache

Abweichungsanalyse

Soll-Ist-Vergleich hat zum Ziel, die Abweichungen und deren Ursachen im Rahmen des Einsatzes des Geschäftsmodells zu analysieren. Daneben erfolgen die Auflistung der Erfahrungen, die bisher mit dem Geschäftsmodell gesammelt wurden, und die Erhebung der Chancen und Risiken.

Folgende Schritte sind für die Technik *Geschäftsmodell-Monitor* relevant:

- Soll-Ist-Vergleich des Führungsinstruments
- Auflistung der Erfahrungen
- Erhebung und Bewertung der Chancen und Risiken

10.3.1 Soll-Ist-Vergleich des Führungsinstruments

Um Abweichungen bei den Zielwerten des Führungsinstruments zu erkennen, erfolgt ein Soll-Ist-Vergleich (Bucherer 2011, S. 80 f.). Dafür werden die Ist-Werte des Führungsinstruments erhoben und mit den Soll-Werten, die zuvor festgelegt wurden, verglichen. Im Anschluss erfolgt die Analyse von Ursachen für die Abweichungen.

Als Ergebnis liegen ein *Soll-Ist-Vergleich* der Ziele des Führungsinstruments und die Analyse von Ursachen für die Abweichungen vor, was in Abb. 10.2 exemplarisch dargestellt ist.

Neben der Durchführung der Abweichungsanalyse kann auch eine Bewertung von Geschäftsmodellen erfolgen. Wirtz (2010, S. 280) schlägt hierzu z. B. folgende Profitabilitätskennzahlen vor: Cash-Flow, ROCE (Return on Capital Employed), ROIC (Return on Invested Capital), ROI (Return on Investment), (Rendite des Gesamtkapitals) und EBIT (Earnings Before Interest and Taxes). Mullins und Komisar (2009, S. 65–158) schlagen die Analyse der Umsätze, der Deckungsbeiträge, der Betriebskosten, des Betriebsvermögens und des Investitionsvolumens vor. Daneben kann die Bewertung von Geschäftsmodellen anhand der aufgezeigten Kriterien der Bewertung und Auswahl von Geschäftsmodell-Prototypen erfolgen (siehe Kap. 7.4). Diese Bewertung von Geschäftsmodellen dient ebenso zum Vergleich bestehender Geschäftsmodelle (von Wettbewerbern) in Kap. 7.3.

10.3.2 Auflistung der Erfahrungen

Um die gewonnenen Erfahrungen mit dem implementierten Geschäftsmodell strukturiert zu erfassen, wird die *A3-Systematik* vorgeschlagen. Die A3-Systematik wurde von Toyota

Abb. 10.3 Auflistung der Erfahrungen. (Schallmo 2013, S. 236)

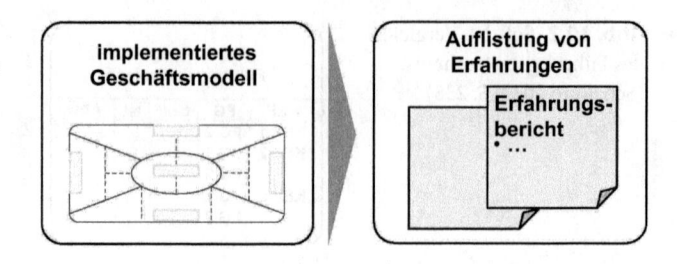

entwickelt und steht dabei für das Blattformat, das angewandt wird. Die Zielsetzung ist, die gewonnenen Erfahrungen auf einer Seite darzustellen.

Die Erfahrungen werden in einem Erfahrungsbericht (A3-Format) zusammengefasst, der folgende Struktur hat (in Anlehnung an: Brunner 2008, S. 113; Shook 2008, S. 7):

- *Beschreibung*: Welche Situation bzw. welches Problem liegt innerhalb des Geschäftsmodells vor?
- *Analyse I*: Wie kann die Situation bzw. das Problem des Geschäftsmodells analysiert werden?
- *Definition*: Was ist das Ziel bzw. das gewünschte Ergebnis?
- *Analyse II:* Welche Ursachen liegen für die Situation bzw. das Problem vor?
- *Maßnahmen*: Welche Maßnahmen werden zur Verbesserung vorgeschlagen?

Es ist ersichtlich, dass der Erfahrungsbericht neben der Beschreibung und der Analyse der Situation auch die Ziele und die Analyse der Ursachen bzw. die Planung der Maßnahmen beinhaltet. Die Erfahrungsberichte dienen somit als Input für die Geschäftsmodell-Anpassung. Das Ergebnis ist exemplarisch in Abb. 10.3 aufgezeigt.

Die *Auflistung von Erfahrungen* wird nun um die *Erhebung und Bewertung der Chancen und Risiken* ergänzt.

10.3.3 Erhebung und Bewertung der Chancen und Risiken

Für das implementierte Geschäftsmodell sollen Chancen bzw. Risiken erhoben und bewertet werden, um darauf aufbauend Anpassungen vorzunehmen. Als Basis dienen hierbei die externe (Makro- und Mikro-Umwelt) und die interne Sichtweise (das Geschäftsmodell)[2]. Fragen im Rahmen der externen Sichtweise sind z. B.:

- Welche Veränderungen sind im rechtlichen Umfeld (z. B. Verschärfung von Umweltgesetzen) erkennbar und welche Chancen bzw. Risiken (Verteuerung von Ressourcen) ergeben sich daraus für das implementierte Geschäftsmodell?

---

[2] Eine Auflistung von Typologien und Arten von Risiken findet sich in: Schneck 2010, S 57-80 und Ehrmann 2005, S. 33. Ehrmann (2005, S. 49-52) führt ebenfalls die Branchenstrukturanalyse und das politische/rechtliche/gesellschaftliche Umfeld auf.

10.3 Geschäftsmodell-Monitor

Tab. 10.1 Bewertung der Chancen und Risiken. (in Anlehnung an Romeike und Hager 2009, S. 266)

Chance/Risiko	Beschreibung	pot. Folgen	pot. Ursachen	A	B	CRPZ
A =	Auftreten (Wahrscheinlichkeit des Auftretens)	unwahrscheinlich = 1 sehr gering = 2 -3 gering = 4 -6 mäßig = 7 -8 hoch = 9 -10				
B =	Bedeutung (Auswirkung des Auftretens auf Geschäftsmodell)	kaum wahrnehmbar = 1 unbedeutende Auswirkung = 2 -3 mäßig hohe Auswirkung = 4 -6 hohe Auswirkung = 7 -8 äußerst hohe Auswirkung = 9 -10				
CRPZ =	Chancen -Risiko - Prioritätszahl (A x B)	hoch = 26 -100 mittel = 13 -25 gering = 2 -12 klein = 1				

- Welche Veränderungen sind innerhalb der Industrie erkennbar (z. B. ähnliche Geschäftsmodelle) und welche Chancen bzw. Risiken (z. B. Umsatzeinbußen) ergeben sich daraus für das implementierte Geschäftsmodell?

Fragen im Rahmen der internen Sichtweise sind z. B.:

- Welche Chancen bzw. Risiken liegen innerhalb der Wertschöpfungsdimension (z. B. Mitarbeiterfluktuation, Ausfallrisiko von Maschinen) vor?
- Welche Chancen bzw. Risiken liegen innerhalb der Kundendimension (z. B. Zusatzverkauf von Leistungen an Kunden, Abwanderung von Kunden) vor?

Im Anschluss an die Erhebung der Chancen und Risiken erfolgt deren Bewertung anhand des Rasters, das beispielhaft in Tab. 10.1 dargestellt ist.

Abb. 10.4 Erhebung und Bewertung der Chancen und Risiken. (Schallmo 2013, S. 237)

Die Bewertung der Chancen und Risiken erfolgt anhand monetärer Größen; die Klassen der monetären Größen (z. B. > 100.000 € = 9–10) variieren je nach Unternehmen. Die Chancen-Risiko-Prioritätszahl ist das Produkt aus der Wahrscheinlichkeit des Auftretens und der Auswirkung des Auftretens auf das Geschäftsmodell[3]. Sie sagt aus, wie wichtig die bewertete Chance bzw. das bewertete Risiko für das Geschäftsmodell ist. Die bewerteten Chancen und Risiken werden im Anschluss in ein Portfolio integriert (Romeike und Hager 2009, S. 107; S. 146). Dabei sind die Chancen in der oberen Hälfte und die Risiken in der unteren Hälfte des Portfolios aufgeführt. Die Chancen und Risiken dienen als Input für die Geschäftsmodell-Anpassung; das Ergebnis ist exemplarisch in Abb. 10.4 aufgezeigt.

10.3.4 Zusammenfassung

Die Technik *Geschäftsmodell-Monitor* ermöglicht es, das implementierte Geschäftsmodell anhand von Erfahrungen, von Chancen bzw. Risiken und von Abweichungen zu beobachten.

Folgende Ergebnisse liegen somit vor:

- ein Soll-Ist-Vergleich des Führungsinstruments und eine Abweichungsanalyse
- Erfahrungsberichte
- ein Chancen-Risiken-Portfolio.

Es ist kritisch anzumerken, dass im Rahmen des Soll-Ist-Vergleichs die Zielwerte, aufgrund geringer bzw. nicht vorliegender Erfahrungen, evtl. zu hoch oder zu niedrig angesetzt sein können (siehe hierzu Kap. 8.9.2). Dies kann zu Fehleinschätzungen innerhalb der Abweichungsanalyse führen. Aus diesem Grund können die Zielwerte im Rahmen der Geschäftsmodell-Anpassung (Kap. 10.4) oder im Rahmen der Geschäftsmodell-Übertragung (Kap. 10.5) aktualisiert werden. Zudem kann nicht sichergestellt werden, dass alle Erfahrungen und alle Chancen bzw. Risiken vollständig erfasst sind. Daher können Industrie-Experten in die Erstellung des Geschäftsmodell-Monitors integriert werden, um eine externe Sichtweise zu erhalten.

---

[3] Neben der Wahrscheinlichkeit des Auftretens (der Chance bzw. des Risikos) und der Auswirkung des Auftretens (der Chance bzw. des Risikos) auf das Geschäftsmodell kann zusätzlich die Entdeckungswahrscheinlichkeit bewertet werden (siehe Romeike und Hager 2009, S. 266).

Die Erstellung des Geschäftsmodell-Monitors ist zwar umfangreich, sollte jedoch permanent erfolgen, um das Geschäftsmodell inhaltlich (z. B. Veränderung von Leistungen) zu aktualisieren.

10.4 Geschäftsmodell-Anpassung

Das Geschäftsmodell soll an veränderte Rahmenbedingungen angepasst werden. Hierfür erfolgt innerhalb der *Geschäftsmodell-Anpassung* die Berücksichtigung der Ergebnisse des Geschäftsmodell-Monitors[4]. Daneben erfolgt die Anwendung der Conjoint-Analyse. Im Gegensatz zur Anwendung der Conjoint-Analyse im Rahmen der Bewertung der externen Attraktivität (siehe Kap. 7.5.4) dient die Conjoint-Analyse nun dazu, das Geschäftsmodells an dem gewünschten Kundennutzen auszurichten. Die Conjoint-Analyse ist eine multivariate Analysetechnik und misst den Nutzenbeitrag einzelner Produktmerkmale (Homburg und Krohmer 2006, S. 576). Es erfolgt nun die Übertragung der Conjoint-Analyse auf Geschäftsmodelle, um den Nutzenbeitrag einzelner Geschäftsmodell-Merkmale zu messen.

Folgende Schritte sind für die Technik *Geschäftsmodell-Anpassung* relevant (in Anlehnung an Homburg und Krohmer 2006, S. 408; Homburg 2000, S. 214 f.; Meffert et al. 2012, S. 529 f.):

- Festlegung der Geschäftsmodell-Merkmale
- Erhebung der Daten
- Schätzung und Interpretation der Nutzwerte
- Anpassung des Geschäftsmodells.

10.4.1 Festlegung der Geschäftsmodell-Merkmale

Um unterschiedliche Kombinationen von Geschäftsmodell-Elementen zu messen, werden zunächst die relevanten Merkmale des Geschäftsmodells aus Kundensicht mit ihren Ausprägungen festgelegt. Die Geschäftsmodell-Merkmale und deren Ausprägungen müssen folgende Anforderungen erfüllen (in Anlehnung an: Homburg und Krohmer 2006, S. 408 f.; Homburg 2000, S. 215; Meffert et al. 2012, S. 529):

- Die Geschäftsmodell-Merkmale müssen für Kunden bzw. für die Kaufentscheidung des Kunden *relevant* sein.
- Die Geschäftsmodell-Merkmale müssen *veränderbar* und weitestgehend *unabhängig* voneinander sein.

---

[4] Die vorherigen Phasen der Methode für Geschäftsmodell-Innovation beinhalten radikale Geschäftsmodell-Innovation, wohingegen die Geschäftsmodell-Anpassung der inkrementellen Geschäftsmodell-Innovation zuzuordnen ist (siehe Kap. 2.3).

Tab. 10.2 Geschäftsmodell-Merkmale und Ausprägungen. (Schallmo 2013, S. 239)

Geschäftsmodell-Merkmal	Ausprägungen			
Preis (je Minute)	0,15 €	0,20 €	0,25 €	0,30 €
Verfügbarkeit (zeitlich je Tag)	24 h	18 h	15 h	12 h
Verfügbarkeit (räumlich, Umkreis)	20 km	15 km	10 km	5 km
Preis (je Minute)	0,15 €	0,20 €	0,25 €	0,30 €
Verfügbarkeit (zeitlich je Tag)	24 h	18 h	15 h	12 h

Abb. 10.5 Festlegung von Geschäftsmodell-Merkmalen und Ausprägungen. (Schallmo 2013, S. 239)

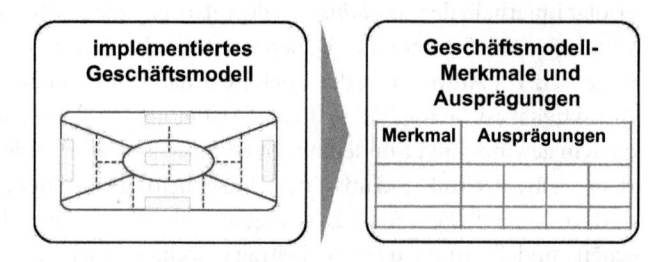

- Mit Hilfe der Geschäftsmodell-Merkmale sollen die Geschäftsmodelle von Wettbewerbern *abbildbar* sein.
- Die Anzahl der Geschäftsmodell-Merkmale (ca. fünf bis sieben) und der Ausprägungen (drei bis sechs) muss *begrenzt* sein, um die Komplexität der Datenerhebung zu beherrschen.

Die Tab. 10.2 beinhaltet Geschäftsmodell-Merkmale und Ausprägungen des *car2go*-Beispiels).

Zur Festlegung von Geschäftsmodell-Merkmalen können die erhobenen kritischen Erfolgsfaktoren (siehe Kap. 8.9.1) und die Faktoren der Geschäftsmodell-Muster innerhalb der Industrie dienen (siehe Kap. 7.3). Das Ergebnis ist in Abb. 10.5 exemplarisch dargestellt.

10.4.2 Erhebung der Daten

Die Daten werden mittels einer persönlichen, einer schriftlichen oder einer elektronischen Kundenbefragung erhoben (Homburg und Krohmer 2006, S. 409; Meffert et al. 2012, S. 529). Hierbei wird die sogenannte Profilmethode eingesetzt, bei der Geschäftsmodell-Kombinationen bewertet werden. Die Geschäftsmodell-Kombinationen stellen Ausprägungen der definierten Geschäftsmodell-Merkmale dar und die Bewertung der Geschäftsmodell-Bewertung erfolgt mittels eines Paarvergleichs (ca. zehn), bei dem Kunden ihre Präferenz, *eher Geschäftsmodell A – eher Geschäftsmodell B*, angeben (Homburg und

10.4 Geschäftsmodell-Anpassung

Abb. 10.6 Exemplarischer Paarvergleich. (Schallmo 2013, S. 239)

Geschäftsmodell-Merkmal	Geschäftsmodell	
	A	B
Preis (je Minute)	0,15 €	0,30 €
Verfügbarkeit (zeitlich je Tag)	12 h	24 h
Verfügbarkeit (räumlich, Umkreis)	5 km	20 km

Welche der beiden Geschäftsmodelle würden Sie bevorzugen?

Eher Geschäftsmodell A   Eher Geschäftsmodell B

(1)   (2)   (3)   (4)   (5)

Abb. 10.7 Erhebung von Daten. (Schallmo 2013, S. 240)

Krohmer 2006, S. 410; Meffert et al. 2012, S. 529)[5]. Abbildung 10.6 stellt den Paarvergleich zweier Geschäftsmodell-Kombinationen des *car2go*-Beispiels dar.

Die Befragung erfolgt entweder bei bestehenden Kunden oder bei potenziellen Neukunden des Geschäftsmodells. Die Befragung hat dabei folgende Zielsetzungen:

- Die Erhebung der Anforderungen von bestehenden Kunden bzw. von potenziellen Neukunden (aus dem bestehenden Markt) dient dazu, Anpassungen vorzunehmen und das implementierte Geschäftsmodell *inhaltlich* zu erweitern.
- Die Erhebung der Anforderungen von potenziellen Neukunden (aus einem neuen Markt), dient dazu, Anpassungen vorzunehmen und das implementierte Geschäftsmodell *inhaltlich und geographisch* zu erweitern. Somit ist es möglich, die Reichweite des Geschäftsmodells zu erhöhen.

Innerhalb der Geschäftsmodell-Anpassung ist die erste Zielsetzung (inhaltliche Erweiterung für den bestehenden Markt) relevant. Die zweite Zielsetzung (inhaltliche und geographische Erweiterung des Geschäftsmodells für einen neuen Markt) ist innerhalb der Geschäftsmodell-Übertragung relevant (siehe Kap. 10.5).

Als Ergebnis liegen je Kunde Paarvergleiche von Geschäftsmodell-Kombinationen vor, was in Abb. 10.7 exemplarisch dargestellt ist.

---

[5] Die Profil-Methode stellt eine mögliche Form dar. Daneben liegen weitere Formen, wie z. B. die Trade-Off-Methode vor (siehe hierzu: Homburg und Krohmer 2006, S. 410 f.; Homburg 2000, S. 215 f.).

$$y_k = \sum_{j=1}^{J} \sum_{m=1}^{M_j} b_{jm} x_{jmk}$$

y_k: : geschätzter Gesamtnutzen für Stimulus k
k : Stimulus k (= Geschäftsmodell-Kombination)
J : Anzahl der Geschäftsmodell-Merkmale (j=1,...,J)
j : Geschäftsmodell-Merkmal
M_j : Anzahl der Merkmalsausprägungen (m=1,...,M_j für alle j)
m : Merkmalsausprägung
b_{jm} : Teilnutzenwert für Merkmalsausprägung m des Merkmals j
x_{jmk} : ist gleich 1, wenn bei Stimulus k das Merkmal j in der Merkmalsausprägung m vorliegt

Abb. 10.8 Additives Nutzenmodell der Conjoint-Analyse

10.4.3 Schätzung und Interpretation der Nutzwerte

Die Paarvergleiche von Geschäftsmodell-Kombinationen dienen der Berechnung der Teilnutzenwerte je Kunde. Diese Teilnutzenwerte geben Auskunft darüber, wie sich der Gesamtnutzen des Geschäftsmodells verändert, wenn die Ausprägung eines Merkmals variiert (Meffert 2012, S. 530). Die Nutzenwerte werden auf Basis des additiven Nutzenmodells der Conjoint-Analyse geschätzt (Homburg 2000, S. 216; Homburg und Krohmer 2006, S. 411 f.) (Abb. 10.8):

Das additive Nutzenmodell sagt aus, dass sich der Gesamtnutzen für *Stimulus k* (eine Geschäftsmodell-Kombination) aus der Summe der Teilnutzenwerte zusammensetzt (Homburg und Krohmer 2006, S. 412).

Eine vereinfachte Version zur Berechnung der Teilnutzenwerte ist die hybride Conjoint-Analyse, bei der zunächst alle Geschäftsmodell-Merkmale einzeln bewertet werden (je Kunde). Dabei werden sowohl die Wichtigkeit des jeweiligen Merkmals als auch die Bewertung (Präferenz) der Ausprägungen erhoben. In Tab. 10.3 sind die Bewertungen für das vorgestellte *car2go*-Beispiel exemplarisch dargestellt.

Mittels der Bewertung der Geschäftsmodell-Merkmale können die Teilnutzenwerte (je Kunde) berechnet werden. Die Teilnutzenwerte ergeben sich aus *Wichtigkeit x Nutzenbeitrag* und werden graphisch in Form von Diagrammen dargestellt (siehe Abb. 10.9).

Diese Teilnutzenwerte dienen der Berechnung des Gesamtnutzens von Geschäftsmodell-Kombinationen[6]. Die Beispiel-Kombinationen aus Abb. 6 haben somit einen Gesamtnutzen von: A = 28 (20 + 6 + 2) und B = 24 (4 + 12 + 8). Entscheidend ist, dass die Teilnutzen- und Gesamtnutzenwerte jeweils auf einen Kunden bezogen sind. Es besteht nun die Möglichkeit, entweder eine Aggregation aller errechneten Werte oder eine Segmentierung in Kundengruppen mit ähnlichen Teilnutzenwerten vorzunehmen. Eine Segmentierung in Kundengruppen ist möglich, da aus der Analyse der Teilnutzenwerte unterschiedliche Präferenzen erkennbar sind (Homburg und Krohmer 2006, S. 412).

---

[6] Schallmo und Salarvand (2011) besprechen die nutzenorientierte Ausgestaltung von Leistungen.

10.4 Geschäftsmodell-Anpassung

Tab. 10.3 Bewertung der Geschäftsmodell-Merkmale und der Ausprägungen. (Schallmo 2013, S. 241)

Geschäftsmodell-Merkmal	Ausprägungen								
	W		NB		NB		NB		NB
Preis (je Minute)	4	0,15 €	5	0,20 €	4	0,25 €	2	0,30 €	1
Verfügbarkeit (zeitlich je Tag)	3	24 h	4	18 h	4	15 h	3	12 h	2
Verfügbarkeit (räumlich, Umkreis)	2	20 km	4	15 km	3	10 km	3	5 km	1
W = Wichtigkeit									
NB = Nutzenbeitrag									

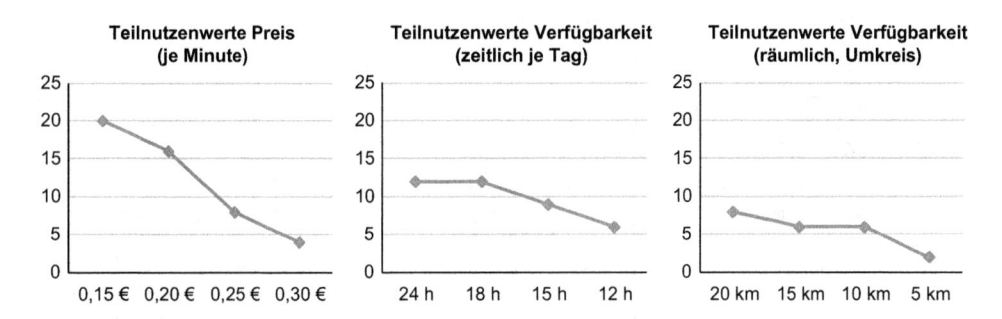

Abb. 10.9 Teilnutzenwerte für das car2go Beispiel. (Schallmo 2013, S. 241)

Als Ergebnis liegen die *Teilnutzenwerte der Merkmalsausprägungen* und eine *Segmentierung in Kundengruppen* mit ähnlichen Teilnutzenwerten vor (siehe Abb. 10.10).

Die Conjoint-Analyse kann auch dazu dienen, eine indirekte Befragung zur Zahlungsbereitschaft von Kunden vorzunehmen; hierbei wird von nutzenorientierter Preisfindung gesprochen (Meffert et al. 2012, S. 529 f.; Ahlert und Kenning 2007, S. 263–266).

Neben der Messung des Kundennutzens kann auch die Messung des Business Model Value vorgenommen werden (siehe hierzu: Kap. 7.5), um neben der Ausrichtung des Geschäftsmodells an der externen Attraktivität auch die interne Attraktivität zu berücksichtigen.

10.4.4 Anpassung des Geschäftsmodells

Auf Basis der Kundensegmente mit ähnlichen Teilnutzenwerten und den Ergebnissen des Geschäftsmodell-Monitors findet nun die *Anpassung des Geschäftsmodells* statt. Hierbei ist es wichtig, solche Anpassungen innerhalb des Geschäftsmodells vorzunehmen, die einerseits für Kunden einen hohen Nutzen stiften und andererseits seitens des Unternehmens umsetzbar sind. Ein Anpassungsplan für das implementierte Geschäftsmodell beinhaltet alle notwendigen Projekte, Maßnahmen etc., um das Geschäftsmodell an veränderte Rahmenbedingungen anzupassen (analog dem Realisierungsplan; siehe hierzu: Kap. 9.3). Als Er-

Abb. 10.10 Schätzung und Interpretation der Teilnutzenwerte. (Schallmo 2013, S. 242)

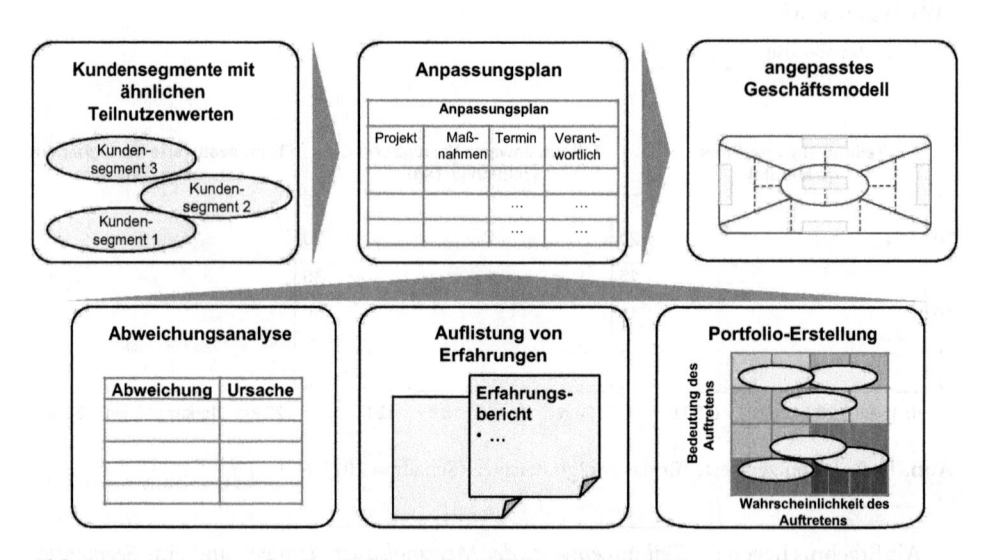

Abb. 10.11 Anpassung des Geschäftsmodells. (Schallmo 2013, S. 242)

gebnis liegt ein *angepasstes Geschäftsmodell* vor, das die Anforderungen der bestehenden Kundensegmente (für das implementierte Geschäftsmodell) umsetzt. Die Abb. 10.11 stellt das Ergebnis exemplarisch dar.

Der Einsatz der Conjoint-Analyse wird bereits im Rahmen der Messung der Attraktivität der Geschäftsmodell-Prototypen.

10.4.5 Zusammenfassung

Die Technik *Geschäftsmodell-Anpassung* integriert die Ergebnisse des Geschäftsmodell-Monitors und die Ergebnisse der Conjoint-Analyse. Somit wird sichergestellt, dass das Geschäftsmodell an den Abweichungen des Führungsinstruments, an den gewonnenen Erfahrungen, an den Chancen bzw. Risiken und an dem gewünschten Kundennutzen ausgerichtet wird.

Folgende Ergebnisse liegen somit vor:

- ein Anpassungsplan mit Maßnahmen
- ein angepasstes Geschäftsmodell.

Im Rahmen der Geschäftsmodell-Anpassung ist es notwendig, die Geschäftsmodell-Merkmale und Ausprägungen so festzulegen, dass das implementierte Geschäftsmodell abgebildet werden kann. Hierfür können Fokusgruppeninterviews mit Kunden eingesetzt werden (Meffert et al. 2012, S. 529). Bei der Erhebung von Daten ist es wichtig, die geeigneten Kunden zu befragen, um ein vollständiges Bild zu erhalten. Daher soll die Befragung bei möglichst vielen bestehenden Kunden bzw. potenziellen Neukunden erfolgen.

Die Kundenanforderungen und die Teilnutzenwerte von Geschäftsmodell-Kombinationen können sich im Laufe der Zeit verändern. Aus diesem Grund ist es notwendig, die Schätzung und Interpretation der Teilnutzenwerte in regelmäßigen Abständen (z. B. einmal pro Jahr) durchzuführen. Auf dieser Basis können wiederum weitere Anpassungen vorgenommen werden. Da die Geschäftsmodell-Anpassung auf einem bestehenden Geschäftsmodell aufbaut und dieses weiterentwickelt, kann hierbei von einer inkrementellen Geschäftsmodell-Innovation gesprochen werden (siehe Kap. 2.3.3).

10.5 Geschäftsmodell-Übertragung

Die Übertragung des Geschäftsmodells hat zum Ziel, das implementierte Geschäftsmodell anzupassen und dieses in andere Märkte/Regionen zu transferieren (Bieger und Reinhold 2011, S. 53; Zollenkop 2006, S. 121). Im Rahmen der *Geschäftsmodell-Übertragung* erfolgt die Erarbeitung eines *Kunden-, Technologie- und Zukunfts-Monitors* für den neu zu bearbeitenden Markt (analog der Monitore bei der Geschäftsmodell-Vision, siehe Kap. 0), um die Besonderheiten des neuen Marktes zu berücksichtigen. Mit potenziellen Kunden des neuen Marktes wird eine Conjoint-Analyse durchgeführt (siehe Kap. 10.4), die es ermöglicht, das Geschäftsmodell an dem Kundennutzen auszurichten. Auf Basis der Anforderungen, die innerhalb des neuen Marktes vorliegen, wird ein Anpassungsplan erarbeitet (analog dem Realisierungsplan; siehe hierzu: Kap. 9.3). Da bereits ein implementiertes Geschäftsmodell vorliegt, ist der Aufwand zur Übertragung des Geschäftsmodells in einen neuen Markt geringer; trotzdem müssen z. B. in neuen Ländern/Regionen andere Partner gewonnen werden.

In Abb. 10.12 sind alle Schritte der Geschäftsmodell-Übertragung dargestellt. Als Ergebnis liegen ein *Anpassungsplan für den neuen Markt* und das *übertragene Geschäftsmodell* vor.

Der Anpassungsplan für den neuen Markt beinhaltet alle Projekte und Maßnahmen, um das Geschäftsmodell an die Anforderungen des neuen Marktes anzupassen und in diesen zu übertragen. Das übertragene Geschäftsmodell wird beobachtet (siehe Kap. 10.3), um es auf Basis gewonnener Erfahrungen erneut zu optimieren. Analog zur Anpassung eines implementierten Geschäftsmodells (siehe Kap. 10.4) kann hierbei von einer inkrementellen Geschäftsmodell-Innovation gesprochen werden (siehe Kap. 2.3.3).

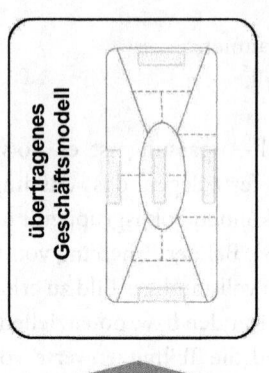

Abb. 10.12 Geschäftsmodell-Übertragung. (Schallmo 2013, S. 244)

Je nach Marktanforderung sind unterschiedliche Modifikationen des Geschäftsmodells notwendig. Aus diesem Grund werden innerhalb der Geschäftsmodell-Übertragung die aufgezeigten Rückkopplungs-Schleifen (siehe Kap. 4.2) angewandt.

10.6 Zusammenfassung, Lernkontrollfragen und Aufgabe

Zusammenfassung

Sie haben gelernt, wie auf Basis gewonnener Erfahrungen eine inhaltliche Anpassung des implementierten Geschäftsmodells stattfindet. Sie haben ebenfalls gelernt, wie ein Geschäftsmodell an die Anforderungen anderer Regionen/Länder angepasst wird, was eine Erhöhung der Reichweite (geographische und inhaltliche Erweiterung) des Geschäftsmodells ermöglicht.

10.6.1 Lernkontrollfragen

Zur Kontrolle der Erreichung der Lernziele sollten Sie folgende Fragen beantworten können:

- Welche Techniken werden zur Geschäftsmodell-Erweiterung eingesetzt?
- Mittels welcher Hilfstechniken werden diesen Techniken jeweils unterstützt?
- Welche Profitabilitätskennzahlen dienen der Bewertung von Geschäftsmodellen?
- Welche Struktur hat ein Erfahrungsbericht?
- Wie werden Chancen und Risiken von implementierten Geschäftsmodellen bewertet?

10.6.2 Aufgaben

Im Rahmen dieser Aufgaben entwickeln Sie einen Anpassungsplan.

Anpassungsplan
Hier entwickeln Sie einen Anpassungsplan.

- Bitte wählen Sie zwei Märkte aus, in die das erstellte Geschäftsmodell transferiert werden soll.
- Bitte überlegen Sie, welche Anpassungen innerhalb des Geschäftsmodells vorgenommen werden müssen, um eine erfolgreiche Übertragung des Geschäftsmodells sicherzustellen.
- Bitte leiten Sie Projekte und Maßnahmen ab, die zur Anpassung und Übertragung des Geschäftsmodells notwendig sind.
- Bitte ordnen Sie den Projekten und Maßnahmen Verantwortlichkeiten und Termine zu.

Literatur

Ahlert D, Kenning P (2007) Handelsmarketing: Grundlagen der marktorientierten Führung von Handelsbetrieben. Springer, Berlin

Bieger T, Reinhold S (2011) Das wertbasierte Geschäftsmodell – ein aktualisierter Strukturansatz. In: Bieger T zu Knyphausen-Aufseß D, Krys C (Hrsg) Innovative Geschäftsmodelle: Konzeptionelle Grundlagen, Gestaltungsfelder und unternehmerische Praxis. Springer, Berlin, S 11–70

Brunner F (2008) Japanische Erfolgskonzepte: KAIZEN, KVP, lean production management, total productive maintenance, shopfloor management, toyota production management. Hanser, München

Bucherer E (2011) Business model innovation: guidelines for a structured approach, Shaker Verlag, Aachen

Ehrmann H (2005) Kompakt-Training Risikomanagement: Basel II-Rating. Kiehl, Ludwigshafen

Homburg C (2000) Quantitative Betriebswirtschaftslehre: Entscheidungsunterstützung durch Modelle. Mit Beispielen, Übungsaufgaben und Lösungen. Gabler, Wiesbaden

Homburg C, Krohmer H (2006) Marketingmanagement. Studienausgabe: Strategie - Instrumente - Umsetzung - Unternehmensführung. Gabler, Wiesbaden

Meffert H, Burmann C, Kirchgeorg M (2012) Marketing: Grundlagen marktorientierter Unternehmensführung. Konzepte – Instrumente – Praxisbeispiele. Gabler, Wiesbaden

Mullins J, Komisar R (2009) Getting to plan B: breaking through to a better business model. Harvard Business Press, Boston

Romeike F, Hager P (2009) Erfolgsfaktor Risiko-Management 2.0: Methoden, Beispiele, Checklisten: Praxishandbuch für Industrie und Handel. Gabler, Wiesbaden

Schallmo D (2013) Geschäftsmodell-Innovation: Grundlagen, bestehende Ansätze, methodisches Vorgehen und B2B-Geschäftsmodelle, Springer Gabler Wiesbaden

Schallmo D, Salarvand T (2011) Applying customer value propositions to enable sustainable innovation: the integrated customer value cycle. In: Proceedings of the XXII ISPIM Conference: "Sustainability in innovation: innovation management challenges", 12.–15. Juni, 2011, Hamburg, Deutschland

Schneck O (2010) Risikomanagement: Grundlagen, Instrumente. Fallbeispiele Wiley-VCH Verlag, Weinheim

Shook J (2008) Managing to learn: using the A3 management process to solve problems, gain agreement, mentor and lead. Lean Enterprise, Cambridge

Wirtz B (2010) Business Model Management. Gabler, Wiesbaden

Zollenkop M (2006) Geschäftsmodellinnovation: Initiierung eines systematischen Innovationsmanagements für Geschäftsmodelle auf Basis lebenszyklusorientierter Frühaufklärung. Gabler, Wiesbaden

Zusammenfassung 11

Das vorliegende Lehrbuch beinhaltet eine Methode der Geschäftsmodell-Innovation. Im Rahmen der Einleitung in Kap. 1 wurden Beispiele innovativer Geschäftsmodelle aus dem Business-to-Consumer- und Business-to-Business-Bereich dargestellt. Im zweiten Kapitel wurden theoretische Grundlagen zu Geschäftsmodellen (z. B. Definitionen, Geschäftsmodell-Ebenen, Geschäftsmodell-Umwelt) erläutert. Im dritten Kapitel wurden Geschäftsmodell-Dimensionen, -Elemente und das Metamodell der Geschäftsmodell-Innovation dargestellt. Das Metamodell beinhaltet alle Objekte der Methode, deren Beziehungen zueinander und deren Erläuterung. Im vierten Kapitel wurde das Vorgehensmodell der Geschäftsmodell-Innovation mit relevanten Aktivitäten dargelegt. Die Aktivitäten wurden mit ihrem Input und ihren Ergebnissen beschrieben. In Kapitel sechs bis zehn wurden Techniken (mit Ergebnissen) aufgeführt, die das Vorgehen im Detail erläutern.

In Abb. 11.1 ist eine *Geschäftsmodell-Roadmap* dargestellt. Die Geschäftsmodell-Roadmap integriert alle aufgezeigten Techniken bzw. Hilfstechniken. Neben der Geschäftsmodell-Roadmap sind in Anhang 5 alle Phasen, Techniken und Ergebnisse tabellarisch aufgeführt, um deren Gesamtzusammenhang aufzuzeigen.

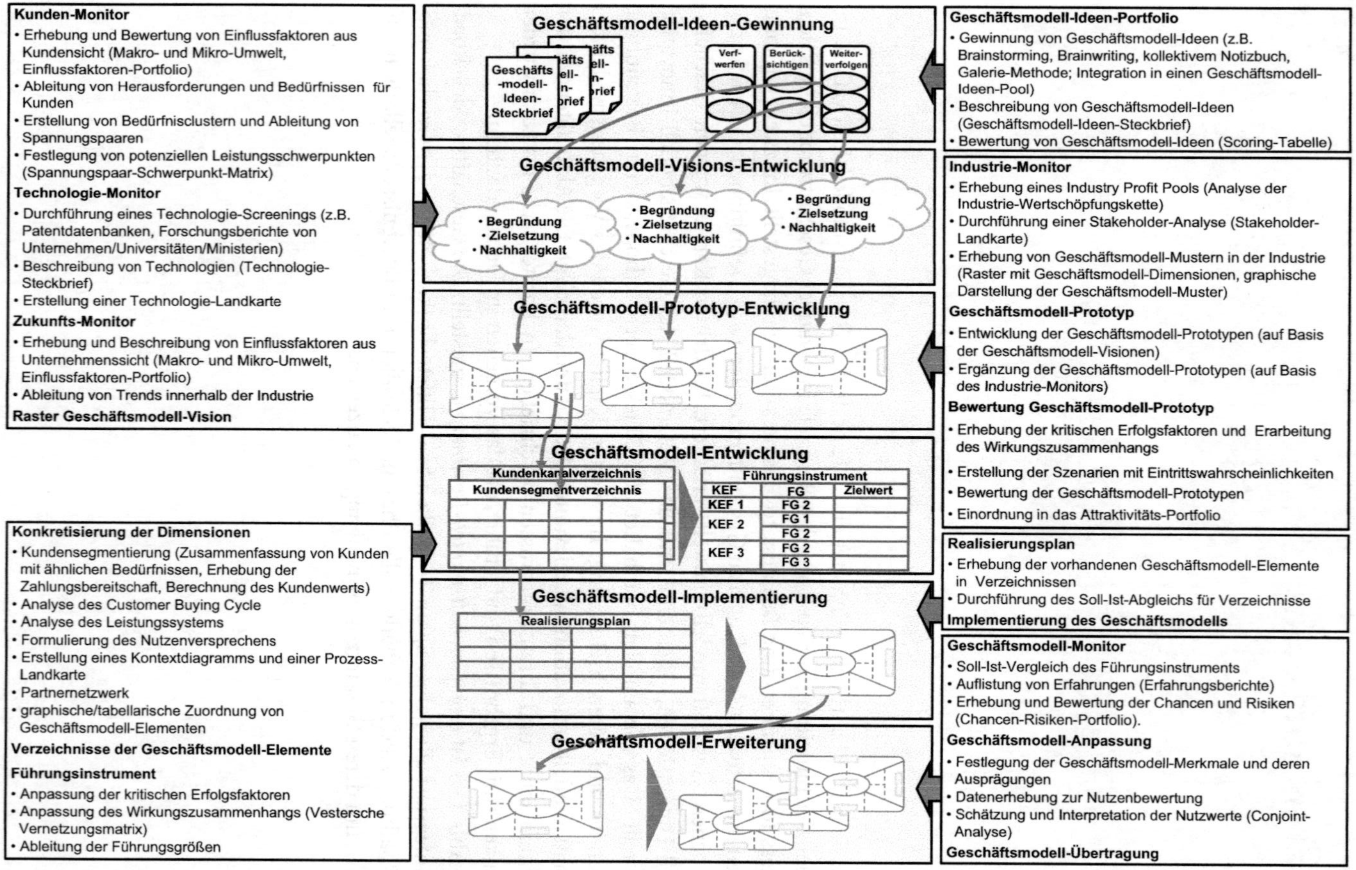

Kunden-Monitor
- Erhebung und Bewertung von Einflussfaktoren aus Kundensicht (Makro- und Mikro-Umwelt, Einflussfaktoren-Portfolio)
- Ableitung von Herausforderungen und Bedürfnissen für Kunden
- Erstellung von Bedürfnisclustern und Ableitung von Spannungspaaren
- Festlegung von potenziellen Leistungsschwerpunkten (Spannungspaar-Schwerpunkt-Matrix)

Technologie-Monitor
- Durchführung eines Technologie-Screenings (z.B. Patentdatenbanken, Forschungsberichte von Unternehmen/Universitäten/Ministerien)
- Beschreibung von Technologien (Technologie-Steckbrief)
- Erstellung einer Technologie-Landkarte

Zukunfts-Monitor
- Erhebung und Beschreibung von Einflussfaktoren aus Unternehmenssicht (Makro- und Mikro-Umwelt, Einflussfaktoren-Portfolio)
- Ableitung von Trends innerhalb der Industrie

Raster Geschäftsmodell-Vision

Geschäftsmodell-Ideen-Portfolio
- Gewinnung von Geschäftsmodell-Ideen (z.B. Brainstorming, Brainwriting, kollektivem Notizbuch, Galerie-Methode; Integration in einen Geschäftsmodell-Ideen-Pool)
- Beschreibung von Geschäftsmodell-Ideen (Geschäftsmodell-Ideen-Steckbrief)
- Bewertung von Geschäftsmodell-Ideen (Scoring-Tabelle)

Industrie-Monitor
- Erhebung eines Industry Profit Pools (Analyse der Industrie-Wertschöpfungskette)
- Durchführung einer Stakeholder-Analyse (Stakeholder-Landkarte)
- Erhebung von Geschäftsmodell-Mustern in der Industrie (Raster mit Geschäftsmodell-Dimensionen, graphische Darstellung der Geschäftsmodell-Muster)

Geschäftsmodell-Prototyp
- Entwicklung der Geschäftsmodell-Prototypen (auf Basis der Geschäftsmodell-Visionen)
- Ergänzung der Geschäftsmodell-Prototypen (auf Basis des Industrie-Monitors)

Bewertung Geschäftsmodell-Prototyp
- Erhebung der kritischen Erfolgsfaktoren und Erarbeitung des Wirkungszusammenhangs
- Erstellung der Szenarien mit Eintrittswahrscheinlichkeiten
- Bewertung der Geschäftsmodell-Prototypen
- Einordnung in das Attraktivitäts-Portfolio

Konkretisierung der Dimensionen
- Kundensegmentierung (Zusammenfassung von Kunden mit ähnlichen Bedürfnissen, Erhebung der Zahlungsbereitschaft, Berechnung des Kundenwerts)
- Analyse des Customer Buying Cycle
- Analyse des Leistungssystems
- Formulierung des Nutzenversprechens
- Erstellung eines Kontextdiagramms und einer Prozess-Landkarte
- Partnernetzwerk
- graphische/tabellarische Zuordnung von Geschäftsmodell-Elementen

Verzeichnisse der Geschäftsmodell-Elemente

Führungsinstrument
- Anpassung der kritischen Erfolgsfaktoren
- Anpassung des Wirkungszusammenhangs (Vestersche Vernetzungsmatrix)
- Ableitung der Führungsgrößen

Realisierungsplan
- Erhebung der vorhandenen Geschäftsmodell-Elemente in Verzeichnissen
- Durchführung des Soll-Ist-Abgleichs für Verzeichnisse

Implementierung des Geschäftsmodells

Geschäftsmodell-Monitor
- Soll-Ist-Vergleich des Führungsinstruments
- Auflistung von Erfahrungen (Erfahrungsberichte)
- Erhebung und Bewertung der Chancen und Risiken (Chancen-Risiken-Portfolio).

Geschäftsmodell-Anpassung
- Festlegung der Geschäftsmodell-Merkmale und deren Ausprägungen
- Datenerhebung zur Nutzenbewertung
- Schätzung und Interpretation der Nutzwerte (Conjoint-Analyse)

Geschäftsmodell-Übertragung

Abb. 11.1 Geschäftsmodell-Roadmap. (Schallmo 2013, S. 245)

Literatur

Schallmo D (2013) Geschäftsmodell-Innovation: Grundlagen, bestehende Ansätze, methodisches Vorgehen und B2B-Geschäftsmodelle, Springer Gabler Wiesbaden

Anhang

Tab. 1 Operationalisierung von Bewertungskriterien

Bewertungskriterium	1	2	3	4	5
Bedarf an Mitarbeitern für Umsetzung der Geschäftsmodell-Idee	>9	7–8	5–6	3–4	1–2
Bedarf an Kapital für Umsetzung der Geschäftsmodell-Idee	>400.000	300.000–399.999	200.000–299.999	100.000–199.999	<100.000
Bedarf an Know-how für Umsetzung der Geschäftsmodell-Idee	sehr hoch	hoch	mittel	gering	sehr gering
Realisierungsdauer der Geschäftsmodell-Idee	>25 Monate	19–24 Monate	13–18 Monate	6–12 Monate	<6 Monate
Akzeptanz der Geschäftsmodell-Idee am Markt	sehr gering	gering	mittel	hoch	sehr hoch
Gewinnung neuer Kunden durch Geschäftsmodell-Idee	<300	300–499	500–699	700–999	>1.000
Nutzenbeitrag für Kunden durch Geschäftsmodell-Idee	sehr gering	gering	mittel	hoch	sehr hoch
Zahlungsbereitschaft von Kunden für Geschäftsmodell-Idee	sehr gering	gering	mittel	hoch	sehr hoch
Bindung von Kunden durch Geschäftsmodell-Idee	sehr gering	gering	mittel	hoch	sehr hoch
Umsatzvolumen p.a. der Geschäftsmodell-Idee	>200.000	200.000–299.000	300.000–399.999	400.000–500.000	>500.000
Beitrag der Geschäftsmodell-Idee zu Image des Unternehmens	sehr gering	gering	mittel	hoch	sehr hoch

Tab. 1 Fortsetzung

Bewertungskriterium	1	2	3	4	5
Differenzierung gegenüber Wettbewerb durch Geschäftsmodell-Idee	sehr gering	gering	mittel	hoch	sehr hoch
Lebensdauer der Geschäftsmodell-Idee am Markt	12–23 Monate	24–35 Monate	36–47 Monate	48–60 Monate	>60 Monate

Tab. 2 Scoring-Tabelle für die Bewertung von Geschäftsmodell-Ideen

Bewertungskriterium	Gewichtung	Geschäftsmodell-Ideen					
		Idee 1		Idee 2		...	
		Bew.	Score	Bew.	Score	Bew.	Score
Bedarf an Mitarbeitern für Umsetzung der Geschäftsmodell-Idee	3	2	6				
Bedarf an Kapital für Umsetzung der Geschäftsmodell-Idee	1	3	3				
Bedarf an Know-how für Umsetzung der Geschäftsmodell-Idee	2	4	8				
Realisierungsdauer der Geschäftsmodell-Idee	4	5	20				
Akzeptanz der Geschäftsmodell-Idee am Markt	3	1	3				
Gewinnung neuer Kunden durch Geschäftsmodell-Idee	5	3	15				
Nutzenbeitrag für Kunden durch Geschäftsmodell-Idee	2	5	10				
Zahlungsbereitschaft von Kunden für Geschäftsmodell-Idee	...	...	...				
Bindung von Kunden durch Geschäftsmodell-Idee							
Umsatzvolumen der Geschäftsmodell-Idee							
Beitrag der Geschäftsmodell-Idee zu Image des Unternehmens							
Differenzierung gegenüber Wettbewerb durch Geschäftsmodell-Idee							
Lebensdauer der Geschäftsmodell-Idee am Markt							
...							
Gesamtscore		–	–	–	–	–	

Tab. 3 PESTEL-Tabelle[a]

Dimension	Einflussfaktor (Beispiel)	Entwicklungsrichtung	A	B	EPZ
Politisch	Stabilität der Regierung	nimmt ab	5	8	40
	Steuerpolitik	wird verschärft	4	9	45
Wirtschaftlich	Inflation	bleibt gleich	7	3	21
	Einkommen	nehmen zu	4	3	12
	Wirtschaftswachstum	nimmt zu	5	7	35
Sozio-kulturell	Geburtenraten	…			
	Mobilität	…			
	Wertemuster	…			
Technologisch	Produkt-Innovationen	…			
	Neue Werkstoffe	…			
Umwelt-bezogen	Umweltgesetze	…			
	Klimaveränderungen	…			
	Energieverbrauch	…			
Rechtlich	Wettbewerbsgesetzte	…			
	Arbeitsrecht	…			
	Gesundheit	…			
	…	…			
A	Auftreten (Wahrscheinlichkeit des Auftretens)	unwahrscheinlich = 1			
		sehr gering = 2–3			
		gering = 4–6			
		mäßig = 7–8			
		hoch = 9–10			
B	Bedeutung (Auswirkung des Auftretens auf Kunden)	kaum wahrnehmbar = 1			
		unbedeutende Auswirkung = 2–3			
		mäßig schwere Auswirkung = 4–6			
		schwere Auswirkung = 7–8			
		äußerst schwere Auswirkung = 9–10			
EPZ	Einflussfaktor-Prioritätszahl	hoch = 26–100			
		mittel = 13–25			
		gering = 2–12			
		klein = 1			

[a] Die Werte zur Einschätzung des Auftretens und der Bedeutung sind aus Romeike und Hager (2009, S. 266) entnommen. Die Vorgehensweise der Bewertung und Gewichtung von Kriterien ist den Scoring-Modellen zuzuordnen.

Tab. 4 Industriestrukturtabelle. (In Anlehnung an Porter 1980, S. 4–29; Johnson et al. 2011, S. 85–91)

Dimension	Einflussfaktor
Bedrohung durch potenzielle Neueintritte	Größe und Erfahrung der bisherigen Akteure
	Zugang zu Zulieferern und Vertriebskanälen
	Gegenmaßnahmen bisheriger Akteure
	Differenzierung der Produkte und Dienstleistungen
	Höhe des Investitionsbedarfs
	Höhe der Wechselkosten
Bedrohung durch Rivalität unter Wettbewerbern	Größe der Wettbewerber
	Wachstum der Industrie
	Höhe der Fixkosten
	Höhe der Austrittsbarrieren
	Differenzierung der Produkte und Dienstleistungen
	Höhe der Produktionskapazitäten
	Heterogenität der Wettbewerber
Bedrohung durch Substitutionsprodukte und Substitutionsdienstleistungen	Preis-Leistungsverhältnis der Produkte und Dienstleistungen
	Substituierbarkeit von Produkten und Dienstleistungen
Verhandlungsmacht von Abnehmern	Konzentration von Käufern bzw. Höhe der Abnahmemenge
	Anteil des Beschaffungsvolumens am gesamten Beschaffungsvolumen
	Wichtigkeit des Produkts bzw. der Dienstleistung für Kunden
	Höhe der Markttransparenz
	Höhe der Wechselkosten
	Höhe der Kundengewinne
	Höhe der Gefahr durch Abnehmer-Konkurrenz
Verhandlungsmacht von Lieferanten	Konzentration von Lieferanten
	Höhe der Umstellungskosten
	Höhe der Gefahr durch Lieferanten-Konkurrenz
	Höhe der eigenen Gefahr durch Substitutionen
	Wichtigkeit der Industrie für Lieferanten
	Wichtigkeit der Produkte und Dienstleistungen für Industrie

Tab. 5 Übersicht über die Phasen, Techniken und Ergebnisse

Phase	Technik	Hilfstechnik	Erläuterung der Hilfstechnik	Ergebnis der Hilfstechnik	Ergebnis der Technik
Geschäftsmodell-Ideen-Gewinnung	Erstellung des Geschäftsmodell-Ideen-Portfolios	Gewinnung von Geschäftsmodell-Ideen (z. B. Brainstorming, Brainwriting, kollektives Notizbuch, Galerie-Methode)	Öffnung des Betrachtungsbereichs, losgelöst von Denkrastern, Einschränkungen und bestehenden Geschäftsmodellen	Geschäftsmodell-Ideen-Pool	Geschäftsmodell-Ideen-Portfolio
		Beschreibung von Geschäftsmodell-Ideen	Einheitliche Beschreibung von Geschäftsmodell-Ideen; somit sind diese vergleichbar; zudem kann später auf Geschäftsmodell-Ideen zurückgegriffen werden	Beschriebene Geschäftsmodell-Ideen (Geschäftsmodell-Ideen-Steckbrief)	
		Bewertung von Geschäftsmodell-Ideen	Dient der Auswahl von Geschäftsmodell-Ideen, die weiterverfolgt werden sollen	Bewertete Geschäftsmodell-Ideen (Scoring-Tab.)	
Geschäftsmodell-Visions-Entwicklung	Kunden-Monitor	Erhebung und Bewertung von Einflussfaktoren aus Kundensicht	Dient dem Verständnis der Umwelt aus Kundensicht	Einflussfaktoren aus Kundensicht (Makro- und Mikro-Umwelt, Einflussfaktoren-Portfolio)	Potenzielle Leistungsschwerpunkte des Geschäftsmodells
		Ableitung von Herausforderungen und Bedürfnissen für Kunden	Dient der Ausrichtung des Geschäftsmodells an aktuellen bzw. an zukünftigen Herausforderungen und Bedürfnissen von Kunden	Herausforderungen und Bedürfnisse aus Kundensicht	
		Erstellung von Bedürfnisclustern und Ableitung von Spannungspaaren	Dient der Reduktion von Komplexität und der Verbindung der Kundensicht mit den Anforderungen an Unternehmen	Bedürfniscluster und Spannungspaare	

Tab. 5 Fortsetzung

Phase	Technik	Hilfstechnik	Erläuterung der Hilfstechnik	Ergebnis der Hilfstechnik	Ergebnis der Technik
		Festlegung von potenziellen Leistungsschwerpunkten	Dient der Auflösung der Spannungspaare	Potenzielle Leistungsschwerpunkte (Spannungspaar-Schwerpunkt-Matrix)	
	Technologie-Monitor	Durchführung eines Technologie-Screenings (z. B. Patentdatenbanken, Forschungsberichte von Unternehmen/Universitäten/Ministerien)	Dient der Gewinnung von Technologien	Technologie-Pool	Technologie-Landkarte
		Beschreibung von Technologien	Einheitliche Beschreibung von Technologien, daher vergleichbar; zudem kann auf Technologien zurückgegriffen werden	Beschriebene Technologien (Technologie-Steckbrief)	
		Erstellung einer Technologie-Landkarte	Dient der Übersicht über Technologien, die in Geschäftsmodellen eingesetzt werden können bzw. mit Geschäftsmodellen vermarktet werden können	Technologie-Landkarte	
	Zukunfts-Monitor	Erhebung und Beschreibung von Einflussfaktoren aus Unternehmenssicht	Dient dem Verständnis der Umwelt aus Unternehmenssicht	Einflussfaktoren aus Unternehmenssicht (Makro- und Mikro-Umwelt, Einflussfaktoren-Portfolio)	Trends innerhalb der Industrie
		Ableitung von Trends innerhalb der Industrie	Dient der Ausrichtung des Geschäftsmodells an Trends	Trends innerhalb der Industrie	

Tab. 5 Fortsetzung

Phase	Technik	Hilfstechnik	Erläuterung der Hilfstechnik	Ergebnis der Hilfstechnik	Ergebnis der Technik
	Raster der Geschäftsmodell-Vision	Integration der Geschäftsmodell-Ideen, der potenziellen Leistungsschwerpunkte, der Technologie-Landkarte und der Trends innerhalb der Industrie in die Geschäftsmodell-Visionen	Dient der zukunftsorientierten Gestaltung des Geschäftsmodells (3–5 Jahre) innerhalb einer Industrie	Geschäftsmodell-Visionen (mit Eckpfeilern)	Geschäftsmodell-Visionen (mit Eckpfeilern)
Geschäftsmodell-Prototyp-Entwicklung	Industrie-Monitor	Analyse der Industrie-Wertschöpfungskette	Dient der Festlegung der Position innerhalb der Industrie-Wertschöpfungskette; beeinflusst die Prozesse des Geschäftsmodells, die notwendigen Ressourcen, Fähigkeiten und Partner	Industry Profit Pool	Geschäftsmodell-Muster innerhalb der Industrie
		Durchführung einer Stakeholder-Analyse	Dient dem Industrieverständnis und der Gewinnung pot. Partner/Kunden	Stakeholder-Landkarte	
		Erhebung von Geschäftsmodell-Mustern in der Industrie	Dient dem Industrieverständnis, der Berücksichtigung von Best Practices bzw. der radikalen Veränderung von Industrien	Graphische Darstellung der Geschäftsmodell-Muster, Raster mit Geschäftsmodell-Dimensionen	
	Raster des Geschäftsmodell-Prototyps	Entwicklung der Geschäftsmodell-Prototypen (auf Basis der Geschäftsmodell-Visionen)	Dient der Verfeinerung der Geschäftsmodell-Visionen	Geschäftsmodell-Prototypen	Ergänzte Geschäftsmodell-Prototypen

Tab. 5 Fortsetzung

Phase	Technik	Hilfstechnik	Erläuterung der Hilfstechnik	Ergebnis der Hilfstechnik	Ergebnis der Technik
		Ergänzung der Geschäftsmodell-Prototypen (auf Basis des Industrie-Monitors und der generischen Geschäftsmodelle in der Literatur)	Dient der Beschreibung des Geschäftsmodells anhand eines definierten Rasters; berücksichtigt die Ergebnisse des Industrie-Monitors und generische Geschäftsmodelle, um weitere Ideen zu gewinnen	Ergänzte Geschäftsmodell-Prototypen	
Bewertung der Geschäftsmodell-Prototypen		Erhebung der kritischen Erfolgsfaktoren	Dient der Fokussierung auf wenige Variablen, die den Erfolg eines Geschäftsmodells ausmachen	Kritische Erfolgsfaktoren der Geschäftsmodell-Prototypen	Bewertete Geschäftsmodell-Prototypen (aus denen einer ausgewählt wird)
		Erarbeitung des Wirkungszusammenhangs	Dient der Darstellung des Wirkungszusammenhangs der kritischen Erfolgsfaktoren, um verstärkende Mechanismen zu erkennen	Vestersche Vernetzungs-Matrix und Wirkungsnetz der kritischen Erfolgsfaktoren	
		Erstellung der Szenarien mit Eintrittswahrscheinlichkeiten	Dient der Erstellung unterschiedlicher Szenarien (Zukunftszustände)	Szenarien mit Eintrittswahrscheinlichkeiten	
		Bewertung der Geschäftsmodell-Prototypen	Dient der Bewertung der Geschäftsmodell-Prototypen in Abhängigkeit von unterschiedlichen Szenarien	Bewertete Geschäftsmodell-Prototypen, die in einem Attraktivitäts-Portfolio integriert sind	

Tab. 5 Fortsetzung

Phase	Technik	Hilfstechnik	Erläuterung der Hilfstechnik	Ergebnis der Hilfstechnik	Ergebnis der Technik
Geschäftsmodell-Entwicklung	Konkretisierung der Kundendimension	Festlegung der Kundensegmente (Berücksichtigung ähnlicher Bedürfnisse, Anwendung der van Westendrop-Methode, Berechnung des Kundenwerts)	Dient der Festlegung von Kundensegmenten in Abhängigkeit von den Kundenbedürfnissen, von der Zahlungsbereitschaften und von dem Kundenwert	Kundensegmente	Kundensegment-Kundenkanal-Matrix, Kundensegment-Kundenbeziehungs-Matrix
		Analyse des Customer Buying Cycles	Dient der Festlegung von Kundenkanälen	Kundenkanäle je Kundensegment	
		Festlegung der Kundenbeziehungen (allgemeine Formen der Kundenbindung)	Dient der Festlegung von Kundenbeziehungen	Kundenbeziehung je Kundensegment	
	Konkretisierung der Nutzendimension	Analyse des Leistungssystems	Dient der Festlegung von Leistungen auf Basis von allgemeingültiger Leistungen	Leistungen je Kundensegment	Kundensegment-Leistungs-Matrix, Kundensegment-Nutzenversprechen-Matrix
		Analyse des Customer Buying Cycles	Dient ebenfalls der Festlegung von Leistungen in Abhängigkeit vom Kundenprozess	Leistungen je Kundensegment	
		Formulierung des Nutzenversprechens (Raster)	Dient der einheitlichen Formulierung von Nutzenversprechen	Nutzenversprechen je Kundensegment	

Tab. 5 Fortsetzung

Phase	Technik	Hilfstechnik	Erläuterung der Hilfstechnik	Ergebnis der Hilfstechnik	Ergebnis der Technik
Konkretisierung der Wertschöpfungsdimension	Festlegung der Ressourcen (allgemeine Formen von Ressourcen, Ressourcenbaum)	Dient der Festlegung notwendiger Ressourcen in Abhängigkeit von den Kundenkanälen, von den Kundenbeziehungen und von den Leistungen	Notwendige Ressourcen	Ressourcen-Matrix, Fähigkeiten-Matrix, Prozess-Landkarte	
	Festlegung der Fähigkeiten (allgemeine Formen von Fähigkeiten, Fähigkeitenbaum)	Dient der Festlegung notwendiger Fähigkeiten in Abhängigkeit von den Kundenkanälen, von den Kundenbeziehungen und von den Leistungen	Notwendige Fähigkeiten		
	Festlegung der Prozesse (Bündelung von Leistungen zu Prozessen, Erstellung eines Kontextdiagramms)	Dient der Festlegung notwendiger Prozesse in Abhängigkeit von den Leistungen, die von Kunden bereit gestellt werden	Prozess-Landkarte		
Konkretisierung der Partnerdimension	Bewertung von Ressourcen, Fähigkeiten und Prozessen	Dient der Festlegung von Ressourcen, Fähigkeiten und Prozessen, die von Partnern ausgeführt werden können	Bewertete Ressourcen, Fähigkeiten und Prozesse	Partnernetzwerk, Partner-Partnerkanal-Matrix, Partner-Partnerbeziehungs-Matrix	
	Festlegung von Partnern	Dient der Darstellung von Partnern des Geschäftsmodells	Partnernetzwerk		
	Analyse des Selling Cycles	Dient der Festlegung der Partnerkanäle	Partnerkanäle je Partner		

Tab. 5 Fortsetzung

Phase	Technik	Hilfstechnik	Erläuterung der Hilfstechnik	Ergebnis der Hilfstechnik	Ergebnis der Technik
		Festlegung der Partnerbeziehungen (allgemeine Formen der Partnerbindung)	Dient der Festlegung der Partnerbeziehungen	Partnerbeziehung je Partner	
	Konkretisierung der Finanzdimension	Erhebung der Umsatz- und Kostenstruktur	Dient der Darstellung aller Umsätze und Kosten, die mit dem Geschäftsmodell entstehen	Umsatz- und Kostenstruktur	Umsatz-Kosten-Mechanismus-Matrix
		Festlegung der Umsatz- und Kostenmechanismen (allgemeine Formen)	Dient der Festlegung von Mechanismen, die für Umsätze und Kosten gelten	Umsatz- und Kostenmechanismen	
	Erstellung der Verzeichnisse	Beschreibung der Geschäftsmodell-Elemente anhand der Attribute der Objekte	Dient der Beschreibung notwendiger Geschäftsmodell-Elemente	Verzeichnisse der Geschäftsmodell-Elemente (SOLL)	Verzeichnisse der Geschäftsmodell-Elemente
	Erarbeitung des Führungsinstruments	Ergänzung der kritischen Erfolgsfaktoren	Dient der Ergänzung bereits erhobener kritischer Erfolgsfaktoren	Kritische Erfolgsfaktoren des Geschäftsmodells	Führungsinstrument des Geschäftsmodells
		Erarbeitung des Wirkungszusammenhangs	Dient der Darstellung des Wirkungszusammenhangs der kritischen Erfolgsfaktoren, um sich verstärkende Mechanismen zu erkennen	Vestersche Vernetzungs-Matrix und Wirkungsnetz der kritischen Erfolgsfaktoren	
		Ableitung der Führungsgrößen	Dient der Operationalisierung der kritischen Erfolgsfaktoren (und somit des Geschäftsmodells)	Führungsgrößen mit Zielwerten	

Tab. 5 Fortsetzung

Phase	Technik	Hilfstechnik	Erläuterung der Hilfstechnik	Ergebnis der Hilfstechnik	Ergebnis der Technik
Geschäftsmodell-Implementierung	Entwicklung des Realisierungsplans	Erhebung der vorhandenen Geschäftsmodell-Elemente in Verzeichnissen	Dient der Erhebung bestehender Geschäftsmodell-Elemente	Verzeichnisse des Geschäftsmodell-Elemente (IST)	Realisierungsplan mit Projekten und Maßnahmen
		Durchführung des Soll-Ist-Abgleichs für Verzeichnisse	Dient der Aufdeckung von Lücken in Bezug auf die Entwicklung des neuen Geschäftsmodells	Soll-Ist-Abgleich mit vorhandenen Lücken	
		Erarbeitung eines Realisierungsplans	Dient der Implementierung des Geschäftsmodells	Realisierungsplan mit Projekten und Maßnahmen	
	Implementierung des Geschäftsmodells	–	–	–	Implementiertes Geschäftsmodell
Geschäftsmodell-Erweiterung	Geschäftsmodell-Monitor	Soll-Ist-Vergleich des Führungsinstruments	Dient der Aufdeckung von Lücken innerhalb des Führungsinstruments (insb. der Führungsgrößen)	Abweichungsanalyse	Ideen für die Anpassung des Geschäftsmodells
		Auflistung von Erfahrungen	Dient der einheitlichen Sammlung von Erfahrungen, die mit dem Geschäftsmodell gewonnen wurden	Erfahrungsberichte	
		Erhebung und Bewertung der Chancen und Risiken	Dient der Darstellung von Chancen und Risiken, die mit dem Geschäftsmodell auftreten	Bewertungsmatrix für Chancen und Risiken, Chancen-Risiken-Portfolio	

Tab. 5 Fortsetzung

Phase	Technik	Hilfstechnik	Erläuterung der Hilfstechnik	Ergebnis der Hilfstechnik	Ergebnis der Technik
	Geschäfts-modell-An-passung	Festlegung der Geschäfts-modell-Merkmale und deren Ausprägungen	Dient der Erstellung von Geschäftsmodell-Kombinationen	Geschäftsmodell-Kombinationen	Angepasstes Geschäftsmodell
		Datenerhebung zur Nutzenbewertung	Dient der Bewertung des Gesamtnutzens von Geschäftsmodell-Kombinationen durch Kunden	Bewertete Geschäftsmodellen-Kombinationen	
		Schätzung und Interpretation der Nutzwerte (Conjoint-Analyse)	Dient der Erkennung des Nutzenbeitrags einzelner Geschäftsmodell-Merkmale	Teilnutzenwerte der Geschäftsmodell-Merkmale	
		Erarbeitung eines Anpassungsplans	Dient der Anpassung des Geschäftsmodells auf Basis der Ergebnisse des Geschäftsmodell-Monitors und der Kundenpräferenzen	Anpassungsplan	
	Geschäfts-modell-Über-tragung	Durchführung des Kun-den-, des Technologie- und des Kunden-Monitors (siehe oben) für einen neuen Markt	Dient der Gewinnung von Anforderungen eines neuen Marktes	Potenzielle Leistungs-schwerpunkte des Geschäftsmodells, Technologie-Landkarte, Trends innerhalb der Industrie für einen neuen Markt	Übertragenes Geschäftsmodell
		Durchführung der Geschäftsmodell-Anpas-sung (siehe oben) für eine neuen Markt	Dient der Anpassung des Geschäftsmodells an die Anforderungen eines neuen Marktes	Geschäftsmodell-Kombinationen, bewertete Geschäftsmodellen-Kombinationen, Teilnutzenwerte der Geschäftsmodell-Merkmale	

Tab. 6 Auflistung generischer Geschäftsmodelle in der Literatur

Autor	Beschreibung
Kagermann und Österle 2007, S. 19–26	*Allgemeine Geschäftskonzepte*
	Kundenwert aus Kundenprozess: vom Produkt- zum Lösungsanbieter, um Kunden innerhalb seines Prozesses einen hohen Nutzen zu stiften
	Mehr Kunden und mehr für den Kunden: Erreichung aller potenzieller Kunden und deren umfassende Bedienung mit zahlreichen Leistungen
	Innovation und Individualisierung statt Commoditisierung: Produkt- und Serviceinnovation und individuelle Produkte und Dienstleitungen durch Nutzung von IT
	Stille Auftragsabwicklung: Produkte und Dienstleistungen schnell, sicher, kostengünstig und automatisch für Kunden bereitstellen
	Strategiekonforme Führung: Umsetzung der Strategie innerhalb der Führung
	Value Chain Redesign: Neugestaltung von Wertschöpfungsketten und der unternehmensübergreifenden Prozesse
	Flexibilisierung der Informationsarchitektur: Informationsarchitektur muss an neue Geschäftsmodelle anpassbar sein
	Geschwindigkeit der Transformation: schnelle Umsetzung neuer Informationsarchitekturen
	Wert aus der Informatik: Erkennen des Nutzens der Investitionen in Informatik.
Kobler 2005, S. 350–353	*Geschäftsmodelle für Versicherungen*
	Traditionalist: Kontrolle der gesamten Wertschöpfungskette im eigenen Haus und schlanke Kostenstruktur durch wenige Produkte und Dienstleistungen
	Aktivitätenspezialist: Konzentration auf Entwicklung, Beratung und Verkauf der Produkte und Dienstleistungen und Automatisierung von Wertschöpfungsaktivitäten bzw. Auslagerung an Kooperationspartner
	Leistungsspezialist: modulares Produkt- und Dienstleistungsangebot durch Produkt-Innovationen, die Breite und Tiefe des Leistungsprogramms erweitern
	Leistungsintegrator: Fokussierung auf Wertaktivitäten, die es erlauben, Privatkunde ein Komplettangebot zu machen, das aus zahlreichen Teilleistungen besteht.
Linder und Cantrell 2000, S. 7 f.	*Allgemeine Geschäftsmodelle*
	Price Model: Preis, der mit unterschiedlichen Komponenten kombiniert wird und für Kunden einen Mehrwert darstellt
	Convenience Model: schnelle, zuverlässige und bequeme Verfügbarkeit von Produkten und Leistungen

Tab. 6 Fortsetzung

Autor	Beschreibung
	Commodity-Plus Model: schwer differenzierbare Produkte und Dienstleistungen, die zusätzliche Dienstleistungen[a]
	Experience Model: Gestaltung des Verkaufs, der Verkaufsräume und der Marke als Erfahrung/Erlebnis
	Channel Models: Kommunikations- und Vertriebskanal der Produkte und Leistungen
	Intermediary Model: Vermittlung von Produkten, Dienstleistungen, Informationen
	Trust Model: enges Vertrauensverhältnis zwischen Kunden und Anbietern; enthält z. B. Prozesse, Lösungen und Beratung
	Innovation Model: Entwicklung und Bereitstellung neuer Produkte und Dienstleistungen, die hohe Verkaufspreise zulassen; ebenso Eindringen in neue Märkte.
Osterwalder und Pigneur 2010, S. 56–119	*Allgemeine Geschäftsmodelle*
	Unbundling Business Models: Trennung von drei Kerngeschäften (Kundenbeziehungen, Produkt-Innovation, Infrastruktur), um Konflikte zu vermeiden
	Long Tail: Verkauf zahlreicher Nischenprodukte an Kunden; in kleinen Mengen und unregelmäßig
	Multi-Sided Platforms: Verknüpfung unterschiedlicher Kundengruppen miteinander auf einer Plattform
	Free und Freemium: Anbieten von kostenlosen/günstigen Leistungen; optionale Premium-Leistungen sind kostenpflichtig; kostenlose/günstige Grundprodukte, die Kunden zwingen, Folgekäufe zu tätigen
	Open Business Models: Kooperation mit Partnern, um externes Wissen in das eigene Unternehmen zu integrieren bzw. internes Wissen extern zur Verfügung zu stellen.
Rappa 2004, S. 35–37	*Geschäftsmodelle für E-Business*
	Brokerage model: Verbindung von Käufern und Verkäufern sowie Transaktionsabwicklung; gegen Gebühr
	Advertising model: Bereitstellung von Inhalten und Dienstleistungen (E-Mail, Chat, Foren) in Kombination mit Werbenachrichten/Bannern
	Information-intermediary model: Bereitstellung von Daten zu Konsumenten/Verhalten und deren Auswertung
	Merchant model: Groß- und Einzelhändler für Produkte und Dienstleistungen
	Manufacturer direct model: Direktvertrieb eines Herstellers an den Endkunden

Tab. 6 Fortsetzung

Autor	Beschreibung
	Affiliate model: ermöglicht Kaufoptionen im Internet und leitet an Verkäufer weiter
	Community model: Aufbau einer Nutzergemeinschaft, die zum Ergebnis der Plattform beiträgt
	Subscription model: Erhebung von fixen Beiträgen für die Nutzung einer Leistung; unabhängig von der Nutzungsmenge
	Utility and hybrid model: Erhebung von variablen Nutzungsgebühren.
Schröter und Biege 2009, S. 628 f.	*Geschäftsmodelle für die Montage*
	Ausgleich von Kapazitätsschwankungen: Reduktion von Stillstandkosten und damit Betriebskosten von Montagesystemen; Optimierung der Auslastung; Bereitstellung mobiler Anlagen; Übernahme von Montagearbeiten
	Überwindung von Qualifizierungsdefiziten: Bereitstellung moderner Anlagen mit Dienstleistungen; Schulung des Personals; Bereitstellung von Personal; Übernahme der Montage
	Verfügbarkeitsgarantie: Durchführung von Wartungs- und Instandhaltungsarbeiten
	Wandlungsfähige Montageanlagen: Bereitstellung von wandlungsfähigen Montageanlagen.
Slywotzky und Morrison 1997 S. 71–84	*Allgemeine Gewinnmodelle*
	Kundenlösungen: Entwicklung von Kundenlösungen zum Aufbau langfristiger Kundenbeziehungen
	Produktpyramide: Niedrigpreisprodukten mit hoher Stückzahl und teure Produkte mit geringer Stückzahl
	Multikomponentensystem: zahlreiche Komponenten in einem System
	Schaltzentrale: Steuerung der Kommunikation zwischen vielen Käufern und Verkäufern
	Zeitvorsprung: schnelle Vermarktung von Innovationen
	Kassenschlager: Produkte, bei denen Umsätze ein Vielfaches der Produktionskosten darstellen
	Gewinnmultiplizierung: Nutzung eines hohen Markenimages für breites Produktsortiment
	Unternehmergeist: Bewahrung des unmittelbaren Kundenkontakts und der Eigenverantwortung durch kleine Profit Center
	Spezialisierung: Konzentration auf spezielle Kundenbedürfnisse
	Installierte Basis: Verwendung des Grundprodukts ist nur mit Folgeprodukten möglich
	De-facto-Standard: Gewinne wachsen mit dem Geschäftsvolumen automatisch mit
	Markenimage: Abschöpfung von Gewinnen durch höhere Preise

Tab. 6 Fortsetzung

Autor	Beschreibung
	Spezialprodukt: geeignete Auswahl an F&E-Projekten für zukünftige Produkte
	Lokale Marktführerschaft: Führungsrolle auf lokale Ebene
	Transaktionsvolumen: Nutzung gleichbleibender Transaktionskosten
	Beherrschung der Wertschöpfungskette: Konzentration auf profitable Stufen in der Wertschöpfungskette
	Zyklizitätsmanagement: Gestaltung des Geschäfts in Abhängigkeit des Zyklus
	After-Sales-Gewinne: Verdienst an Folgeprodukten/Dienstleistungen
	Produktneuheit: Abschöpfung des Gewinns durch neue Produkte
	relativer Marktanteil: Erzielung von Preis- und Kostenvorteilen durch größere Erfahrung und Kaufkraft
	Erfahrungskurve: Kostensenkung durch Nutzung von Erfahrungen
	kosteneffizientes Business Design: geringere Kosten je Einheit als Wettbewerber.
Timmers 1998, S. 4–8	*Geschäftsmodelle für das Internet*
	E-Shop: Verkauf von Produkten oder Dienstleistungen eines Unternehmens
	E-Procurement: Ausschreibung und Beschaffung von Produkten oder Dienstleistungen
	E-Auction: Auktionen via Internet
	E-Mall: Virtuelles Einkaufszentrum, das unterschiedliche E-Shops beinhaltet
	Third-party marketplace: Übernahme des Internet-Marketing für Kunden
	Virtual communities: Mitglieder stellen Informationen bereit; Umsatzerzielung über Mitgliedsbeiträge/Werbegebühren
	Value-chain service provider: Spezialisierung auf Lösungen innerhalb der Wertschöpfungskette (z. B. Logistik, elektronische Bezahlung)
	Value-chain integrators: Zusammenführung unterschiedlicher Stufen der Wertschöpfungskette und Nutzung des Informationsflusses zwischen den Stufen
	Collaboration platforms: Plattform mit Informationen und Tools, um Austausch zwischen Unternehmen zu ermöglichen
	Information brokerage, trust and other services: Informationen, die Endnutzern und Unternehmen bereitgestellt werden; Zertifizierungen.
Weill und Vitale 2001, S. 21	*Geschäftsmodelle für E-Business*
	Direct to Customer: Direktvertrieb von Produkten und Dienstleitungen über das Internet

Tab. 6 Fortsetzung

Autor	Beschreibung
	Full-Service Provider: Bereitstellung von umfassenden Dienstleistungen zur Erfüllung von Kundenbedürfnissen eines Bereichs
	Whole of Enterprise: Zusammenfassung unterschiedlicher Angebote von Geschäftseinheiten auf einem Kundenkontaktpunkt
	Intermediaries: Verknüpfung von Käufern und Verkäufern auf einer Plattform
	Shared Infrastructure: Integration von Leistungen ähnlicher Unternehmen auf einer Plattform, um Informationen und Infrastruktur zu teilen
	Virtual Community: Aufbau einer Informations-Plattform für Nutzer zu einem bestimmten Thema
	Value Net Integrator: Koordination der Wertschöpfungskette durch Gewinnung, Zusammenfassung und Verteilung von Informationen
	Content Provider: Bereitstellung von Informationen, digitalen Produkten und Dienstleistungen, meist in Form von Partnerschaften.
Wirtz 2001, S. 218	*Geschäftsmodelle für E-Business*
	Content: Sammlung, Selektion, Systematisierung, Zusammenfassung und Bereitstellung von Informationen auf einer eigenen Plattform
	Commerce: Aktivitäten im Rahmen von Geschäftstransaktionen
	Context: Klassifikation und Systematisierung von Informationen
	Connection: Bereitstellung einer Möglichkeit für Informationsaustausch innerhalb von Netzwerken.
Zentes et al. 2007, S. 151–214	Geschäftsmodelle für den Großhandel
	System-Lieferant MRO-Provider: übernahme von Beschaffungsorganisation und Versorgung mit MRO- bzw. C-Teilen[b]
	System-Lieferant Service-Merchandiser: Auftreten innerhalb vertikaler Partnerschaft mittels Rahmenvertrag; Serviceleistungen unterstützen bei Differenzierung bei Endverbrauchern
	Systemkopf: Koordination von Aktivitäten mit angeschlossenen Unternehmen; Unterstützung durch IT-Vernetzung
	Modul-Lieferant: up-stream und down-stream orientiert; für Kunden eine autonome (für anonymen Markt) bzw. kundenindividuelle (spezifische Leistung) Leistungserstellung
	Global Sourcer: Erschließung neuer Beschaffungsmärkte und Identifikation innovativer Produkte und neuer Lieferanten
	Distributor: für in- und ausländische Hersteller wird Markterschließung und -bearbeitung eines ausgewählten Marktes übernommen
	Branchenspezialist: Vollsortiment und zahlreiche Leistungen (Beschaffung, Marketing, Distribution, Logistik).

[a] Weiterführende Literatur zu *Commodity* findet sich z. B. in: Reiman und Enke 2005; Enke und Geigenmüller 2010; Dunsby et al. 2008.
[b] MRO steht für Maintenance, Repair und Operations und beinhaltet alle Produkte, die ein Unternehmen für den Betrieb von Maschinen und Anlagen benötigt.

Über den Autor

Daniel Schallmo ist an der Universität Ulm am Institut für Technologie- und Prozessmanagement als Post-Doktorand wissenschaftlich tätig ist. Zuvor war Daniel Schallmo für Unternehmen aus den Bereichen Handel, Medien, Beratung und Architektur tätig. Der Forschungsschwerpunkt von Daniel Schallmo ist die Innovation von Geschäftsmodellen, vorwiegend in Business-to-Business-Märkten.

Daniel Schallmo ist Mitglied in Forschungsgesellschaften (u. a. International Society for Professional Innovation Management, Academy of Marketing Science, American Marketing Association, European Marketing Academy) und Autor wissenschaftlicher Publikationen. Zudem ist er für Zeitschriften bzw. Forschungsgesellschaften (z. B. Journal of Strategic Marketing, Business Process Management Journal, European Marketing Academy) als Gutachter tätig und im Journal of Investment and Management (JIM) Mitglied des Herausgeberrats.

Neben seiner Tätigkeit als Wissenschaftler und Projektleiter ist Daniel Schallmo Dozent und Berater für die Themengebiete Strategie-, Geschäftsmodell-, Prozess- Vertriebs- und Risikomanagement.

Weiterführende Literatur

Anderson D, Ackerman-Anderson L (2001) Beyond change management: advanced strategies for today's transformational leaders. Wiley, San Francisco
Becker J (1998) Die Grundsätze ordnungsmäßiger Modellierung und ihre Einbettung in ein Vorgehensmodell zur Erstellung betrieblicher Informationsmodelle. Institut für Wirtschaftsinformatik, Westfälische Wilhelms-Universität Münster
Becker (2012) http://www.enzyklopaedie-der-wirtschaftsinformatik.de/wi-enzyklopaedie/lexikon/is-management/Systementwicklung/Hauptaktivitaten-der-Systementwicklung/Problemanalyse-/Grundsatze-ordnungsgemaser-Modellierung. Ausdruck liegt Autor vor und kann eingesehen werden. Zugegriffen: 26. März 2007
Belz und B (2006) Customer-Value: Kundenvorteile schaffen Unternehmensvorteile. mi Wirtschaftsbuch Verlag, München
Benbasat I, Goldstein D, Mead M (1987) The case research strategy in studies of information systems. MIS Q 11(3):369–386
Better Place (2012) http://www.betterplace.com/the-solution. Ausdruck liegt Autor vor und kann eingesehen werden. Zugegriffen: 1. Feb. 2012
BMWi (2012) http://bmwi.de/BMWi/Navigation/Technologie-und-Innovation/Digitale-Welt/Internet-der-Zukunft/internet-der-dienste.html. Ausdruck liegt Autor vor und kann eingesehen werden. Zugegriffen: 6. Jan. 2012
Brennan R, Canning L, McDowell R (2010) Business-to-business marketing. Sage, London
Business Model Generation (2012) http://www.businessmodelgeneration.com/toolbox. Ausdruck liegt Autor vor und kann eingesehen werden. Zugegriffen: 2. Feb. 2012
CE VeMaB (2011a) Mini-Workshop 5 und Interviews: Steckbriefe von Vertriebsprozessen und Studie zu Geschäftsmodellen im B2B-Bereich, 28.04.2011, 8:15–12:45 Uhr, Ulm. Protokoll liegt Autor vor und kann eingesehen werden
Denzin N (1970) The Research Act in Sociology: A Theoretical Introduction to Sociological Methods. Butterworths, London
DFG (1998) Vorschläge zur Sicherung guter wissenschaftlicher Praxis: Empfehlungen der Kommission „Selbstkontrolle in der Wissenschaft", Denkschrift. Wiley, Weinheim
Dunsby A, Eckstein J, Gaspar J (2008) Commodity investing: maximizing returns through fundamental analysis. Wiley, Hoboken
Ebert G (2004) Kosten- und Leistungsrechnung: Mit einem ausführlichen Fallbeispiel. Gabler, Wiesbaden
Eisenhardt K (1989) Building theories from case study research. Acad Manage Rev 14(4):532–550

Enke M, Geigenmüller A (2010) Commodity Marketing: Grundlagen – Besonderheiten – Erfahrungen. Gabler, Wiesbaden
Fischbach S, Fischbach A (2006) Lexikon Wirtschaftsformeln und Kennzahlen. mi Wirtschaftsbuch Verlag, München
Fleisch E (2001) Das Netzwerkunternehmen: Strategien und Prozesse zur Steigerung der Wettbewerbsfähigkeit in der Networked Economy. Springer, Berlin
Fowler M (2004) UML konzentriert. Pearson, München
Gildemeister (2011) http://www1.gildemeister.com/presse_id,71ad161e30bac623c125709f0025a0fb?opendocument#x0026;p=3. Ausdruck liegt Autor vor und kann eingesehen werden. Zugegriffen: 25. Jan. 2011
Gläser J, Laudel G (2009) Experteninterviews und qualitative Inhaltsanalyse als Instrumente rekonstruierender Untersuchungen. Verlag für Sozialwissenschaften, Wiesbaden
Godefroid P, Pförtsch W (2009) Business-to-business-marketing. Kiehl, Ludwigshafen
Gordijn J, Akkermans H (2001) E3-value: design and evaluation of e-business models. IEEE Intelligent Systems Juli/August:11–17
Grasl O (2012) E-Mail-Kontakt, bei dem das Metamodell zugeschickt und um Feedback gebeten wurde, was z. T. berücksichtigt ist, 4.1.2012
Großklaus R (2007) Neue Produkte einführen: Von der Idee zum Markterfolg. Gabler, Wiesbaden
Günter B, Helm S (2006) Kundenwert: Grundlagen – Innovative Konzepte – Praktische Umsetzungen. Gabler, Wiesbaden
Güttler P (2000) Statistik: Basic Statistics für Sozialwissenschaftler. Oldenbourg, München
Henderson N (2009) Managing moderator stress: take a deep breath. You can do this!. Market Res 21(1):28–29
Higgins J, Wiese G (1996) Innovationsmanagement: Kreativitätstechniken für den unternehmerischen Erfolg. Springer, Berlin
Hungenberg H (2010) Problemlösung und Kommunikation im Management: Vorgehensweisen und Techniken. Oldenbourg, München
Hypios (2012) http://www.hypios.com/preview/help. Ausdruck liegt Autor vor und kann eingesehen werden. Zugegriffen: 1. Feb. 2012
Johnson M (2012) E-Mail-Kontakt, bei dem das Metamodell zugeschickt und um Feedback gebeten wurde, was z. T. berücksichtigt ist, 6.1.2012
Kaiser G (2010) Ideenbewertung mit dem Analytical Hierarchy Process. In: Glanz A Die frühe Innovationsphase: Methoden und Strategien für die Vorentwicklung. Symposion, Düsseldorf, S 171–192
Kaplan R, Norton D (2004) Strategy maps: converting intangible assets into tangible outcomes. Harvard Business Press, Boston
Kim W, Mauborgne R (2002) Charting your company's future. Harvard Bus Rev Juni:77–83
Kornmeier M (2007) Wissenschaftstheorie und wissenschaftliches Arbeiten: Eine Einführung für Wirtschaftswissenschaftler. Physica, Heidelberg
Kromrey H (2009) Empirische Sozialforschung: Modelle und Methoden der standardisierten Datenerhebung und Datenausweitung. UTB, Stuttgart
Kron F (1999) Wissenschaftstheorie für Pädagogen. UTB, Stuttgart
Lang H (2009) Neue Theorie des Management: Bewähren sich die Managementtheorien in der Finanzkrise? Books on Demand, Norderstedt
Lindloff T, Taylor B (2002) Qualitative communication research methods, 2. Aufl. Sage, Thousand Oaks
Mateika M (2005) Unterstützung der lebenszyklusgerechten Produktplanung am Beispiel des Maschinen- und Anlagenbaus. Vulkan-Verlag, Essen
MBtech (2012a) http://www.mbtech-group.com/eu-de/unternehmen/unternehmen.html. Ausdruck liegt Autor vor und kann eingesehen werden. Zugegriffen: 8. Feb. 2012

MBtech (2012b) http://www.mbtech-group.com/eu-de/unternehmen/unternehmen/kennzahlen. html. Ausdruck liegt Autor vor und kann eingesehen werden. Zugegriffen: 8. Feb. 2012

Meierbeck R (2010) Strategisches Risikomanagement der Beschaffung. Eul Verlag, Lohmar

Moews D (2002) Kosten- und Leistungsrechnung. Oldenbourg, München

Morris M, Schindehutte M, Allen J (2005) The entrepreneur's business model: toward a unified perspective. J Bus Res 58:726–735

Müller A, Müller-Stewens G (2009) Strategic Foresight: Trend- und Zukunftsforschung in Unternehmen – Instrumente, Prozesse, Fallstudien, Schäffer-Poeschel, Stuttgart

Nestlé (2012a) http://www.nestle.de/Marken/Kaffee-und-Kakaogetraenke/Nespresso/Pages/default.aspx. Ausdruck liegt Autor vor und kann eingesehen werden. Zugegriffen: 28. März 2012

Nestlé (2012b) http://www.nespresso.com/de/de/nespresso_kaffee/nespresso_faq/. Ausdruck liegt Autor vor und kann eingesehen werden. Zugegriffen: 28. März 2012

Olbrich R (2006) Marketing: Eine Einführung in die marktorientierte Unternehmensführung. Gabler, Wiesbaden

Ossola-Haring C (2006) Handbuch Kennzahlen zur Unternehmensführung: Kennzahlen richtig verstehen, verknüpfen und interpretieren. mi Wirtschaftsbuch Verlag, München

Pepels W (1999) Einordnung des Business-to-Business-Marketing. In: Pepels W Business-to-Business-Marketing. Luchterhand, Neuwied, S 3–10

Petersohn H (2005) Data Mining: Verfahren, Prozesse, Anwendungsarchitektur. Oldenbourg, München

Preißler P (2008) Betriebswirtschaftliche Kennzahlen: Formeln, Aussagekraft, Sollwerte, Ermittlungsintervalle. Oldenbourg, München

Rapp T (2010) Produktstrukturierung: Komplexitätsmanagement durch modulare Produktstrukturen und -plattformen. Books on Demand, Lohmar

Reimann M, Enke M (2005) Commodity marketing. Gabler, Wiesbaden

Reinhold S (2011) E-Mail-Kontakt, bei dem das Metamodell zugeschickt und um Feedback gebeten wurde, was z. T. berücksichtigt ist, 19.10.2011 und 26.10.2011

Riempp G (2004) Integrierte Wissensmanagement-Systeme: Architektur und praktische Anwendung. Springer, Berlin

RiskNET (2012) http://www.risknet.de/. Ausdruck liegt Autor vor und kann eingesehen werden. Zugegriffen: 3. März 2012

Saaty T, Vargas L (2000) Models, methods, concepts and applications of the analytic hierarchy process. Springer, Berlin

Santonen T, Schallmo D (2011) Evaluating Industry Business Model Innovation Stage-Gate Process: Case Massidea.org, Proceedings of the XXII ISPIM Conference: "Sustainability in Innovation: Innovation Management Challenges", 12.–15. Juni, 2011, Hamburg, Deutschland

Schallmo D, Schad M, Brecht L (2010) Empirically Driven Research in Centres of Excellence – A Proven Approach for Management Science, Proceedings of the „Workshop in-Depth and Case Studies in Entrepreneurship and Small Business Management", The European Institute for Advanced Studies in Management, 02.-03. Dezember, 2010, Brüssel, Belgien

Scheer A (1999) ARIS – Vom Geschäftsprozess zum Anwendungssystem. Gabler, Wiesbaden

Schels I (2008) Projektmanagement mit Excel 2007: Projekte budgetieren, planen und steuern. Addison-Wesley, München

Scherer J (2007) Kreativitätstechniken: In 10 Schritten Ideen finden, bewerten, umsetzen. Gabal, Offenbach

Schmeisser W (2010) Technologiemanagement und Innovationserfolgsrechnung. Oldenbourg, München

Schnell R, Hill P, Esser E (2005) Methoden der empirischen Sozialforschung. Oldenbourg, München

Schröter M, Biege S (2009) Dienstleistungsbasierte Geschäftsmodelle für die Montage. Z Wirtschaftlichen Fabrikbetrieb 104:627–631

Stake R (1995) The art of case study research. Sage, London
Steger J (2010) Kosten- und Leistungsrechnung. Oldenbourg, München
Töpfer S (2010) Erfolgreich Forschen: Ein Leitfaden für Bachelor-, Master-Studierende und Doktoranden. Springer, Berlin
Ulrich H (1984) Management. Haupt, Bern
Voith (2011) http://www.voith.com/index_d.php. Ausdruck liegt Autor vor und kann eingesehen werden. Zugegriffen: 1. Dez. 2011
Wright R (2004) Business-to-business marketing: a step-by-step guide. Person, Essex
Yami S, Castaldo G, Dagnino G (2010) Coopetition: winning strategies for the 21st century. Edward Elgar, Cheltenham
Yin R (1994) Case study research: design and methods, 2. Aufl. Sage, Thousand Oaks

Printed by Books on Demand, Germany